KB169407

세기말 빈

FIN-DE-SIÈCLE VIENNA by Carl E. Schorske

Copyright © 1961, 1967, 1973, 1979 by Carl E. Schorske
All rights reserved.

This Korean edition was published by Geulhangari Publishers in 2014 by arrangement
with Alfred A. Knopf, an imprint of The Knopf Doubleday Publishing Group, a division of
Random House, LLC through KCC(Korea Copyright Center Inc.), Seoul.

이 책은 (주)한국저작권센터(KCC)를 통한 저작권자와의 독점계약으로 글항아리에서 출간되었습니
다. 저작권법에 의해 한국 내에서 보호를 받는 저작물이므로 무단전재와 복제를 금합니다.

FIN-DE-SIÈCLE VIENNA
POLITICS AND CULTURE

세기말 빈

칼 쇼르스케 지음 | **김병화** 옮김

글항아리

아르투어 슈니츨러.

산책 중인 막스 라인하르트와 후고 폰 호프만슈탈(오른쪽), 1920년경.

1873년에 그려진 빈의 조감도와 1897~1898년에 제작된 에르빈 펜들의 링슈트라세 모형.

오토 바그너, 우정저축은행.

오토 바그너, 슈타인호프 교회, 1905~1907.

오토 바그너, '노이슈티프트가세 40번지의 아파트 건물 디자인', 1922.

프로이트와 그 아내 마르타 베르나이스, 1885년.

빈 대학 강당 천장화 「법학」 스케치, 구스타프 클림트, 1902~1903, 뉴욕 노이에 갤러리.

I. Jahrg. Heft I.

Einzelpreis 2 Kronen.

UER·SACRUM

ORGAN·DER UEREINIGUNG BILDENDER KUENSTLER ÖSTERREICHS·

JANUAR ·1898·

JAEHRLICH·12·HEFTE IM·ABONNEMENT: 6 Fl:=10 M.

Verlag Gerlach & Schenk, Wien, VI/1.

Alle Rechte vorbehalten.

『성스러운 봄』창간호 표지, 1898.

루돌프 예트마르, 제27회 분리파 전시회 포스터, 1906.

요제프 올브리히, 분리파 전시관, 1898.

요제프 올브리히, 분리파 전시관 홍보용 우편엽서, 1898.

요제프 호프만, 빈 공방 포스터, 1905년경.

노이슈티프트가세 33~34번지 빈 공방 전시실, 1904.

요제프 올브리히가 지은 저택 사무실에 서 있는 헤르만 바르, 1905년경.

오스카어 코코슈카(왼쪽)와 화가 막스 오펜하이머(가운데), 배우 에른스트 라인홀트의 모습, 1910년경.

아돌프 로스, 강연 '미하엘 광장 내 건물' 포스터, 1911.

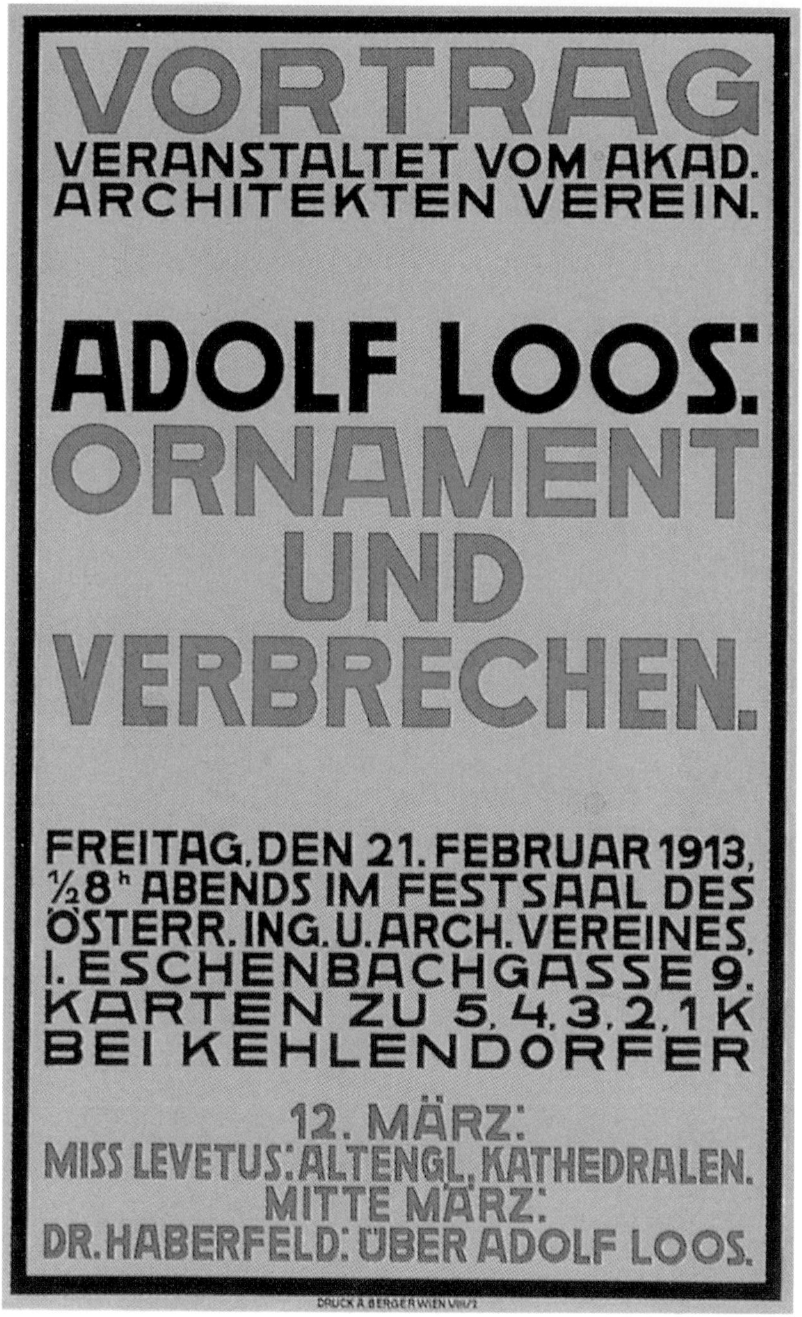

아돌프 로스, '장식과 범죄'에 관한 강연 홍보 포스터, 1913.

카를 뤼거의 모습이 그려진 '빈 시청 주최 기부 무도회' 안내장, 1909.

일러두기

• 본문 각주와 미주는 지은이가 단 것이다.
• 본문에 첨자로 부연 설명한 것은 옮긴이가 단 것이다.

20세기 유럽은 지적 활동의 거의 모든 분야에서 과거로부터 독립했음을 자랑스럽게 주장해왔다. 일찍이 18세기부터 '현대modern'라는 단어는 어딘가 전투 구호 같은 울림을 띠게 되었지만, 그때는 단지 '고대'에 대한 반反명제로 서였다. 즉 그것은 고전 고대classical antiquity와의 대비를 시사하는 용어였다. 하지만 지난 100년 동안 '현대'는 우리 삶과 시간을 과거의 모든 것으로부터, 지나간 역사 전체로부터 구별시켜 인식하는 용어가 되었다. 현대 건축, 현대 음악, 현대 철학, 이 모든 것은 과거를 통하거나 혹은 과거와의 대비를 통해서가 아니라 과거와 무관한 것으로 자기 자신을 규정한다. 현대 정신은 역사에 무관심해졌다. 왜냐하면 지속적으로 영양을 공급하는 전통으로 인식되던 역사가 쓸모없어졌기 때문이다.

물론 역사가는 이러한 발전 과정에 진지한 관심을 가진다. 자신이 전문가로서 존재하기 위한 전제가 위태로워졌으니 말이다. 하지만 역사의 죽음에 대한 이해는 역사가만이 아니라 정신분석가의 관심도 끌지 않을 수 없다. 가장 눈에 잘 띄는 수준에서 말하자면, 정신분석가는 과거와의 날카로운 단절을 아버지에 대한 아들의 세대 간 반항과 새로운 자아 규정을 위한 모색이 개입된 것으로 보게 마련이다. 더 복합적인 차원으로 들어가면, 새로 등장하는 '모더니즘'은 하인츠 코후트Heinz Kohut 1913~1981. 빈 출신의 심리학자가 좀 다른 맥락에서 '자아의 개편'이라고 부른 특정한 형태를 띠는 경향이 있다. 여기서 역사적 변화는 개인에게 새로운 정체성을 탐구하도록 강요할 뿐 아니라 사회 그룹 전체에게도 죽어버린 신념 체계를 개정하거나 교체하도록 강요한다. 역사의 멍에를 떨쳐버리려는 시도는 모순적이게도 역사 과정의 변화를 가속화시켰다. 과거와의 모든 관계에 대한 무관심 때문에 상상력이 해방되어 새로운 형식과 새로운 구조가 마구 생겨났기 때문이다. 따라서 한때 연속성이 지배하던 곳에 복합적인 변화가 나타난다. 다른 한편으로 현재하는 역사history-at-present에서의 신속한 변화에 대한 의식은 관련성 있는 과거로서의 역사의 권위를 약화시킨다.

사회적·정치적 해체의 진동이 날카롭게 느껴지던 세기말 빈은 우리 세기의 무역사적a-historical 문화를 싹 틔운 가장 비옥한 온상 가운데 하나였다. 그 위대한 지적 혁신자들 —음악과 철학, 경제학과 건축학, 물론 정신분석학에서도—은 모두 자신들이 양육된 19세기 자유주의 문화의 핵심을 이루는 역사관에 연결되어 있던 자신들의 연대를 어느 정도는 고의로 끊었다. 이 책에 실린 글들은 구체적인 역사 맥락 위에서 그 문화적 변형 과정의 출발점을 깊이 파고드는 것이다.

1

필자가 빈을 탐구 대상으로 삼은 것은 합스부르크 제국을 다루는 역사가로 특별 훈련을 받았다거나 전문가이기 때문은 아니다. 역사가들에게서 흔히 있는 일이지만, 내가 이 문제를 붙잡게 된 것은 전문성과 더불어 지적·정치적 요소가 복합된 경험 때문이었다.

1940년대 후반에 교수직을 시작했을 때 필자는 학생들이 고급문화와 사회·정치적 변화의 거시적이고 건축학적인 상호 관련성을 이해하는 데 도움이 되도록 현대 유럽 지성사 과목을 개설하려고 했다. 미국 대학의 교과 편람에서 이 관련성은 흔히 '…의 사회사와 지성사'와 같은 제목을 단 과목에서 다루어졌다. 이런 유의 제목은 진보주의 세대가 물려준 정당성의 확인 도장이었다. 그 세대의 지적 지도자들, 즉 제임스 하비 로빈슨James Harvey Robinson 1863~1936, 미국의 역사학자, 찰스 버드Charles Beard 1874~1948, 미국의 역사학자, 존 듀이John Dewey 1859~1952 등은 이상과 사회의 상호 의존적 진보로서의 역사에 대한 계몽주의적 믿음을 20세기 미국에서 재천명했다. 그들의 뒤를 잇는 1930년대 세대는 대공황을 겪었고 마르크스 사상을 맛보았으며, 사회 현실에서 투쟁과 위기의 요소를 더욱 중요시했는데, 나도 이 세대에 속한다. 하지만 그들도 사회 진보 및 그 진보를 설명하고 박차를 가하는 데 이념을 활용한다는 점에서는 선배들이 지녔던 믿음을 공유하고 있었다. 그 과제를 실현하기 위해 문화사가들은 19세기 지식인들이 그들 시대의 발전을 기록한 포괄적인 서술적 범주를 활용했다. 즉 합리주의와 낭만주의, 개인주의와 사회주의, 사실주의와 자연주의 등의 범주 말이다. 설령 폭이 지나치게 넓고 환원주의적이라 해도 그런 범주는 유럽 고급문화의 생산자들이 삶을 의미 있는 것으로 만들기 위해 기울인 구체적인 노력이 그 속에서 고유의 특질을 잃지 않으면서도 더 넓은 역사적 맥락과의 관련 위에서 분석될 수 있는 틀을 확립하는 데 기여했다.

그런 개념적 전제 위에서 시작된 내 지성사 강의는 니체에 이르기 전에는 그런대로 잘 진행되었다. 하지만 니체부터는 난관에 봉착했다. 그 난관이란 모든 곳에 편재하는 듯이 보이는 분열 현상으로서―니체와 마르크스주의자들은 모두 그것을 '데카당스'라 부른다―, 유럽의 고급문화는 무한 혁신의 소용돌이에 휘말려 들었고, 각 부분은 전체로부터의 단절을 선언하며 부분은 또다시 더 작은 부분들로 쪼개지고 있었다. 그러한 문화 현상을 포착해야 할 개념 자체가 그 무자비한 변화의 원심분리기 속으로 빨려들어갔다. 문화 생산자뿐만 아니라 분석가와 평론가들도 분열의 제물이 되었다. 포스트―니체 문화post-nietzschean culture에서 어느 하나의 추세를 규정하거나 지배하기 위해 고안된 수많은 범주―비합리주의, 주관주의, 추상주의, 불안, 기술주의―는 결코 피상적으로나마 일반화되지도 못했고 그것들을 설득력 있게 변증법적으로 통합하여 예전에 이해되었던 것처럼 역사적 과정으로 설명하지도 못했다. 그런 포괄적이면서도 경험론적으로 필수 불가결한 범주, 예를 들면 '계몽주의'의 20세기적 등가물을 찾아내려는 시도가 있었지만 모두 그 범주가 포괄해야 하는 문화적 내용물의 잡다함을 감당하지 못하고 무너지는 듯했다. 사실은 현대 운동 자체를 규정하는 수단으로 분석적 범주가 많아졌다는 점 자체가, 아널드 쇤베르크Arnold Schoenberg 1874~1951의 말을 빌리자면, "원리의 죽음을 알리는 춤"이 되어버렸다.

이런 혼란 앞에서 역사가는 어떻게 해야 하는가? 내가 볼 때 역사가의 일차 과제는 현대 문화의 여러 분과(사회사상, 문학, 건축학 등)를 균일화된 명칭으로 규정함으로써 그렇게 다양해진 실재를 은폐할 것이 아니라, 그 분야 각각의 역사적 발전을 존중하는 것이라 생각되었다. 그래서 필자는 다른 분야의 동료들에게 도움을 청했다. 하지만 그들의 지적 상황 때문에 문제는 오히려 복잡해졌다. 필자가 관심을 가진 극히 중요한 분야들—문학, 정치학, 예술사, 철학—에서 1950년대의 학계는 스스로를 이해하는 기반인 역사에 등을 돌리고 있었다. 그와 동시에 여러 학과에서는 각각의 사회적 상관성을 약화시키는 방식으로 자신들의 지적 기능을 재규정하는 움직임이 펼쳐졌다. 문학을 예로 들면 신비평New Critics은 학계에서 주류의 위치에 오르자 제2차 세계대전 이전에 영문학계를 주도하고 있던 문학적 역사주의 연구자들을 무시간적·내재주의적·형식적 분석에 몰두하는 학자들로 교체했다. 정치학계에서는 뉴딜정책이 퇴조함에 따라 전통적 정치철학의 규범적 관심과 공공 정책의 문제에 대한 실용주의적 관심이 행동주의자들의 무시간적이고 정치적으로 중립적인 지배에 밀려났다. 마찬가지로 경제학에서도 수학적 취향의 이론가들이 사회적 성향이 더 강하던 이전 세대의 제도주의자와 정책지향적인 케인스주의자들을 밀어내고 세력을 확장했다. 심지어 음악 분야에서도 쇤베르크와 솅커Heinrich Schenker 1867~1935에게서 영감을 받은 새로운 명망가들이 음악학의 역사적 관심 영역을 잠식해 들어가기 시작했다. 무엇보다도 그 자체의 역사적 성격과 연속성에 대한 높은 자각을 본질로 하는 철학에서도 분석철학이 고대 이후 철학자들의 관심을 지배했던 전통적 문제의 타당성에 도전했다. 새로운 철학은 언어와 논리라는 제한적이고 순수한 기능성에 유리하도록 역사 일반이 그 학과 자체가 과거와 가진 연결을 모두 단절시켜버렸다.

이런 식으로 여러 학과에서 차례로, 현재의 관심사를 과거에 이어주던 의식의 끈, 통시적인 노선이 잘려나가거나 낡아 헤지고 있었다. 학과들이 과거로부터의 독립을 선언하자 그와 동시에 서로의 관계도 점점 더 독립적으로 변했다. 독립한 학과는 당대 문화의 복합성multiplicity을 이해하기 위한 일관성의 원리나 통합적 전제를 제공하기는커녕, 그 분석적 노선에서의 닮은꼴인 학술적 전문화 추세를 통해 문화의 다원성pluralism을 강화할 뿐이었다. 다른 분야의 동료들과 대화를 나눈 결과, 역사적 의식은 인문학이건 사회과학이건 어느 학과에서도 직접적인 방식으로든 보조적인 방식으로든 지원받을 기대는 아예 할 수 없다는 확신이 들었다. 그들은 역사가가 약간의 지원을 받으면 현대의 고급문화를 만족스럽게 규정할 수 있으리라고 보는 내 발상이, 보편적 이해를 원하는 거만함이 순진함과 결부된 것이라 보고 배척했다. 하지만 나는 그들 덕분에 여러 학과가 제각기 택한 분석적 방법은 그 전체적 취지가 아무리 무역사적인 것일지라도 지성사가가 기필코 그냥 넘겨버릴 수 없는 문제를 제기하고 만다는 것을 확신하게 되었다.

역사가들은 고급 문화가 만들어낸 산물을 한낱 정치적이거나 사회적인 발전을 설명해주는 반영물로만, 혹은 이데올로기와 관련지어 상대화시키는 데만 만족해온 지 너무 오래되었다. 문화를 만드는 사람들과 그 문화를 해석하는 학자들이 사회적인 공유 가치가 변화해간 역사적 궤적에서 의미를 얻어내는 것이 자신의 역할이라고 인식하는 한 역사가의 전통적인 연구 절차는 어느 정도 정당성을 지니고 있었다. 그리 심오한 정당성은 아니었더라도 말이다. 문화가 하나의 전체로서 밟아나가는 역사적 과정의 통상 인정되는 구조, 특히 19세기에서처럼 진보 개념을 둘러싸고 진행되는 과정의 구조는 역사가들에게 문화적 재료를 역사의 일반적 방향이라는 자신의 개념에 직접 관련되는 특질을 설명하는 데 활용할 여지를 주었다. 하지만 이제 인문학의 새로운 내적 방법들에 의해 예술, 문학, 사유 작품들에서 구조와 스타일의 자율적 특징들이 밝혀졌으니, 역사가가 그런 것을 무시한다면 자신이 쓰는 재료의 역사적 의미를 오독할 위험이 반드시 발생한다.

현대 과학의 비판적 방법을 알아야 그 과학을 역사적으로 해석할 수 있는 것처럼, 과학을 제외한 20세기 문화의 제작자들을 이해하기 위해서는 현대 인문학이 사용하는 분석이 어떤 것인지 알아야 한다. 그럼으로써만 우리는 그 내용이 제대로 이해될 수 있는 방향으로 텍스트—희곡이든 도시계획이든 그림이든 심리학 논문이든—를 읽을 수 있다. 인문학 창조자의 사회적 의식이 약할수록 그 사회-역사적 해석자 편에서는 전문적인 내재적 분석의 필요성이 더 커진다. 하지만 역사가가 목표로 하는 것이 인문학적 문헌 분석가가 추구하는 목적과 같지는 않다. 문헌 분석가의 목적은 어떤 문화적 산물을 최대한 잘 조명하고 모든 분석 원리를 그 특정한 내용에 관련시켜 상대화하는 데 있다. 그에 비해 역사가는 그 대상물을 일시적으로 두 선이 교차하는 장소에 놓고 해석하려 한다. 선 하나는 수직적 혹은 통시적인 것이며, 역사가는 그 선을 기준으로 하여 하나의 텍스트나 사고 체계가 동일한 문화 활동 분과에서 기존의 표현물과 갖는 관계를 확정한다. 다른 선은 수평적 혹은 공시적인 선이다. 역사가는 이 선을 따라가면서 자신이 다루는 대상의 지적 내용이 같은 시간대 문화의 다른 분과나 다른 측면에서 등장하는 것과 맺는 관계를 평가한다. 통시적 끈은 문화사라는 옷감의 날줄이고 공시적 끈은 씨줄이다. 옷감을 짜는 사람은 역사가이지만 그 옷감의 품질은 실의 튼튼함과 색깔에 달려 있다. 그는 튼튼한 실을 만들려면 어떻게 해야 하는지에 대해 자기보다 더 전문적인 기술을 보유하고 있는 전문 학과에서 조금이라도 배워와야 한다. 그런데 사실 그 분야의 전공 학자들은 역사를 자기들의 일차적 이해 양식으로 활용하는 데 흥미를 잃어버렸다. 그러니 역사가가 손수 자아낸 실이 그 전문 학자들의 실보다 더 섬세하지는 않더라도, 그들의 제작 방법을 제대로만 따라한다면 그가 만들라고 명령받은 대담한 무늬의 옷감을 만들 만큼 쓸 만한 실은 자아낼 수 있을 것이다.

이제 역사가는 무엇보다도 현대성의 문제를 다룰 때 특히 추상적인 범주의 공통 표준을 결코 미리 설정해서는 안 된다. 헤겔의 '시대정신Zeitgeist', 존 스튜어트 밀J. S. Mill이 '시대의 특징the characteristic of the age'이라고 말한 것이 바로 그런 공통 표준이다. 과거에는 그런 표준의 통일성에 대한 직관적 인식이 주어지던 곳에서 우리는 이제 문화의 통일적 패턴을 찾아내기 위한 전제 조건인 다양성의 경험적 추구라는 임무에 기꺼이 착수해야 한다. 그런데 만약 우리가 문화 생산의 개별 분과에서 일어나는 변화 과정을 각각의 자체 양식에 따라 재구축한다면 우리는 그것들 사이의 유사성과 차이점을 판정할 좀 더 확고한 기반을 얻을 수 있을 것이다. 그런 다음에 이런 것들은 경험을 다루는 공통된 방법과 관심사를 우리에게 가져다줄 것이며, 이를 통해 사람들은 공통된 사회적, 시간적 공간 속에서 문화 제작자로서 연대할 수 있을 것이다.

2

필자가 택한 탐구 전략은 하나의 연구 분야로서 지성사가 지닌 분석적 활력을 유지하려면 일종의 포스트 홀링post-holing 눈이 깊이 쌓인 지역에서 한 발씩 푹푹 빠졌다가 발을 들어 옮기면서 전진하는 방식, 즉 각기 고유한 용어를 보유한 각 분야를 검토하는 방식으로 접근해야 하리라는 믿음에서 결정되었다. 그러므로 이런 연구는 문화적 활동의 한 연구 분과에서 다른 연구 분과로 넘어가는 방식으로 진행되었다. 우선 문학을 하고 그다음으로 도시계획을 다룬 뒤, 조형예술을 다루는 식이다. 하지만 내 관심이 각 분야의 자율성과 그 내적 변화에만 한정되었다면 그들 사이의 공시적 관계를 파악하지는 못했을 것이다. 문화적 요소들이 자라나고 그들 사이의 응집력을 길러내는 비옥한 토양은 바로 가장 폭넓은 의미의 공유된 사회적 경험이었다. 그 토양을 생각하게 된 것은 전후 미국에서 벌어진 정치와 문화의 변화에서 비롯되었다. 나는 미국의 발전에 의거하여 그로부터 이어지는 역사에 대한 서술은 하지만 그것을 설명하겠다는 허세는 부리지 않는다.

1947년 이후 10년 동안 뉴딜 및 나치와의 투쟁에 연관되어 있던 역사적, 사회적 낙관주의가 마침내 무너졌다. 미국이 포Poe라든가 멜빌, 헨리 애덤스 등 달변의 대변인들이 쏟아내는 과거에 대한 비관과 의혹의 파도를 만난 것은 사실이다. 하지만 그들은 지식인과 대중생활이 긴밀하게 통합되어 있던 한 국가의 문화를 깊이 들여다보지는 못했다. 중도파든 급진주의자이든 자유주의자이든 마르크스주의자이든, 모든 분야에 걸쳐 수십 년 동안 사회적 낙관주의로 뭉쳐 있던 지식인들 속에 이제 비관적 분위기—무능력, 엄격한 방어주의, 굴복하는 분위기 등—가 완전히 자리를 잡았다. 낙관주의가 공유하던 계몽주의의 전제는 전후 시대 초반의 복합적인 정치적 요인들로 인해 심각하게 약화되었다. 즉 냉전의 심화, 체코슬로바키아에서 일어난 최초의 소련 쿠데타, 새롭게 폭로된 스탈린 체제의 악행, 모든 사회 계급을 진동시킨 지극히 강력하고 충격적인 매카시즘의 영향 등이 그런 요인이었다. 이런 정치적 변화 때문에 물론 많은 지식인이 정치적 입장을 바꾸거나 정치를 완전히 포기했지만, 그 자체는 그렇게 중요하지 않다. 그보다 더 근본적인 문제는 이런 위기 때문에 자유주의 혹은 급진주의의 정치적 입장들이 놓여 있던 철학적 세계관의 전반적인 변화가 강요되는 듯하다는 점이다. 간단히 말하자면, 자유주의자와 급진주의자들이 정치적 기대의 붕괴라는 혁명에 맞춰 거의 무의식적으로 자신들의 세계관을 수정했다는 것이다. 평생을 종교적 무관심 속에서 살아온 일부 자유주의자가 신정통주의 개신교에 이끌렸고, 그와 관련하여 키르케고르의 이름이 다시 등장했다. 대학생들의 지적 분위기를 결정하는 주도 세력에게는 야코프 부르크하르트Jakob Burckhardt 1818~1897의 체념적인 귀족적 지혜가 예전의 J. S. 밀의 포괄적인 윤리적 합리주의나 카를 마르크스의 거칠고 개관적인 전망보다 권력과 문화의 문제에 대해 더 많은 의미를 담고 있는 것으로 여겨지기 시작했다. 젊은 미국인들에게는 페리 밀러 Perry Miller 1905~1963. 미국 지성사학자, 하버드 대학 교수, 미국 청교도의 세계관을 문화적 측면에서 연구, 문화의 환경보다 주체의 역할을 더 크게 강조. 미국학의 창시자의 정력적인 청교도 교부 스타일의 도덕적 사실주의가 버넌 패링턴 Vernon Parrington 1871~1929. 미국사의 진보적 해석자였지만 학계에서는 호응을 얻지 못했다. 밀러 등과 함께 1920~1930년대에 미국학을 창시함의 개방적인 개척자 민주정신보다 더 강력한 호소력을 발휘했다.

하지만 프로메테우스적 문화 영웅을 떠나 에피메테우스적 주인공으로 이동하는 과정에서도 마르크스에서 프로이트로의 전환만큼 큰 충격을 준 것은 없었다. 이 전환으로 말미암아 인류를 괴롭히던 죄악에 대한 탐구와 이해의 범위가 공적이고 사회학적인 영역으로부터 사적이고 심리적인 영역으로 옮겨가기 시작했기 때문이다. 물론 프로이트가 오래전부터 미국 사상계에서 차지하고 있던 위치는 여전히 확고했다. 그는 '건강한' 성본능의 해방에 대한 현대적 관심과 함께 죄의식과 책임감의 문제를 다루는 구약성서 연구에 몰두했으며, 이를 통해 1930년대가 되기 훨씬 이전부터 치료전문가와 인간 본성에 대한 진보적 이론가라는 양 측면에서 광범위한 도덕적 권위를 획득했다.[1] 그러나 1950년대에는 프로이트의 더 진지한 측면이, 미국 생활에서 이제까지 연구된 바 없던, 전반적으로 이질적인 부문들을 건드렸다. 지극히 다양한 세계관을 가진 학자들이 이런 변화의 극적인 사례를 보여준다.

예컨대 역사서지학의 지배적 내용인 이익의 정치학 politics of interest에 갈수록 불만을 품은 역사가 윌리엄 랭어 William Langer는 문화적, 사회적 변화를 집단적 트라우마로 설명하기 위해 정신분석학으로 관심을 돌렸다. 라이어넬 트릴링 Lionel Trilling 1905~1975. 미국의 비평가, 작가은 자신의 자유주의 사상이 좌파와 충돌하자 본능이라는 심리적 지하세계를 절도 있게 동화시킴으로써 자신이 지지하던 인문주의적 합리주의를 보강했다. 한편 철학자 허버트 마르쿠제Herbert Marcuse나 고전학자 노먼 브라운Norman O. Brown 같은 정치적 좌익들은 지적 토대를 마르크스에서 프로이트로 옮기면서 유토피아의 윤곽을 다시 그렸다. 지성계에서 이 네 지도자의 정치적 세계관의 범위는 보수에서 극단적 급진까지 다양하지만, 그들은 인간과 사회를 이해하기 위한 전제를 바꾸는 데—또는 적어도 넓히는 데— 중요한 역할을 했다. 또 그들은 정치세계에서의 새롭고도 비우호적인 방향 전환으로 인해 가해지는 압력을 느끼면서도 그렇게 한 것이었다.

프로이트는 물론 오스트리아인이었다. 하지만 세기가 바뀔 무렵의 오스트리아 국민으로서 전후 미국인들의 관심을 끈 인물은 프로이트만이 아니었다. 오랫동안 진부하고 어딘가 지루한 작곡가 취급을 받아오던 구스타프 말러Gustav Mahler는 갑자기 교향곡 연주회에 빠지지 않고 등장하는 인기 종목이 되었다. 버클리 대학에서 일어난 학생 '혁명'1964년 12월에 버클리 대학 학생들이 대학 본부 건물을 점거했다가 경찰에 의해 해산된 뒤 장기간 저항 시위를 벌이면서 대학 전체가 자율적인 분위기로 바뀌었다 기간 새로 결성된 말러 협회는 당시 유행에 따라 '말러 유행'이라고 새긴 단추를 달고 다니면서 자신들의 신조를 선언했다. 한편 쇤베르크는 자신의 영향력을 아방가르드와 그에 속한 작곡가들로부터 학계의 성채로까지 넓혔다. 관능적이고 몽환적인 삶을 그린 빈의 화가들 구스타프 클림트Gustav Klimt 1862~1918, 에곤 실레Egon Schiele 1890~1918, 오스카어 코코슈카Oskar Kokoschka 1886~1980가 무명의 신세에서 유행이라고밖에 부를 수 없는 인기 스타의 지위로 뛰어올랐다.

부르크하르트는 한때 이렇게 주장했다. "역사란 한 시대가 다른 시대에서 주목할 만하다고 여기는 어떤 것이다." 양차 대전 사이의 미국이 실패한 다민족 국가라는 점에서 1918년 이전의 오스트리아에 흥미를 느꼈다면, 지금 미국은 같은 시기의 오스트리아 역사가 배출한 지적 산물이 '주목할 만하다'고 보았다. 물론 미국은 자기들이 매력을 느끼는 이념과 예술이 형성되어 나온 그 '다른 시대'의 문제와 경험에 대해서는 고민하지 않고 그런 문화 산물만 빌려왔을 뿐이다. 이 현상은 당연히 내 호기심을 자극해 내 동시대인들을 매혹시킨 사상을 그 정치적, 사회적 맥락 안에서 탐구하는 방향으로 나아가게 만들었다. 그런 이념들을 더 넓은 역사적 과정의 일부로 이해한다고 해서 물론 그것들을 정당화해주는 것은 아니며, 오늘날의 우리에게 가치 있음을 입증하는 것도 아니다. 그런 일은 역사가의 몫이 아니다. 하지만 역사적 분석은 적어도 그 문화가 처음 구상되고 태어날 때 역사가 부여해준 특징들을 밝혀낼 수는 있다. 원래의 시간대에서 그 이념이 지녔던 의미와 한계를 밝혀낸다면 우리는 그것들이 지닌 함의와 우리 시대에 있는 닮은꼴들의 의미를 더 잘 이해할 수 있을 것이다.

3

그런데 내가 빈을 연구 무대로 설정한 데에는 여러 요인이 복합적으로 얽혀 있었다. 강의를 해나가면서, 다양화된 포스트-니체 문화 속의 서로 관련된 특징들을 찾아내야 하는 골치 아픈 문제에 맞닥뜨렸을 때 나는 문화적 혁신의 여러 조류를 이해하는 데 필요한 독립적 분석 양식을 인정하고 단편적으로 진행해야겠다고 판단했다. 그와 동시에 전후 미국의 정치적·지적 생활에서는 자유주의 정치 형태가 더 이상 여러 다른 문화 분과에서 동시적으로 일어나는 변형을 통합하는 맥락으로 작용하기 힘든 위기에 처했다는 흔적이 나타나기 시작했다. 프로이트와 그의 동시대인들이 미국에서 새롭게 관심을 끈다는 사실이 빈을 하나의 연구 단위로 보려는 새로운 흥미를 불러일으켰다. 마지막으로, 문화 자체와 그에 대한 학술적인 접근법 모두가 무역사화되고 다극화되는 상황에서 공통 관점에서 본 역사가 가진 잠재력을 손상시키지 않고 탐구해내려면 명확하게 규정된 사회적 실체, 규모는 좀 작더라도 문화적 창조력을 풍부하게 지닌 사회적 실체가 있어야 했다.

세기말의 빈은 그런 정치적 토대 위에서 여러 학과를 포괄하면서 이뤄지는 연구를 하기에 특히 유리했다. 그 도시의 지식인들은 여러 분야에서 거의 동시에, 유럽 문화계 전체에서 빈 '학파'—특히 심리학, 예술사, 음악 분야에서—라 불리게 될 혁신을 차례차례 이뤄냈다. 하지만 그들이 성취한 업적이 국제적으로 좀 늦게 인정된 분야—예컨대 문학, 건축학, 회화, 정치—에서도 오스트리아인들은 그 사회 안에서는 완전히 혁명적인 것은 아닐지라도 근본적으로 새로운 것으로 인식된 전통의 전복적인 변형과 비판적 개조에 가담했다. 당시 빈에서 '청년파Die Jungen'는 여러 생활 영역에 확산되어 있는 혁신적 혁명가들révoltés을 일컫는 일상 용어였다. 1870년대의 정치학에서 고전적인 오스트리아 자유주의에 반대하던 젊은 반항가 그룹을 가리키는 용어로 쓰이기 시작했다가 곧 문학에 등장했으며(청년 빈 파Jung-wien), 그다음에는 아르누보art nouveau를 먼저 받아들이고 거기에 특별한 오스트리아적 성격을 부여한 화가와 건축가들 사이에서 사용되었다.[2]

그리하여 프로이트의 도시에 있는 새로운 문화 제작자들은 재차 자신들의 행동을 일종의 집단적 오이디푸스적 반항이라는 용어로 규정했다. 그렇지만 젊은이들의 반항 대상에는 자기들의 아버지뿐만 아니라 그들이 물려받은 가부장적 문화의 권위도 포함되어 있었다. 그들이 전선을 폭넓게 형성해 공격한 대상은 자신들을 길러낸 고전적 주류 자유주의 체제의 가치였다. 자유주의적-합리적 유산에 대한 그들의 비판이 이 문화적 활동의 여러 분야에 걸쳐 동시다발로 일어난다는 점을 감안할 때, 특정 과목들에 내재적으로 접근하는 방식으로는 그 현상을 제대로 해명할 수 없다. 문화를 만드는 이들 사이에서 사고와 가치가 전반적이고도 급격하게 변화했다는 사실은 공유되는 사회적 경험이 존재함을 시사한다. 그런 경험에 대해서는 재고할 필요가 있다. 빈에서 그런 경험은 고도로 집약된 정치적, 사회적 발전이 있었기 때문에 가능했다.

오스트리아에서 자유주의적 중산계급이 정치적 주도권을 잡은 시대는 서구의 다른 곳보다 더 늦게 시작되었지만, 심각한 위기에 빠져든 것은 더 빨랐다. 실질적인 입헌정부가 지속된 기간은 아무리 길게 봐도 40년 정도(1860~1900)였다. 입헌정부의 승리를 축하할 새도 없이 후퇴와 패배로 접어들었다. 그 전체 과정은 시간상 유럽의 다른 어느 곳에서도 보지 못할 만큼 압축적으로 진행되었다. 자유주의 이후post-liberal 시대의 특징인 문화의 '현대성modernism'이라는 문제는 프랑스에서는 1848년 혁명의 후유증으로, 일종의 부르주아의 아방가르드적 자기비판으로 발생했고, 제2제국 때부터 제1차 세계대전 전야에 이르기까지 전진과 후퇴를 거듭하면서 서서히 확산되었다. 그러나 오스트리아에서는 대부분의 분야에 현대적 운동이 나타난 것이 1890년 대인데, 그 후 20년 만에 완전히 성숙한 단계에 이르렀다. 따라서 오스트리아에서는 새로운 고급문화가 마치 온실에서 자라듯 빠른 속도로 자라났으며 그 온실의 열기를 공급하는 것은 정치적 위기였다. 어떤 시인의 말에 따르면, 갑자기 광분한 후진적 오스트리아는 "거물들의 예선경기가 치러지는 작은 세계"가 되었다.**3** 자유주의 정치에서도 문화적 혁신가들의 작업을 분석할 때처럼 정치의 쇠락과 실패한 경험의 흔적을 찾아낼 수 있을까? 그런 경험이 단지 정치적 의미만이 아닌 그 이상으로, 상속받은 고급문화에 대한 그들의 신념을 갉아먹었을까?

　빈의 문화적 엘리트들이 가진 사회적으로 한정된 성격과 지역주의 및 국제주의와의 조합이라는 특이한 현상은 20세기 초반의 지적 발전 과정을 연구하는 데 있어 다른 대도시들보다 더 일관된 맥락을 만들어낸다. 학생들과 함께 진행한 세미나에서 각각의 도시를 하나의 문화적 실체로 두고 탐구해나가다가 알게 된 사실이지만, 런던이나 파리, 베를린과 같은 도시에서는 고급문화의 다양한 분과에 속한 지식인들 가운데 학계 인사이든 미를 다루는 분야의 인사이든, 언론계나 문단, 정치계나 지식인 그룹에 있는 사람이든 서로를 아는 일은 거의 없었다. 그들은 제각기 격리된 전문가 집단에서 살았다. 이와 대조되게 빈에서는 1900년경까지도 엘리트 그룹 전체의 응집력이 강했다. 살롱과 카페는 여러 부류의 지식인들이 각각의 이념과 가치를 공유하는 장소이기도 했지만 교양교육과 예술적 문화에 자부심을 지닌 사업가나 전문직 엘리트들과 교류하는 기관으로도 활력을 유지했다. 같은 이유에서 지식인이 엘리트 그룹의 다른 분야로부터 소외되는 상황이라든가, 상층 중산계급의 정치적, 윤리적, 미적인 가치와 전혀 딴판인 불가해하고 아방가르드적인 하위문화의 발전은 서구의 다른 문화적 수도에서보다 빈에서 더 늦게 이뤄졌다. 그것이 찾아온 속도는 더 빠르고 더 단호했을지 모르지만 말이다. 이런 연구에 등장하는 첨단문화의 제작자 세대는 자신의 계급이 정치권력에서 추방될 때 계급과 함께 소외되었다. 대부분이 지배계급이던 그들은 자신의 계급에서 소외되거나 그것에 저항한 것이 아니었다. 오스트리아에서 지식인이 사회 전체에서 소외되는 현상은 제1차 세계대전 전의 마지막 10년 동안에야 비로소 나타났다.

4

이 책에 실린 글이 역사적 지형의 전체 지도를 그리는 것은 아니므로, 독자들은 각 장을 독립된 글로 읽어도 된다. 각 장은 문제의 성격에 따라 저마다의 출구를 통해 다양한 규모와 초점을 지닌 지형으로 나아갔다. 그 모든 지형에 공통되는 것은 오직 정치와 문화 사이의 상호 작용이라는 근본적인 동기뿐이다. 우리가 기대할 수 있는 것은 하나의 연작 가곡에서처럼 중심 이념이 작용해 여러 부분이 각기 상대에게 조명을 비춰 더 큰 전체를 밝힐 통일성 있는 무대를 세우는 것이다.

각 글의 초점과 배열에 대해 몇 마디 하는 것이 독자들의 이해에 도움이 될 수도 있겠다. 첫째 글인 「정치와 프시케」는 전체 글의 배경이다. 그 글의 목적은 오스트리아 문화유산의 특수한 성격을 광범위하게 규정하려는 데 있다. 세기말의 문화 제작자들은 부분적으로는 귀족적이고, 가톨릭적이고 심미적이면서, 또 부분적으로는 부르주아적이고 법치주의적이고 합리주의적이기도 한 문화유산을 가지고 자신들에게 닥친 기능과 의미의 위기를 상대했던 것이다. 자신들의 사회 계급이 직면한 문제에 그 유산을 각기 다른 방식으로 적응시키는 힘든 과제를 수행했던 문단의 두 중심인물, 아르투어 슈니츨러Arthur Schnitzler 1862~1931와 후고 폰 호프만슈탈Hugo von Hofmannsthal 1874~1929은 그들이 처한 딜레마의 결정체 같은 존재였다.

두 번째 글인 「링슈트라세와 그 비판자, 그리고 도시적 모더니즘의 탄생」은 도시 형태와 건축 스타일이라는 매체를 통해 정치적 주도권을 잡은 자유주의 문화 시스템을 탐구하려 한다. 하지만 자유주의는 미래를 내다보기도 한다. 자유주의자들의 빈 재개발에 참여한 두 대표자—오토 바그너와 카밀로 지테—가 보인 자유주의에 대한 비판적 반응은 건설된 환경built environment에 대한 현대적 사고 속에서 상충하는 경향들이 생겨났음을 알려준다.

세 번째 글인 「새로운 조성調性의 정치politics in a new key」는 반反유대주의라는 중요한 영역에서 벌어지는 정치를 정면으로 다룬다. 이 글은 세 명의 지도자—두 명은 반유대주의자이며 한 명은 시오니스트—에 대한 분석을 통해 환상의 정치가 등장하는 과정을 추적한다. 이 환상의 정치 속에서 예전의 오스트리아 자유주의자들은 귀족주의 문화 전통이 끈질기게 발휘하는 위력을 대중정치의 현대적 추구를 위해 개작했다.

네 번째 글은 지적 영역에 발을 더 깊이 담그고 한 권의 텍스트, 즉 프로이트의 세기적 저작인 『꿈의 해석Die Traumdeutung』을 탐구한다. 여기서는 정신분석학 방법론이 수정된 형태로 사용되고 있다. 즉 프로이트의 꿈에 남아 있는 낮의 사건들을 가져다가 프시케에 대한 그의 생각에 영향을 준 개인의 역사적 경험을 재구성하는 방법을 썼다. 그런 꿈과 기억—그가 스스로 정신분석을 하면서 자신의 억압된 과거에서 재발견해낸 재료들—의 사회적이고 정치적인 내용을 탐구하는 과정에서, 역사 개념이 결여된 사고 시스템으로서의 정신분석학은 역사가 프로이트에게 가한 트라우마로 형성된 것으로 밝혀진다.

화가 구스타프 클림트를 다루는 다섯 번째 글은 다시 시야를 넓혀 단일한 텍스트가 아닌 평생의 작품을 다룬다. 처음에는 자유주의 고급문화의 참여자로, 다음에는 '현대modern'를 찾아 그것에 반대하여 반항했다가, 결국은 순수하게 장식적인 기능으로 물러나는 과정을 거치면서, 클림트는 자신의 그림이 가진 스타일과 이념으로 저 후기 합스부르크 사회의 긴장 속에서 예술이 담당했던 기능과 변화하는 성격을 기록했다.

마지막 두 편의 논문인 「정원의 변형」과 「정원에서의 폭발」은 자유주의가 몰락해가던 반세기 동안 예술이 사회적 현실을 대하는 방향감각을 상실함에 따라 일어난 점진적이지만 어마어마한 변화를 공통 관점에서 본 견해를 제공한다. 전통적으로 질서를 부여하는 인간 권력의 상징이던 정원은 여기서는 4세대에 걸친 합리주의 이후 시대post-rationalist의 인간 조건에 대한 새로운 개념이 등장하는 과정을 추적하는 도구로 사용된다. 여섯 번째 글인 「정원의 변형」은 문학에서 찾아낸 특정 사례를 통해 자유주의 정권 및 그것을 유지하던 역사적 관점이 해체되는 상황에서 발생한 사고와 감정의 대개는 고통스럽지만 창조적인 재조직 과정을 보여준다. 마지막 글인 「정원에서의 폭발」은 표현주의 문화가 탄생하는 과정을 추적한다. 표현주의는 전통적 문화 질서의 파괴가 절정에 달하여 재구축이 시작되는 지점으로 새롭고 더 과격한 단계다. 세기말의 미학에 반대하여 폭발적으로 분출하는 코코슈카와 쇤베르크는 회화와 음악의 새로운 언어를 고안해 그들 사회가 공언한 가치의 초월적 부정 속에 들어 있는 고통의 보편성을 선언하려 했다. 20세기 빈의 문화는 현대적 인간을 "그 자신의 우주를 재창조할 운명을 지고 있는 자"[4]라고 규정하면서 자신의 목소리를 발견했다.

01

정치와 프시케
슈니츨러와 호프만슈탈

우리 시대의 본성은 다양성과 결단력 결여다. 그것이 의지할 수 있는 곳은 '미끄러짐(움직이는 것, 미끄러지는 것, 흘러내리는 것)뿐이다. 다른 세대가 확고한 것으로 믿었던 것이 실상은 '미끄러지는 것'임을 알고 있다.

아르투어 슈니츨러

제1차 세계대전이 끝났을 때 모리스 라벨은 「라발스La valse」를 작곡해 19세기 세계의 급사急死를 기록했다. 오랫동안 유쾌한 빈의 심벌이던 왈츠는 작곡가의 손에서 미친 듯한 죽음의 춤이 되었다. 라벨은 이렇게 썼다. "나는 이 작품이 내 마음속에서 운명의 환상적인 소용돌이라는 인상과 연결되어 있는 빈 왈츠에 대한 일종의 신격화라고 느낀다."[5] 그의 그로테스크한 추도사는 역사의 문제 한 가지, 즉 세기말 빈에서의 정치와 프시케의 관계에 대한 서문 역할을 한다.

라벨은 왈츠세계가 파괴된 것을 축하하면서도 그 세계를 원래 통합되어 있었던 것으로 그리지는 않는다. 그 작품은 처음에 전체를 구성하는 개별 부분들의 윤곽을 희미하게 풍겨주면서 시작한다. 왈츠 주제의 단편들이 우울한 정적 속에 여기저기 흩어져 있다. 군대식 팡파르, 신나는 트롯, 달콤한 오블리가토obligato 기악 연주에서 생략될 수 없는 필수 선율이나 반주 부분, 휘몰아치는 듯한 장조長調로 된 멜로디 같은 각 부분이 점차 제자리를 찾는다. 각각의 요소가 가진 힘(모멘텀)이 자력처럼 되어 그 요소들이 더 넓은 세계 속으로 끌려 들어온다. 각각은 파트너와 손 잡고 춤을 추면서 저마다의 개성을 발휘한다. 속도가 빨라져서, 휘몰아치는 리듬이 거의 알아차릴 수 없을 정도로 강박적인 느낌으로 넘어갔다가 나중에는 미친 듯한 속도로 바뀐다.

동심원적인 요소들이 중심에서 벗어나 전체로부터 이탈하며, 화음을 불협화음으로 바꾼다. 돌진하는 속도가 계속 빨라지다가 갑자기 리듬이 단절된다. 청중은 거의 동작을 멈추고 공포에 질려, 중요한 요소가 한순간 침묵을 지킬 때 만들어진 허공을 응시하게 된다. 모든 요소가 부분적으로 마비되어 움직임이 약해지지만 그래도 전체 음악은 강박적인 4분의 3박자만이 할 수 있는 방식으로 가차 없이 움직인다. 왈츠가 음향의 대격변을 일으키며 파괴되는 종결부에 이르기까지 각 주제는 계속해서 전체적인 혼란 속에서 중심이 어긋나고 왜곡된 각자의 개성을 내뿜고 있다.

라벨 자신이 알았든 몰랐든, 그의 음악적 우화는 현대의 문화적 위기에 대한 은유이며 세기말의 오스트리아 지식인들이 보고 느낀 것과 대체로 동일한 방식으로 그 문화의 위기를 제시했다. 그들의 세계는 어떻게 해서 혼란에 빠졌는가? 개인들(라벨의 경우는 음악적 주제)이 각자의 프시케 속에 뭔가 사회적 전체와 근본적으로 양립 불가능한 어떤 특징을 갖고 있기 때문인가? 아니면 그러한 전체가 그것을 구성하는 개인들을 왜곡하고 마비시키고 파괴하기 때문인가? 혹은 리듬에 따르는 사회적 전체라는 것이 애당초 존재하지도 않았고 근본적으로 응집력이 없는 개별적인 부분들을 우연하게 조작한 결과 나타난 통합적 운동이라는 환상뿐이었는지도 모른다. 만약 이 환상이 지속된다면 통합의 환상이 실제로 바뀔 수 있을까? 이런 물음들이 인류에게 새삼스러운 것은 아니지만 세기말 빈의 지식인들에게는 그것이 중심 문제가 되었다. 빈의 최고 작가뿐만 아니라 그곳의 화가와 심리학자들, 심지어는 예술사가들도 해체되는 사회 내에서 개인이라는 게 무엇인가 하는 문제에 사로잡혔다. 오스트리아가 새로운 인간관에 뭔가 기여할 수 있게 된 것은 이러한 몰입 덕분이었다.

전통적인 자유주의 문화는 합리적 인간을 중심으로 한다. 합리적 인간은 자연에 대한 과학적 지배와 자기 자신에 대한 도덕적 통제를 통해 훌륭한 사회를 만들 수 있으리라는 기대를 한 몸에 모았다. 20세기에 접어들자 합리적 인간은 그보다 더 풍부한 내용을 지녔지만 더 위험하고 변덕스러운 존재인 심리적 인간에게 밀려났다. 이 신新인간은 그저 합리적이기만 한 동물이 아니라 감정과 본능을 지닌 생물이다. 우리는 그를 기준으로 삼아 우리 문화의 온갖 것을 평가하는 경향이 있다. 우리의 간주관주의間主觀主義 화가는 그를 모델로 삼아 그린다. 실존주의 철학자들은 그에게 의미를 부여하려고 애쓴다. 우리의 사회과학자, 정치가, 광고업자들은 그를 조작의 대상으로 삼는다. 심지어는 진보한 사회평론가들도 사회질서의 가치를 판단하는 데 합리적 권리의 기준보다는 그를 활용한다. 우리는 정치적, 경제적 억압도 심리적 좌절감이라는 개념을 기준으로 평가한다. 아이러니한 이야기지만 빈에서 지금은 없는 데가 없는 이 심리적 인간의 발견을 촉진한 것이 바로 정치적 좌절감이었다. 그 신인간이 빈 자유주의 문화의 정치적 위기에서 등장했다는 것이 바로 내가 다루는 주제다.

이 글에서는 세기말 정치적 위기의 성격과 배경을 간략하게 열거한 다음, 19세기 빈 자유주의 문화의 주된 특징을 묘사하려 한다. 그 문화는 다른 유럽 국가들의 자유주의 문화와 많은 부분을 공유하지만 그래도 그것만의 특징이 있다. 서로 전혀 화합하지 못하는 도덕적 요소와 심미적 요소로 기묘하게 나뉜 그 문화는 세기말 지식인들에게 그들 시대의 위기에 직면할 지적 도구를 제공했다. 그 맥락 안에서 우리는 문단의 두 대표적 인물인 아르투어 슈니츨러와 후고 폰 호프만슈탈이 자유주의 문화의 위기 속에서 지향점을 찾고, 정치와 프시케 사이의 관계가 어떠해야 하는지 생각을 정리하려 한 상이한 방식을 이해할 수 있을 것이다.

1

오스트리아 자유주의도 다른 모든 유럽 국가의 자유주의와 마찬가지로 귀족정치와 바로크 절대주의에 대항하여 영웅적으로 투쟁하던 시대가 있었다. 이 시대는 1848년의 충격적인 패배로 종말을 맞았다. 그 뒤에는 순화된 자유주의자들이 권력을 쥐었고, 1860년대에는 다른 세력들이 기권하다시피 한 와중에서 입헌 체제를 성립시켰다. 자유주의자들은 그들 자체의 힘 덕분이 아니라 구舊질서가 외부의 손에 패배당함으로써 국가의 조타수 자리에 앉게 된 것이다. 애당초 그들은 권력을 귀족정치 및 제국의 관료제와 나눠 가져야 했다. 자유주의자가 정권을 잡고 있던 20년 동안에도 도심에 거주하는 독일계와 독일-유대인계의 중산계급에 한정된 그들의 사회적 기반은 취약했다. 그들은 점점 더 자본주의와 동일시되었으며, 제한적 참정권이라는 비민주적 수단을 통해 의회 권력을 유지했다.

얼마 지나지 않아 농민, 도시 기술자와 노동자, 슬라브인 등 새로운 사회 그룹이 참정권을 요구하기 시작했다. 1880년대에 이 그룹들은 대중 정당을 결성하여 자유주의의 헤게모니에 도전했다. 반유대주의적인 기독교 사회당, 범게르만당, 사회당, 슬라브 민족당이 그런 정당이었다. 그들의 성공은 아주 빠른 속도로 다가왔다. 1895년에는 자유주의의 보루인 빈 자체가 기독교 사회당의 파도에 침몰했다. 가톨릭 성직자들의 성원에 힘입은 프란츠 요제프 황제는 시장으로 당선된 반유대주의적 가톨릭교도인 카를 뤼거Karl Lueger 1844~1910의 선출을 인가하지 않겠다고 거부했다. 자유주의자인 지그문트 프로이트는 유대인들의 구세주인 전제군주의 행동을 축하하면서 시가를 피웠다. 하지만 2년 뒤에는 더 이상 그 파도를 막을 길이 없었다. 선거인단의 의지에 굴복한 황제는 뤼거를 시장으로 승인했다. 기독교 사회당의 선동가들은 고전적 자유주의에 배치되는 온갖 내용이 뭉뚱그려진 10년간의 빈 통치를 시작했다. 그들은 반유대주의자였고, 교권주의자教權主義者였고, 국지적 사회주의자였다. 국가 차원에서도 자유주의자들은 1900년 무렵 의회 권력을 잃었고 그 뒤 다시는 되찾지 못한다. 그들은 기독교도, 반유대주의자, 사회주의자, 민족주의자 등 현대의 대중운동에 의해 분쇄된 것이다.

이 패배의 심리적 반향은 깊은 곳까지 울렸다. 그것이 불러낸 분위기는 퇴폐적이라기보다는 무기력함이었다. 진보가 종말을 고한 것 같았다. 『노이에 프라이에 프레세Neue Freie Presse』지는 기대했던 역사의 합리적 과정이 잔혹한 쪽으로 바뀌었다고 보았다. '문화적으로 적대적인 대중'은 정치적 계몽주의를 위한 선결 요건이 만들어지기도 전에 이미 승리를 거두었다. 1897년 참회의 화요일 날, 『노이에 프라이에 프레세』지는 이렇게 썼다. 자유주의자들이 "가짜 코를 붙이는 것은 (오로지) 걱정스러운 표정을 감추기 위해서[뿐]이다. (…) 우리 귀에 들리는 것은 경쾌한 왈츠가 아니라 흥분하여 소리치는 군중의 고함소리와 (정치적) 적대자들을 해산시키려고 애쓰는 경찰의 고함소리뿐이다."**6** 불안, 무기력, 사회적 존재의 잔혹함에 대한 자각의 고조, 이런 특징들이 자유주의 신조가 여러 사건으로 산산조각 나고 있는 곳에서 사회적 분위기의 새로운 핵심이었다.

19세기의 작가들은 이 위협받는 자유주의 문화의 자녀였다. 그들이 물려받은 가치는 무엇이었으며, 그들은 무엇으로 이 위기에 대처할 것인가? 내 생각에 그 세기 후반의 자유주의 문화에서 가치는 대략 두 부류로 분류될 수 있다. 하나는 도덕적, 과학적 부류이며 다른 하나는 미적인 부류다.

빈 상류층 부르주아의 도덕적, 과학적인 문화는 유럽 다른 지역의 흔해빠진 빅토리아 시대 의식19세기 영국 산업 발전을 바탕으로 하여 성장한 중산층이 지지하는 가정, 가부장제, 기독교, 엄격한 도덕의식을 중시하는 사고방식을 가리킨다. 사회윤리적으로 결함이 없는 신사를 모델로 삼으면서도 높아진 생활수준으로 인해 겉치레, 사치, 낭비가 유행했으며, 후세에 도덕적 위선, 천박한 낙관

주의라는 비난을 받곤 했다. 그런 맥락에서 빅토리아니즘Victorianism이란 말은 오만함, 허세, 피상적인 낙관

론, 무사안일주의, 공리주의, 위선적 도덕주의 등을 뜻하는 부정적인 용어로 사용되곤 했다. 윤리의식과 성에 대

한 이중 잣대가 특히 현저했다. 자크 바전의 말에 따르면, 이 시대의식의 문제점은 실제 경험의 사실 영역을 그

유용성에도 불구하고 의도적으로 부정하는 데 있었다과 별반 다르지 않다. 도덕적 측면을 말
하자면 그것은 안정되고 올바르고 억압적이다. 정치적으로는 개인의 권리와
사회질서 양쪽 모두를 종속시키는 법률의 지배에 관심을 갖는다. 그러면서도
지적으로는 신체에 대한 정신의 지배 및 당대의 볼테르주의라고 할 만한 것,
즉 과학과 교육과 고된 노동을 통한 사회 진보라는 것에 몰두해 있다. 이런
가치가 오스트리아의 법률과 교육과 경제생활에 적용된 10~20년의 시간 동
안 이뤄진 업적은 과소평가되곤 한다. 하지만 그 가치든 그 가치에 입각해 이
뤄진 진보든, 어느 것도 오스트리아의 중산계급 상층부에 고유한 특성을 부
여하지는 못했다.

우리에게 더 중요한 안건은 19세기 중반 이후 교육받은 부르주아 계층의
심미적 문화의 발전이다. 왜냐하면 예술을 하는 삶에 대해 한 계급 전체가
보인 특이하게 예민한 감수성이 그것으로부터 자라났으며, 동시에 개인적 차
원에서도 정신적 상황에 대한 민감성이 자라났기 때문이다. 20세기가 시작
될 무렵 오스트리아에서는 유럽 부르주아에게서 흔히 보이는 도덕주의적 문
화가 비도덕적인 감정의 문화Gefühlskultur에 의해 압도되는 동시에 잠식당하
고 있었다. 이러한 발전 과정이 면밀히 연구된 적은 없었다. 나 또한 그 윤곽
만을 소개할 수 있을 뿐이다.

오스트리아의 부르주아가 프랑스나 영국의 부르주아와 구별되는 기본적인
사회적 사실 두 가지가 있다. 그들은 귀족정치를 없애버리지 못했고 귀족들
에게 완전히 녹아들어가지도 못했다. 또 그러한 취약성 때문에 황제를 경원

하면서도 아버지-보호자 같은 존재로 여기고 그에게 의존했으며 깊은 충성심을 보였다. 독점적인 권력을 쟁취하지 못한 탓에 부르주아는 항상 어딘가 국외자 같은 존재였고, 귀족계급과 통합하려고 애썼다. 수도 많고 부유한 빈 거주 유대인 세력은 동화되려는 성향이 강했으므로 이 같은 추세를 더 강화시킬 뿐이었다.

오스트리아에서는 부르주아가 사회적으로 곧장 귀족계급에 동화되는 일이 거의 일어나지 않았다. 귀족 작위를 획득한 사람도 독일에서처럼 황실 궁정생활 안으로 받아들여지지 않았다. 하지만 이와 다른 더 개방적인 길, 즉 문화를 통한 동화의 길이 열려 있었다. 물론 여기에도 어려움은 있었다. 오스트리아 귀족계급의 전통문화는 법치주의적이고 청교도적인 부르주아나 유대인 문화와는 완전히 딴판이었다. 귀족계급은 속속들이 가톨릭적이고 관능적이며 감수성을 중시하는 문화였다. 전통적인 부르주아 문화는 자연을, 신성한 법칙에 따르는 질서를 부과하여 장악해야 할 어떤 것으로 본 반면 전통적인 오스트리아 귀족 문화는 그것을 즐거움의 무대, 예술로 찬미되어야 할 신성한 은총의 현현으로 보았다. 전통적인 오스트리아 문화는 북독일같이 도덕적, 철학적, 과학적인 것이 아니라 일차적으로 미적인 것이었다. 그 가장 큰 업적은 건축, 연극, 음악 등의 응용예술과 공연예술 분야에서 이루어졌다. 이성과 법률의 자유주의적 문화에 뿌리를 둔 오스트리아 부르주아는 따라서 관능적 감정과 우아함을 위주로 하는 구귀족 문화와 맞섰다. 앞으로 슈니츨러에게서 보게 되겠지만, 이 두 요소가 합쳐질 때 생길 수 있는 것은 지극히 불안정한 혼합물뿐이다.

귀족 문화를 향한 동화의 첫째 단계는 순수하게 외면적인 동화, 말하자면 거의 흉내 내기라 할 만한 것이었다. 한창 기세가 오르던 1860년대의 부르주아들이 건설한 새로운 빈은 그런 단계를 돌에 새겨 보여준다. 정권을 쥔 자유주의자들은 나폴레옹 3세의 파리 개조도 이에 비하면 왜소하게 보일 정도의 큰 규모로 도시 개조 작업을 벌여, 자신들의 길을 역사에, 족보에 남기기 위해 자신들의 것이 아닌 고딕, 르네상스, 바로크적인 과거에서 영감을 얻어 거창한 건물들을 지었다.[•]

귀족계급 문화로 들어가는 둘째 길은 흥청거리는 건설 분야보다 더 충격적인 것으로, 전통적으로 번영해온 공연예술의 후원을 통해서였다. 귀족계급의 전통 가운데 이 형식은 건축보다 중산계급의 의식을 더 깊이 건드렸다. 왜냐하면 전통적인 빈의 민속 연극이 그 토대를 이미 마련해놓았기 때문이다. 빈의 신흥 상류 부르주아들이 애초에 고전 연극과 음악을 후원하기 시작한 것은 로프코비츠Lobkowitz 가문이나 라수모프스키Rasoumowsky 가문을 흉내내기 위해서였겠지만, 그 세기가 끝날 무렵에는 유럽의 다른 도시에 사는 비슷한 입장의 사람들 그 누구보다도 더 진실한 열정을 쏟았다. 1890년대가 되면 중산계급 상류층이 떠받드는 영웅은 이제 정치 지도자가 아니라 배우, 화가, 평론가였다. 전문적 기고가와 아마추어 문인의 수가 급속히 늘었다.

19세기가 끝날 무렵에는 빈의 중산계급 사회에서 예술이 발휘하던 기능이 변했고, 이 변화에서는 정치가 결정적인 역할을 맡았다. 빈 시민들이 처음에는 귀족계급으로 동화되기를 포기하고 그 대체물로서 예술의 신전을 후원하는 길을 택했더라도, 결국에는 예술을 하나의 도피처, 점점 더 위협적인 정치적 현실의 불유쾌한 세계로부터의 피난처로 삼게 되었다. 1899년에 평론가 카를 크라우스Karl Krauss(1874~1936)는 문학의 상업화 및 그에 대한 흥미의 증대를 하나의 정치적 산물, "최근 상황의 결과물, 빈 자유주의의 행동 영역이 개막 공연이 열리는 극장 무대에만 한정된 상황"의 결과라고 규정했

[•] 이 책의 2장, 1절과 2절을 볼 것.

다.**7** 호프만슈탈은 예술에 더욱더 열중하는 현상을 시민적 삶이 실패한 데서 오는 불안과 관련된 것으로 보았다. 1905년에 그는 "우리는 세계가 무너지기 전에 떠나야 한다" "많은 사람이 그 사실을 이미 알고 있고, 그 많은 사람 가운데서 뭔가 규정할 수 없는unnennbares 어떤 감정 때문에 시인이 생겨난다"**8** 라고 썼다. 유럽의 다른 곳에서는 예술을 위한 예술이란 말에 예술에 몰두하는 이들이 한 사회 계급에서 고립된다는 뜻이 함축되어 있다. 하지만 빈에서만은 그런 예술이 사실상 한 계급 전체의 충성을 요구했다. 예술가들도 그 가운데 포함되었다. 예술을 위한 삶이 행동의 삶을 대체하는 것이 되었다. 실제로 시민적 행동이 점점 더 쓸모없어질수록 예술은 거의 종교 수준으로 올라섰으며, 영혼을 위한 음식이자 의미의 원천이 되었다.

빈의 부르주아들이 미적 문화를 받아들일 때, 귀족계급이 몰락하는 와중에서도 계속 유지하고 있던 신분과 기능에 대한 그들의 집단적 의식도 받아들였다고 결론지으면 안 된다. 귀족이 되고 싶은 허세꾼으로서든, 예술가 또는 정치가로서든 부르주아란 결코 자신의 개인주의적 유산을 완전히 버릴 수 없는 존재다. 호프만슈탈이 "미끄러져 가버리는 것das Gleitende"이라 부른 것, 즉 세계가 슬며시 사라져버린다는 느낌이 커짐에 따라 부르주아는 자신에게 적절한 미적 문화를 내면으로 돌려 자아를 갈고닦으며 자신의 개인적 특이성을 더욱 연마했다. 이런 경향은 필연적으로 자신만의 정신적 생활에 몰두하는 것으로 이어지며, 그것이 예술에 대한 헌신과 정신에 대한 몰두 사이의 연결 고리가 된다. 그 관계를 보여주는 하나의 사례가 당시 수많은 열성적 독자를 끌어모으던 신문의 문화면인 푀이통feuilleton 신문의 문예란이 채택한 스타일이다.

짧은 삽화적 묘사의 예술가라 할 푀이통 필자들은 구체적인 것을 좋아하는 19세기의 취향에 딱 들어맞는 소소하고도 별개인 사건과 일화들을 소재로 작업했다. 하지만 그들은 자기가 쓰는 재료에 자신의 상상력에서 끌어낸 색채를 입힐 방법을 모색했다. 예를 들면 기자나 평론가가 어떤 경험에 보이는 주관적 반응이나 그의 감정선 같은 것이 그가 나눈 대화 자체보다도 명백히 더 중요했다. 감정 상태의 묘사는 곧 판단을 내리기 위한 방식이 되었다. 이에 따라 푀이통 필자들의 스타일에서는 부사가 명사를 집어삼켰고, 사실상 사적인 음영이 대화 대상의 윤곽을 흐릿하게 만들었다.

테오도어 헤르츨Theodor Herzl은 불과 열일곱 살이었을 때 쓴 어떤 기사에서 푀이통 필자들에게서 발견되는 주된 성향 한 가지가 나르시시즘이라고 밝혔다. 헤르츨은 이렇게 말했다. 푀이통 필자는 '자기 자신의 정신과 사랑에 빠지고, 그럼으로써 자신이나 타인에 대한 판단 기준을 잃어버릴' 위험에 처해 있다.[9] 푀이통 필자는 세계에 대한 객관적 분석을 개인 감정의 주관적 수양 과정으로 변형시키는 경향이 있다. 그는 세계를 행동의 무대가 아닌 감수성에 대한 우연한 자극의 연속으로 본다. 위의 푀이통 칼럼이 언급한 문화적 유형을 실제로 보여주는 것이 그 칼럼의 필자 자신이다. 그는 자기도취적이고 내향적이며, 외부 실제세계에 대해서는 수동적인 태도를 보이고, 무엇보다도 정신적 상태에 민감하게 반응한다. 이러한 부르주아적인 감정의 문화가 부르주아 지식인과 예술가의 정신을 제약했으며, 그들의 감수성을 다듬고 문제를 만들어냈다.

이제, 1890년대에 수렴하게 되는 문화와 정치적 발전의 개별적인 가닥들을 한데 모아보자. 교육받은 부르주아들은 기존 귀족계급의 우아함의 문화 속으로 동화되려고 노력하면서 귀족계급이 가졌던 심미안과 관능적 감수성을 도용했지만 그것은 세속화되고 왜곡되었으며 고도로 개인화된 형태였다. 나르시시즘 및 감각의 삶이 보이는 이상비대 현상은 그 결과였다. 정치적 대중운동의 위험은 그들 특유의 유산이던 합리성과 도덕률과 진보에 대한 전통적인 자유주의적 확신을 약화시킴으로써 이미 나타나 있던 이러한 경향을 더욱 심화시켰다. 장식물이던 예술이 본질로 변했고, 가치의 표현이던 것이 가치의 근원이 되었다. 자유주의의 몰락이라는 재앙은 더 나아가서 미의 유산을 감각적인 신경의 문화, 불안한 쾌락주의, 직설적인 불안감으로 바꾸어 놓았다. 이 복잡한 사태에 부채질하듯이, 오스트리아의 자유주의 지식인들은 그들 전통의 초기 노선이자 도덕주의적·과학적인 성격을 지닌 법의 문화를 완전히 포기하지 않았다. 따라서 오스트리아에서 가장 훌륭한 인물들은 예술과 감각의 삶을 긍정하자니 죄의식을 떨쳐버릴 수 없었고 그로 인해 불구가 되었다. 이 불안의 정치적 근원은 나르키수스의 사원에 끈질기게 버티고 있는 양심의 존재를 통해 작동하는 각자의 프시케였다.

2

아르투어 슈니츨러에게는 세기말 오스트리아 문화의 두 조류인 도덕주의적·과학적인 조류와 미적인 조류가 거의 같은 비중으로 공존하고 있었다. 유명한 의사였던 슈니츨러의 아버지는 아르투어의 장래 직업을 안정적인 의사로 예정해두었으며, 젊은 아르투어도 10년 넘게 이 길을 밟아나갔다. 공연예술에 대한 열정이라는 점에서는 빈의 여느 시민들과 다를 바 없던 노老슈니츨러의 자랑스러운 친구들 가운데는 빈의 위대한 공연예술가가 여럿 있었다. 그러나 바로 자기 집안에서, 아르투어가 미적 열병을 매우 심하게 앓고 문학을 천직으로 삼으려는 열망을 품자 그의 아버지는 세기 중반의 도덕주의자의 본색을 드러내며 젊은이의 뜻에 격렬하게 반대했다.

젊은 슈니츨러는 의학도였을 때에도 심리학에 매력을 느꼈다. 그는 프로이트의 스승인 테오도어 마이네르트Theodor Meynert의 병원에서 조수로 일했으며, 최면술 치료 요법의 전문가가 되었다. 프로이트처럼 슈니츨러도 도덕주의적 가치를 물려받은 자신의 부계적 유산과 본능적 삶이 인간의 행복과 불행을 결정하는 근본적인 요인임을 인정해야 한다는 현대적 확신 사이에서 심한 갈등을 느꼈다. 또 프로이트처럼 그도 과학적 세계관을 도덕주의적 매트릭스에서 분리시키고 대담하게 본능의 삶으로 돌려세움으로써 자신의 양면성을 해결했다. 프로이트가 슈니츨러의 50번째 생일(1912)에 '과소평가되고 무척 악평을 받은 성애性愛'에 대한 탐구 과정의 '동료'라는 축하 인사를 보낸 것도**10** 놀랄 일이 아니다. 사실 프로이트는 슈니츨러가 자신과 비슷하다는 사실을 심하게 의식한 나머지, 이 작가를 자신의 '도플갱어'로 여기고 의식적으로 피했다.**11**

슈니츨러는 빈 사람이었으므로 문학적 자연주의자들이 익히 아는 사회적 유형을 통해 본능의 세계에 어렵지 않게 접근할 수 있었다. 그는 자신의 초기 작품에 나오는 인물들의 성격을 빈의 플레이보이와 '사랑스러운 바람둥이', 당대의 멋쟁이 감각주의자들에게서 얻어왔다. 그가 그들에게서 천착한 것은 에로스의 뿌리칠 수 없는 힘, 에로스의 만족과 환상, 타나토스와의 기묘한 유사성—특히 『윤무輪舞』 Der Reigen, 1986, 나중에 프랑스에서 La ronde라는 제목으로 영화화됨에 그려진 것 같은—및 모든 사회적 위계질서를 해체하는 에로스의 끔찍한 위력이었다. 1890년대 후반 빈의 반유대주의자들이 명명백백한 승리를 거둔 뒤, 과거의 도덕적 세계관에 대한 슈니츨러의 관심과 공감은 더욱 커졌다. 그는 도덕주의적 문화를 조롱하는 쾌락주의적 약탈자들에게서 몸을 돌려 신념을 지키는 그 문화의 희생자들 편에 섰다. 희곡 『파라셀수스Paracelsus』(1897)와 『베르타 가를란 부인Frau Berta Garlan』(1900)에서 슈니츨러는 질서정연하고 윤리적이고 합목적적인 사회를 위해 자신들의 핵심적인 본능도 억제하기로 굳게 결심한 사람들에게도 도덕성이 거의 힘을 쓰지 못하는 모습을 보여주었다. 또 다른 희곡인 『삶의 외침Der Ruf des Lebens』(1905)에서는 관습적 문화에 내재하는 잔혹할 정도로 억압적인 면모를 파헤치지만, 사랑의 본능에 굴복하여 관습의 세계 바깥에서 만족을 찾으려는 시도가 얼마나 소용없는 짓인지도 함께 다룬다. 『삶의 외침』은 디오니소스적 존재를 부르는 외침이며, 그러다보면 급류에 뛰어들기도 해야 한다. 또 그런 점에서 죽음에 대한 호소이기도 하다. 슈니츨러는 도덕주의적 전통이 본능을 이해하지 못한 데 대해 분노하지만, 또한 프로이트처럼 본능적 욕망을 충족시키려는 노력에 불가피하게 뒤따르는 자신과 타인 모두에 대한 잔인함도 보여주었다.

1890년대 중반 자유주의에 위기가 닥치자 슈니츨러는 정치 문제 쪽으로, 아니 정치에서 표현된 프시케로 관심의 방향을 돌렸다. 『초록 앵무새Der Grüne Kakadu』(1898)는 프랑스 혁명의 와중에서 등장인물들의 본능적 생활이 그들 운명의 중심이 되어버린다는 탁월한 풍자 희곡 소품이다. 슈니츨러는 19세기 후반의 수많은 자유주의자에게나 마찬가지로 자기 자신에게서도 그 역사적 의미가 사라져버린 프랑스 혁명에 찬성도, 반대도 하지 않았다. 그는 그저 그 혁명을 위기에 처한 당대 오스트리아 사회에 대한 아이러니를 표현할 수단으로 활용했을 뿐이다. 『초록 앵무새』에 나오는 상류계급 인물들은 관능적 삶에 몰두하고 있다. 일부는 공공연한 감각주의자이고 다른 사람들은 극예술에 몰두한 이들이다. 희곡의 무대와 중심은 어느 카바레 극장인데, 그곳에서의 공연은 연극과 현실, 가면과 인간 사이의 차이를 관객들이 잊어버리게 만드는 것이 목적이다. 이 게임은 평상시라면 그저 즐거울 뿐이지만, 혁명적 상황에서는 참가자들에게 치명타가 된다. 예술의 부패와 부패의 예술이 한데 섞인다. 무대 위의 살인이 실제 살인이 되고, 실제 살인은 질투심에 사로잡힌 배우에 의해 영웅적인 정치적 살인처럼 수행된다. 사랑 때문에 살인한 자가 이성을 잃은 혁명 군중의 영웅이 된다. 감각의 생활에 지나치게 몰입하는 바람에 상류계급은 정치와 연극을, 성적인 공격성과 사회 혁명을, 예술과 현실을 분간하는 힘을 상실했다. 비합리성이 모든 것을 제치고 최고 권좌에 오른다.

『초록 앵무새』에서 슈니츨러는 프시케와 사회라는 오스트리아의 문제를 추상적이며 가볍게 풍자적으로 다뤘다. 거의 10년 뒤에 그는 같은 문제를 장편소설 형식으로 다시 다뤘는데, 이때는 그 문제를 구체적이고 사회학적으로 진지하게 대했다. 그 소설은 구체적으로 반유대주의의 충격을 받은 오스트리아 자유주의 사회가 해체되어가는 현상을 역사적 토대로 한다. 이 소설의 제목인 『열린 곳으로 가는 길Der Weg ins Freie』은 빈의 교육받은 젊은 세대가 밝은 곳으로 나가는 길을 찾으려는, 수렁 같은 병든 사회에서 벗어나 만족스러운 개인의 삶을 찾으려는 필사적인 노력을 뜻한다. 소설에 등장하는 조연급의 유대인 청년들은 각각 자유주의가 한창 박멸되어가던 와중에도 여전히 유대인들에게 허용되어 있던 실제의 길을 대표한다. 그들 모두 공정한 사회라면 그들에게 열려 있었을 법한 길에서 이탈해, 더 적대적이고 어떤 경우는 각자의 성격과 근본적으로 양립 불가능한 다른 길을 가고 있다. 정치적 의지의 소유자는 좌절한 작가가 되어 자신의 의지를 내면에 묻어버리고 자기 자신을 파괴하는 데에만 힘을 쏟고 있다. 사랑을 위해 태어났다고 해야 할 매력적인 젊은 여성은 전투적 사회주의 열성분자가 된다. 기질로 보면 훌륭한 귀족 장교가 되기 위해 태어난 것 같은 청년은 시오니스트가 된다. 라벨의 「라발스」의 주제처럼 각각의 인물은 진정한 자신의 본성에서 이탈하여 미친 듯한 전체의 소용돌이 속에서 괴상한 곳에 휘말려 들어가 있다.

등장인물들 가운데 두 번째 그룹은 연장자 세대, 합목적적, 도덕적, 과학적인 문화의 세대이며, 죽음을 목전에 두고 있다. 이제 슈니츨러는 그들을 긍정적인 눈으로 본다. 자기 아버지와 화해한 것 같기도 하다. 그들이 지지하는 가치는 시대착오적이고 더 이상 삶의 사회적-심리적 사실들과 어울리지 않지만, 늙은 인물들은 여전히 안정성의 모델이며, 건설적인 작업에 참여할 기반이자 심지어는 인간적 동정심을 갖기 위한 어느 정도의 토대까지도 제공한다. 그러나 이 세대는 더 이상 활력이 없다. 슈니츨러는 마치 라벨이 요한 슈트라우스를 보듯 향수어린 따뜻한 눈으로 그들을 보겠지만, 현실에서는 그들의 파멸이 예정되어 있음을 슬프게 직시한다. 그의 소설은 사실상 본능이 정치 영역에서 설치고 있다는 것, 의회는 대중이 조종되는 무대에 지나지 않으며 관능성은 그것을 통제하고 있던 도덕 규칙에서 해방되었음을 보여준다. 사적인 삶의 춤은 공적인 죽음의 춤이 권력을 장악함에 따라 더욱 대담하게 돌아간다. 따라서 슈니츨러는 전통적 가치에 대한 새로워진 충성과 그런 가치를 적용 불가능한 것으로 만드는 현대의 사회적·심리적 현실에 대한 과학적 견해 사이에 어중간하게 매달려 있다.

슈니츨러가 『열린 곳으로 가는 길』의 주인공을 묘사하는 시각은 이제는 서로 충돌하는 낡은 도덕성과 새 심리학이다. 예술가이자 귀족인 주인공 게오르크 폰 베르겐틴은 세기말 오스트리아 부르주아 문화의 영웅을 대표한다. 슈니츨러는 그를 통해 이상이 서서히 죽어가는 모습을 조명한다.

베르겐틴은 그가 활동하는 유대계 상류 부르주아 계급 집단에서 이중으로 영웅시되는데, 작곡가로서의 재능 및 귀족적인 우아함과 혈통을 생각하면 그럴 법한 일이다. 표면적으로는 이 사회가 그의 인간성을 사랑하고 그의 예술에 찬양을 보내는 것 같지만, 실제로는 그런 찬양 때문에 그의 내면에 있는 절망적인 이중성으로 인해 표류하는 듯한 느낌과 고립감, 무기력이 더 심해진다. 이 감수성 예민한 베르겐틴의 정신적 삶에는 슈니츨러의 사회적 파노라마를 특징짓는 능동적, 수동적 여건이 반영되어 있다. 사회가 상이한 가치들이 충돌하는 혼돈 상황이 되어버릴 때 일반적으로 볼 수 있는 결과물이 곧 베르겐틴 같은 인물, 즉 가치의 공백 그 자체다.

열성적으로 참여할 능력이 없으므로 베르겐틴은 꼼짝달싹도 못하고 마비되어버린다. 그는 의식적 삶의 불모지인 변방에 거주한다. 그는 노동과 놀이 사이에서, 내면적 충동의 긍정과 부정 사이에서, 아부와 사랑 사이에서, 귀족적 지혜와 부르주아적 합리성 사이에서 방황한다. 그는 아무런 선택도 하지 않는다. 슈니츨러는 사회적, 본능적인 온갖 압력 가운데서 그 진동을 베르겐틴의 민감한 의식에 가장 강력하게 기록하는 것이 선택되는 양상을 교묘하게 보여준다. 하층계급 여성인 안나를 사랑함으로써 베르겐틴은 거의 구원을 얻을 뻔한다. 그녀와 함께 빈을 떠나 루가노에 파묻혀 살면서 그는 다시 작곡을 시작한다. 사랑에 빠지자 다시 창조 작업에 몰두할 수 있게 된 것이다. 하지만 해체되는 사회가 곧 그의 창조의 은둔처로 침입해 들어오며, 베르겐틴은 또다시 사랑과 일을 떠나 정처 없이 떠돌아다닌다. 안나는 아이를 사산한다.

이 소설에는 제대로 된 종말이 없고, 주인공은 비극적인 존재도 아니다. 슈니츨러는 분노 없는 예언자다. 그의 내면에 있는 과학자는 도덕주의자와 예술가 모두에게 복수했다. 사회적 관찰자이자 심리학자의 관점에서 그는 자신이 보기에 불가피하지만 정당하지는 않은 세계—진정한 비극작가처럼—를 그렸다. 슈니츨러는 비난할 수도, 용서할 수도 없었다.

하지만 그의 소설은 하나의 문화적 이념에 내리는 사망 선고로서는 위력적이다. 게오르크와 그의 예술가 연인의 결별은 미적 문화를 통해 부르주아와 귀족계급을 결합시키려던 반세기에 걸친 노력의 종말을 상징한다. 슈니츨러는 이 실패를 자인하지 않을 수 없게 만드는 역사적 세력이 바로 성장하는 반자유주의적 대중정치임을 보여준다. 안나는 순수하고 아름다움을 볼 줄 아는 데 반해 그 오빠는 악질적인 반유대주의자라는 것은 적절한 설정이다. 약해빠진 귀족 연인 때문에 그녀의 운명이 프티부르주아의 단조로운 삶을 벗어나지 못하고 있을 때 그 오빠는 흉측하면서도 전도양양한 정치적 경력을 내딛는다. 게오르크는 내면에서는 본능에, 외부에서는 불합리한 사회에 내몰리고 있음을 의식하면서도 과잉 비대해진 자기 자신의 감수성 때문에 마비된다. 사회적 귀족은 더 이상 현실을 통제할 수 없다. 미적 귀족은 그것을 이해하지 못한다. 그는 부르주아 세계에서 궤도를 벗어나 겉돌고 있는 자신의 무능력을 느낄 뿐이다.

비극을 쓰려고 애썼지만 슈니츨러가 달성한 것은 슬픔뿐이었다. 그의 소설에서 한 등장인물은 자기 자신에게 들어가는 길 외에는 '열린 곳으로 가는 길Weg ins Freie'이 없다고 주장한다. 과학과 예술 사이에, 구도덕에 대한 헌신과 새로운 감정에 대한 몰입 사이에 꽉 끼여버린 슈니츨러는 프로이트나 표현주의자들처럼 자아 속에서 새롭고 만족스러운 의미를 찾을 수 없었다. 또 호프만슈탈이 하게 되는 것처럼 프시케의 정치적 문제에 대한 해결책을 구상할 수도 없었다. 절망적이지만 헌신적인 자유주의자로서 그는 환상을 박살냄으로써 그 문제를 분명하게 설정했다. 그는 새로운 신념을 만들어낼 수는 없었다. 하지만 빈 상류 부르주아 사회에 대한 분석이라면 당대 문인들 가운데 슈니츨러를 따라올 사람이 없었다. 라벨처럼 그는 왈츠세계의 전통을 이해했을 뿐만 아니라, 해체되어가는 전체와 점점 더 기묘한 관계에 놓인 개인들의 정신도 이해했다. 그는 20세기 주관주의의 많은 부분을 형성한 바탕인 사회적 매트릭스를 누구보다도 더 뛰어나게 묘사했다. 그것은 해체되어가는 세기말 빈의 도덕적—미적 문화였다.

3

슈니츨러는 도덕적-과학적 전통 가운데 처음에는 프시케, 그다음에는 정치에 접근했다. 그 유산에 대한 애정 때문에 그는 미적-귀족주의적 이상의 파산을 그리게 된 것이다. 후고 폰 호프만슈탈은 슈니츨러와 대조적으로 귀족주의 전통에 충실한 분위기에서(나중에 『장미의 기사Der Rosenkavalier』 대본에서 보여주듯이), 사실상 예술의 전당에서 성장한 것이나 마찬가지다. 그는 그 전당으로부터 정치와 프시케의 세계로 뛰쳐나왔고, 예술의 마법으로 죽어가는 도덕적, 정치적 전통을 되살리려고 애썼다. 그리하여 이 두 친구는 동일한 문제와 동일한 문화적 재료를 가지고 작업했지만 접근법과 결과는 달랐다.

호프만슈탈 가문은 부르주아의 심미적 귀족주의적 전통의 살아 있는 화신이었다. 후고의 아버지는 가장 순수한 빈 귀족, 진정한 정신의 귀족이었다. 슈니츨러의 아버지와 달리 그는 아들이 어떤 직업을 선택할지, 또는 사회에서 그가 어떤 역할을 하게 될지에 대해 아무런 고정관념도 갖고 있지 않았다. 중요한 것은 오로지 소년이 세련된 여가를 최대한 잘 향유할 수 있도록 자신의 재능을 개발하는 일이었다. 그러므로 이 재능 있는 아들은 심미적 재능을 발전시키는 온상에서 자라났다고 해도 과언이 아니다.●

사춘기에 이른 호프만슈탈이 "조숙하고 연약하고 슬픈" 젊은 나르키수스가 된 것도 이상한 일이 아니다.[12] 전 유럽의 최신 시 문화와 조형 문화를 재빨리 받아들인 그의 언어는 어두운 자줏빛과 금빛을 발산하며 자개처럼 바

● 헤르만 브로흐는 호프만슈탈 부친의 교육과 모차르트 부친의 교육을 비교했는데, 시사적이다. 전자는 여유 있는 방향 제시이며, 후자는 사회적 소명으로서 아들에게 예술을 훈련시켰다. 브로흐의 「호프만슈탈과 그의 시대Hoffmannsthal und seine Zeit」를 볼 것. 한나 아렌트가 편집한 Hermann Broch, *Essays* 2 vols., Zürich, 1955, I, 111~113.

랜 듯한 무지갯빛으로 반짝였다. 그가 노소를 막론하고 문화에 열광하는 빈 인텔리겐차들의 우상이 된 것 역시 무리가 아니다. 오직 그 도시의 가장 신랄한 도덕주의자인 카를 크라우스만이 "보물 수집가"이자 "삶에서 도망치면서 그것을 치장하는 물건들을 사랑하는" 호프만슈탈에게 경멸을 퍼부었다.[13]

호프만슈탈의 숭배자들도 틀렸지만 크라우스도 얼마나 착각했던가! 모두들 그 시인의 어조에 기만당했다. 애당초 호프만슈탈에게는 심미적 태도라는 것이 문제투성이였다. 그는 예술의 신전에 거주하는 자는 순수하게 자신의 프시케 안에서만 삶의 의미를 찾아야 하는 운명임을 알고 있었다. 그는 감각을 수동적으로 받아들이기만 할 뿐 외부의 실제 세계와의 연관을 전혀 허용하지 않는 이런 자아 안에 갇힌 생활 때문에 모진 고통을 겪었다. 『바보와 죽음Der Tor und der Tod』(1893)에서 호프만슈탈은 "보물 수집가의 태도"에 몰두하는 자들을 양산하는 치명적인 회의주의와 무기력증, 도덕적 무관심을 파고들었다.

『티치아노의 죽음Der Tod des Tiziann』(1892)에서 시인은 예술을 가치의 근원으로 삼는 광신자를 그들의 시점에서 소개했지만, 스스로는 그런 심미적 태도에서 벗어나고자 하는 충동을 최초로 드러냈다. 일종의 '활인화tableau vivant'인 그 짧은 연극은 미를 숭배하는 종교에서 죽어가는 신에게 올리는 제의와 비슷해진다. 티치아노의 신도들은 월터 페이터Walter Pater의 『르네상스Renaissance』를 상기시키는 양식화된 풍요로움의 분위기에서 이제 죽음이 가까워진 화가가 그들에게 준 삶의 심미적 해석이라는 주제로 대화한다. 신도들은 자기들의 스승이 자신의 영혼을 통해 자연과 인간을 변형시켜 제시해준 데 대해 찬미한다. 그가 아니었더라면

우리는 어스름 속에서 살았을 것이며,

우리 삶은 무의미한 공허였을 것이다······.[*]

길거리에 돌아다니는 부랑배처럼 말이다. 호프만슈탈은 이러한 미의 종교를 초보자가 으레 그러하듯이 열정에 겨워 묘사하지만, 그의 열정에는 이유가 있다. 그는 위험을 감지하며, 그의 작품 가운데 가장 '심미적'인 이 작품에서도 그 위험을 발언한다. 예술의 종교의 정통파 입장에서 보면 삶이 곧 미라는 해석은 끔찍한 의존성을 야기한다. 천재의 눈에는 항상 미가 보인다. 모든 순간은 그에게 충만하다. 하지만 창조할 줄 모르는 이들의 경우, 창조한다는 것은 천재의 '계시를 무기력하게 기다려야 하는' 일이다. 그동안 인생에서는 생명력이 고갈되어버린다.

외부에서 축성해주지 않는다면,
우리 존재는 모두 공허하고 황량하다.[**]

신도들 가운데 가장 어린, 열여섯 살 난 자니노만이 문제의 근원에 대해 의혹을 품는다. 젊은 호프만슈탈이 그랬듯이, 그의 아름다운 인간성에는 '뭔가 처녀 같은 것'이 있다. 자니노는 한밤중에 '비몽사몽간에' 헤매다가, 잠들어 있는 베네치아 위로 높이 솟은 바위벽 위에 올라간다. 호프만슈탈 자신도 그런 상태에서 직관을 얻은 일이 수없이 많았다. 그는 화가의 눈을 통해 그 도시를 본다. 그것은 순수한 시야의 대상물, '잠이 든 사이에 달빛과 조석潮汐이 덮어놓은 반짝이는 망토 속에서 무어라고 중얼거리며 편안히 누워 있

---

[*] "So lebten wir in Dämmerung dahin, Und unser Leben hätte Keinen Sinn."
[**] "Und unsre Gegenwart ist trüb und leer, Kommt uns die Weihe nicht von aussen her."

는' 존재다. 그때 밤바람이 불어와 이 시각적 이미지 밑에 삶의 맥박, 중독되고 고통받고 증오하고 정신과 피가 흐르는 맥박이 뛰고 있다는 비밀이 드러난다. 자니노는 생애 최초로 능동성이라는 것을 자각하고, 감정적으로 풍요롭고 몰두한 존재가 된다. 도시에서 자신을 분리시킨다면 '생생하게 살아 있고 전능한 삶, 그것을 우리는 가질 수도 있지만 잊을 수도 있다.'

자니노의 환상은 예술과 삶 사이의 차단지대를 파괴하려고 다가가지만 티치아노의 다른 제자들은 이를 서둘러 재건하려 한다. 어떤 제자는 도시의 아름답고 유혹적인 면모 아래에는 추하고 조야한 모습이 있다고 설명한다. 그런 흉측하고 황량한 세계, 미를 인식하지 못하고 잠들어도 꿈도 꾸지 않는 자들로 가득 찬 세계를 자니노로부터 현명하게 가려놓으려면 거리를 두어야 한다는 것이다. 또 다른 사람은 몸서리치며 말한다. 티치아노는 이 거대한 세계를 차단하기 위해 높은 담장을 세웠으며, 미의 신도들은 거기에 풍요롭게 자라고 있는 덩굴을 통해 세계를 직접 보지 않고 흐릿하게 느낄 뿐이다. 자니노는 더 이상 말하지 않지만 죽어가는 티치아노는 그의 태도가 정당함을 입증해준다. 스승은 최후의 통찰력을 발휘하여 이렇게 외친다. "팬Pan 신은 살아 있다!" 모든 생명의 통일성에 대한 새로운 열정으로 힘을 얻은 티치아노는 죽기 전날 캔버스에 팬 신이 중심인물로 나오는 그림을 그린다. 화가는 삶의 신인 팬을 직접 묘사하지 않고, 베일에 싸여 어린 소녀에게 안긴 꼭두각시 인형으로 그린다. 그 소녀는 양성적 존재인 자니노의 여성형 반쪽이며, 자신의 손안에 있는 삶의 신비를 느끼는 존재다. 스승은 예술과 삶을 통합하는 길을 가리키기는 했지만, 전통적이고 신화학적으로 통합의 가능성을 제시하는 선을 넘어서지는 않았다. 자니노 자신은 그런 말을 하지 않지만, 상징에 그치는 이 활력의 환상만으로는 충분하지 않다. 그가 원하는 것은 상징을 넘어선다. 티치아노의 다른 제자들이 스승이 이룩한 예술의 전통적 업적과 삶 사이의 연결을 놓치고 아류에 머무는 동안, 자니노는 심미적 환상을 계속 심화시켜 미의 장식적인 울타리를 뚫고 나가 삶 자체에 대한 갈망으로 돌진한다. 그 울타리 바깥의 삶이란 생각조차 하면 안 되는 것으로 여기는 친구들은 경악한다. 이 단편에서 자니노-호프만슈탈의 문제가 해결되지는 않지만 시인을 괴롭혔던 문제는 명료하게 제시되어 있다. 어떻게 하면 예술이 미의 수동적인 표현의 차원을 넘어서서 세계의 삶과 유효한 관계를 맺을 수 있을까? 더 간단하게 말하자면, 예술의 신전에서 탈출하는 길은 어디에 있는가?

10년 동안 호프만슈탈은 신전의 벽을 조용히 더듬으면서 비밀 출입구를 찾았다. 수없는 탐색 과정에서 그는 특별히 자신의 지적 발전을 위한 희망 하나를 발견했다. 예술의 역할은 본능을 일깨우는 것이라는 깨달음이다.

「고대 항아리 그림에 부치는 목가Idyll on an Ancient Vase Painting」라는 시에서 호프만슈탈은 대장장이 남편과 살면서 만족하지 못하는 그리스 항아리 화가의 딸에 대해 이야기한다. 어린 시절 아버지가 그린 관능적이고 신화적인 그림들에 대한 그녀의 기억은 일만 아는 대장장이와의 삶에서 채워지지 않는 감각의 생활에 대한 갈망을 불러일으킨다. 결국 켄타우로스가 나타나면서 삶의 불꽃이 그녀 속에서 피어오른다. 그녀는 켄타우로스와 함께 달아나려다가 남편의 창에 찔린다. 그것으로 끝이다. 이 시는 시적 배경과 따로 읽으면 그리 감동적이지 않지만, 여기에 담긴 의미는 아주 크다. 호프만슈탈은 여기서 자신이 그토록 찬양했던 키츠의 태도를 뒤집어놓는다. 키츠는 유명한 「그리스 항아리에 부치는 송가Ode on an Grecian Urn」에서 본능적 삶을 포착해 미 속에 응결시키는 데 반해, 호프만슈탈은 미의 진실에서 출발해 예술속에 얼어붙어 있던 능동적이고 본능적인 삶을 일깨우는 방향으로 나아간다. 「고대 항아리 그림에 부치는 목가」는 본능적 삶에 대한 호프만슈탈의 관심의 출발점에 불과하지만, 그 출발점은 20세기 초 10년 동안 집필된 『엘렉트라Electra』라든가 『보존된 베네치아Das gerettete Venedig』 같은 탁월한 희곡으로 이어진다.

필자는 호프만슈탈이 일종의 리비도 찬미자가 되었다고 말할 생각은 없다. 전혀 그렇지 않다. 슈니츨러와 마찬가지로 그에게서도 본능적인 것은 위험하고 폭발적이다. 그가 한 일은, 그가 속했던 문화는 여태껏 미를 일상세계에서의 탈출구로만 여겨왔는데 사실은 그것이 다른 세계, 즉 이제까지 잘못 규정되어온 비합리적 세계로의 출구임을 보여주려는 것이다. 호프만슈탈은 이 세계를 위험한 것으로 여겼기 때문에, 본능의 세계를 당대의 용어로 직접적으로 표현하는 일은 거의 없었고, 신비적이거나 역사적인 의상으로 은폐해 제시했다. 그가 프리드리히 헤벨Friedrich Hebbel(1813~1863)의 시에 대해 한 말은 그 자신에게도 해당된다. 즉 "시는 가장 비밀스러운 방식으로 우리를 꿰뚫어 (…) 우리 속의 깊은 내면이 우리를 휘젓게 만들고, 실제로 악마적인 것, 우리 속의 자연은 우리를 중독시키는 어두운 파동으로 그것에 공명하여 소리를 낸다"는 것이다.[14] 그런 위험이 있기는 하지만 그래도 인간에게 있는 본능적 요소, '우리 속의 자연'은 심미주의의 감옥, 나르키수스적인 감수성의 마비로부터 벗어날 수 있는 힘을 제공한다. 호프만슈탈은 삶에 참여하려면 의욕을 가지고 해결할 능력이 있어야 한다고 느꼈다. 이 능력은 곧 해결과 의지의 유일한 기반인 불합리성에도 참여해야 한다는 뜻이다. 그러므로 본능의 긍정은 탐미주의자들에게 행동과 사회의 삶에로 나아가는 문을 다시 열어주었다.

호프만슈탈은 자신이 방금 들어간 거대한 세계를 어떻게 보았는가? 슈니츨러에게도 마찬가지였지만, 그가 보기에 현대 사회와 현대 문화는 가망 없이 복잡다단하고 일관성이나 방향성을 결여한 것이었다. "……우리 시대는 다양성과 불확정성을 본성으로 한다. 그것이 의지할 수 있는 곳은 '미끄러져 가버리는 것'뿐이다. 다른 세대가 확고한 것으로 믿었던 것들이 실상은 '미끄러져 가버리는 것'임을 알고 있다."[15] 실재에 대한 이 새로운 인식은 호프만슈탈에게서 이성이 지니는 효력의 근거 자체를 흔들어놓았다. 그의 작품에 나오는 한 등장인물은 이렇게 말한다. "모든 것이 산산조각 났고, 그 조각들은 또 더 작게 부서졌다. 또 모든 것은 더 이상 개념에 의해 규정되지도 않는다."[16] 호프만슈탈은 그것을 "완전히 불합리하고 동질성도 없으며, 언제라도 자기들의 적이 될 수 있고 자기들을 괴롭힐 수 있는 어중이떠중이들을 자기 속으로 받아들여야 하는"[17] 고귀한 본성이 겪어야 하는 시련으로 보았다. 시인에게 이 시련은 사실상 현대 세계에서의 자신의 올바른 기능을 발휘하라는 호출이었다. 즉 시대의 이질적인 요소들을 한데 엮어 짜고, 그것들을 가지고 '관련성Bezüge의 세계'를 구축하라는 호출이었다. 시인이 수행하는 통합 작업은 법의 강제가 아니라 삶의 여러 부분이 다른 부분들과 묶여 있는 은폐된 형태를 드러냄으로써 이뤄진다. 따라서 시인은 역사가와 비슷하게 사물의 독특하면서도 다양한 성질을 있는 그대로 받아들이고, 그것의 역동적인 상호 관계 속에 있는 통일성을 드러낸다. 그는 형식을 통해 조화 속에 불일치를 집어넣는다.

이에 따라 호프만슈탈은 서정시를 포기하고 행동의 영역에, 따라서 윤리와 정치를 다루기에 더욱 적절한 문학 형태인 연극으로 옮겨갔다. 이제 본능에 기반을 두었으며 어떠한 법으로도 통제되지 않는 인간 무대에서 벌어지고 있는 행동은 자아의 고통이자 동시에 타인의 고통의 원인이 되기도 한다. 각 개인은 타인의 운명이며, 그들은 그의 운명이다. 따라서 호프만슈탈에게서 윤리는 전통적인 합리적 도덕 법칙에서 이탈하여 감정의 삶으로 포섭된다. 구도덕과 새로운 현실 사이에 끼여버린 슈니츨러의 어정쩡한 태도가 호프만슈탈에게는 없다. 그가 보는 윤리적 삶이란 감수성을 끊임없이 새롭게 만들어나가는 삶이며, 항상 새로운 관계의 형식을 창조하는 삶이다.

20세기의 처음 몇 년 동안 호프만슈탈은 일련의 희곡이나 희곡 스케치에서 정치에 대한 접근을 되풀이하여 실험했는데, 그 작품들 중에는 끝맺지 못한 것도 있다. 슈니츨러에게서와 마찬가지로 정치에서의 불합리성과 악마성의 돌파구를 찾는 것이 그의 근본 문제였다. 첫 스케치인 『포르투나투스와 아들들Fortunatus and His Sons』(1900~1901)에서 호프만슈탈은 '벼락부자 가족의 퇴폐성을 자신의 기본적인 역사적−사회적 모티프로 삼는다는 것'을 명백하게 선언했다.[18] 부유한 지배자는 권력의 맛을 보여주겠다는 사악한 충동에 따르다가 피지배자들의 반란에 맞닥뜨린다. 권력의 남용을 다룬 비교적 단순한 이 우화는 그다음 스케치인 『칸다울레스 왕König Candaules』(1903)에서 좀더 복잡한 접근법으로 대체된다. 칸다울레스는 안정된 권력을 보유한 왕인데, 그와 왕권의 관계는 『티치아노의 죽음』에서 자니노와 예술의 관계를 연상시킨다. 칸다울레스는 자신의 삶이 '답답하고 일상적인 것'인 데 불만을 품고 도시 군중이 누리는 활기찬 삶을 갈망한다. 그것을 얻기 위해 그는 '자신의 왕권을 거스르는 범죄, 즉 신화의 해체라는 범죄'를 저지른다.[19] 화가인 자니노에게는 구원이던 것이 군주인 칸다울레스에게는 파멸이 되는 것이다. 호프만슈탈은 이렇게 말하는 듯하다. 즉 위대한 예술은 일상생활의 심리적 현실을 인식하는 데 달려 있으며, 그런 현실은 시라는 형식으로 다뤄질 수 있다. 하지만 위대한 왕권은 그 심미적 구성 요소의 우월성, 즉 "'왕'이라는 형식, 본질적으로 인간이 아닌 고위 사제이며 신의 아들이라는 형식"의 우월성을 지속적으로 인정하는 데 달려 있다.[20] 그리하여 호프만슈탈은 슈니츨러 스타일의 염세주의와 맞서 싸우면서 정치 속에서 비합리성을 실현하고 물꼬를 틔워줄 수 있는 왕권의 개념을 찾아내려 애썼다. 그가 그 개념의 힌트를 발견한 것은 예술의 신전에서였다. 그는 자신이 찾아낸 현대 생활의 혼란과 시인의 관계라는 문제의 해결책을 신전에서 가지고 나와 정치적 혼란의 영역으로 옮겨놓았다. 역동적 형식dynamic form이 그것이다.

역동적 형식이라는 개념은 정치에서 무엇을 의미하는가? 그것은 개인과 집단의 상충하는 에너지에는 반드시 배출구가 있어야 한다는 가정에서 출발한다. 이 배출구는 추상적이고 합리적인 정의正義에서 주어지지 않는다. 그 정의는 그저 수량화할 뿐이다. 온전한 심리적 인간이라면 정치 진행에 참여해야 한다. 여기서 참여란 대략 자율적이고 평등한 개인들의 민주적인 투표 같은 것을 의미한다. 그것은 호프만슈탈이 "전체가 거행하는 제의"라고 부른 것에 참여한다는 뜻이다. 오로지 아무도 배제되었다고 느끼지 않을 제의라는 정치 형태에서만 상충하는 개인들의 미성숙한 에너지가 조화될 수 있는 것이다.

이렇게 정치를 제의로 보는 개념에는 합스부르크 전통의 각인이 선명하게 찍혀 있다. 오스트리아 제국 후반에 시민적 충성심이 유효하게 집중될 수 있었던 유일한 초점은 제의적 형식주의의 후광을 거느리고 있던 황실 정부였다. 하지만 호프만슈탈은 제국의 이 같은 전통에서 영감을 얻었더라도 그것에 제약받지는 않았다. 그는 정치적 희곡과 스케치에서 위계적 형식만으로는 불충분하다는 입장을 밝힌다. 그 형식에는 반드시 살아 있는 문화의 실체가 담겨 있어야 하며, 그렇지 못하면 그것은 필연적으로 파열한다. 그가 「고대 항아리 그림에 부치는 목가」에서 예술의 탈승화 작용에 관해 전하려 했던 메시지는 그대로 남아 정치를 다시 승화시키려는 그의 노력에 경고로 작용한다.

호프만슈탈은 자신의 가장 위대한 희곡인 『탑Der Turm』(1927)에서 정치와 프시케의 관계에 대한 성숙한 사고를 표현했다. 그는 이 비극을 쓰는 데 25년

이 넘는 시간을 바쳤으며, 합스부르크 제국의 쇠퇴와 멸망이라는 자신의 경험을 그 속에서 구현해냈다. 『탑』에 나오는 주된 정신적 갈등은 부자간의 오이디푸스적인 갈등이다. 하지만 아버지는 왕이고 아들은 시인–왕자다. 『햄릿』에서도 그렇지만, 이 희곡은 심리적인 만큼이나 정치적이다. 아버지는 오스트리아 자유주의자들이 그랬듯이 법에 근거한 합리적 질서라는 이유에서 정치적 억압을 정당화한다. 피지배자는 전체의 제의에 참여하지 못하고 배제되며, 감옥에 있는 왕의 아들도 마찬가지다. 그리하여 그들은 공격적으로 변한다. 법이 본능을 무시하는 곳에서 본능은 반발하며 질서를 뒤엎는다. 정치는 여기서 심리학으로 변하며 심리학은 정치화된다. 하지만 시인–왕자는 자신의 공격성을 극복하고 새로운 사회질서의 역동적 형식으로 사회를 구원하려고 한다. 그것은 통합적이고 비억압적인 예술의 패러다임에서 힌트를 얻어 구상된 형식이다. 아버지가 법에 의한 통치를 정당화할 때 아들은 자비로움에 의한 지배를 열망한다. 이 시도는 실패하고 희곡은 비극으로 끝난다. 정치적 조작의 대가들은 아버지와 그의 낡은 법이 전복된 뒤 마구 터져 나온 혼란상을 자신들의 이익을 위해 조종한다. 법에만 의거한 정치를 실시하기에는 시대가 이미 늦었고, 본능을 승화시키는 자비로움에 의거한 정치를 하기에는 아직 한참 이르다. 시인–왕자는 죽으면서 호프만슈탈처럼 미래 세대에게 메시지를 남긴다.

　호프만슈탈과 슈니츨러 두 사람은 같은 문제에 직면했다. 즉 고전적 자유주의적 인간관이 무자비한 오스트리아의 현대 정치 앞에서 해체되는 상황이 그것이다. 둘 다 낡은 문화의 폐허에서 심리적 인간이 등장한다는 것을 기정사실로 인정했다. 슈니츨러가 이 문제에 접근한 방향은 빈 자유주의 전통의 도덕적, 과학적인 측면이었다. 사회에 대한 그의 직관은 호프만슈탈의 것보다 더 탁월했지만, 죽어가는 문화에 대한 애정 때문에 그는 가을 같은 분위기의 염세주의에 빠져 작품에서 비극적 힘을 발휘하지 못했다. 호프만슈탈 역시 슈니츨러가 심미적 문화의 핵심이라고 생각했던 방황으로 마비 상태에 빠져 고통스러워했지만, 여기서 벗어났다. 슈니츨러만큼이나 심리적 인간을 인정하면서도 그는 예술 원리를 정치에 적용했다. 그는 감정의 비합리적 힘을 억누르기보다는 물꼬를 틔워주는 형식을 찾으려 했다. 전체의 제의에 참여한다는 그의 정치학은 시대착오적이었고, 그 때문에 그를 비극으로 이끌었다. 하지만 인간의 이성적 권리뿐만 아니라 감정을 이해하기 위해 정치적 사고와 실천의 범위를 확대할 필요가 있다는 그의 증언은 포스트–자유주의 시대post-liberal era의 중심 이슈가 되었다. 호프만슈탈은 한때 현대 시인의 행동은 "필연성의 포고령 아래에서 이루어진다. 마치 그들 모두가 죽은 왕이나 아직 태어나지도 않은 신의 흉물스러운 거주지인 피라미드를 건설하고 있기나 한 듯이 말이다"라고 주장했다.[21] 합스부르크적 전통의 보유자이면서도 새로운 승화의 정치학을 과감하게 찾아나가는 호프만슈탈은 두 가지를 모두 해내려는 듯하다.

02

링슈트라세와 그 비판자,
그리고
도시적 모더니즘의 탄생

그대는 (억센 주먹으로) 이 아름다
운 세계를 파괴했구나……
(강력한 그대여, 세상을 더 아름답게)
다시 세워라
그대의 가슴속에 일으켜 세워라!

『파우스트』 중에서

1860년, 오스트리아 자유주의자들은 합스부르크 제국의 서부 지역에서 정치적 권력 장악을 향한 거대한 첫걸음을 내딛었으며, 중산계급의 문화적 가치와 입헌주의 원리에 맞춰 국가 제도를 바꿨다. 동시에 그들은 빈이라는 도시를 장악하고 권력을 손에 넣었다. 그 도시는 그들의 정치적 거점이고 경제적 수도였으며 지적 생활의 빛나는 중심이 되었다. 자유주의자들은 권좌에 오른 순간부터 그 도시를 자신들의 이미지에 따라 개조하기 시작했으며, 19세기가 끝나면서 그들이 권좌에서 밀려났을 무렵 그 개조 작업은 대체로 성공적으로 완수되어 있었다. 빈의 용모가 변한 것이다. 이 도시 개조의 중심은 링슈트라세였다. 공공건물과 개인의 주거용 건물의 광대한 복합체인 그곳은 안쪽의 구시가지와 바깥의 교외를 분리하는 넓은 띠 모양의 대지를 차지했다. 그 스타일상의 동질성과 규모 덕분에 '링슈트라세 빈'은 영국인들에게 '빅토리아 시대', 독일인들에게는 '그륀더차이트Gründerzeit' 토대기 또는 창립 시대라는 의미를 지닌 1871~1873년 사이의 기간, 프랑스인들에게 '제2제국'에 해당되는 어떤 개념, 한 시대적 특징을 오스트리아인에게 상기시키는 개념이 되었다.

19세기가 저물어가면서 자신들이 양육되어온 자유주의 문화에 대한 오스트리아 지식인들의 의혹이 커지기 시작할 때, 링슈트라세는 그들 비평의 상징적 초점이 되었다. 영국에서의 '빅토리아주의Victorianism'처럼 '링슈트라센슈틸Ringstrassenstil'이란 의심 많고 비판적이며 심미적으로 민감한 젊은이들 세대가 자신감 충만한 벼락부자 출신인 그들 아버지를 거부할 때 쓰는 아주 일반적인 악담의 용어가 되었다. 하지만 그보다 더 구체적으로 말하자면 이 도시와 그 건축에 대한 현대적 사고의 두 개척자인 카밀로 지테Camillo Sitte(1843~1903)와 오토 바그너Otto Wagner(1841~1918)가 아직도 우리에게 영향을 미치고 있는 도시생활의 이념과 형태를 두들겨 빚어낸 것은 링슈트라세라는 모루가 있었기 때문에 가능했다. 지테는 그가 써낸 평론 덕분에 공동체주의 도시 이론가의 만신전에 자리를 차지할 수 있었고, 그곳에서 그는 루이스 멈퍼드Lewis Mumford 1895~1990. 미국의 과학기술사가, 도시연구가와 제인 제이컵스Jane Jacobs 1916~2006. 미국의 반전운동, 사회운동가 등 최근의 창조적 개혁가들이 숭배하는 대상이 되었다. 바그너는 급진적 공리주의 개념을 기본 전제로 제시하여 현대의 기능주의자와 그 비판적 동지인 페브스너주의자Pevsners 영국에서 활동한 독일 태생의 건축사가인 니콜라우스 페브스너의 추종자와 기디온주의자Gidions 미국에서 활동한 독일 태생 건축사가인 지크프리트 기디온의 추종자들에게서 찬사를 받았다. 각자 내세운 견해는 대조적이었지만 지테와 바그너는 오스트리아 생활의 다른 영역에 등장한 19세기 문명에 맞서 아나키스트적이거나 현대적인 반대를 도시에 대한 사유에 도입했다. 그들은 새로운 모습을 보이던 20세기 오스트리아 고급문화의 두 가지 현저한 특징을 자신들의 도시 이론과 공간 디자인으로 분명하게 표명했다. 즉 인간의 심리 상태에 대한 민감성, 그리고 삶의 지침으로서의 합리성이 지닌 가능성뿐만 아니라 그것이 초래하는 재앙에 대해서도 관심을 보인다는 특징이 그것이다.

　우선 한 사회 계급이 중요시하는 가치의 시각적 표현물인 링슈트라세 자체에 대해 먼저 살펴보겠다. 그러나 공동체의 발전에는 가치를 공간과 석재에 투사한다는 것 이상의 요소가 있음을 기억하는 것이 중요하다. 빈을 지배한 자유주의자들이 이룬 가장 성공적인 업적 가운데 일부는 극적인 효과와는 전혀 거리가 먼 기술적인 작업으로 얻어졌고, 그 작업은 이 도시가 급속히 늘어나는 인구를 상대적으로 건강하고 안전하게 수용할 수 있게 해주었다. 그들은 전 세계에 확대되는 현대적 거대도시가 공통으로 보유하는 그러한 공공 서비스를 놀라울 만큼 신속하게 발달시켰다. 여러 세기 동안 도시를 괴롭혀온 범람을 막기 위해 다뉴브 강에 운하가 개설되었다. 그리고 1860년대에는 도시 전문가들이 우수한 상수도 공급 시설을 개발했다. 자유주의자들에게 장악되어 있던 시 당국은 1873년에 최초의 시립 병원을 개원하면서 예전에는 교회가 자선의 이름으로 실시하던 전통적인 책임들을 의학의 이름으로 떠맡았다. 아직도 노동계급 구역에서는 결핵이 걱정거리였지만, 공공 보건 시스템이 정비되자 심각한 전염병들이 사라졌다.[1]

빈은 확장의 길을 걷고 있었지만 베를린이나 북부의 산업도시들과는 달리 전반적으로 야외 공간에 대해 여전히 바로크적 집착을 보였다. 분명한 것은 공원이 이제는 단순히 기하학적 기준만이 아니라, 19세기에 선호되던 생리적이고 유기적인 조건도 고려해 구상되고 있었다는 점이다. 당시 시장이던 카예탄 펠더Kajetan Felder는 이렇게 말했다. "공원이란 거대도시의 허파다."[2] 공원과 편의시설, 공공 서비스의 보급이라는 측면에서 빈 자유주의자들은 훌륭한 업적을 세웠다.[3] 이와 대조적으로 링슈트라세 시대에는 나중에 빈이 이름을 날리게 되는 도시계획의 특징들—저가 주택과 사회적 관점에서 추진한 도시 확장 계획—은 전혀 없었다.* 링슈트라세 계획의 지휘권은 전문가와 부유층의 손에 쥐여져 있었으며, 그 기획 자체가 본질적으로 그들을 수용하고 찬양하기 위해 세워진 것이었다. 그곳의 개발 프로그램에 관한 황제 칙령에 따르면 도시의 나머지 부분은 도시확장위원회가 관장하던 범위에 속하지 않

---

* 두 가지 예외가 있었다. 프란츠 요제프 황제의 즉위 60주년인 1898년에 만들어진 재단이 세운 공공 주택 건설 계획 하나와, 1912년에 세워진 상업적 기획이 그것이다. 한스 보베크와 엘리자베트 리히텐베르거Hans Bobek & Elisabeth Lichtenberger의 『빈Wien』(Graz-Cologne, 1966), pp. 56~57을 볼 것.

앉으므로, 자비심이 별로 없는 사설 건설회사들의 먹잇감이 되었다. 공공 기획은 무차별적인 사각 그리드 시스템을 기초로 하여 세워졌으며, 규제 대상은 건물의 고도와 거리의 너비뿐이었다.[4]

자유주의 도시의 아버지들이 현대 도시의 뼈대와 근육을 이루는 공공 서비스를 규정하고 개발하는 분야에서 어떤 장단점이 있었든, 그들은 도시의 얼굴을 바꾸면서 최고의 자부심을 지녔다. 빈의 새로운 개발은 일부 지역에 집중하여 시행되었기 때문에 그것이 발휘한 시각적인 효과는 19세기에 이뤄진 다른 어떤 도시의 개조 사례보다 더 뛰어났다. 심지어는 파리보다도 더 효과적이었다. 새로운 빈에서 아버지 세대는 체이스 맨해튼 은행의 경영자들이 입방체 형태인 뉴욕 마천루의 '솟아오르는 직각성'이라는 표현으로 자신들의 성격을 선언한 것에 비해 결코 덜하지 않은 자의식을 지니고 '자신의 이미지를 투사했다.' 도시의 재설계가 달성할 수도 있었던 실용적인 목적은 표상 representation이라는 상징적 기능에 확실히 종속되었다. 유용성이 아니라 문화적 자기 선언이 링슈트라세를 지배했다. 1860년대의 거대한 프로그램을 묘사하는 데 가장 흔히 사용된 개념은 '쇄신'이나 '재개발'이 아니라 '도시 이미지의 미화美化, Verschönerung des Stadtbildes'였다.[5] 빈의 링슈트라세를 따라 건설된 기념물과 주택을 거느린 거대한 포럼은 상승세를 타고 있던 오스트리아 자유주의 정신의 도상학적 목록을 그 어떤 것보다도 더 경제적으로 전해주는 자료 뭉치다.

1

아이러니한 일이지만 빈의 중심부에 현대적 개발에 활용할 수 있는 광대한 공터가 있었던 것은 그 도시가 역사적으로 뒤떨어진 편이었기 때문이다. 유럽의 다른 수도에서는 군사용 요새가 오래전에 철거되었지만 빈에는 여전히 그런 시설이 남아 있었다. 침략해 들어오는 터키인에 맞서 제국의 수도를 보호했던 그 거대한 방어 시설과 넓은 글라시스glacis 보루로 사용되는 경사진 구역가 도시 경계를 표시하던 기능은 이미 오래전에 없어졌다. 1844년의 지도를 보면 넓은 글라시스 주위로 고리 모양의 주거지역이 얼마나 바싹 접근해 있는지 알 수 있다(그림 1). 안쪽 도시는 넓은 벨트형 공터 때문에 여전히 교외와 분리되어 있었다. 자비로운 '민중의 황제'인 요제프 2세는 글라시스의 많은 부분을 레크리에이션용 장소로 개발했지만, 도시 생활에서 글라시스가 차지하는 위치는 1848년의 혁명에 의해 정치적, 군사적으로 재규정되었다. 봉건적, 정치적인 재판관할권 제도가 철폐되면서 근교가 도시에 완전히 병합되었다. 그와 동시에 자유주의자들은 3세기 동안 황제의 직접 통치를 받아오던 도시에 자치 정부를 수립할 권리를 황제에게서 얻어냈다. 1850년 3월 6일에 발효된 새 자치시 헌장은 글라시스에 대한 시민의 권리 주장을 제출하기 위한 정치적 이론틀을 마련했다. 비록 시민권이 완벽히 보완된 헌법은 오스트리아 전역에 입헌정부를 도입하게 되는 1860년에 이르러서야 만들어지지만 말이다. 이러한 정치적 압력을 밀어붙인 배후의 힘은 1850년대의 급속한 경제성장인데, 그로 인해 도시의 50만 인구는 인구 증가와 함께 심각한 주택 부족난을 겪게 되었다.●6

　1848년 혁명의 결과로 방어시설이 있던 지역을 활용하자는 시민들의 정치적, 경제적 요구가 증가했지만 동시에 그 전략적 중요성도 되살아났다. 이제 외국의 침략자가 아니라 혁명 세력이 새로운 적으로 등장한 것이다. 1848년

● 1840년과 1870년 사이에 빈의 인구와 경제활동을 하는 기업 수는 모두 두 배로 증가했다.

그림 1 재개발되기 전의 빈(지도), 1844.

혁명 때 빈에서 후퇴했던 일로 자존심이 상했던 오스트리아 군대는 1850년 대 거의 내내 시민들의 글라시스 개발 계획을 반대했다. 국방부 장관은 혁명 적 위협이 존속한다는 것을 그 주요 전제로 내세웠다. 황제의 궁정은 "근교 의 프롤레타리아와 외곽의 시골로부터 밀어닥치는 공격에 대해 최대한 안전 하게 방어되어야 한다. 황제의 정부를 믿음직하게 방어할 수 있는 것은 군대 뿐이다." 시종무관장인 카를 그륀Karl Grünne은 1857년까지도 요새를 철거하 자는 제안에 반대했다. 그는 '혁명적 협잡이 벌어지는 시기'에는 소요가 일어 나도 보수주의자들도 꼼짝도 하지 않을 것이라고 말했다.[7]

1850년대를 지나면서 정부의 최고위층에서도 경제적 필요성의 위력이 혁 명에 대한 공포보다 더 강해졌다. 1857년 12월 20일, 프란츠 요제프 황제는 군사지역을 시민들이 사용할 수 있도록 개방하겠다는 의사를 밝히고, 도시 확장위원회를 꾸려 그 지역의 개발을 계획하고 실행하도록 했다. 자유주의 진영의 신문인 『노이에 프라이에 프레세』는 나중에 동화 같은 문장으로 이 사건이 지니는 상징적 의미를 해석했다. "황제의 칙령은 여러 세기 동안 사 악한 주문으로 빈의 고귀한 관절을 얽어매고 있던 돌로 된 낡은 띠를 깨부쉈 다."[8] 하지만 자유주의자들이 링슈트라세를 손에 넣은 1873년에 이 글을 쓴 필자는 개발의 출발점을 왜곡했다. 사실 첫 3년 동안(1857~1860) 공간을 할 당하는 문제에서, 특히 어떤 기념비적 건물을 우선적으로 세울 것인지를 결 정할 때 위력을 발휘한 것은 여전히 왕조적 신절대주의 가치였다. 가장 먼저 세워진 것이 거대한 교회인 포티프키르헤Votivkirche 1856~1879. 봉헌 교회라는 의미로 서, 황제가 헝가리 민족주의자의 암살 총탄에서 벗어난 것을 축하한다는 명 분이었다. 이는 '황실에 대한 오스트리아 국민의 헌신과 애국심을 기념하기 위한 것'이었다. 황가 및 고위 성직자들의 주도하에 공공 모금으로 비용을 마 련하여 세워진 포티프키르헤는 황위와 제단의 깨뜨릴 수 없는 결합의 표현이었다. 교회의 정초식에서 빈의 대주교인 폰 라우셔 추기경Cardinal von Rauscher 은 그들이 상대할 적을 "치명적인 상처를 입은 혁명의 호랑이"라 불렀다.[9] 포티프키르헤가 원래 빈 수비대를 위한 교회이자 위인들을 위한 매장지인 오스트리아판 웨스트민스터 성당의 역할을 하도록 만들어졌다는 사실은, 『노이에 프라이에 프레세』의 말을 빌리자면 "검과 종교의 지배"를 상징했다.

군대 입장에서 보자면 그들은 방어벽과 요새를 지키려는 싸움에서는 패했지만 링슈트라세 건설 기획에서 우대를 받았다. 현대화된 봉기 진압 시설을 연쇄적으로 완성하기 위한 기획은 1858년에는 이미 한참 진척된 상태였고, 이를 위해 지방에서 수도로 들어오는 보강 군대를 투입할 수 있도록 전략적으로 철도역 근처에 장대한 새 병기센터와 두 곳의 병영이 세워졌다. 호프부르크에서 멀지 않은 곳에는 교외의 침략에 맞서는 방어용 구역으로 길고 넓은 대지가 여전히 남아 있었다.[•10] 마지막으로, 군대는 링슈트라세를 통로로 사용함으로써 그곳에 족적을 남겼다. 오스트리아 군대 대변인은 같은 시대에 건설된 파리의 대로 건설 담당자들과 마찬가지로, 요새가 철거되었으므로 군대의 이동성을 최대화하고 잠재적인 반란자들이 바리케이드를 설치할 여지를 최소화하기 위해 최대한 넓은 거리가 확보되어야 한다고 주장했다.[••11] 따라서 이 도로는 위험이 발생하기만 하면 인간과 물자를 손쉽고 신속하게 이동시킬 수 있도록 안쪽 도시를 완전히 둘러싸는 넓은 간선도로로

• 남역 근처에 있는 조병창은 연대 셋과 포병 작업장을 수용하기 위해 1849~1855년에 지어진 시설이다. 건축가인 지카르츠부르크와 판 데어 뉠 두 사람은 모두 1848년에 군대에 도전한 주요 투쟁 세력이던 학생 연대의 장교였지만 건설 작업에 참여했다. 조병창에는 널찍한 군사박물관이 딸려 있는데, 이 건물은 글라시스에 지어진 최초의 '문화 기관'이었다. 그 건물을 지은 건축가는 테오필 한센인데, 그는 그리스 혁명의 열광적 지지자로서 나중에는 오스트리아 의사당 건물을 설계했다. 병영 가운데 가장 큰 건물은 프란츠 요제프 카제르네(1854~1857)인데, 이것은 세기말에 신식의 관료화된 군대의 터전인 새 국방부 건물을 짓기 위해 허물어졌다.
•• 군대는 거리의 폭 자체가 계획상의 24미터보다 더 넓어야 한다고 주장했지만 소용없었다.

설계되었다. 그리하여 위풍당당한 대로를 만들어 링슈트라세가 원이라는 형태와 기념비적인 규모를 모두 갖게 만들려는 시민들의 욕구와 군사적인 고려가 한 지점에서 수렴된 것이다.

1857년에 황제 칙령이 내려진 뒤 10년이 못 되어 정치적인 변화가 일어나 신절대주의 체제가 입헌군주제로 바뀌었다. 1859년에 프랑스와 피에몬테에, 그리고 1866년에는 프러시아에 패배한 군대는 국가위원회에서 결정적인 발언권을 잃었고, 자유주의자가 방향타를 쥐었다. 그 결과 링슈트라세 기획의 내용과 의미가 바뀌었고, 새로운 지배계급의 의지에 부응하여 '팍스 리베랄리스pax liberalis 자유주의에 의한 평화'의 가치를 표현하는 일련의 공공건물을 세우려는 쪽으로 나아가기 시작했다. 1860년에 개발 계획을 대중에게 소개하기 위해 만들어진 최초의 소책자에는 새로운 스폰서의 이데올로기가 도상학적으로 기록되어 있었다(그림 2). 지도 옆에 서 있는 여성이 대표하는 의미는 설명문에 명백하게 선언되어 있다. 오른쪽에는 '법률과 평화에 의한 힘(즉 군사력에 의한 것이 아님)', 왼쪽에는 '예술에 의한 윤색(예술의 정신이 여주인인 빈에게 문자 그대로 말을 걸고 있음)'이라고 쓰여 있다.

정치적 변화의 결과로 안쪽의 구시가지와 링 지역 간의 대비는 더욱 커지지 않을 수 없었다. 안쪽 도시는 건축학적으로 제1신분과 제2신분의 상징이 지배했다. 황제의 주거인 바로크식 호프부르크, 귀족들의 우아한 저택, 고딕식 성 슈테판 성당, 그보다 작은 여러 교회가 좁은 거리 여기저기에 흩어져 있었다. 반면 링슈트라세의 신개발 지역에는 제3신분이 헌법적 권리가 제국적인 힘에 대해, 세속적 문화가 종교적 신앙에 대해 거둔 승리를 건축물을 통해 축하하고 있었다. 저택이나 수비대, 교회가 아니라 입헌정부와 고급문화의 센터가 링 지역을 지배했다. 구시가에서는 귀족적 장엄함과 교회 조직의 허세를 표현하기 위해 쓰이던 건축 기술이 이제 일반 시민의 공동체적 자

그림 2 링슈트라세 개발 소식을 알리는 전단지, 1860.

산이 되어 일련의 소위 '호화 건축물Pracht-bauten'로써 부르주아 문화의 이상
이 지닌 다양한 면모를 표현하고 있었다.

링 지역의 규모와 장대함은 바로크가 끈질기게 힘을 발휘하고 있음을 암
시하지만, 그것의 설계에 영감을 불어넣은 공간 개념은 독창적이고 새로운
것이었다. 바로크식 도시계획가들은 보는 사람의 눈길이 한곳의 중심에 집중
되도록 공간을 조직했다. 공간은 그곳을 둘러싸거나 지배하는 건물을 돋보이
게 해주는 무대장치 역할을 했다. 반면 링슈트라세의 설계자들은 건물을 활
용해 수평적 공간을 확대함으로써 이러한 바로크식 방식을 사실상 완전히
뒤집었다. 그들은 모든 구성 요소를 건축학적인 확장억제책이나 가시적인 방
향성 없이 중심에 있는 넓은 대로avenue나 코르소corso 넓은 산책로와의 관련 위
에서 조직했다. 다각형 형태로 뚫린 도로는 이 광대한 복합체에서 다른 공
간적 실체에 종속됨 없이 독립적인 삶을 영위하는, 문자 그대로 유일한 요소
다. 바로크식 기획자라면 근교와 도시를 연결하고, 중심부의 기념비적 건물
들이 바라보이는 광대한 전망을 구상하려고 애썼을 테지만 1859년에 채택된
기획안은 거의 예외 없이 원형의 흐름을 강조하는 쪽에 무게를 두고 전망의
비중을 줄였다. 그리하여 링은 구시가지를 근교의 신시가지와 단절시켰다. 기
획책임자 중 한 사람인 루트비히 폰 푀르스터Ludwig von Förster는 이렇게 썼다.
"……안쪽 도시는 그 칠면체의 불규칙적인 모서리를 매우 위풍당당한 산책로
인 코르소로 채우는 방법에 의해 폐쇄적이고 규칙적인 모습을 얻었다. 그 칠
면체를 빙 돌아 만들어진 코르소로 안쪽 도시가 바깥쪽의 근교와 분리되도
록 하는 것이었다."[12] 일반적인 예상과는 달리 확고한 방사상 시스템이 도심
과 외곽 지역을 연결하지 않으며, 안쪽 도시에서든 근교에서든 링 지역으로
들어오는 모든 도로 가운데 유별나게 튀는 것은 하나도 없다. 그 도로들은
원형의 흐름을 가로지르지 않고 그 속으로 흡수된다. 따라서 구시가지는 링

으로 에워싸인다. 한 비평가가 주장했듯이, 그것은 무슨 박물관 같은 존재로 축소되었다.**13** 링슈트라세 지역이 과거에는 군사적 차단을 위한 벨트였지만 이제는 사회학적 고립의 벨트가 된 것이다.

링의 광대하고 연속적인 원형 공간에 부르주아들을 대표하는 거대한 건물들이 어떤 곳에서는 무리지어, 어떤 곳에서는 하나씩 따로 떨어져서 자리잡고 있다. 그 건물들이 뭔가 서로에게 종속되거나 우열관계에 놓이는 경우는 극히 드물다. 넓은 대로는 건물들을 향하고 있지 않으며, 오히려 건물들이 저마다 따로따로 대로를 바라보고 있다. 대로는 조직 응집력의 유일한 원리 역할을 한다. 그림 3의 사진은 의사당 건물 앞의 모서리로부터 링슈트라세가 꺾이는 지점에서 찍은 것인데, 도로가 만들어내는 선적인 권력을 보여준다. 중앙부 오른쪽에 있는 대학 건물은 왼쪽의 의사당Reichsrat을 마주 보지 않고, 공원을 사이에 두고 분리되어 있다. 의사당이나 중앙부 왼쪽에 솟아 있는 시청사Rathaus처럼 대학도 그 이웃 건물이 발산하는 묵직한 존재감으로부터 전혀 영향을 받지 않는다.* 링슈트라세 전 구간에 심어져 있는 가로수는 이 같은 거리의 우월성과 건물들의 고립성을 고조시키는 데 기여한다. 수직적인 부피는 납작하고 수평적인 거리의 움직임에 종속되어 있다. '링 거리'라는 것이 전체 개발의 제목이 된 것도 무리가 아니다.

건물이 대표하는 여러 기능—정치적, 교육적, 문화적—은 공간적 조직 속에서 각각 대등한 요소로 표현되었다. 번갈아가며 시각적 관심의 초점이 되는 그것들은 서로 간에 직접적인 관련은 전혀 없이, 원형의 거대한 동맥을 각각 고독하게 마주하고 있는 자세로서만 관련되어 있다. 그 동맥은 한 건물에

---

* 도로의 중심적인 배치에서 눈에 띄는 예외는 예술사박물관과 자연사박물관이라는 주요 박물관 두 군데다. 이 두 건물은 계획자들이 광장으로 구상했던 공간을 사이에 두고 서로 마주 보고 있다.

서 다른 건물로, 또 삶의 한 측면에서 다른 측면으로 시민들을 실어 나른다. 공공건물들은 공간적 매질媒質 속에서 비조직적으로 떠다니며, 그 매질을 고정시키는 유일한 요소는 움직이고 있는 인간들의 동맥뿐이다.

건물들의 공간적 배치가 만들어낸 고립되고 연결되지 않은 느낌은 그 건물들이 만들어진 역사적 스타일의 다양성 때문에 더욱 강조되었다. 다른 곳에서도 그렇지만, 오스트리아에서도 승리를 거둔 중산계급은 법률과 과학을 통해 과거로부터의 독립을 선언했다. 하지만 그들은 건축으로 자신들의 가치를 표현하고자 할 때는 항상 역사 속으로 후퇴했다. 푀르스터는 초년(1836)에 이미 자신이 발행한 잡지 『디 바우차이퉁Die Bauzeitung』에서 현대 건축가들의 관심을 과거의 보물 쪽으로 돌리려 하면서 다음과 같이 주장했다. "……19세기의 천재성은 자신만의 길을 걸어갈 수 없다. (…) 이 세기에는 결정적인 색채가 없다."**14** 따라서 그 세기는 과거의 시각적 이디엄으로, 즉 어떤 건물이 떠올리게 하는 연상 가운데 그것이 대표하는 목적에 가장 어울린다고 보이는 스타일을 빌려 자기 자신을 표현했다.

위에서 건물들의 배치에 나타난 동등성 원리를 보여주는 사례로 들었던 소위 시청사 구역이라는 것 역시 건축학적 스타일과 그 이념적 의미가 다원적으로 구현된 사례다. 이 구역에 한데 모여 있는 공공건물 네 채는 사실상 법률과 문화의 사변형을 이룬다. 풍배도風配圖에서처럼 자유주의의 가치 시스템을 대표하는 건물들이다. 의사당 건물은 의회 정부, 시청사는 자치시, 대학은 고등교육, 부르크 극장은 연극예술을 각각 대표하는 것이다. 각 건물은 자기 기능의 적절한 상징이라고 여겨진 역사적 스타일로 건설되었다. 그리하여 길고 긴 밤과 같은 절대주의 통치가 지나간 뒤 새로 태어난 자유주의 빈은 중세의 자유 공동체라는 도시의 기원에 대한 기억을 환기시키기 위해 시청사를 묵중한 고딕식으로 지었다(그림 4). 전통적으로 오스트리아 예술의 여

그림 3 링슈트라세(왼쪽부터) 의사당, 시청사, 대학, 부르크 극장, 1888.

왕인 연극을 수용하는 부르크 극장(그림 5)은 과거에 극장이 성직자, 궁정의 신하들, 평민들을 공통된 열정으로 한데 묶어주던 시대를 기념하기 위해 초기 바로크 스타일로 지어졌다. 그 내부의 거대한 계단실에는 링슈트라세 화가 가운데 가장 젊은 대가인 구스타프 클림트가 극장의 역사를 묘사하는 그림으로 천장을 장식하는 영광을 누렸다. 오페라 극장과 예술사박물관처럼 부르크 극장은 옛 귀족과 신흥 부르주아 엘리트가 만나는 장소가 되었다. 이곳에서는 그들의 공통된 미적 문화 덕분에 신분과 정치에서의 차이가 완전히 없어지지는 않았지만 최소한 완화되기는 했다. 황실 궁정Hof은 이러한 공연예술의 기관들(호프부르크 극장, 호프오페라 극장, 호프박물관 등등)에서 새로이 확대된 대중에게 편안하게 손을 내밀 수 있었다. 한편 신흥 부르주아는 종교와 정치와 과학에서 자기들이 느끼는 자랑스러운 차별성을 양보하지 않고도 그런 예술에 담겨 있는 전통적인 문화를 열정적으로 흡수할 수 있었다.

부르크 극장과 대조적인 르네상스 스타일로 지어진 대학은 자유주의 문화의 단순 명백한 상징이었다. 그 때문에 대학 건설은 링슈트라세에서 중요한 위치를 원했고, 그 요구가 관철될 때까지 오랫동안 기다려야 했다. 세속적 합리주의의 성채인 대학은 완고한 구식 우익 세력의 인정을 가장 늦게 받았고, 대중추수주의자인 반유대주의 신우익이 성장하자 가장 먼저 박해받은 곳이었다. 대학이 자리 잡은 위치나 그 건축 스타일까지도 정부 내의 변화, 그리고 정부를 구성하는 사회적 이익집단의 변화가 빚어낸 오랜 갈등의 나날들을 반영한다. 대학은 오랫동안 1848년 혁명에서 그것이 발휘한 역할이 드리우는 그림자 속에 머물러 있었다. 대학 및 그 밖의 고등교육 기관의 학생과 교수진으로 구성된 학생 연대Academic Legion는 빈 혁명에서 조직적 투쟁 세력의 핵심이었다. 제국 군대는 무기를 든 지식인 앞에서 불명예스럽게 후퇴했던 일을 잊을 수도, 용서할 수도 없었다. 혁명이 진압된 후, 군대는 도심에 있던 옛 대학을 점령했고, 대학 기능을 외곽 지역에 여기저기 흩어져 있는 건물들로 분산시켰다. 1849년에 종교·교육 담당 장관으로 임명된 귀족적이고 신앙심 깊은 인물이지만 계몽적 보수주의자였던 레오 툰Leo Thun 백작은 대학을 현대화시키는 동시에 고분고분하게 만들어, 자율성은 회복해주면서도 최고의 권좌와 교회 제단에 더 가까이 이어줄 방법을 찾아나섰다. 그는 군대 및 그 밖의 정치적 반대자들과 맞서 징벌처럼 저질러진 대학의 이산시대를 끝내려고 노력했지만 헛수고였다. 1853년에서 1868년 사이에 툰 백작과 그에게 협력하는 사람들은 포티프키르헤 주변에 집중된 영국식 또는 고딕식의 새로운 대학 구역을 만들기 위해 노력했지만 소용없었다.[15] 대학 건설 문제는 자유주의자들이 권력을 잡은 뒤에야 해결되었다. 그때 자유주의자들에게 가장 중요한 공공 기관 세 곳—대학, 의사당, 시청사—은 아직도 임시 거처나 부적합한 구역에 수용되어 있었고, 옛 글라시스에서 마지막으로 남은 넓은 필지(2제곱킬로미터 이상)인 연병장은 군대가 차지하고 있었다. 시민 정부 Bürgerministerium는 1868년에 세워지자마자 그 필지를 달라고 황제에게 청원했지만 아무런 성과도 거두지 못했다. 빈 시장인 카예탄 펠더는 마침내 각각 의사당과 시청사와 대학을 짓기 위한 건축가 세 명을 선정해 위원회를 구성하고 연병장에 이 세 건물을 수용할 평면도를 그리게 하여 교착 상태를 뚫었다. 1870년 4월, 자유주의적 성향을 지닌 시의회의 열성적인 지원을 받은 펠더는 세 건물의 설계도에 대해 황제의 인가를 받아냈다. 시 확장 기금에서 거액의 보상금이 지급되자 드디어 군대는 자유주의 정치와 배움의 투사들에게 연병장을 내주고 물러났다.[16]

링슈트라세에서도 가장 존귀한 위치를 대학에 줄 수 있게 해준 정치적 변화는 건물 자체의 형태와 스타일에도 반영되어 있다. 툰 백작은 원래 어미 닭주위에 모인 병아리 떼처럼 포티프키르헤 주위에 고딕식 건물이 옹기종기 모

그림 4 시청사, F. 슈미트, 1872~1883.

그림 5 호프부르크 극장, G. 젬퍼와 C. 하제나워, 1874~1888.

여 있는 중세적 성향의 대학도시cité universitaire를 지을 계획이었지만, 그 설계는 바로 그것을 낳은 신절대주의 정치와 함께 사라졌다. 대학은 이제 묵직하고 거대한 규모의 단독 건물 형태로 지어졌다. 현대적이고 합리적인 문화와 장기간의 중세적 미신을 헤치고 되살아난 세속적 교육의 부흥 사이의 역사적 제휴 관계를 선언하기 위한 형태로 선정된 것은 고딕식이 아니라 르네상스식이었다.

정치적 유연성을 지닌 당시 건축가들 중에서도 그 설계자로 선정된 브레이대목代牧 하인리히 페르스텔Heinrich Ferstel(1828~1883)은 정치권력의 변화에 수반된 바람직한 변화에 부응할 태세를 갖추고 소위 역사적인 '멋쟁이 건축style-architecture'의 온갖 형태를 구사했다. 은행가의 아들인 페르스텔은 1848년 학생 연대의 혁명가로 젊은 시절을 보냈지만, 보수적인 1850년대에는 보헤미아 귀족들을 위해 일하는 건축가가 되어 이 결함 있는 출발을 곧 만회했다. 이런 귀족 가운데 한 명인 툰 백작의 후원을 받은 페르스텔은 포티프키르헤를 설계해 순식간에 혜성 같은 명성을 누렸다.[17] 하지만 대학에 관한 자유주의 단계의 기획이 마침내 시작되자 페르스텔은 르네상스 스타일의 건물을 설계하라는 주문을 받았다. 그는 현대 인문주의 교육의 요람인 이탈리아로 가서 파도바, 제노바, 볼로냐, 로마의 대학을 연구했다. 일부 자연과학자들이 위풍당당한 구조물로 르네상스적 과거의 모델을 능가하려고 애쓰는 페르스텔에게 반대한 것은 사실이다. 그들의 청원에 의하면 그런 고색창연한 건물은 자연과학의 발전이라는 목적에 기여하지 않는다는 것이었다. 자연과학은 베를린, 뮌헨의 대학, 콜레주 드 프랑스, 런던 대학 등 이탈리아가 아닌 다른 곳에서 꽃을 피웠다. 이런 곳의 단순한 건물이 "진지한 필요성에 더 적합하다. (…) 엄밀한 과학은 그런 곳에서 안정감을 느낀다." 하지만 자신들의 기능적 입장을 전달하는 이런 비판자들도 어딘가 변명하는 말투였고, 끝에 가서는 외관상의 고려를 더 크게 강조하는 쪽으로 순응해간다. "누구나 이탈리아 대학의 스타일에 감탄한다. 그러므로 우리가 그들을 능가한다면 위대한 영광을 확실히 얻게 될 것이다."[18] 그리하여 빈 자유주의 교육의 기념비적 중심부에 어떤 스타일이 적절한지를 가리는 경연장에서 르네상스가 승리한 것이다 (그림 6).

법과 문화의 사변형에서도 제일 위풍당당한 건물은 아마 의사당(그림 7)일 것이다. 이를 설계한 덴마크인 건축가인 테오필 한센Theophil Hansen(1813~1891)은 링슈트라세의 복합건물구역에 관공서 건물을 다섯 채 지었지만* 그가 할 수 있는 모든 노력을 아낌없이 쏟아부은 것은 의사당이었다. 그는 자신이 가장 존경하는 스타일, 즉 고대 그리스식 스타일을 택해 건물의 외관을 치장했고, 관절로 연결된 입방체 같은 그 건물의 덩치는 바로크식과 매우 비슷하다. 진정한 그리스 애호가인 한센은 "민중의 대표자들이 고상한 고전적 형태에서 교훈적이고 이상을 추구하는 효과를 도저히 느끼지 않을 수 없을 것"이라고 믿었다.[19] 대학 건물에서도 그랬지만, 의사당의 형태와 스타일과 위치계획도는 자유주의자의 힘이 커짐에 따라 바뀌었다. 처음 예정에 따르면 입법부의 상하 양원은 별도 건물이었고 스타일도 달랐다. 한센은 원래 설계도에서 귀족원을 '좀더 고상한' 고전 그리스식으로 구상했다. 하원 건물로는 로마 르네상스식을 염두에 두었다. 하지만 프로이센-오스트리아 전쟁과 그에 뒤이은 1866년 내정의 위기 때문에 모든 계획이 유보되었다. 전쟁의 연기가 사라지고 더욱 자유주의적인 헌법이 만들어지자 1869년에 두 건물을 '영광의 기념비가 될 단일 건물'로 통합하고 각 날개에 양원을 배당한다는 결정이 내려졌다. 양원이 공유하는 중앙 홀, 양원 의장을 위한 공용의 리셉션 공간,

---

● 음악협회 회관, 순수미술 아카데미, 주식거래소, 복음주의파 신학교, 의사당.

그림 6 대학, H. 페르스텔, 1873~1884.

전체를 위해 채택된 '더욱 존귀한' 그리스식 스타일은 의사당 내에서의 귀족과 평민의 통합이라는 희망을 상징했다.[20] 한센의 사치스러운 설계를 실행하기 위한 값비싼 재료를 사들일 비용이 아낌없이 지급되었다.

열병장이 군대로부터 해방되자 의사당은 그것이 접하는 새로운 정치적 중요성에 어울리는 위치를 얻게 되었다. 원래 고려되던 겸손한 위치 대신● 이 건물은 이제 링슈트라세 최고의 위치를 차지해, 작은 공원을 건너 호프부르크를 정면으로 마주 보게 되었다. 따라서 그림 7에서 보듯이 한센은 그 건물

● 현재의 쉴러플라츠 자리.

그림 7 링슈트라세, 의사당, 테오필 한센, 1874~1883.

이 최대한 높게 보이도록 설계했다. 그는 의사당 건물의 주 입구를 원주로 장식된 장엄한 현관 안의 이층에 두었고, 마차가 마당에서 그곳으로 올라갈 수 있도록 널찍한 경사로를 건설했다. 억센 인상을 주는 경사로의 대각선 때문에 표면이 거칠고 묵중한 1층은 매끈한 고전 스타일의 위층 건물을 받쳐주는 돌로 쪼아낸 아크로폴리스 언덕 같은 성격을 갖게 된다. 그러나 그런 환상이 아무리 교묘하게 만들어졌다 해도 법의 신전은 그 창조자가 원래 갖게 하고자 했던, 주위를 지배하는 효과를 확실하게 내지 못했다.

경사로를 아름답게 꾸며주고 있는 대리석 조각상들을 보면 오스트리아의 의회 자유주의가 자신이 과거에 뿌리가 없다는 사실을 어느 정도로 자각하는지가 드러나 있다. 그것은 과거가 없기 때문에 조각을 만들어 세워 기념할 만한 자체의 정치적 영웅이 없다. 그리하여 경사로 입구에 세울 수호자로는 로마의 카피톨리노 언덕에서 '말 조련사' 한 쌍을 빌려왔다. 경사로를 따라 세워진 것은 고전 역사가인 투키디데스, 폴리비우스 등 여덟 명의 입상이다. 역사적 전통이 결여된 곳에서는 이런 식의 역사적 현학이 빈 공간을 메워야 한다. 마침내 새 건물 정면에 서 있는 중앙 상징물로는 아테나가 선정되었다(그림 8). 역사가 제 역할을 다하지 못하자 신화가 대신 들어선 것이다. 오스트리아 의회주의자들은 자유의 여신Liberty 같은 혁명적 과거의 무거운 부담을 짊어진 인물에게 매력을 느끼지 못했다. 아테나는 폴리스의 수호신이고 지혜의 여신이므로 상징으로 쓰기에 더 안전하다. 또 아테나는 정치와 합리주의 문화의 자유주의적 통합, 걸핏하면 읊어지는 계몽주의 슬로건인 '지식이 (우리를) 자유롭게 하리라Wissen macht frei'라는 구호가 표현하는 통합의 대표자로서도 적절한 신이었다. 하지만 아테나 신상은 그 규모가 거대했지만 한센의 의사당처럼 그 역시 주위를 지배할 수 없다. 그녀는 바람이 쓸고 지나가는 삶의 중심, 링슈트라세 건너편을 돌처럼 응시할 뿐이다.●

　멋쟁이 같은 위풍당당함이 기능적인 유용성에 우선하는 성향은 잘 설계된 의사당 건물 자체에서도 드러나는데, 그 때문에 건설위원회를 관장하는 실무적인 사람들은 이를 별로 좋아하지 않았다. 1867년에 건축가 페르스텔과 한센이 제출한 예술사박물관과 자연사박물관 설계도는 정면 현관에 치중하느라 내부 공간이 충분치 못했다. 위원회 의원 한 명은 '사용 가능한 평면도와 사용 불가능한 정면 현관을 가진 기능적 구조'의 스케치를 그려 이를 반

● 쿤드만의 아테나 동상은 한센의 원래 설계에 포함된 것이었지만 의사당 건물이 완공된 지 거의 20년이나 지난 뒤, 그리고 합리성의 정신이 의사당을 떠난 지 이미 오래된 1902년에야 세워졌다.

그림 8 아테나의 분수, 테오필 한센과 칼 군드만, 1896~1902.

박했다. 그리하여 상충하는 요구 사항들을 충족시키기 위해 원칙적으로 쓸모와 화려함의 통일성을 옹호하는 새 건축가 고트프리트 젬퍼Gottfried Semper가 독일에서 초빙되어 와야 했다.²¹ 흥미롭게도, 부르주아 계급의 아버지 세대가 심미적 요소의 우월성을 주장해야 한다고 느낀 것은 도시 건축에서뿐이었다. 시골의 건축에서는 자신들의 사무적인 본모습을 은폐할 필요를 전혀 느끼지 못했다. 따라서 도시의 위원회 의원들은 빈의 새 상수도 공급 시스템을 위한 저수조를 바덴Baden bei Wien 빈 남쪽 26킬로미터 지점에 있는 온천 도시에 만들면서 그 스타일을 선정할 때 '장식이 좀 있는 것'을 만들자는 제안을 기각했다. 그들은 대신 그런 스타일을 혐오하고 시골식의 실용적인 구조를 선호하여, 적절한 스타일이란 오로지 "아담의 스타일이라 불리는, 꼭 필요한 요소만 있고 튼튼한 것"이라야 한다고 주장하는²² 한 건축가의 조언을 받아들였다. 도시에서 그런 식으로 근육을 노출했더라면 조야하다고 치부되었을 터였다. 도시에서는 산업과 상업사회의 처참한 진실이 산업사회가 시작되기 이전 시대에 꽃피운 예술적 스타일의 그럴듯한 휘장으로 은폐되어야 한다. 과학과 법률은 현대적 진실이지만 미는 역사에서 나온다.

전체적으로 링슈트라세의 기념비적 건물들은 주류 자유주의 문화가 내세우는 최고 가치를 훌륭하게 표현했다. 자유주의의 열성적 지지자들은 연병장의 폐허에서 입헌국가의 정치적 제도를 양성해냈고, 자유 시민의 엘리트를 교육할 학교를 세웠으며, '신인간novi homines'들을 그 저열한 출신 성분으로부터 구원해낼 모든 문화를 한데 모을 박물관과 극장을 지었다. 족보 있는 구귀족계급으로 들어가는 입장권은 얻기 힘들겠지만, 정신의 귀족계급이 되는 길은, 적어도 이론적으로는 새로운 문화 기관을 통해 모든 사람에게 개방되었다. 그 기관들은 옛 문화와 제국적 전통과의 연결을 강화하고 때로는 '메자닌mezzanine 중2층, 즉 1층과 2층의 중간층'이라 불리는 '이차 사회'를 보강하는 데 기여하는데, 상승하는 부르주아들은 그곳에서 사회적, 경제적 권력의 새로운 형태를 기꺼이 수용하고자 하는 귀족계급과 만난다. 그곳은 승리와 패배가 사회적 타협과 문화적 종합으로 변형되는 메자닌이다.

당대의 자유주의 역사가인 하인리히 프리트융Heinrich Friedjung은 링슈트라세의 개발이 전체적으로 구원받은 역사의 서약, 여러 세대에 걸친 빈의 일반 시민들의 노고와 고통의 산물이며, 묻혀 있던 그들의 부와 재능이 "땅속에 깔려 있던 거대한 석탄 광맥처럼" 19세기 후반에 드디어 표면에 드러난 것이라고 해석했다. 프리트융은 이렇게 썼다. "자유주의 시대에는 권력이, 적어도 부분적으로는 부르주아들에게 넘어갔는데, 이 권력이 가장 충만하고 순수한 생명을 얻어 구현된 분야가 바로 빈의 개조다."[23]

젊은 시골뜨기 아돌프 히틀러는 '뭔가 대단한 존재가 되고 싶어서' 빈에 왔고, 프리트융 못지않게 링슈트라세의 매력에 무릎을 꿇었다. '아침부터 한밤중까지 나는 흥미로운 대상을 이리저리 쫓아다녔지만, 내 관심의 주 대상은 항상 건물들이었다. 나는 몇 시간씩 오페라 극장 앞에 서 있었고, 의사당 건물을 쳐다보곤 했다. 링 대로 전체가 내게는 천일야화에 나오는 마법처럼 보였다.'●[24]

화가나 건축가 지망생이던 히틀러는 곧 법과 문화의 마법세계에 들어가는 것이 그리 쉽지 않음을 깨달으면서 좌절감을 느꼈다.[25] 30년 뒤 그는 그 모두가 대표하는 것의 정복자로 돌아온다.

● 히틀러는 링슈트라세에 대해 친밀하고 사적이면서도 명민한 비판을 가하는데, 이는 링슈트라세가 하나의 삶의 방식으로서 위력과 활력을 지니고 있었음을 분명히 알려준다.

2

링슈트라세 건물복합군에는 기념비적 건물들이 워낙 대단하게 늘어서 있기 때문에, 실제로는 건축 구역의 대부분을 차지하는 것이 대규모 주거용 아파트 건물들이라는 사실이 쉽게 은폐된다. 이는 사적 구역을 개방해 공공 건축의 재정 기반을 마련한다는 계획에 따른 것으로, 바로 이 점이 도시확장위원회의 교묘한 술수였다. 토지 판매의 수익은 도시확장 기금에 편입되었고, 그것은 다시 도로와 공원 건설에 사용되었으며, 그 상당 부분은 공공건물의 건설비용으로 들어갔다.

당국은 원하는 재정적 결과를 이뤄낼 수 있다는 점에서 사기업을 완전히 신뢰했고, 그에 따라 개방된 토지에 대한 투기를 억제하기보다는 오히려 조장했다. 1850년대에는 시내의 주택난이 심각한 지경에 이르렀지만, 그 역시 그런 조처를 지지하는 경제적 논리에 설득력을 더해주었다. 도시 내 부동산 소유자들의 항의에도 불구하고 확장위원회는 토지를 가장 수익성 높게 개발하는 것이 곧 공동체를 위한 최선의 결과라는 원칙에 입각하여 활동했다. 물론 위원회는 그 목적을 저소득 계층의 주거 요구라든가, 도시 경제 발전 전체의 관점에서 규정하지는 않았고, 단지 링슈트라세의 대표적인 공공건물과 공적 공간이라는 것만 기준으로 삼았을 뿐이다. 주거 구역의 건축 통제는 고도라든가 건축의 경계선에 관한 것으로 제한되었고, 어느 정도까지는 토지 구획에도 해당되었다. 그 외의 문제에서 결과를 결정하는 것은 시장市場이었다. 그리고 '시장'이란 부유층의 경제적 이익과 문화적 가치가 만나는 접점을 뜻했다.

도시 지리학자인 엘리자베트 리히텐베르거Elizabeth Lichtenberger가 링슈트라세의 사회적, 경제적 구조에 대해 진행한 집중적인 연구는, 링슈트라세 건축물에 대한 레나테 바그너-리거Renate Wagner-Rieger의 연구와 함께 빈에서 새로이 상승하는 계급이 그들 자신을 위해 1860년대 이후 반세기 동안 건설한 주거 구역의 성격을 이해할 수 있게 해준다. 건축가와 의뢰인의 요구 및 갈망은 공간적 조정과 심미적 스타일 두 측면에서 드러난다.

가장 기본적인 주거용 건물은 아파트였다. 4층에서 6층 정도의 높이에, 통상 다가구 공동 거주였고, 가구 수는 건물당 최대 16가구를 넘지 않았다.[26] 이런 유형의 건물로 공식적인 모델은 바로크 시대에 지어진 아델스팔레Adelspalais 귀족들의 저택였다. 빈의 안쪽 시가지에는 이런 건물의 훌륭한 사례가 많이 있었다. 아델스팔레는 새로운 링슈트라세 엘리트의 요구에 부응하여 당시 용어로 말하자면 미에트팔라스트Mietpalast 임대저택, 또는 본팔라스트Wohnpalast 대략 번역하자면 아파트 저택이라는 뜻로 변형되었다.● 또는 세입자보다는 투자자들의 관점에서 친스팔라스트Zinspalast 집세를 낳는 저택라 불리기도 했다. 미에트팔라스트는 아델스팔레에 비하면 평민적이었지만 미에트카제르네Mietkaserne 임대숙소에 비하면 귀족적이었다. 후자는 여러 층으로 된 단조로운 임대주택으로 노동계급을 수용하기 위해 빈의 외곽 지역에 한꺼번에 우후죽순처럼 솟아올랐다.[27] 두 유형의 건물 모두 사각형이 강조되고 공간이 널찍하다는 점에서 안쪽 시가지의 바로크식이나 고전 스타일로 지어진 선조들과의 유사성을 내세웠다. 부르주아적인 미에트팔라스트는 귀족들의 궁전과 닮았고, 노동계급의 미에트카제르네는 제국 군인들의 숙사와 닮았다. 상승하는 신흥 부유층이나 몰락하여 산업노동자 예비군 대열에 동참하는 기능공들

● 팔라스트라는 단어는 단독으로 쓰일 때 단일 가족이 거주하는 거대한 저택만이 아니라 장엄한 클럽 또는 단체가 사용하는 건물을 가리켰고, 때로는 상당한 크기의 창고를 가리키기도 했다. 참조. 레나테 바그너-리거, 『19세기의 빈 건축Wiens Architektur im 19. Jahrhundert』(Vienna, 1970), pp. 205~206.

가운데 어느 누구도 전통적인 주거 형태를 유지할 수 없었다. 전통적 형태란 단독주택이든 다가구 주택이든, 장인匠人과 직인職人 모두에게 주거와 작업장을 동시에 제공해주는 것이었다.²⁸ 19세기의 도시 생활에서는 노동과 생활, 거주와 점포 또는 사무실이 점차 분리되었으며, 아파트 건물에 이러한 변화가 반영되었다. 링슈트라세 건물들은 그것이 지어지던 때가 이 발전 과정에서의 이행 단계였음을 알려준다. 아직도 상업 공간과 주택이 미에트팔라스트라 불리는 모조 저택에 함께 통합되어 있었지만, 그 상업 공간이 건물에 사는 사람들의 작업장으로 쓰이는 경우는 거의 없었다.

주거 유형이라는 문제가 링슈트라세 기획자들에게 처음 제기되자, 그 가운데 일부는 역사의 흐름에 따라 어쩔 수 없이 주민들을 밀집된 주택에 억지로 밀어넣음으로써 저질러진 피해를 교정할 기회라고 보았다. 당시에 "어떻게 건설되어야 하는가?"라는 제목으로 발간된 팸플릿 하나가 지배 엘리트들이 당면해 있던 이 문제를 다루었다. 구시가지에서 중류 계층이 사는 다가구 주택이 주류를 이룬 것은 인구 증가로 인해 달리 선택의 여지가 없었기 때문이다. 확연하게 단일가구 주택을 지지하는 입장이던 위 팸플릿의 두 저자는 대학의 대표적 미술사가인 루돌프 폰 아이텔베르거Rudolf von Eitelberger와, 앞서 포티프키르헤와 대학 및 다른 여러 링슈트라세 건물의 건축가로서 만난 바 있는 하인리히 페르스텔이었다. 두 사람 모두 낭만적 역사주의자였고, 다른 수많은 오스트리아 자유주의자처럼 둘 다 친영파親英派였다. 페르스텔은 1851년에 영국과 저지 국가들을 여행하면서 영감을 얻어, 작은 개인 정원이 딸린 영국식 반연립주택이 가진 탁월한 장점이 링슈트라세 개발에도 적합하다는 견해를 강하게 펼쳤다. 하지만 영국식 타운하우스, 특히 19세기식 모델은 순수한 주거용이었다. 기능에 따라 전문화된 건물, 나아가 격리된 구역에 노동을 한정하고 집중시키는 노동의 현대적 분업이 낳은 산물이자 징후인 영국식 상류 중산계급의 주거는 더 이상 작업 공간의 역할을 하지 않았다. 하지만 두 오스트리아 평론가는 링슈트라세에 영국식 주택을 건설할 것을 주장하면서 그것을 이전 시대의 생활 스타일에 응용했다. 즉 자본주의 초기 단계의 번영하는 장인이나 상인들의 주택이자, 주택이 곧 작업장이던 사람들의 스타일 말이다. 아이텔베르거와 페르스텔이 구상한 모델하우스에서는 아주 비현대적이고 비영국적인 방식이지만 창고나 사무실이 1층에 있고, 가족의 생활 구역은 2층이며, 하인과 노동자들의 구역과 작업장은 그 위층에 있게 된다. 아이텔베르거와 페르스텔은 주거가 작업장과 분리되어 있는 더 현대적인 부르주아 가족들을 위해 층별로 분리된 아파트 단위를 가진 집을 제안했다. 베암텐하우스Beamtenhaus 공무원 주택이라는 의미. 오스트리아에서는 국가 공무원이 사실상 기업 경영의 선구자였다라 불리는 이런 집은 그들의 미적 동질성을 지키기 좋도록 중세식 부르거하우스의 규모를 여전히 유지했다.[29] 이런 주택 디자인에서 나타나는 중산계급의 개념은 오스트리아 자본주의가 발전해나가는 느린 속도 및 중산계급의 가장 활발하고 예술적인 몇몇 대변인을 부각시키는 결과를 낳게 될 사회적 의고주의擬古主義를 반영한다.

영국식 혹은 귀족적인 타운하우스는 링슈트라세 개발업자들의 위원회를 설득하지 못했다. 그 스타일은 토지를 최대한 이용한다는 요구도, 귀족주의적 지위의 상징에 대한 갈망도 모두 채워주지 못했다. 빈의 안쪽 시가지 거주자들은 바로크 전통에 젖어 있는 사람들이었으므로 미에트하우스에 길들여져 있었다. 문제는 이 점을 억제할 것이 아니라 그것을 조장해야 한다는 데 있었다. 빈의 신흥 중산계급은 내적 가치에서는 아닐지라도 외관상으로는 문벌가보다 귀족이 되고 싶어했다. 그리하여 오스트리아 부르주아와 귀족계급이 온갖 측면에서 충돌하면서도 화해를 이룬 흔적이 링슈트라세 미에트팔라스트의 건설 유형에 남겨지게 되었다.

토지를 여러 필지로 쪼개어 판다는 결정은 안쪽 시가지와 근교에서 큰 비중을 차지하는 작은 필지가 아니라 전통적인 저택을 모델로 삼은 것이었으며, 이로써 영국식 주택 구상의 운명은 끝장났다.[30] 혈통이나 재산 소유에 따른 귀족들의 개별 거주지인 장엄한 저택이 이 필지에 새로 두세 채 지어지기는 했지만 대부분은 다세대 가족이 거주하는 건물로 구상되었다. 그런 건물의 '귀족적' 성격은 일단 무엇보다도 파사드facade 건물 정면의 외관에서 확립되었다. 대개 치장이 잔뜩 붙어 있는 아래층이 주로 상업용으로 임대되는 한편, 2층은 가장 널찍한 아파트가 차지했고, 노블레타주nobelétage 혹은 노블슈토크Noblestock, piano nobile라는 이탈리아 용어에서 나온 말, 소귀족라는 이름으로 불렸다. 때로는 3층도 노블슈토크의 평면도를 그대로 따르거나, 아니면 더 작은 아파트로 나뉘었다. 파사드는 창문의 높이, 장식의 정도, 원기둥 등의 차이에 따라 수직적으로 차별화되었으며, 그 안에 있는 아파트의 규모와 사치스러움의 수준이 파사드에 어느 정도 반영되었다. 층이 높아질수록 그 속에 있는 살림집의 수는 많아지고 크기는 작아졌다. 하지만 소위 파사드의 귀족화Nobilitierung는 대개 기만적이었다. 그 안쪽 공간에 아파트가 몇 채 들어가며 어떤 구조가 될지는 바그너-리거가 지적했듯이 구매자의 수요와 투기자의 의지에 달린 문제였다.[31]

링슈트라세의 1차 건설 시기인 1861년에서 1865년 사이에 중간 소득 계층의 주택 수요가 급증해 더 작고 균일한 주거 단위에 대한 요구가 늘었으며, 그 덕분에 파사드는 고전적인 통일성을 어느 정도 유지하게 되었다. 이런 경향은 케른트너 링에서 볼 수 있다(그림 9). 2차 건설 시기인 1868년에서 1873년 사이에는 파사드와 내부 시설 모두가 차별화되는 현상이 우세해져, 링슈트라세 사회가 여러 계급으로 나뉜 사실과 그에 따른 주민들의 욕망을 똑똑히 증명하고 있었다. 의사당 뒤편에 있는 유일한 도로인 라이히스라트슈트라세에

그림 9 케른트너 링.
그림 10 라이히스라트슈트라세.

그림 11 케른트너 링 14번지 건물의 계단실, 1863~1865.

그림 12 라이히스라트슈트라세 7번지 건물의 현관실, 1883.

서는 층층이 겹쳐진 파사드가 그 꼭대기까지 이어져 있다(그림 10). 건축가들은 평면도를 그릴 때 최대한 많은 아파트를 도로와 수직으로 배치해 정면 창문이라는 귀중한 축복을 나누어주고 그럼으로써 임대 가치를 최대화하려고 했다.[32] 임대 수익을 늘리는 '귀족화' 경향은 개별 아파트에서도 어렵지 않게 찾을 수 있다. 궁전 건축에서 빌려온 장엄한 계단실(그림 11)과 거대한 현관실(그림 12)은 개별 아파트 건물에서도 선호되는 시설이었다.[33] 물론 공공건물에서도 이런 특징들이 거창한 효과를 낼 목적으로 사용되었다. 그런 예로는 오페라 극장에 있는 '황제의 계단'이나 부르크 극장의 두 날개 모두를 차지하고 있는 사치스럽게 장식된 계단을 떠올리면 된다(이 책 5장, 그림 33). 수직적 차별화를 엄격하게 시행한 아파트 건물에서는 주 계단실Herrschaftsstiege이 노블 슈토크까지 혹은 그 한층 위까지만 올라간다. 그 이상의 층에는 단순한 계단이 설치된다. 링 구역의 대로처럼, 장엄한 느낌을 자아내기 위한 공용 공간은 공공 소유든 개인 소유든 건물 실내에서도 낭비라고 생각될 정도로까지 장대해졌다.

주거 구역으로서의 링슈트라세는 구매자와 임대인 모두에게 대단한 인기를 끌었다. 군주제가 끝날 때까지—또 근교의 빌라 지역이 개발되었음에도 불구하고—링슈트라세는 귀족이든 상인이든 관료든 전문직업인이든 가리지 않고, 빈의 엘리트 계층에 속하는 모든 사람에게 자석 같은 힘을 발휘했다.[34] 사회의 최고위 계층은 링슈트라세에 거주할 뿐만 아니라 자기들이 살고 있는 건물의 소유자인 경우가 많았다. 링슈트라세 아파트를 지은 것은 대체로 개발 회사였지만, 그런 건물이 가장 안정적이고 수익성 높은 개인 투자 분야로 인정받았기 때문이다. 그것들이 지닌 매력을 최대화하기 위해 국가와 도시는 30년 동안 부동산세를 올리지 않았다. 고위 공무원, 상인, 고정 수입원을 보유한 과부, 능력이 되는 의사들은 모두 아파트 건물을 사고 싶어했고, 직접 그 속의 주거 단위unit 하나에 살며 나머지 단위를 임대해 수익을 챙겼다. 링슈트라세 주택에서 사회적 매력과 수익성은 상호 보완 효과를 냈다.

합리적인 가격으로 장엄함을 형상화하여 최대 수익을 만들어내라는 요구를 충족시키기 위해 대단한 솜씨가 발휘되었다. 개발회사들은 전체 블록을 조각낸 필지를 구입했다. 최고의 건축가들, 오페라 극장을 지은 아우구스트 폰 지카르츠부르크August von Siccardsburg와 에두아르트 판 데어 뉠Eduard van der Null, 의사당을 지은 테오필 한센이 고용되어 토지 이용도를 최대화하기 위해 모든 기량을 쏟아부었다. 전체 블록을 단일한 건물로 처리하여 그 거대한 규모와 비율로 장엄함을 표현하게 했으며, 계단과 마당을 활용해 실제 거주 단위에 비해 지나치게 많은 공간을 소모하지 않으면서도 화려한 효과를 달성하고자 했다. 하지만 개별 투자자를 끌어들이려면 작은 단위도 있어야 했다. 한센은 전오스트리아건축회사Allgemeine Oesterreichische Baugesellschaft라는 개발회사를 위해 일종의 콘도미니엄인 그루펜친스하우스Gruppenxinshaus를 고안해 이 문제를 해결했다(그림 13). 한 블록 전체를 다가구 주택 여덟 채로 구성된 건물 하나가 전부 차지하도록 설계하고, 각각의 주택을 개별 소유주에게 판매하는 것이다(그림 14). 실내 마당과 넓고 궁전 같은 파사드를 공유하고, 동일한 현관 디자인을 사용함으로써 개별 소유주는 자신이 구입한 규모의 수준에서는 도저히 감당할 수 없을 만큼 값비싼 장엄함을 누리는 이익을 얻었다.[35] 다른 의뢰인들에게 이웃 건물을 설계해줄 때도 건축가들은 각각의 설계를 조율해 경제적인 목적뿐만 아니라 창문 선과 바닥 선, 심지어는 장식까지도 균질한 스타일을 적용하는 방법으로 장대함의 효과까지 달성할 수 있도록 했다.[36]

개인 소유의 임대 저택이 누리는 특권과 이익의 호혜적 조합은 자유주의 시대의 주요한 사회적 경향성 한 가지를 반영했다. 즉 귀족과 부르주아 계

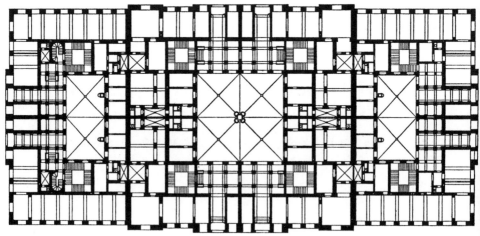

그림 13 그루펜친스하우스, 테오필 한센, 1870.
그림 14 그루펜친스하우스의 평면도.

급의 화해가 그것이다. 통합으로 나아가는 추진력이 반드시 아래쪽에서 오는 것만은 아니었다. 1860년대의 링슈트라세에 대한 대투자자 1세대는 재산과 혈통의 귀족들이었다. 사회의 최상위 계층은 널찍한 슈바르첸베르크플라츠를 중심으로 사실상 그들만의 구역을 개발했다(그림 15). 루트비히 빅토어 Ludwig Victor 대공이나 은행가인 프라이허 폰 베르트하임Freiherr von Wertheim 등 그 계층의 구성원이● 그곳 주택의 거의 절반을 소유했다. 귀족계급은 그저 부재 지주가 아니었으며, 절반가량은 자신들이 지은 궁전 같은 임대용 주택에 살았다. 온갖 칭호가 따라붙는 귀족들은 1914년까지도 링의 모든 곳에 수많은 부동산(개인 소유 주택의 약 3분의 1)의 부재 지주였지만 슈바르첸베르크플라츠에서만은 자신들이 소유한 건물에 거주하곤 했다.[37]

중산계급 내의 주택 소유주 가운데 가장 큰 그룹은 직물업계의 사업가들이었다. 그런 그룹은 대체로 직종에 따라 규정되며 단일한 동네에 집결하는 경향이 있었다. 귀족들에게 슈바르첸베르크플라츠가 특별한 구역이었다고 한다면 부르주아들에게는 직물 기업가 구역Textile Quarter이 그런 장소, 우월함이 가시화된 구역이었다. 링슈트라세 개발이 시작되었을 때인 1860년대는 직물 산업의 현대화가 이미 한창 진행되던 중이었다. 그렇지만 그 산업은 과거와도 강력한 연대를 유지하고 있었다. 20세기까지도 오스트리아의 직물 회사들은 익명의 기업체가 아니라 경영자 개인이 우두머리로 있는 가족 기업이었다. 제조 공정은 대부분 보헤미아와 모라비아 등 시골에서 이뤄졌지만, 경영은 여전히 수도에 집중되어 있었다. 말 그대로 태곳적부터 안쪽 시가지

● 페르스텔은 이 두 의뢰인의 저택을 지어주었는데, 실내 평면도를 재미있게 변화시켜 각각 구 귀족과 금융 귀족의 생활 스타일에 끈질기게 남아 있던 차이를 담아냈다. 노르베르트 비비랄 Norbert Wibiral과 레나타 미쿨라Renata Mikula의 『하인리히 폰 페르스텔Heinrich von Ferstel』(Renate Wagner-Rieger ed., Die Wiener Ringstrasse, VIII, iii, 76~85)을 보라.

그림 15 슈바르첸베르크 광장.

그림 16 콘코르디아 광장.

에 있던 의류생산자 구역의 수용 능력이 한계에 다다르자 링슈트라세의 동북쪽 부분으로 퍼져나가서 새로운 직물 기업가 구역을 형성한 것이다. 그곳에서 직물 기업가들은 그때까지 해오던 대로 주거와 작업장을 통합한 건물을 지었다(그림 16). 회사 사무실은 1층에 있었는데, 이따금 메자닌에 있기도 했다. 노블레타주에는 소유주와 가족이 살았다. 꼭대기 층은 다른 사무실이나 창고 공간으로 사용되거나, 임대되었다. 직물 기업가는 링슈트라세 지역의 임대주택 소유주 가운데 귀족 계층 다음으로 높은 비율을 기록한 그룹에 속했다. 물론 일반적으로 링슈트라세 개발 지역에 본부를 둘 여유가 있는 것은 가장 번창하는 기업들뿐이었다. 이 지역에 있는 125개 기업 가운데 3분의 2가 직원이 500명 이상인 회사였고, 1000명이 넘는 곳도 5분의 2나 되었다.[38]

링 지역에는 다른 업종의 회사들도 여기저기 흩어져 있었지만 직물 기업의 사무실은 다가구 거주용 주택으로 설계된 건물에 입주하는 경향이 컸다. 관료화된 대규모 회사들이 전문적 유형으로 설계된 건물이 필요하다고 주장하기 시작할 무렵이면, 링슈트라세의 개발은 사실상 완료되었고 건물 구성비에서는 주거용 미에트팔라스트가 확실한 우위를 지키고 있었다. 새로운 사무실을 얻으려면 개조하는 수밖에 없었다. 1914년까지도 링슈트라세의 개인 소유 건물 478채 가운데 72채만이 회사 소유였고, 회사 소유의 건물에서 업무를 보는 것은 그중에서도 27채뿐이었다.[39] 링 개발이 개인주의 시대의 산물임은 이 사실로도 알 수 있다. 주거공간은 기업 위에 자리 잡아 기업을 예속시켰고, 시각적으로 기업을 자신들의 파사드 속으로 흡수했다. 상업적 필요성이 주거 블록의 얼굴을 지배한다거나 건물을 설계할 때 목표로 했던 표상representation이라는 사회적 기능을 압도하는 일은 허용되지 않았다.

직물 기업가 구역과 슈바르첸베르크플라츠 주변 지역이 다분히 뚜렷한 계급적 표시를 띠고 있다면, 링슈트라세 인근의 대부분 구역에서는 귀족계급과 상류 부르주아의 유동적인 계층이 뒤섞여 있었다. 슈바르첸베르크플라츠에서 링슈트라세를 따라 시계 방향으로 오페라 구역을 향해 가면 '2차 신분'—교육받은 귀족, 금리생활자, 관료, 기업가 엘리트들—가 나타나고, 고위 귀족계급은 줄어든다. 계속 더 나아가서 박물관과 대학 사이의 구역으로 가면 그로스뷔르거툼의 고전적 구역, 즉 시청사 구역이 시작된다. 한창 융성하던 자유주의의 가장 강력한 사회적 기둥들이 이곳에 살았는데, 이는 라이히스라트슈트라세 거리를 산책하는 위엄 있는 인물들과 통계적 수치만 보더라도 입증되는 사실이다(그림 10). 금융업과 기업 지도자, 금리생활자, 대학교수, 정부와 기업의 고위 관리자의 최대 다수가 이 구역에 거주했다.[40] 정치와 문화의 새 질서를 나타내는 기념비적 건물군—의사당과 시청사, 박물관과 부르크 극장, 대학—이 이들 지배 엘리트를 끌어들여 그들만의 구역에 살게 한 것이다. 바로 예전에는 구시가지에서 황제의 호프부르크가 귀족들을 끌어들여 근처에 살게 했던 것과 마찬가지다.

시청사 구역의 아파트 건물들은 상트페테르부르크를 연상시킬 만큼 대규모로 지어졌는데, 따로따로 보면 거만한 인상이지만 한데 모여 있으면 무척 위엄 있는 분위기를 조성한다. 한센의 의사당 건물 뒤에서 시청사로 이어지는 라트하우스슈트라세는 예전에 호프부르크로 이어지던 구식의 귀족적인 헤렌가세의 부르주아판 거리처럼 보인다(그림 17). 라이히스라트슈트라세에 있는 각각의 아파트 건물의 파사드는 묵직한 네오르네상스식으로 아주 개성 있게 만들어졌지만, 문지방과 주철 장식 및 창문의 크기를 통해 서로 조정되어 거대한 공공건물인 시청사와 포티프키르헤가 바라보이는 균질적인 거리의 전망을 만들어낸다. 헤렌가세처럼 라이히스라트슈트라세는 사람이 살고 있다는 느낌을 확실하게 준다. 이는 링슈트라세 자체와는 대조적이다. 링슈트라세는 높이에 비해 워낙 넓고, 또 그 수평성이 주는 느낌이 워낙 강하게 압박

그림 17 헤렌가세.

해오기 때문에 건물들이 난쟁이처럼 보인다. 마지막으로 시청사 구역의 건축가들은 1층에 최대한 신중하게 점포와 사무실을 입주시키는 방식으로 그곳의 임대 저택이 대표하는 상업주의를 억제했다. 회사나 창고의 현관을 파리의 리볼리 거리와 같은 양식으로 값비싸게 지은 아케이드 아래에 숨기는 방법으로든, 단순히 돌출된 간판을 만들지 않는 방법으로든, 또 어떤 식으로든, 설계자들은 링슈트라세 지역에서도 보기 드문 우아함을 확보했다. 광대한 바로크식 광장이 있고 한 블록 전체를 차지할 정도로 큰 건물이 완전히 노출되어 있는 슈바르첸베르크플라츠만큼 압도적이지는 않지만, 시청사 구역은 자유주의 시대의 엘리트들이 갈망했던 풍요로운 위엄이라는 느낌을 달성했다. 그곳의 주거용 건물은 자유주의 빈에서 링 지역의 보석 같은 존재, 자신만만하게 스스로를 내세우는 기념비적 공공건물에게 가장 어울리는 배경무대를 제공했다.

3

링슈트라세가 돌과 공간에 체현된 사회적 가치의 군집群集이라면, 그것을 비판하는 사람은 순수한 건축학적 질문 이상의 것을 스스로에게 던지지 않을 수 없었다. 심미적 비판의 뿌리는 더 넓은 사회적 이슈와 태도 차원에 있었다. 링슈트라세에서 스타일과 기능의 관계에 불협화음이 있음을 감지한 이들은 사실 더 넓은 문제, 자유주의 부르주아 사회에서 문화적 갈망과 사회적 내용의 관계라는 문제를 제기하고 있는 것이다. 하지만 스타일과 기능 사이의 균열을 바라보는 시각은 양쪽 어느 방향에서든 가능하다. 카밀로 지테는 링슈트라세 건물들의 역사적–심미적 갈망을 진지하게 다루었으며, 그것이 전통을 배신하고 긴박한 현대 생활로 달려갔다고 비판했다. 오토 바그너는 정반대의 관점에서 공격을 감행해, 현대성과 그 기능을 역사의 양식화된 스크린 뒤에 숨기는 것을 비난했다. 따라서 링슈트라세를 둘러싼 기준의 전투에서 19세기 중반 도시 건설자들이 이룬 종합은 고대적 기준과 현대적 기준 양쪽에서 모두 공격을 받았다. 지테의 고전주의와 바그너의 기능적 미래주의는 모두 도시 건물의 새로운 미학을 공급했는데, 거기서는 사회적 목적이 심리적 고려의 영향을 받는다.

주 저서인 『도시 건설Der Städtebau』(1889)에서 지테는 고대인의 관점에 서서 현대 도시에 대한 기본적인 비판을 전개했으며, 링슈트라세를 부정적인 모델로 삼았다. 지테는 자신을 현대적 도시 건설 시스템을 가진 '모두스 비벤디modus vivendi(생활 양식)'를 지향하는 "예술적 측면을 위한 변호인"이라 불렀다.[41] 이런 자기규정은 '예술적'인 것과 '현대적'이라는 말이 어딘가 대립적인 용어라고 보는 지테의 뿌리 깊은 전제를 드러내는 것이므로 중요하다. 그에게서 '현대적'인 것은 도시 건설의 기술적이고 합리적인 측면, 그러니까 그가 '교통, 위생 등등'이라고 거듭 지칭하는 것의 우월성을 의미한다. 한편에는 감정적 효과가 크고 보기 좋은 외관이 있고, 다른 한편에는 효율적이고 실용적인 것이 있다는 대비는 본성상 모순적이고 상반되는 것이며, 물질적 고려가 현대 생활을 지배하는 정도가 점점 더 높아짐에 따라 그 두 측면의 상반성은 더욱 커질 것이다.[42] 이윤 추구의 욕망, 밀집도를 극대화하라는 명령이 토지 이용과 도로 계획을 지배했다. 경제적 목적은 무자비하게 기하학적인 도시 구조 시스템—장방형, 방사형, 삼각형 등—으로 표현되었다. 지테는 불평했다. "현대적 시스템이라! 그래! 모든 것을 체계적으로 구상하고 일단 공식이 세워지고 나면 절대로, 머리 한 올만큼도 그 공식에서 벗어나지 않으니, 결국 천재들은 전부 고통받다가 죽어버리고 삶의 즐거움에 대한 감각은 모조리 질식당한다. 이것이 우리 시대의 표식이다."[43]

지테는 균일한 격자 형태에 반대하여 고대와 중세 도시의 공간 조직이 보여주는 자유로운 형태를 찬양했다. 제도판이 아니라 '자연 속에서' 나타나는 불규칙적인 거리와 사각형 말이다. 투기자와 엔지니어의 강력한 주장에 맞서 그는 지나간 시대가 자연스럽고 느린 성장 과정에서 달성했던 것, 즉 아름답고 심리적으로 만족스러운 공간 조직을 신중한 예술적 계획에 의해 이루고자 나섰다. 그는 현대에 맞서기 위해 아리스토텔레스를 불러냈다. "도시란 그 시민에게 안정감과 행복을 동시에 주도록 건설되어야 한다. 행복이라는 목적을 실현하려면 도시 건설은 그저 기술적인 문제가 아니라 최고 수준의 심미적 문제가 되어야 한다."[44]

링슈트라세를 비판하면서 지테는 결코 기념비적인 각각의 건물을 문제 삼지는 않았다. 그는 그 건물들이 빌려온 역사적 스타일은 전적으로 인정했다. 그는 건물의 목적과 결부되는 역사적 스타일을 고른다는 19세기 원칙을 문제 삼지도 않았고, 현대적 관점에서는 그것들 사이에 시각적 불협화음이 빚어진다고 볼 수 있겠지만 그는 그런 것을 느낀 적도 없다. 지테는 역사주의와 논쟁을 벌이기는커녕 각각의 건물만이 아니라 그것이 놓이는 공간 환경으로까지 역사주의를 확장하고 싶어했다. 현대 건축가는 자기 건물에서 그리스, 로마, 고딕식을 모방한다. 하지만 그런 건물이 어디에 놓여야 적절할까? 아고라인가, 포럼인가, 시장통인가? "아무도 그 점에 대해서는 생각하지 않았다"며 지테는 문제를 제기한다.[45]

지테가 "우리의 수학적 세기"와 도로의 지배에서 도시를 구원할 열쇠로 본 것은 광장이었다.[46] 안락하고 폐쇄된 공간인 광장은 과거에는 공동체의 이상이 시각적으로 표현되는 장소였다. 제대로 된 광장은 현대 인간의 영혼을 도시의 고독과 광대하고 부산스러운 공백의 두려움이라는 저주로부터 구원할 수 있을 것이다. 광장이 지닌 포용력은 익명의 공간을 인간적 무대, 작은 방에 담긴 도시의 무한한 풍요로움으로 바꾸어놓는다. 지테의 관점에서 보면 광장은 그저 건물이 세워지지 않은, 비어 있는 장소가 아니라 공동의 생활이 펼쳐지는 무대 역할을 하는 야외의 방, 벽으로 둘러싸인 공간이다.[47]

지테의 비판은 사라진 과거에 대한 향수의 냄새를 풍긴다. 그의 비판은 또한 그가 당대의 문화비평가들, 특히 그가 숭배했던 리하르트 바그너와 공유하는 특이하게 현대적인 사회심리학적 요구를 제기한다. 지테가 볼 때 링슈트라세는 냉혹한 실용주의적 합리주의가 지닌 최악의 면모가 구현된 것이다. 링슈트라세에서는 '열린 공간의 대유행'—한눈에 다 들어오지도 않는 넓은 도로와 넓은 광장—가 인간과 건물 모두를 고립시킨다. 지테는 새로운 신경증인 아고라포비아(광장공포증), 즉 넓은 도시 공간을 건너가지 못하는 공포증이 등장하고 있다고 주장한다. 사람들은 공간에 압도되어 난쟁이가 된 듯한 기분이 들고 도로를 점령한 교통수단 앞에서 무력감을 느낀다.[48] 또 그들은 건물과 기념물들에 대해 연대감을 갖지 못한다. '자유 배치에 대한 열광'—건물을 한정된 공간이 아니라 개방된 공간에 따로따로 떨어뜨려놓는 것—은 건축과 환경의 통합성을 파괴했다. 빈의 포티프키르헤와 오페라 극장 같은 건물이 주는 효과는 텅 비고 균일한 공간 속으로 부서지고 흩어진다. "자유 배치된 건물은 영원히 쟁반에 얹혀 있을 뿐 먹지는 못하는 케이크다."[49] 뿐만 아니라 그런 건물은 사용자에게 다가가지도 못한다. 지테는 자신의 건축 스승 하인리히 페르스텔의 작품인 대학 건물도 바로 이 결함을 피하지 못했다고 생각한다. 그곳의 아름다운 안마당은 결코 통행자들을 끌어들이지 못한다. 지테가 볼 때, 거대한 파사드는 사람들을 유인해야 하고 공간은 아름다운 파사드의 윤곽을 짜주어야 하며 아름다운 파사드는 공간을 풍요롭게 만들어주어야 한다. 지테는 인간적인 건설이라는 관점에서 링 전체를 비판하고, 건축과 인간이 공동체적 합일을 이루도록 하라고 탄원한다.

링슈트라세를 어떻게 손질해야 할 것인가? 지테는 구체적인 방안을 제시했다. 광장, 교통이 지배하는 차가운 바다 같은 공간 속에 인간 공동체의 섬을 만드는 것이다. 거대한 건물 여러 채—포티프키르헤, 의사당 등등—앞에 그는 중심 구조에서 팔이 뻗어나오는 것처럼 기다란 건물을 지어 중심의 파사드를 둘러싸는 광장을 만들자고 제안했다. 이 팔들은 브뤼셀의 시청사에서처럼 낮은 건물들의 벽이라는 형태가 되기도 하고, 성 베드로 성당에 있는 베르니니의 주랑 같은 형태가 될 수도 있다. 어떤 형태를 취하든 결과적으로 공간의 실내화를 실현하고, 무한한 매체를 유한한 부피로 바꾸게 될 것이다. 링슈트라세의 목적 없는 흐름은 만족할 만한 규모의 웅덩이에서 정지된다. 이렇게 하여 지테는 도로의 움직임 지향적인 기능주의를 벌충하기 위해 일종의 광장의 심리적 기능주의를 개발한 것이다. 그가 광장의 역사적 모델을 채택한 것은 링슈트라세 건물들의 건축적 스타일이 그렇듯 하나의 기능을 상징하기 위해서가 아니라 합리적 사회라는 틀 안에서 이뤄지는 공동체 경험을 재창조하기 위함이었다.

현대적 도시계획의 역사에서 극히 풍성한 결실을 거두게 되는 지테의 개념은 그 발상지가 어디일까? 그의 생각 속의 한 요소가 19세기의 전형적 특징이라 할 과거 예술에 대한 열광임은 분명하다. 그가 이 열광에 빠진 것은 링슈트라세의 여러 학구적 건축가와 마찬가지로 새롭고 흥미진진한 예술사 원리에 대한 연구를 통해서였다. 하지만 사라진 과거의 예술적 유산에 대한 지테의 열정이 그저 학구적이고 낭만적인 향수인 것만은 아니었다. 오스트리아에서는 19세기 중반까지도 전前산업주의 시대의 문화와 사회가 수세에 몰려 있기는 했지만 여전히 많은 부분이 생생하게 살아 있었다. 그리고 지테의 뿌리는 그곳에 있었다. 러스킨John Ruskin 1819~1900. 영국의 시인, 사회평론가, 미술평론가이나 윌리엄 모리스William Morris 1834~1896. 영국의 시인, 소설가, 장식미술가, 사회주의 운동가 등 당대의 영국 개혁가들이 볼 때, 죽어 있는 장인과 공예 문화artisan and craft culture의 재생은 중요한 이슈였다. 하지만 후진적인 오스트리아에서는 재생이 아니라 살아남는 것이 문제였다. 여전히 살아 있었지만 생사의 기로에 서 있는 장인사회를 보존해야 하는 것이다. 지테는 이 장인계급에서 출현했다. 지테 자신이 바로 새로운 교육과 옛 기술의 종합이었다.

지테의 아버지 프란츠는 유명한 교회 건축가이자 복원가였다. 그는 스스로를 '사립 건축가'라고 불렀는데, 이 호칭은 중세의 장인 건설업자와 국가 자격증과 학문적 학위를 보유한 현대 건축가 사이의 과도기적 지위를 반영하고 있다. 1848년의 혁명에서 노老 지테는 신고딕식을 이 민족의 민속 스타일로 지지하면서, 당시에 지배적이던 정부 기관의 고전주의에 반대하는 투쟁에서 큰 역할을 했다. 예술가로서의 건축가들이 지니는 자율성 문제도 이 투쟁에 결부되어 있었다. 하지만 전문화된 일부 동료 투사들과 달리 노 지테는 이미 죽어가고 있던 산업 시대 이전의 사회 계급이 보유한 가치를 소중하게 여겼고, 국가 권력을 믿지 못하는 것만큼 새로운 학술적 전문가주의에도 의구심을 품었다.[50]

카밀로 지테는 소년 시절부터 다재다능한 아버지 곁에서 일해오면서 그림과 조각의 순수예술을 건축학적인 수식으로, 건축이라는 종합예술 Gesamtkunst의 일부로 배웠다. 현대 건축가와 예술사가로서 그가 받은 이론 교육은 이 같은 장인적 기반 위에 놓여 있다. 지테가 현대의 책에서 배운 것은 고대식 방법에 대한 열정과 사라져버린 도시 생활의 가치에 대한 사랑을 강화해시킬 뿐이었다. 그의 아버지가 교회 파사드를 새로 꾸미고 그 자신도 김나지움을 다닌 곳인 낯익은 피아리스트 광장이 지테의 이상형, 빈의 사랑스러운 전통적 생활공간의 모델로서, 영혼도 없는 링슈트라세에 맞서 보존되어

야 할 곳이었다.[51]

지테가 다닌 대학 문화의 역사적 파토스는 어린 시절과 유년 시절에 그가 갖게 된 가치를 보강해주었다. 대학에서 그의 주임교수는 빈 최고의 예술사 교수(1852년에 임명됨)이자 응용예술의 열렬한 옹호자인 루돌프 폰 아이텔베르거였다. 우리는 그를 링슈트라세 주택을 개별 가구 위주로 짓는 방안을 주장했으나 성공하지 못한 인물로 앞서 만난 바 있다. 1862년의 런던 만국박람회에 갔다가 사우스켄싱턴 박물관(현재 빅토리아앤앨버트 박물관)에서 영감을 얻어 돌아온 뒤 그는 예술과 산업 박물관을 세우자며 정부를 설득했다. 공장 생산과 길드를 금지하는 자유 입법 때문에 수공업이 약해지던 시절에 아이텔베르거는 수공업 전통을 산업화 시대에까지 계속 이어갈 수 있도록 정부 지원을 요청했다. 훌륭한 19세기식 스타일이 그렇듯이, 구원이 온 것은 이상을 앞세운 덕분이었다. 아이텔베르거는 그가 세울 박물관이 노동자와 생산자를 고무시켜 "각자가 지닌 고급 기술의 지배적인 스타일에 따라" 생산물을 만들어내기를 기대했다.[52] 따라서 노 지테가 실질적인 수공업 전통의 관점에서 상향식으로 추구했던 것을 아이텔베르거는 하향식으로, 국가의 지원을 받는 학술, 공공 전시, 교육을 통해 달성하고자 했다. 1863년 아이텔베르거는 박물관 건립 허가를 얻는 데 성공했으며, 1868년에는 박물관 부속 응용미술학교가 추가되었다. 폴리테크닉에서 카밀로 지테의 건축학 주임교수이던 하인리히 폰 페르스텔은 거창한 교육적 의도를 가지고 링 지역에서 아이텔베르거의 학교와 박물관을 수용할 건물을 응용예술의 종합예술 작품 Gesamtkunstwerk이라는 스타일로 구상하고 설계했다.[53] 따라서 아이텔베르거와 페르스텔은 단일 가족 타운하우스를 링슈트라세에 지어 중세의 시민적 이상을 되살리고자 하는 합동 캠페인에는 실패했지만, 전통 수공업을 국가가 양성하는 현대 산업의 예술적 모델로 도입하는 데는 성공했다. 현대의 생산은 박물관과 학교에서의 교육을 통해 수공업적 정신을 주입받음으로써 수준이 높아질 수 있다. 건축에서와 마찬가지로 여기서도 신인간은 현재를 풍요롭게 만드는 형태를 찾기 위해 과거를 돌아보았다.

1873년의 경제 위기는 예술과 수공업에서의 전통적 세계관을 국가가 지원하게 되는 두 번째 자극제가 되었다. 완전한 자유방임주의를 선호하며 전통적인 수공업 길드 조직의 법적인 말살을 방금 막 완성한—1859년에 공포된 직업 칙령에 의해—자유주의 정부는 불만을 품은 기능공 계급을 지원해줄 수단으로 길드를 대체할 만한 것을 찾기 위해 교육 쪽으로 눈을 돌렸다. 전혀 예상치도 못하게 자유 기업이 실패하자 신흥 지배 계급은 죄책감과 향수를 느꼈다. 동시에 그 실패로 인해 기능공들의 불만은 더욱 커졌다. 그들은 참정권의 범위를 더 확대하고 경제적 보호를 받기 위해 정치 조직을 만들기 시작했다.[54] 정부는 무역부가 관장하던 기술 교육의 통제권을 박탈하고 포괄적인 기술학교 체제를 개발하는 과제를 교육부에 맡겼다. 이 학교 체제를 입안한 고위 관료 자신이 오스트리아에서 '국제주의적' 자본주의의 실패를 겪으면서 민족주의 성향이 강화되어 전통적 낭만주의의 길로 떠밀려간 자유주의자였다.*

---

* 이 관리는 아르만트 프라이허 폰 둠라이허Armand Freiherr von Dumreicher였다. 그는 빈 대학 외과 교수의 아들로서 아이텔베르거의 가까운 친구였다. 그의 독일 민족주의는 1860년대의 프로이센-오스트리아 갈등을 겪으면서 생겼다가 좌절되었는데, 이 젊은 관리는 처음에 장기적인 정치적 잠재력이 있다고 본 문화적 민족주의에 관심을 가졌다. 귀족계급과 장인계급의 좀더 보수적인 사람들도 수공업의 강화를 지지했지만, 그들의 전문적인 교육 기능을 회복할 수 있게 만든 지도력은 환상을 버린 자유주의자들에게서 나왔다는 사실에 주목할 필요가 있다. 둠라이허는 1886년에 민족주의적 확신으로 인해 관리직을 사임하고 치켜들고 있던 횃불을 의회로 가져갔다. 10년 뒤 그는 자유주의 입헌당 집행부에서 사임하는데, 그 이유는 그 당이 학교에서의 슬로베니아인의 권리를 지지하는 투쟁에 참가하기를 거부했다는 것이었다. 페르디난트 빌거, 「아르만트 프라이허 폰 둠라이허Armand Freiherr von Dumreicher」, 『새 오스트리아 전기, 1815~1918Neue Oesterreiche Biographie, 1815~1918』(Vienna, 1923 et seq.), V, 114~129.

새로운 수공업 교육 프로그램은 카밀로 지테에게 자신이 가진 두 가지 주관심사, 즉 건축 예술과 수공업 및 예술과 기념물의 역사를 함께 추구할 수 있는 이상적인 헌법적 여건을 마련해주었다. 1875년에 지테는 아이텔베르거의 추천을 받아 잘츠부르크에서 문을 연 새로운 국립 직업학교의 교장이 되었다. 1883년에 그는 이와 비슷한 학교를 빈에도 세우고 감독하도록 초빙되었다. 프란츠 지테는 자기 아들이 태어나면서부터 얻은 자유예술가라는 자격을 그러한 관료적 지위를 위해 팔아넘겼다며 몹시 분개했다. 하지만 실제로는 그 아들의 타협 덕분에 유일한 수단, 즉 국가가 양성하는 교육과 학술적 선전이라는 수단을 통해 의사擬似중세적인 수공업 문화가 보존될 수 있었다. 존 러스킨 수준의 심미적−비평적 박식과 윌리엄 모리스에 필적하는 실제적 기술 지식을 겸비한 지테는 도예로부터 목공예에 이르는 수많은 종류의 수공업 교육 체계를 세웠을 뿐만 아니라 언론과 강연을 통해 예술과 수공업을 고취시키는 어마어마한 대중 선전을 지휘했다. 그는 제본, 가죽 공예, 마욜리카 도자기 생산, 분수 복원, 농민 도자기, 그 밖에 수없는 주제에 대해 글을 썼고, 과거에 대한 존경심을 현대의 심미적 상상력의 해방과 결합시켰다.[56]

지테가 1889년에 도시 이론가로서의 작업을 시작했을 때 그의 태도가 그저 단순한 도시 '계획자'가 아니라 응용예술의 선전가이자 수공업자가 만든 환경의 보존가−옹호자로서였음을 지적하는 이야기는 이미 충분히 있다. 그는 자기 책을 『도시계획』이 아니라 『도시 건설Der Städtebau』이라고 불렀다. 추상적인 설계가 아니라 실제로 '만들기'에 더 강세가 두어지는 그 제목은 저자의 수공업자적 시각을 말해준다. 그러나 '도시 건설…… 그 예술적 원리에 입각하여'라는 부제에는 지테의 현대적·심미적 자의식이 반영되어 있다. 그는 현대적 인간이란 과거에는 생활 속의 수공업적 실천에서 달성했던 것을 심미적 추론을 통해 이루어야 함을 밝히려는 것이다.

지테가 역사적 박식과 수공업적 전통을 종합하여 하나의 심미적인 사회 임무로 형성할 수 있게 해준 것은 음악가인 리하르트 바그너의 이론이었다. 피아리스트 김나지움에 다니던 학창 시절 지테는 자매 학교인 뢰벤부르크 수도원 학교에서 음악을 공부하는 학생들과 평생의 친교를 맺었는데, 그 학교는 유명한 궁정 소년 합창단(현재의 빈 소년합창단)이 음악적 장인의 전통에 따라 훈련받는 곳이었다. 지테 자신도 숙련된 아마추어 첼로 연주자였으며 그의 가장 가까운 학교 친구 가운데 한 명인 한스 리히터Hans Richter는 1860년 대에 리하르트 바그너의 가까운 조수이자 위대한 바그너 지휘자가 되었다.[57]

1870년 이후 프러시아가 프랑스에 대해 승리를 거두고 독일을 통일한 뒤, 바그너의 민족주의가 오스트리아의 청년 지식인들 사이에서 급속도로 퍼졌고, 1873년에 경제 파탄을 겪은 뒤에는 현대 자본주의 사회에 반대해 독일의 중세적·수공업적 공동체를 찬양하는 바그너의 태도가 특히 매력적으로 받아들여졌다. 지테도 그 강력한 물결에 휩쓸렸으며, 평생 열렬한 바그너 추종자였다. 물론 그는 바이로이트 축제의 추종자이기도 했다.[58] 「니벨룽의 반지 Der Ring des Nibelung」의 최초 지휘자인 리히터뿐만 아니라 그 축제의 무대 배경화가인 요제프 호프만Josef Hoffmann도 그의 가까운 친구였다.* 그들을 통해 지테는 바그너의 극장 건축가인 고트프리트 젬퍼와 알게 되었는데, 젬퍼의 도시계획과 극장 아이디어는 링슈트라세 바로 그곳에서 결실을 보게 된다. 리히터가 바이로이트에서 「니벨룽의 반지」의 완판 공연을 최초로 지휘한 1876년에 지테의 첫아들이 태어났는데, 그는 아들의 이름을 지그프리트라 지었다. 또 1883년에 빈의 새로운 국립 직업학교의 교장 사택인 고급 아파트의 실내장식을 할 때 그는 그 살롱의 천장을 「니벨룽의 반지」에 나오는 장면을 묘사한 그

---

* 동명이인인 분리파 건축가와 혼동하지 말 것.

림으로 꾸몄다.[59]

지테는 1875년에 빈 바그너 동호회에서 연설하면서, 수공업적 가치를 현대 자본주의 세계에서 옹호하는 자신의 지적 사고틀이 형성됨에 있어 바그너가 차지하는 중요성을 밝혔다.[60] 지테에 의하면, 현대인의 존재에서 근본적인 사실은 그것을 삶의 기준으로 삼을 만한 일관된 가치의 조합이 없다는 점이다. 현대 세계를 만든 사람들은 갈릴레오에서 다윈에 이르는 과학자이거나 개척자−정복자와 상인 모험가였다. 괴테의 『파우스트』와 바그너의 「방황하는 네덜란드인Der fliegende Holländer」(지테는 이 인물이 실제 상인 모험가를 모델로 했다고 말한다)은 이 독특하게 현대적인 유형의 서사시적 영웅들, 즉 예전에는 인간이 삶을 영위해나간 기준이던 종교적 신화를 파괴하는 전복자, '평화의 교란자들'이었다. 현대 여건의 정수精髓가 삶의 분열인 까닭에 우리는 통합하는 신화를 필요로 한다. 지테는 그리스 혹은 또 다른 문화를 복원하고자 하는 역사주의의 광적인 결심은 효과가 없다고 말한다. 그것은 삶에서든 예술에서든 피가 흐르지 않는 유령을 만들 뿐이다. 그는 '실제 세계 바로 곁에, 그 위에' 서서 현재 인간의 파손된 가치를 응집력 있는 미래의 이미지로 주조해낼 새로운 이상을 주문했다. 지테는 예술가의 특별한 임무가 이 구원적이고 미래 지향적인 작업임을 인식한 천재로서 바그너를 찬양했다. 과학과 무역의 뿌리 없는 탐색자들이 세계를 파괴해 고통받는 민중이 삶의 지침으로 삼을 만한 중요한 신화를 박탈했으므로 예술가는 새로운 것을 창조해야 한다는 것이다. 지테는 정령이 파우스트에게 내리는 명령을 인용한다.

그대는 (억센 주먹으로)

이 아름다운 세계를 파괴했구나

……

(강력한 그대여,

세상을 더 아름답게)

다시 세워라

그대 가슴속에 일으켜 세워라!*

지테는 리하르트 바그너가 이것을 두 가지 의미로 보여주었다고 주장한다. 그 두 가지란 종합예술의 건설자로서, 그리고 민족의 구원을 위한 신화적 영웅의 창조자로서다. 종합예술은 분열을 극복하는 모델을 제공했다. 음악극이 분열된 예술을 통합하듯이, 민족의 신화는 분열된 현대 사회를 통합해야 한다. 바그너적 영웅은 예술가와 민중 모두에게 이 임무를 완수하는 길을 보여주었다. 육체적 투쟁을 중심으로 하던 튜턴족 시대에서 유래하는 바그너의 지그프리트는 힘 있는 존재인데, 이 힘은 이 사색적이기만 한 공리주의 시대에 독일 민족을 쇄신하기 위해 특별히 필요한 덕목이다. 순진무구한 힘과 행동에의 의지 덕분에 지그프리트는 자기 아버지의 부러진 칼 조각을 가지고 보물을 쌓아둔 용을 처치하고 빈사 상태에 빠진 신들의 권위를 박살낼 새 무기를 만든다. 현대의 예술가들도 그가 발휘한 기술을 본받아 분열을 극복하고 전체 민중에게 "공동체 생활의 세계관"을 마련해줄 힘을 길러야 한다.

지테의 민중 개념은 바그너의 개념을 정확하게 뒤따르고 있다. 즉 '민중 Volk'은 보수적이고 속물주의에 빠지기 쉽지만 또한 천재의 호소에 부응할 수

---

* Du hast sie zerstört,

Die schöne Welt,

(…)

Baue sie wieder,

In deinem Busen baue sie auf

(『파우스트』 비극 제1부 서재 장면에 나오는 정령들의 합창—옮긴이)

있고 가장 심오한 가치를 깨달을 수도 있다는 것이다. 지테는 「뉘른베르크의 명가수Die Meistersinger von Nürnberg」의 시민들에게서 "완전히 발전한" 민중의 사례를 보게 된다고 말한다. 그들은 수공업자 전통의 규범에 따라 정상적으로 살아가면서도 오페라의 주인공이 가진 새로운 예술, 가슴속에서 우러나오는 호소에 근거한 예술에 반응한다. 하지만 바그너와 지테에게서 민중은 프랑스 혁명 이론가들이나 마르크스에게서처럼 정치에서의 능동적 요소가 아니다. 그들은 수동적이고 보수적이며, 현대적이고 파괴적인 하향식 전복자를 필요로 하는 존재다. 과학자와 상인 모험가가 그런 전복자다. 구원자인 예술가는 파우스트처럼 보수적(산업 시대 이전의) 민중을 무자비하게 파괴함으로써가 아니라 그들과 연대함으로써 진보를 이뤄낼 것이다.● 그들은 '새롭게 건설된 현대 생활'의 극장을 창조해 '그 문화의 가장 내면적인 동기'에 부응할 것이다. 지테는 지그프리트의 창조란 곧 미래를, 새로운 독일인을 만드는 것임을 공개적으로 선언했다. 이것은 음악극 작가뿐만 아니라 조형예술의 임무이기도 하다.

이렇게 무장한 지테는 도시 비평에서 바그너 이상을 선전하고 인공적 환경을 재정비하는 데 평생을 바쳤다. 현대 사회에서 예술가가 해야 할 기능에 대한 바그너적 견해에 입각하여 보면 지테의 작업과 세계관에 들어 있는 구성요소들은 모두 앞뒤가 제대로 들어맞는다. 수공업자 계급에 대한 충성심 및 그들에 대한 교육자, 학자, 선전가라는 그의 역할, 그 계급의 지속적인 존재를 합법화하는 방법으로서 과거 수공업의 업적을 재생하고 선전하는 일, 그리고 모든 관련 예술을 온갖 건축과 도시 기획에 결부시키려는 노력 등이 그

● 괴테의 『파우스트』에서 현대적 흥행가인 주인공은 간척지에 새로운 사회를 건설하면서 구질서를 대표하는 덕성스러운 농민 부부를 죽인다. 하지만 파우스트는 생산자들의 자유로운 사회에 대한 최후의 환상을 통해 이 같은 사회적 범죄를 극복한다. 괴테, 『파우스트』 제2부 5막.

러하다.[61] 마지막으로 지테는 오페라하우스에서 바그너가 제시한 바 있는 미래를 위한 사회 모델로서의 종합예술 작품이라는 이념을 가져와 도시 차원에서 통역해냈다. 도시 건설의 '예술적 측면의 옹호자'로서 지테는 그의 스승인 아이텔베르거나 링슈트라세의 역사주의적 건축가들에 비해 '예술적'이라는 단어에 공동체 사회의 기준이라는 짐을 훨씬 더 무겁게 실었다. 그는 사회적 전통주의와 바그너주의적 기능주의를 따르다보니 도시기획자의 역할을 바그너가 본 작곡가의 역할과 같은 것, 즉 문화의 쇄신자로 규정하게 되었다. 현재 우리가 갖고 있는 것처럼 현대적 도시계획자의 심리가 형성된 것은 지테 덕분이다. 즉 우리 환경을 재설계함으로써 우리 삶을 개조하는 지그프리트 같은 유형의 인물 말이다.

바그너식 개념으로 구상된 지테의 이 도시는 "그저 기계적이고 관료주의적인 산물"이 아니라 "중요한 정신적 예술 작품이어야 하며 (…) 국민적인 종합예술 작품에 종사하는 모든 시각예술의 대중적이고 민족적인 종합이 결여되어 있는 우리 시대에는 특히 위대하고 진실한 민속 예술 작품"이 되어야 한다.[62] 건축가가 도시 전체를 세울 수는 없더라도 적어도 그에게 광장은 주어져야 한다. 바그너에게서 음악극이 차지하는 위치가 지테에게서는 광장에 주어졌다. 광장은 미래의, 혹은 더 정확하게 말한다면 미래를 위한 예술 작품이다. 광장은 여러 분야의 예술을 가시적인 종합예술 작품으로 통합해야 한다. 예술가는 이성, 황금만능주의, 효율성의 가혹하고 불화를 조장하는 지배에 굴복한 사회에서 완전한 사회의 모델을 만들어내야 한다. 계산자와 슬럼의 현대 도시, 교통이 휩쓸고 지나간 차가운 현대 도시에서 아름답고 심리적인 안정감을 주는 광장은 사라진 시민적 과거에 대한 기억을 일깨울 수 있다. 이렇게 공간적으로 극화된 기억으로 인해 우리는 더 나은 미래, 속물주의와 실용주의로부터 해방된 미래를 만들 수 있다. 지테는 이렇게 미래를 가리키는 한편 바그너와 똑같이 현재의 지배 권력과 타협한다.

> ……예술가는 자신의 목적을 달성하기 위해 몇 개의 간선도로와 광장만 있으면 된다. 그 나머지는 기꺼이 교통과 일상의 물질적 요구에 양보할 수 있다. 주택의 절대다수는 노동에 할애되도록 하고 그곳에서는 온 도시 사람들이 작업복 차림으로 나타나도 좋다. 하지만 소수의 주요 광장과 거리는 일요일 복장으로 나타날 수 있어야 한다. 거주자들의 자존심과 기쁨을 위해, 젊은이들의 (…) 소속감이 일깨워지며 위대하고 고귀한 감정이 발전할 수 있도록 말이다. 옛날 도시에서는 그러했다.[63]

하지만 링슈트라세를 위해서는 지테의 제안이 나온 시기가 너무 늦었다. 포티프키르헤와 기념비적인 시청사 복합건물군 앞에 있는 공간들을 광장으로 모아들임으로써 도로의 패권을 깨뜨리려는 그의 노력은 기존의 이권과 그것들을 떠받드는 가치, 즉 링슈트라세가 구현하고 있는 유동성과 운동성의 우세에 대한 자부심과 부딪치자 분쇄되어버렸다. 다시 인간화된 도시 공간이라는 지테의 공동체적 전망은 제1차 세계대전 전의 오스트리아 사회에서 메갈로폴리스megalopolis에 대한 더 일반적인 혐오감이 생길 때까지 기다려야 했다.

지테가 『도시 건설』을 출판한 지 4년 뒤인 1893년에 건축가 오토 바그너Otto Wagner는 지테와 아주 판이한 전제 위에 세워지는 새로운 빈 개발계획 경연에서 우승했다. 그 경연은 1890년에 시가 광대한 근교 벨트 지역을 병합하는 것을 계기로 열렸다. 이 병합 덕분에 도시는 링슈트라세가 뚫린 이래 처음으로 대규모의 계획적 개발을 할 기회를 얻었다. 링슈트라세 개발이 공식적으로 시작된 1859년에는 그 목적을 밝히는 정부 발표문에서 도시 전체로서의 개발 계획이 확실하게 미래로 연기되었다. 그 결과 링슈트라세는 그것이 미칠 광범위한 효과에 대한 고려 없이 하나의 독자적인 구역으로 처리되었다. 그러나 이번에 시의회는 링슈트라세 계획자들보다는 좀더 포괄적인 방식으로 미래 성장의 규제라는 문제를 정면으로 다루기로 결정했다.* 그것은 교통, 사회적이고 위생적인 통제, 토지 용도의 차별화 같은 도시 개발의 비심미적인 요소에 집중했다.[64]

의회의 새로운 관심사에 동조하여 바그너는 운송이 성장의 열쇠라는 발상을 주도 이념으로 내세우는 설계를 1893년의 경연에 제출했다. 그는 네 개의 환상環狀 도로와 철도 벨트로 구성된 체계를 제안했는데, 링슈트라세는 그 가운데 첫 번째 고리로 포함된다. 방사상의 간선도로가 이 원들을 관통한다. 바그너가 구상하는 미래 빈 개발의 전제는 무한 확장이었고, 이 전제는 갈채 속에서 채택되었다. 링슈트라세 계획을 지배했던 '표상'과 '도시 이미지의 미화'라는 목적은 1893년 경연의 필수 요건, 또는 그에 대한 바그너의 접근법에 전혀 끼어들지 못했다. 바그너는 오히려 메갈로폴리스 빈을 위한 자신의 기획에서 카밀로 지테의 가슴을 서늘하게 만들었을 "필요만이 예술의 여주인Artis sola domina necessitas"이라는 모토를 내세웠다.[65]

이 단계에서 바그너에게 필요란 효율성, 경제성의 요구, 기업 업무의 촉진을 뜻할 뿐이었다. 그것이 현대인—과거의 인간과 반대되는—의 전부였다. 그의 기획에 도시 생활의 구성 요소—산업, 주거, 관공서 공간—가 지리학

● 시 경연은 '빈 전체 시 지역의 통제를 위한 일반 계획 설계'를 주문했다.

적으로 어떻게 배치되어야 하는지에 대한 개념도는 전혀 없었다. 그보다 그는 운송 문제를 중심으로 하여 설계도를 그렸는데, 그렇게 하면 구성 요소의 위치와 성격이 어떤 것이든 구애받지 않고 광역 메트로폴리스를 하나의 효율적인 단위로 묶을 수 있었다. 다만 바그너도 도시의 신흥 외곽 벨트 지역에서는 부도심Stellen을 교통과 지역 편의시설의 중심지로 삼을 것을 제안했다.[66]

지테가 역사주의를 확대하여 인간을 현대 기술문명과 효율성에서 구원하려 한 데 반해 바그너의 작업은 정반대 방향을 향했다. 그는 한결같이 합리적이고 도시적인 문명의 가치에 유리하도록 역사주의를 격퇴시키고 싶어했다. "예술의 기능은 (실용적) 목적을 달성하는 과정에서 등장하는 모든 것을 축성하는 일이다. (…) 예술은 도시의 얼굴을 당대의 인류에게 맞춰야 하는 과제를 안고 있다"고 바그너는 단언했다.[67] 1895년에 그는 자신이 쓴 교재인 『현대 건축Modern Architecture』 서문에 19세기 건축학 교육을 온통 지배해온 역사주의의 반박을—대문자로—실었다.

한 가지 생각이 책 전체를 꿰뚫고 있다. 즉 오늘날 주류 건축학이 제시하는 견해의 전체 기반은 우리의 예술적 창조를 위해 유일하게 가능한 출발점이 현대 생활임을 인정하는 것으로 바뀌어야 한다는 것이다.[68]

이렇게 링슈트라세 시대의 '지나치게 오래 살아남은 형태의 세계'에 대한 최초의 대규모 공격을 감행하면서 바그너는 건축과 도시계획에 대한 새로운 주문을 내걸었다. 그는 나중에 건축과 도시계획이 "우리의 더 나은 본질, 민주적이고 자기 인식적이며 예리한 사고를 가진 본질을 가시화하고 현대 인류의 근본적으로 실용적인 성격뿐만 아니라 거대한 기술적, 과학적인 업적도 공정하게 평가해야 한다"고 덧붙였다.[69]

그리하여 링슈트라세 시대가 종말을 고할 무렵 지테는 현대 도시주의의 아노미 현상을 상대하기 위한 시각적 모델을 공동체적인 과거에서 불러왔지만, 바그너는 자신이 기쁘게 끌어안은 분방하고 합목적적이며 자본주의적인 도시성의 진리를 표현할 새로운 미적 형태를 찾아내려고 노력했다. 건축가이자 논쟁가이며, 교사이자 도시 이론가인 바그너는 링슈트라세 문화를 벗어나 최고의 모더니스트로 등장했다.

1841년에 태어난 바그너가 1890년대에 돌연 링슈트라세의 역사주의에 대해 공격을 펼치기 시작했을 때는 이미 링슈트라세 건축가로서 풍부하고 성공적인 경력을 쌓은 뒤였다. 지테 역시 그러했지만, 링슈트라세 원리에 대한 창조적 비판은 사상가의 사회적 배경과 지적 연관의 조명 속에서 이뤄졌다. 지테의 뿌리가 불안정한 수공업자 계급에 있었던 데 비해, 바그너는 링슈트라세를 자신들의 이미지에 따라 구상하고 건설한 '제2계급' 출신이었다. 바그너의 아버지는 한미한 가문 출신이었지만 궁정 서기가 되어 성공적인 직업생활을 했다. 정력적인 그의 어머니는 부유한 관료 가문 출신이었다. 젊어서 과부가 된 바그너 부인은 아들에게 새로운 기업가적 가치, 즉 강한 자의식과 경제적 성공에 대한 더욱 강한 야심을 불어넣었다. 바그너는 자신의 '우상처럼 존경하는 엄마'가 그에게 "독립성과 돈을 얻기 위해 노력한 다음, 그 이후에는 돈을 수단으로 간주하라. 그러면 사람들이 네 가치를 인정할 것"이라는 말을 자주 했다고 전한다. 그는 그것을 "놀라운 철학이지만, 유일하게 올바른 것"이라고 회상했으며, 실제로 그녀의 기대대로 그는 그 덕분에 "자신의 이상에 따라 살" 수 있었다.[70]

소년 시절부터 바그너는 링슈트라세의 건설자들과 어울렸다. 사업 소질이 있었던 그의 어머니는 1848년 이전에도 이미 의사당을 지은 건축가 테오필 한센이 '현대화'한 아파트 건물 세 블록을 소유하고 있었다.[71] 바그너 부인은 의도적으로 아들이 건설과 소유의 새로운 세계에서 성공하도록 교육시켰다. 지테의 교육에 흠뻑 배어들어 있던 장인의 경험이나 역사적 파토스는 바그너에게 접근도 하지 못했다. 예비 교육을 확고하게 받은 젊은 오토는 빈 폴리테크닉K. K. Polytechnisches Institut에 입학해 건축학 수련을 받기 시작했다. 그는 고전적 성향을 띤 베를린의 건축학교에도 잠깐 다녔기에, 1861년 정통적이고 엘리트적인 빈 예술아카데미에 입학했을 때는 그곳에서 받을 전문적인 교육을 확실히 소화할 준비가 되어 있었다. 이 학교에서 그의 스승은 당시 최고의 권력과 특권을 누리던 링슈트라세 건축가이자 오페라하우스 건설에 함께 참여하고 있던 아우구스트 지카르츠부르크와 에두아르트 판 데어 뉠이었다. 바그너는 지카르츠부르크가 "나의 예술가적 영혼을 장악하여 효율성의 원리를 길러"냈으며, 판 데어 뉠은 재능 있는 스케치를 통해 그에게 영감을 고취시켰다고 회상했다.[72] 역사주의 스타일의 스크린 뒤에 은폐된 효율성, 이것이 바그너에게 전해진 아카데미의 유산이었다.

1860년대 후반에 지테가 링슈트라세 사회의 지적 주변부에서 자신의 수공업적 지향성과 고전적 박식을 개발하는 동안 바그너는 건설 붐으로 조장된 투기의 중심으로 뛰어들었다. 25년 동안 그는 건축사업자로서 경력을 쌓으면서 링슈트라세 지역에 수많은 아파트 주택을 지었다. 바그너는 다음 사업의 비용을 충당하기 위해 자신이 지은 건물이 팔릴 때까지 그곳에 살곤 했다. 이렇게 혜택받고 '자유분방한 르네상스적' 스타일을 깍듯이 지키는 바그너가 장래의 모더니스트가 될까봐 의심할 이유는 조금도 없었다.[73] 그가 거둔 성공의 정도가 덜했던 공공 기획 분야에서도 이와 별반 다르지 않게, 바그너는 보자르 학파Ecole des Beaux-Arts 프랑스의 국립예술학교인 아카데미 데 보자르의 건축학부를 중심으로 형성된 건축학파와 링슈트라세 건축의 지극히 많은 부분을 특징지은 거대한 기념비주의의 정신을 반영했다. 그가 이 방향에서 자신의 환상을 추구하려 한

범위는 그가 1880년에 세운 아르티부스 기획Artibus project에 나타나 있다(그림 30). 이는 링슈트라세 박물관의 규모를 훨씬 능가하는 규모로 지어진 유토피아적 복합 박물관군이었다.

바그너는 한 가지 측면에서 일찌감치 링슈트라세의 관행으로부터 이탈했다. 독립적인 상업적 건물이라는 생각에 매혹된 그는 사업과 주거 기능을 하나의 건물에 수용하는 관행과 거리를 두었다. 빈의 독립적인 기업 건물의 초기 사례 가운데 하나인 랜더방크Länderbank(1882~1884) 건물을 지을 때 바그너는 관례적인 2층짜리 르네상스식 파사드를 대폭 단순화했다(그림 18). 건물 아래 부분에 있는 거칠게 다듬어진 석조 블록 사이의 수직 이음매를 사실상 없앰으로써 그는 석조로 된 부분을 도로의 궤적과 건물을 일치시키는 수평적 띠로 변형시켰다. 건물의 안마당(그림 19)에서는 이보다 더 멀리 나아갔다. 그는 외부 벽에서 장식을 흔적도 없이 제거하고 창문을 스투코 장식이 된 벽의 평면에서 돌출되게 만들어 미래의 스타일―혹은 메타 스타일―을 명확하게 예시한 것이다. 랜더방크의 계단실에서도 바그너는 링슈트라세의 관행과 결별했다. 그의 동시대인들이 계단실을 그 소유주의 지위를 찬양하는 사치스러운 장엄함으로 꾸민 데 비해, 바그너는 장식을 최소화한 고전적 형식을 써서 계단이 갖는 기능을 아주 단순하게 선언했다. 그 기능이란 수직적 소통의 직설적인 수단을 제공하는 것이었다(그림 20).

새로운 방향을 암시하는 이런 몇 가지 징후가 있기는 했지만 바그너는 1890년대의 시 개발 계획에 참여하기 전에는 도시 건설의 기능적 이론가나 스타일리스트로 나선 적이 없었다. 그는 도시 토목공사 기획에 참여하면서 변신의 첫걸음을 내딛었다. 두 번째 걸음은 빈의 아르누보인 분리파 운동 Secessionist movement에 참여하면서 시작되었다. 도시 철도 기획에서 그는 새로운 건설의 원리를 얻었으며, 분리파에서는 그것을 시행할 새로운 스타일을

그림 18 오스트리아 제국 랜더방크의 거리 쪽 파사드, 오토 바그너, 1882~1884.

그림 19 오스트리아 제국 랜더방크의 후면 안뜰.

그림 20 오스트리아 제국 랜더방크의 계단실.

얻었다. 토목공학의 문제와 아르누보 미학이 1890년대의 오토 바그너에게 끼친 영향은 기술교육과 리하르트 바그너의 이상이 1870년대의 지테에게 미친 것과 동일했다. 그것들은 이론적으로나 건설의 실천 면에서나 링슈트라세와 결부된 도시 형태를 비판하고 변형시킬 지적 시스템의 좌표를 제공했다.

1893년의 경연에서 운송망이 도시계획의 열쇠라는 생각을 내세웠던 바그너는 곧 그것과 관련된 거대한 토목공학 프로젝트, 즉 1894년에서 1901년 사이에 진행된 빈 도시철도 시스템 건설에 뛰어들게 되었다. 이 과제를 담당하는 주 건축가로 임명된 바그너는 서른 곳 이상의 정거장 설계뿐만 아니라 고가도로, 터널, 다리 등의 배치와 디자인에도 참여했다. 그는 단순하고 효율적인 정거장을 디자인하는 동시에 그 외관에 절제된 우아함과 다양성을 부여해, 정거장을 대중이 움직이는 데 초점이 되게 만들고자 했다. 바그너는 여기서 나중에 자신이 '현대적 관점에서 (…) 훌륭한 해결책의 1차 조건인 (…) 예술과 목적의 조화'라고 부르게 될 목표를 추구했다.[74] 처음에는 그의 디자인에서도 전통적인 방식의 표면 처리라든가 스투코 장식을 입힌 벽돌을 사용한 정거장 같은 데서 보듯 '예술'이 우세했다. 그의 작업이 궤도에 오른 이후에도 '스타일'의 우위는 계속되었는데, 로마식 건축에서 영감을 얻은 사각형과 마름모꼴 모듈이 오스트리아 제국 수도에 있는 도시철도 시스템의 비공식적이지만 적절한 상징처럼 수십 킬로미터에 달하는 철로 난간에 등장하는 데서도 이 사실이 입증된다. 그러나 작업이 진행되면서 기능과 재료가 디자인과 형태에 점점 더 압박을 가하게 되었다.[75] 바그너는 철강으로 정거장 건물의 표면을 처리해보았다. 다듬지 않은 I자 빔이 상인방으로 사용되었고, 철강이 입구와 매표소 홀에 등장했다.[76] 심지어는 바그너의 정거장 중에서도 가장 시대착오적인 사례(히에칭(쇤브룬)에 있는 왕족 전용의 철도역사)에서도 유사 바로크식 석조 건물에 있는 마차 출입구의 원통형 궁륭 천장에는 철강재가 잔뜩 노출되어 있었다. 여기서는 현대적 재료에 대한 숭배가 역사적 스타일과 상충한다기보다는 그것을 보완하는 장식재로 역할하고 있다. 바그너가 지은 또 다른 정거장인 운터−되블링 정거장에서는 건축적 형태를 상징적으로 처리하라는 링슈트라세의 끈질긴 요구에 오히려 저항하는 모습이 나타난다(그림 21). 여기서는 중앙 건물 블록의 삐죽 튀어나온 지붕을 떠받치는 장식적인 철강 아치가 철로를 떠받치는 철강제 버팀다리trestle 모양으로 만들어져 있다. 이렇게 하여 바그너는 철강을 표현 수단으로 사용했다. 정상적이라면 철로의 고도가 높은 곳에서 철강이 제 기능을 수행하기 위해 취하는 버팀다리 형태를 가져다가 여기서는 쓰이지도 않는 그 기능의 상징물로 사용한 것이다.[77] 갓 태어나려는 기능주의의 패러독스가 얼마나 신기한가! 여기서 철강 아치는 그 링슈트라세 전통을 정면으로 마주하면서 기술적 형태가 상징으로서 쓸모 있음을 선언한 것이다. 그리하여 바그너는 링슈트라세 건설자들이 시골의 토목공사에서만 허용했던 '벌거벗고 강인한 (…) 아담의 스타일'을 도시 안으로 이끌고 들어왔다.

새로운 건설 재료라는 어휘를 건축학적 표현의 전통적 문법 속으로 흡수하려는 바그너의 노력은 그런 비정상적 형태를 낳지 않을 수 없었다. 19세기 중반에 철도 정거장을 건설한 바그너의 선행자인 보자르 학파 건축가들의 노력도 같은 문제에 직면한 바 있다.[78] 바그너의 작업이 지닌 특징은 기술적인 것에 존엄한 지위를 부여하고 그것을 '문화'로 찬양한다는 점이었다. 그가 지은 정거장 대부분에서 사용된 기본적인 기법은 여전히 역사적인 것이었다. 새로운 재료—특히 철강과 유리—를 통해 창의성이 스며들기는 했지만 전통적인 구조 형태가 여전히 그의 정거장 건물에서 우세한 요소였다. 하지만 고가도로와 다리, 해자 등의 시설을 지을 때 바그너는 더 급진적인 방향으로 나아가서, 토목 구조가 우선권을 점하는 속에서 회오리치는 듯한 도리, 거대

그림 21 운터-되블링 정거장, 오토 바그너, 1895~1896.
그림 22 뉘스도르프 댐: 미적 공학, 오토 바그너, 1894~1898.

한 리벳이 박힌 홍예받침대 이음매 같은 곳에서 미적 속성들이 살짝 엿보이도록 했다(예를 들면 그림 22). 하지만 여기서도 바그너는 대개 구조를 아름답게 보이게 해줄 요소들을 덧붙여 치장하는 방식으로 자신의 급진적인 구조적 미학을 전통에 맞춰 조율하곤 했다. 예컨대 철강 기둥이 드러나지 않도록 겉에 석재를 붙인다거나, 꽃장식 띠, 화환, 조각상 같은 것을 써서, 말하자면 새로운 구조적 재료를 길들이는 것이다. 이 시기에 바그너가 행한 시도에서는 거의 예외 없이, 지울 수 없는 특징처럼, 건설의 기능적 윤리와 미화美化라는 전통적 미학 사이에서 불협화음이 일어났다.

1894년에 아직 자신의 건축학적 실천을 혁명적으로 바꾸게 될 작업이 끝나지 않은 상태에서 바그너는 예술아카데미의 건축학 교수로 임명되었다. 그가 이 자리에 뽑혔다는 사실 자체가 그의 시영 철도 작업이 인정받았음을 의미한다. 링슈트라세의 성채인 아카데미에서도 도시건축의 기능지향적 개념이 링슈트라세의 문화적 이상을 잠식해 들어가고 있었던 것이다. 바그너가 부임한 교수직은 그전에는 역사적 스타일을 특징으로 하던 자리였고, 그 직책의 소유자들은 '고전적 르네상스의 확고부동한 대표자'여야 했다. 진보적인 건축학도들은 르네상스의 이 '특별 학교'와 고딕 건축학이 지배하는 경쟁 학교 사이에서 선택하지 않을 수 없었다.

이 직책에 응모했다가 거절당한 사람들 중에는 카밀로 지테도 있었다. 자본주의에 대한 혐오감이 팽배했던 1876년에는 지테의 전통주의적이고 장인친화적 이념이 매력을 발휘했고, 국립 직업학교의 교장 자리를 그에게 안겨주었다. 하지만 20년이 지난 이제, 시대의 흐름에 올라타고 현대적 운송과 토목을 도시 안으로 끌어들이는 데 대한 열광을 통해 이익을 볼 차례는 바그너였다. 링슈트라세 시대에 광장이 대로에 물러난 것과 마찬가지로 도시의 위대함과 진보의 상징이라는 위치가 이제 대로에서 도시 철도의 몫으로 넘어가고 있었기 때문이다. 아카데미 교수진 임명위원회는 그 추세를 따랐다. 그들이 바그너를 임명한 것은 30년에 걸친 그의 르네상스 스타일의 건설 경력 때문이 아니라 그와 반대로 '현대 생활의 요구와 현대적 건설 재료의 채택 및 건설을 예술적인 수준으로 조화시킬 수 있는' 능력 때문이었다. 아쉬움이 없었던 것은 아니지만 위원회는 기념비적 건물의 쇠퇴로 인해 역사적 스타일의 거장들은 두각을 나타내기 힘들어졌다고 보고서에 기록했다.●[79]

교수로서의 임무 덕분에 바그너는 자신의 생각을 공고히 하고 구체화시킬 기회를 갖게 되었다. 아카데미의 취임 연설에서 그는 새로운 건축 시대의 주제곡을 발표했다.

우리 시대의 리얼리즘이 예술작품에 관철되어야 한다. (…) 그로 인해 예술이 쇠퇴하는 일은 없을 것이다. 오히려 그것은 (건축의) 형태에 새롭고 약동하는 숨결을 불어넣을 것이고, 아직도 예술이 결핍되어 있는 토목학 분야 같은 새 영역을 정복할 것이다.[80]

바그너는 건축이 목적Zweck에 솔직하게 부합해야 한다고 요구하면서 쓸모의 우월성을 강조하는 한편, 건축가도 예술가라는 생각을 결코 포기하지 않았다. 건축가를 쓸모와 대립되는 아름다움의 옹호자로 본 지테와 달리, 바그너는 쓸모를 선善으로 여기고 그에 헌신함으로써 건축의 미적 기능을 되살리는 방향을 추구했다. 취임 연설에서 그는 현대 생활 그 자체가 건축가에게 '우리를 대표할 고유한 스타일'을 찾도록 요구할 것이라고 예언했다. 그 첫 단

● 이 직책의 전임자인 카를 하제나워Carl Hasenauer(1833~1894)는 기념비적 스타일의 건물의 대가였고, 링슈트라세에서 가장 큰 건물인 두 곳의 박물관, 부르크 극장, 새 황궁을 설계했거나 그 설계에 참여했다.

계로 건축가는 역사에 대한 노예 상태, '스타일-건축Stilarchitektur'의 전통에서 해방되어야 할 것이다.

자신이 쓴 도전적 교재인 『현대 건축학Modern Architecture』(1895)에서 바그너는 19세기의 절충주의적 '스타일-건축'이 처한 유감스러운 딜레마를 해명해줄 역사적 이론을 개발했다. 전 역사에 걸쳐 모든 새로운 스타일, 미에 관한 새로운 이상은 항상 그전의 것들로부터 점진적으로 등장했다고 그는 말했다. "새로운 건축, 새로운 재료, 인간이 직면하는 새로운 과제와 전망에서 기존 형태의 변화나 재구성이 요구된다. (…) 위대한 사회 변화는 항상 새로운 스타일을 탄생시켰다." 하지만 19세기 후반에 이 과정은 깨졌다. 사회 변화의 속도가 무척 빨라져서 예술의 발전이 따라잡을 수 없었던 것이다. 현대 인간의 필요와 세계관을 표현할 스타일을 만들어낼 수 없었던 건축가들은 과거의 온갖 역사적 스타일을 주워 모아 빈틈을 메꾸었다. 바그너는 링슈트라세 시대에는 건축의 주문이 '스타일 주문Stilaufrag'으로 불렸다고 주장했다. 예전의 어떤 역사 시대에서도 생각할 수 없었던 그 개념 자체가 예술과 목적의 분리라는 사실, 건축 작업을 고고학적 연구의 산물로 환원시키고 있음을 보여준다. 그런 것이 당대 사람들이 겪고 있던 '예술적 숙취'의 기원이었다. 바그너는 현대인을 대표하여 '예술가'로서의 건축가(그저 실용주의적 기술자만이 아닌)들에게 반세기 동안의 예술적 무기력에 대항하는 도덕적 반란을 일으키라고 주문했다.[81] 바그너는 자신의 교육 이론을 펼치면서 역사주의가 선호한 분야인 기억의 훈련에 대항하여 선전포고를 했다. 그는 이탈리아식 모델은 현대인에게 해줄 말이 거의 없다는 이유로 보자르 아카데미의 건축학 교육의 고전적인 절정인 이탈리아 여행곧 로마 대상을 비난했다. 차라리 건축학 견습생들을 '현대적인 사치의 거주지'와 '메트로폴리스'로 데리고 가라.[82]

그렇지만 현대적 스타일이란 과연 무엇인가? 역사의 차폐막을 뜯어내는 것과, 현대인의 정의를 내리고 건축에서 그의 본성을 찬양하는 것은 별개 문제다. 자신의 시대에 맞는 시각 언어를 찾아내려고 노력하는 과정에서 바그너는 20세기 고급문화의 개척자인 더 젊은 층의 빈 화가와 지식인 세대에게서 동조자를 발견했다. 그런 젊은 세대의 한 그룹이 1897년에 함께 모여 분리파the Secession를 결성했다. 이 모임은 전통의 족쇄에서 벗어나 오스트리아를 개방해 조형예술 분야에서의 유럽식 혁신, 특히 아르누보를 받아들인다. 바그너는 "시대에는 그 시대의 예술을, 예술에는 자유를"이라는 분리파의 모토에 가장 강렬하게 반응하지 않을 수 없었다. 『성스러운 봄Ver Sacrum』이라는 분리파의 간행물 제목 역시 오스트리아에서 예술을 쇄신시키고 예술을 통해 오스트리아를 쇄신시키려는 이 운동의 엄숙한 서약을 나타냈다. 바그너의 젊은 동료들 가운데 가장 재능이 뛰어난 요제프 올브리히Josef Olbrich는 분리파 회관을 현대화된 신전 스타일로 설계했는데, 이는 곧 빈의 세속적 지식인 엘리트들을 위한 대리 종교라는 예술의 기능을 시사한다(그림 39).

분리파가 고안한 수많은 상징 가운데 바그너와 성격이 가장 유사한 것은 예술의 거울을 현대인에게 갖다 대는 「누다 베리타스Nuda Veritas」였을 것이다(그림 38). 이것을 도안한 화가인 구스타프 클림트는 예술의 새로운 기능을 표현할 자신의 수단을 찾아내기도 전에 그것을 선언해야 한다는 절박감을 이미 안고 있었다. 이 점은 바그너도 마찬가지였다. 분리파의 의장이자 그들 가운데 가장 강력한 재능의 소유자인 클림트는 (바그너와 마찬가지로) 링슈트라세 화가로서 자신에게 명성을 안겨준 고전적 역사화를 포기하고 현대 인간의 여건을 제시할 회화적 언어를 찾기 위해 미친 듯이 실험적 탐구에 몰두했다. 바그너는 클림트를 숭배했으며, "지구상에서 가장 위대한 화가"로 평가했다.[83] 바그너에게서 클림트는, 지테에게서 리하르트 바그너와 같은 존재, 즉 직업적으로나 예술가로서 자신의 임무를 재규정하도록 해주는 문화적 영웅이었다. 지테가 자신의 거실을 바그너 오페라의 장면으로 장식했듯이 오토 바그너도 휘텔스도르프에 있는 자신의 우아한 저택의 벽에 클림트의 그림을 걸어두었다.[84]

클림트와 분리파는 두 방향으로 바그너의 이상에 영향을 미쳤다. 그들은 현대에 대한 몰입을 강화시켰고 링슈트라세의 역사적 스타일을 대체할 새로운 시각 언어를 그에게 제공했다. 하지만 그들의 관계는 모순투성이였다. 클림트와 오토 바그너가 각각 「누다 베리타스」의 거울에서 본 현대 인간의 얼굴은 전혀 달랐기 때문이다. 뿐만 아니라 아르누보 스타일은 도시 건축에서의 쓸모와 구조적 기능이라는 바그너의 원리를 진전시키는 동시에 그만큼 저해하기도 했다.[85]

현대 인간에 대한 클림트의 추구는 본질적으로 비교秘敎적이고 내면적인, 1890년대 초반의 문학에 이미 나타나 있던 '심리적 인간homo psychologicus'을 찾으려는 것이었다. 본능적인—특히 성애적인—삶을 대표하는 유쾌한 반란으로 시작했던 클림트는 곧 억압되었던 것이 복귀하는 데서 생겨나는 고통에 사로잡혔다. 한계가 사라지고 합리적 구조가 훼손된 쇼펜하우어적인 우주를 표현하는 클림트는 은유적이고 상징적인 언어로 운명의 흐름에 달아날 길 없이 붙잡힌 현대 인간의 고통받는 심리를 묘사했다.

바그너의 거울에 비친 현대성의 얼굴은 이와 얼마나 다른가. 그것은 활동적이고 효율적이며 합리적이고 멋쟁이인 부르주아, 시간은 별로 없는 반면 돈은 많으며 기념비적인 것을 좋아하는 도시인의 얼굴이다. 바그너의 대도시 인간이 겪는 병증은 오직 한 가지, 즉 방향감각의 상실뿐이다. 빠른 속도로 움직이는 시간과 동작의 세계에서는 바그너가 '고통스러운 불확실성'이라 부

● "……der grössete Künstler, der die Erde je getragen."

른 것이 아주 쉽게 감지된다. 건축가는 규정된 동작 노선을 제공함으로써 그 병증을 극복하도록 도와주어야 한다. 그렇게 하려고 노력하는 바그너에게 도움을 준 것이 클림트와 분리파 스타일이었다. 우선 클림트의 이차원적 공간 개념은 실체가 없는 실체 세계의 추상적 본질을 상징적으로 표현하기 위한 발상이었지만, 건축학에서는 벽에 새로운 의미를 부여하는 데 적용되었다. 자신이 지은 최초의 분리파 스타일의 아파트 주택에서 바그너는 링슈트라세의 미에트팔라스트에 있는 벽감을 지닌 두툽고 무거운 벽과 대조적인 평평한 형태로 벽으로서의 기능을 선언하는 파사드를 선보였다. 조각처럼 입체적으로 지어진 링슈트라세 주택들은 거리와 주택의 차이를 강조한 데 비해, 바그너의 분리파 주택의 파사드는 거리의 평면적인 단순성을 반영했으며, 거리의 방향성에 복종하고 그것을 강화했다. 실내에서 바그너는 지침 주기를 좋아하는 자신의 열정에 아르누보의 선을 응용했다. 계단의 난간, 카펫, 조각나무 세공 마루에는 거주자들이 '고통스러운 불확실성'을 극복하도록 돕고자 주로 어느 방향으로 움직여야 할지를 지시하는 상감 세공된 띠무늬가 짜넣어졌다.

전투적 반역사주의 이데올로기를 따른 분리파는 과거에 구속되지 않는 스타일을 형성하기 위해 의식적으로 환상의 고삐를 풀어놓았다. 하지만 그 같은 스타일을 향한 자의식적 추구는 여전히 남아 있었다. 그것은 바그너에게 새로운 장식 어휘를 제공하면서도 그의 내면에서는 스타일과 구조의 분리가 여전히 생생하게 유지되고 있었다. 이것이 바로 그가 그토록 근본적인 공격을 퍼부었던 링슈트라세 건축 문화의 면모였다. 바그너의 건물이 지닌 '아름다움'은 어느 정도는 우연적인 것이며, 피상적인 문제 또는 그의 형태를 치장하는 화장술 같은 것, 유행의 상징을 써서 현대성의 영광을 선언하는 것이었다.

바그너는 1898년에서 1899년 사이에 빈차일레에 바로 이웃하는 두 채의 아파트를 지었는데, 이 건물은 링슈트라세의 르네상스식 저택 모델에서 근본적으로 벗어나기 위해 분리파 스타일을 활용한 사례를 보여준다(그림 23). 이런 건물에서 바그너는 자신이 1890년대에 개발한 세 가지 구성 원리를 최초로 통합했다. 이 가운데 둘은 원래 토목 기획의 원리였다. 즉 형태 결정 요소로서 기능의 우월성, 그리고 현대적 건축 자재를 각각의 고유한 성질에 따라 거리낌 없이 사용한다는 원리가 그것이다. 전체적으로 비역사적이고 준상징적인 현대성의 언어에 몰두한다는 세 번째 원리는 분리파에게서 가져온 것이다.

기능적 정직성이라는 첫 번째 원리를 추구하면서 바그너는 통일적인 르네상스식을 정면의 얼굴로 내걸고 그 뒤에서 상업과 주거를 통합시킨다는 원칙을 포기했다. 대신 그는 그가 지은 빈차일레 건물의 파사드가 그 안쪽 공간에서 수행하고 있는 두 가지 분리된 기능, 즉 아래층의 사업 기능과 위층의 주거 기능의 대조적인 모습을 뚜렷하게 드러내도록 했다(그림 23). 강력하고 지속적인 띠 모양으로 사용된 유리와 철강은 1층을 상업 공간으로 구획지어준다. 2층부터는 주거 기능이 파사드를 점령하여 장식이 시작된다.● 건물이 갖는 두 기능을 분열적으로 상징할 것을 끈질기게 주장하는 바그너의 취향은 모퉁이에 서서 원근법으로 바라볼 때 가장 잘 파악된다. 주택가 샛길에 면한 건물의 오른쪽 면은 단일하게 처리되어 있고, 1층의 소형 상점들은 주택가 샛길의 조용한 분위기에 어울리도록 전통적인 방식으로 튀지 않게 흡수되어 있다. 이와 대조적으로 번잡한 빈차일레와 그곳의 시장에 면한 건물의 왼쪽 면은 작업장과 주거로 수평적으로 나뉘고, 각각은 고유한 스타일과 재료로 구성되어 있다. 건물의 모퉁이를 처리한 방식은 결과적으로 이중성을 최고도로 강렬하게 밀어

● 인접한 두 건물 가운데 하나의 장식에서는 커다란 장미나무가 2층에서 위쪽으로 뻗어올라 주거층 전체의 표면을 뒤덮었다. 다른 건물에는 각 벽면 끝에 있는 불쑥 튀어나온 기둥 위에 깔끔하게 다듬어진 금박 올린 생명의 나무가 부조로 새겨져 있다.

그림 23 링케 빈차일레와 쾨스틀러가세(아파트 주택), 오토 바그너, 1898~1899.

붙이며, 각진 철강과 유리로 된 사무실 공간은 우아하게 휘어지고 스투코로 장식된 위쪽 주거층 모퉁이 아래에서 단호한 태도로 불쑥 튀어나와 있다. 맨 위층에는 가장자리에 아르누보식의 꽃줄 장식과 분수와 항아리와 조각상들이 둘러져 있는 사치스러운 로지아loggia 개랑開廊, 한쪽 벽이 없이 트인 복도가 호화로운 왕관처럼 건물 꼭대기에 얹혀 있다. 이는 아래층의 산문적이고 합리적인 사무실이 그 경제적 토대일 수 있는 도회적인 사치스러운 생활의 상징이었다. 빈차일레 건물에서 바그너는 자신이 본 현대 도시 인간의 두 가지 측면, 즉 사업의 인간과 취미의 인간을 각각의 스타일이 반영된 이디엄으로 표현했다. 그리하여 그는 링슈트라세 건축가들이 직물 기업가 구역의 예에서처럼 르네상스식 저택의 주거 스타일 속에 상업적 기능을 은폐함으로써 통합하려 했던 것을 불안정하지만 공개적인 방식으로 병치시켜 드러냈다.

바그너가 구사한 이디엄의 이중성은 오래가지 않았다. 그가 빈차일레 건물의 상업 구역을 위해 개발한 합리적 스타일은 몇 년 새 처음에는 사무실 건물에서, 다음에는 주거 건물에서도 승리해 유행하게 되었다. 이는 마치 현대 인간의 '사업가적 본질'(바그너의 표현)과 업무 생활에 적절한 스타일이 그의 존재의 모든 차원을 지배하게 된 것과도 같았다. 이 건축학적 발전 뒤에는 정부와 기업의 관료화가 놓여 있었다. 중앙집중화한 경영 관료층이 확대되어 아파트 건물의 아래쪽 한두 층을 차지하는 전통적인 사무실로는 도저히 만족할 수 없는 공간 욕심이 생긴 것이다. 1882년에서 1884년 사이에 랜더방크 건물을 지음으로써 빈의 단조로운 사무실 건물 건설의 개척자가 된 바그너는 기능적 설계를 할 수 있는 기회에 열렬하게 부응했다.

제1차 세계대전 직전의 10년 동안 개발된 링슈트라세의 마지막 구역, 소위 스투벤 구역Stuben Quarter 개발은 건축가의 독창성을 발휘할 안성맞춤의 마지막 기회였다. 바그너는 1890년대에 이 구역의 개발 계획을 세우는 데 참여했다. 20세기에 들어선 뒤 제국 정부는 이 구역에 지을 거대한 두 곳의 관공서 건물 설계를 경연에 회부하여 개발 진행에 박차를 가했다. 새 국방부 건물과 우정저축은행 본점을 지을 관공서 블록이 그것이다. 이 두 계획은 방대한 관료 집단이 수도에 집결하는 바람에 발생한 공간 수요를 충족시킨다는 점에서는 현대적이지만, 정치적으로는 일종의 고전주의를 대변했다. 그 기획은 두 전통 세력, 즉 링슈트라세가 만들어질 무렵에는 주류였지만 자유주의가 승리한 뒤 링슈트라세가 개발되는 과정에서 일찌감치 축출된 세력이던 군대와 가톨릭교회가 링슈트라세로 복귀한다는 표시였다. 그러나 이 두 낡은 세력은 이제 현대적 관료제라는 모습으로 다시 입장한 것이다. 현대적인 징집 군대를 통솔하는 데 필요한 거대한 행정 집단을 수용하는 제국의 펜타곤인 새 국방부는 프란츠-요제프 병영, 즉 1850년대에 있었던 구식 직업군인들의 반혁명의 거점이었고, 시대착오적인 장소라는 이유에서 1898년에 철거되었던 곳을 할당받았다. 오토 바그너는 이 경연에서 우승하지 못했고, 주문을 따낸 사람은 바로크를 재생시킨 좀더 전통적인 건축가였다.

우정저축은행의 본점은 바그너가 지었지만, 이 은행은 국방부와 나란히 새로운 사회적 위장을 쓰고 나타난 구식 종교 세력의 재생을 증언했다. 이 은행은 거대 금융 가문, 즉 '로트실트Rothchild 영어식으로는 로스차일드 당'의 세력에 맞서기 위해 국가의 지원을 받아 창설된 "소인들"을 위한 기관이었다. 기독교 사회당은 이 계획을 채택해 중류 하층계급이 유대인 은행가와 자유주의자 세력에게 내놓은 제도적 답변으로 삼았다. 다수의 소규모 저축자들이 자본을 합쳐 소수의 거대 권력을 전복시키자는 것이었다. 1880년대에 이 은행을 창설한 정부 관료인 게오르크 코흐Georg Coch는 기독교 반유대주의자들을 위한 순교자-영웅이 되었다. 그의 지지자들은 그의 흉상을 이 본점 건물에 설치하려 했지만 성공하지 못했는데, 아마 유대인 유력자들의 반대 때문이었을 것이다. 시장인 카를 뤼거Karl Lueger는 이 명분을 정치적 이슈로 택했다. 그의 기독교 사회당 시정부는 우정저축은행 앞의 광장을 코흐 광장으로 개명하고, 오토 바그너의 신속한 동의를 얻어 코흐의 흉상을 광장의 연단에 설치했다. 링슈트라세에 설치된 반유대주의적 문화의 첫 기념물이었다.[86] 우리는 링슈트라세의 한쪽 끝에 서 있는 포티프키르헤가 자유주의 시대가 막 시작되었을 무렵 전통주의적 가톨릭 세력이 보인 반발의 힘을 어떤 식으로 상징했는지를 앞에서 보았다. 우정저축은행은 자유주의 시대가 막을 내림에 따라 가톨릭이 그 거리의 반대편 끝에서—새 국방부 건물 맞은편에서—대중추수주의적 세력으로 되살아난다는 표식이었다.

우정저축은행이 어떤 반자본주의적 정치적 의미를 함축하고 있든 간에, 기능적 건축학의 측면에서 그것이 주문한 내용은 철저하게 현대적이었다. 도시 기업적 생활 스타일의 옹호자인 오토 바그너는 이 건물을 지으면서 자신이 적어도 10년 이상 열망해오던 풍요롭지만 간략하고 우아한 현대적 스타일을 구현해냈다(그림 24). 이 건물에서 그는 예전에 빈차일레 아파트에서 주목되었던 경향을 더 멀리 밀어붙였다. 즉 벽과 거의 평면을 이루는 창문이 달린 납작한 파사드, 새로운 건축 재료의 실험(이번에는 알루미늄), 디자인의 단순화 등이 그것이다. 균등하고 튀지 않는 창문틀, 비싸지만 단순한 알루미늄 볼트로 고정된 장식 없는 대리석 판넬 벽, 효율적이고 널찍하지만 링슈트라세에 먼저 지어진 관공서 건물들이 선호하던 거대한 현관에 비하면 허세가 없는 입구 등 건물 표면 자체에 관료제적 합리성의 당당한 균일성이 반영되어 있었다.*

관청 건물은 특별한 유형에 속한다. 그런 건물의 건설이라는 문제를 일단

---

* 건물의 구조적 혁신에 대해 더 많은 이야기를 할 수 있겠지만, 그것은 이 책의 범위를 벗어난다.

해결하고 나자, 바그너는 거기서 개발한 테크닉을 주거용 건축에 적용했다. 즉 알루미늄의 사용, 커튼 벽, 강화 콘크리트 주입, 기하학적으로 급격히 단순해진 계단 설계, 기둥의 노출, 조명의 고정, 실내 마감과 외면 형태 사이의 우아한 일관성 유지 등이 그것이다. 그런 것들이 우정저축은행 다음으로 그가 지은 첫 아파트 건물인 노이슈티프트가세 40번지(그림 25)의 특징이었다.

노이슈티프트가세 40번지에서 바그너는 그의 위대한 혁신, 즉 사무실 건물을 위해 구상된 새로운 스타일을 주택에 옮겨놓는 일을 해냈다. 이는 바그너의 사고와 실천이 발전시켜온 기나긴 궤적이 끝났다는 표시였다. 초년 시절에는 상업용 건물에서 그가 행한 기능적 실험이 르네상스식 형태 안에서 유지되었다(그림 18). 그러다가 당시 관례로 보아 절대 다수를 차지하던 건물 유형인 주거용 건물 영역에 실용주의적 형태가 부분적으로나마 침투한 최초의 사례가 빈차일레 건물이었다(그림 23). 그 발전 궤적은 마지막으로 노이슈티프트가세 40번지(그림 25)에서 사무실이 집에 승리를 거둠으로써 완결점에 도달했다. 창틀도 없고 균일한 크기의 모듈처럼 생긴 노이슈티프트가세 40번지의 창문은 상업용 건물의 균일한 단위 공간을 뚜렷하게 연상시킨다. 또 그것은 거주인의 다양한 경제적 지위를 외면에서 표현하고 있는 링슈트라세 아파트 건물의 수직적 차별화와 대조적으로 거주인들의 평등성을 함축한다. 외부 장식, 빅토리아식 석조, 아르누보 스타일의 그림과 아플리케가 몽땅 사라졌다. 오직 절제되고 직선적인 선과 패턴만이 구조의 기하학적인 면모를 강조한다. 건물 아래쪽 상업용 공간도 르네상스식의 위층과 이미 구별되지만, 상점의 창문과 검은색 유광 타일이 둘러진 띠는 그 성격을 확연하게 규정해준다. 빈차일레 건물에서는 위쪽의 주거 구역이 우아한 형태와 장식을 통해 아래쪽의 상업용 공간의 외면으로부터 독립성을 주장한 데 비해, 여기서는 위

그림 24 우정저축은행 본점과 게오르크 코흐의 흉상, 오토 바그너, 1904~1906.

그림 25 노이슈티프트가세 40번지, 오토 바그너, 1909~1910.

층이 아래층 사업용 공간의 스타일 기법을 겸손하게 받아들인다. 뿐만 아니라 바그너의 분주한 시민들이 이 합리성 그 자체 같은 건축물에 가는 길을 모를지라도, 이 벽돌같이 분명한 전체 형식과 건물 높은 곳에서 건물의 주소를 햇빛에 눈부시게 반사시키고 있는 거대한 패널 같은 외부 대리석판 덕분에 쉽게 찾아갈 수 있다.

노이슈티프트가세 40번지에서 건축가는 드디어 현대의 도시 인간을 위한 균일한 건물 스타일을 완성시켰고, 자신이 시작한 긴 실험의 최종 단계에 이른 것이다.

5

노이슈티프트가세 40번지에서 자신의 현대적인 모듈식 건물을 완성한 1910년에 바그너는 도시 전체를 다루는 문제를 다시 한번 집어들었다. 링슈트라세에서 첫 삽질이 시작된 지 이제 50년이 지났고, 빈의 제2차 도시확장 계획이 채택된 지도 거의 20년이 지났다. 바그너는 두 계획 모두에 참여한 사람이었다. 첫 계획에는 건축가이자 투자자로 참여해 그곳을 지배하던 계급 구속적인 역사적 기념비주의를 공유했다. 1893년에는 도시의 제2차 개발 계획을 위한 경연의 우승자로서, 바그너는 운송 문제를 자신이 내놓은 제안의 핵심으로 설정했고, 그럼으로써 미학이 점했던 우위를 기능과 기술에 넘겨주었다. 그 뒤 10년 동안 그는 현대 부르주아의 실천적 진실을 위한 스타일을 개발하는 데 몰두했다. 새로운 기술과 새로운 예술을 종합한 바그너는 놀라울 정도로 역사적 파토스에서 해방된 건축을 만들어냈고, 관청이든 주거용이든 가리지 않고 당대의 도시 건물을 위해 우아하고 단순하며 기능적으로 표현력 풍부한 스타일을 이뤄냈다. 이제 그가 할 일은 이와 비슷한 노선에서 도시의 이상을 구상해내는 것이었다. 즉 그의 건물들이 각각의 기능적이고 심미적인 위력을 실현하게 될 배치를 기획하는 것이다.

때마침 이미 메갈로폴리스의 정통 국가이던 미국에서 초청을 받은 바그너는 이에 응하여 현대 도시에 대한 자신의 새로운 개념을 창안했다. 바그너는 도시 예술을 주제로 한 컬럼비아 대학 국제 총회를 위해 구상했던 발상을 나중에 『메트로폴리스Die Groszstadt』라는 제목의 아름답게 디자인된 책에서 펼쳐놓았다.●

지테가 『도시 건설』에서 그랬던 것처럼, 바그너도 자신의 도시 설계의 원리를 천명하기 위해 빈을 활용하면서, 과거의 실제 사례보다는 미래를 위한 기회를 더 많이 강조했다. 직접 이름을 지목하지는 않았지만 그는 지테와 그 추종자들을 겨냥하여 '도시 건설 문제에서 역사주의자들의 불평'에 맹공을 퍼부었다.[87] 바그너는 그들이 내세우는 '민속 예술을 사랑하는 구호, 도시 이미지에 꼭 들어맞는, 도시 풍경에서의 아늑함 등등'과 함께 그런 가치를 달성하기 위해 지테가 제안한 모든 수단—아름다운 배치, 의도적으로 불규칙적인 거리와 광장, "애석하게도 무척이나 사랑받는 도시의 '미화 작업'"—을 비웃었다.[88] 지테가 현대 도시 건설의 필요악이라고 여긴 바로 그 요소들—경제적 요인, '교통 문제, 위생 문제 등'—을 바그너는 긍정적인 계획을 수립하는 데 토대로 받아들였다. 그는 무엇보다도 지테가 혐오한 육중한 균일성을 높이 평가했으며, 예술적인 도시 디자인이라는 분야에서 그것이 발휘할 수 있는 잠재력을 의식적으로 개발했다.

● 이 총회는 뉴욕 주와 뉴욕 시의 합동 후원 하에서 개최되었다. 오토 바그너의 『메갈로폴리스에 대한 연구Die Groszstadt, Eine Studie über diese』(Vienna, 1911), p. 1을 볼 것.

바그너가 볼 때, 현대 경제 체제에서 도시의 무한한 확장은 불가피한 일이었다. 그는 모든 도시 행정이 가지고 있는 '스스로 이해한' 성장에의 의지에 자기 자신을 결부시켰다. 확장의 필요성은 심리적인 가치로 출현했다. 불굴의 부르주아 도시인인 그는 "대부분의 사람은 소도시나 시골보다는 메트로폴리스에 살기를 원한다. (…) 생계비를 벌고, 사회적 지위와 안락함과 사치와 지적이고 신체적인 편의 시설과 좋든 나쁘든 유흥 시설 가까이에서 사는 것을 원하며, 마지막으로 예술은 이런 현상에 동기를 부여한다." 건축에서나 도시계획에서나 예술은 "도시의 이미지를 현대 인간에게 맞도록 적응시켜야 한다."[89]

도시 확장과 자본주의 경제라는 상황에서는 거대한 주거 블록만이 도시의 수백만 인구를 수용할 수 있는 유일한 해결책이다. 우리의 민주적 본질은 값싸고 건전한 주택에 대한 요구와 우리 생활 방식이 강요하는 경제성에 의해 부과된 것으로, 결과적으로 우리가 거처하는 집들이 똑같아지는 사태를 낳았다. 우리는 과거로의 후퇴가 아니라 '획일성을 기념물이 될 만한 장대한 수준으로 높임으로써' 이 과제에 부응해야 한다.[90]

링슈트라세 건설자들이 볼 때 시민들이 도로를 통해 업무를 보러 출입하는 거대한 공공건물이 바로 그런 기념비적 장대함을 달성하는 열쇠였다. 바그너는 기념비적 장대함을 거리에 부여했다. 주택을 일렬로 자연스럽게 배치시키자 "거리의 틀을 짜는 길고 균일한 표면"이 만들어졌다. 주택에 고도제한을 두고 눈에 거슬리는 표면 장식들을 제거하자 거리 자체가 장대한 기념물이 되었다. 주택 블록의 매끈하고 나란히 늘어선 파사드는 심리적인 면에서도 장점을 지녔다. 그것은 앞에서도 보았듯이, 업무를 추구하기 위한 지시와 방향감각을 제공하는 데서 매우 중요한 요소인 거리의 원근법을 강화했다. 마지막으로 예술가-기획자는 바로크 양식의 건축학적 초점, 즉 공식적인 광장과 공공건물 혹은 석조 기념물을 설치해 이따금 거리에 방해 요소를 제공함으로써 거리의 방향 지시 기능과 기념비주의라는 두 가지 목적 모두에 봉사할 수 있다. 바그너의 표현에 따르면, 거리에 설치된 이런 '방해 요소들'은 지테에게서처럼 거리 속에 들어와 앉기 위함이라기보다는 어딘가로 움직이려는 면이 더 많다. 지테는 아노미와 싸우기 위해 광장을 이용해 움직이는 인간들의 흐름을 정지시키려 했다. 바그너는 그 흐름에 방향성과 목표를 주는 것을 광장의 용도로 보았다. 바그너의 도시 개념에서는 운송의 관점이 지배적이었고, 지테에게서는 보행자의 관점이 지배적이었다. 도시에서 보행자가 맛보는 경험을 바그너가 인정하는 것은 언제나 쇼핑객이나 사업가 입장에 설 때뿐이었다. 소비제일주의에 대한 보들레르의 태도처럼 바그너는 '도시와 시골의 예술적 산물들이 반짝거리는 아름다운 상점들이 휘황하게 계속 이어지는 것'을 자랑으로 여겼다.**91**

바그너가 무한히 확장 가능한 도시라는 것에 그토록 몰두해 있기는 했지만, 그 도시를 살 만한 것으로 만들어야 하는 문제도 그의 관심사였다. 그는 도심을 인구의 압박에서 해방시켜야 하며, 노동과 생활이 어느 정도의 지리적 범위 안에서 함께 이뤄져야 한다는 사실을 깨달았다. 그가 내세운 해결책은 그가 지은 현대적인 아파트 주택이 그러했듯이, 모듈이었다. 빈을 모델로 삼아 그는 각 도시 구역을 각각 10만에서 15만 정도의 인구를 갖는 반ᵗ 자율적인 준도시로 구획하자고 제안했다. 각 준도시에는 작업장workplace(바그너는 공장factory이라는 표현을 삼갔다!)과 획일적인 아파트 블록이 있으며, 각각에는 녹지광장과 공식적인 '환기 센터'가 설치되어 그곳에 공공건물과 문화 시설을 배치한다. 우리가 만약 자나 컴퍼스였다면 분명히 그림 26에서 볼 수 있는 설계도가 거둔 승리를 자축했을 것이다. 바그너가 그린 환기 센터의 평면도(그림 27)는 획일성을 기념비적 상징성monumentality의 수준으로까지 끌어올리겠다는 목표를 그가 얼마나 한눈파는 일 없이 파고들었는지를 보여준다. 장대함을 추구한 링슈트라세의 열망도 바그너의 메갈로폴리스 유토피아, 후기 합리주의자의 '이성의 꿈'에 비하면 난쟁이나 마찬가지다.

좌절한 리얼리즘의 기분에 빠져 있던 지테는 도시 대부분을 실용주의자들에게 내주었고, 과거가 남긴 도시의 보물을 보존하고 광장을 건설하는 것이 도시의 더 나은 미래를 위한 모델이라고 강조했다. 바그너는 정반대를 선택했다. 오래된 도시를 재건한다는 것이 얼마나 절망적인 일인지를 깨달은 그는 그 과제를 역사주의자들에게 맡겨버리고, 기존 도시가 필요로 하는 최소한의 규제와 개조만을 권했다. 그의 눈은 미래, 즉 변두리와 주변 시골을 향하고 있었다. 그곳에서는 아직 합리적인 도시계획의 여지가 있을지도 모른다. 1893년에 그가 세운 계획에서처럼 바그너는 성장의 방향을 설정하기 위해 거대 도시에서 철도와 도로를 도심부에서 방사상으로 뻗어나가도록 계획했다(그림 28).

그렇게 만들어진 그물망에서는 때가 되면 근교 도시sub-city가 새로 추가될 수도 있다. 바그너는 도시를 빙 둘러싸고 그린벨트를 설치한다는 생각에는 단호하게 반대했다. 그런데 사실은 바로 그때, 개혁을 주도하던 기독교 사회당 정부가 빈에 그린벨트를 한 곳 설치하고 있었다. 바그너는 이렇게 썼다. "어쨌든 도시 주위에 (그린)벨트를 설치한다는 것은 예정된 억압일 뿐이고 반드시 피해야 할 일이다. (…) 모든 구역에 적절한 환기 센터를 설치하는 편이 더 타당할 것 같다."[92] 바그너의 합리주의에 낭만적인 자연이 들어설 자리는 없었다. 그가 그린 투시도만 봐도 그의 무한정한 도시가 토지를 집어삼킬 뿐만 아니라 모든 식생지역을 초록색의 건축적 조각물로 바꾸어놓으리라는 것은 분명해진다.

지테의 감수성과 견줄 때 이보다 더 근본적으로 이질적인 것은 없을 것이

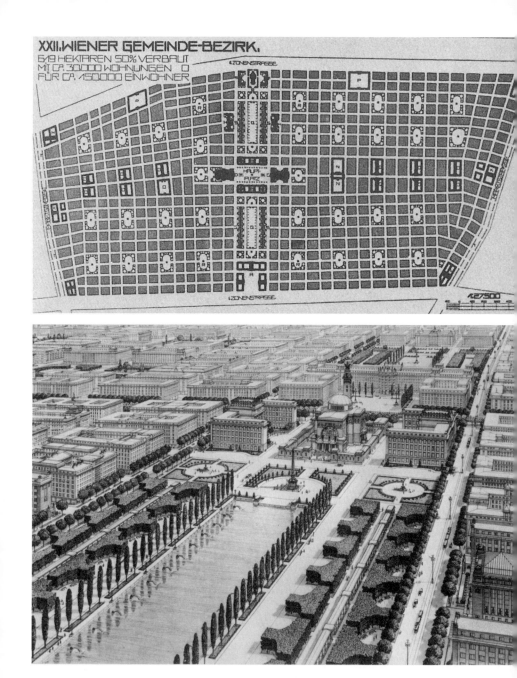

그림 26 모듈 형식의 시가지 구역, 오토 바그너, 1911.
그림 27 환기 센터 스케치, 오토 바그너, 1911.

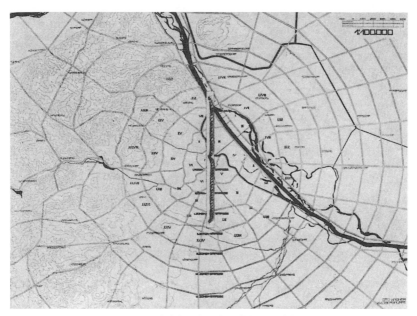

그림 28 확장가능형 도시를 위한 모듈 형식 계획도, 오토 바그너, 1911.

다. 그는 다른 방향으로 나아가서 자연적인 자연nature naturante을 자신의 평
화롭고 아름다운 도시 공동체 속으로 흡수해 들였다. 나무가 거리의 장식적
인 동작에 불과한 '가로수 길'—바그너의 도시 설계에서 매우 두드러지는 시
설—은 지테의 기준에서는 '우리 취향에 대한 지독한 고발'이었다.

　도시 안에서 훤히 뚫린 자연의 마법을 불러와야 할 바로 그 자유로운 나
　무의 자연적 형태를 가져다가 똑같은 키로 정돈하고 수학적으로 계산된 간
　격을 맞춰 배열하고 (…) 게다가 끝도 없이 무한정 늘어세우는 일보다 더
　타락한 일이 있을 수 있을까. 그렇게 강압적인 지루함 속에서는 두통만 생
　길 뿐이다. 이것이 바로 기하학에 입각한 설득력을 발휘하는 우리의 도시

계획자들의 주된 예술 형태다![93]

카밀로 지테와 오토 바그너, 낭만적 건축가와 합리적 기능주의자인 두 사람은 링슈트라세 유산에서 서로 화해할 수 없는 구성 요소를 나눠 가졌다. 전통 수공업자 출신인 지테는 건물로 둘러싸인 광장을 미래를 위한 모델로 삼고 공동체적 도시를 복원한다는 자신의 프로젝트를 계속 추진하기 위해 링슈트라세 역사주의를 끌어안았다. 현대적 기술을 긍정하는 부르주아 출신인 바그너는 지테가 링슈트라세에서 가장 혐오하는 것, 즉 도로의 일차적인 역동성을 본질로 받아들였다. 시간의 힘을 두려워하는 보수주의자 지테는 도시에 대한 희망을 아늑한 공간, 인간, 광장의 사교적인 범위에 걸었다. 바그너는 그전에 있었던 링슈트라세의 진보주의자들보다 더 심하게 도시를 시간의 위력에 복종시켰다. 따라서 도로가 왕이었고, 움직이는 인간의 대동맥이었다. 그가 볼 때 광장은 기껏해야 사용자들에게 방향과 목적지를 제공해주는 도로의 목표 지점일 뿐이었다. 스타일, 지형 등 지테가 현대적인 아노미에 대항해 투쟁을 벌이면서 다양성과 아름다움을 추구하는 수단으로 썼던 모든 요소를 바그너는 본질적으로 도로와 그 시간적 궤적의 위력을 강화하기 위해서 사용했다.

링슈트라세의 역사주의적 아름다움과 현대적 쓸모의 불편한 종합에 대해서 두 이론가 모두 방식은 달랐고 똑같이 반대했지만, 자유주의 부르주아인 도시 건설자들이 보유하는 핵심적인 가치 한 가지, 즉 기념비적 장대함에 대한 충성심은 두 사람 모두에게 공통되게 나타났다. 지테는 거대한 공공건물을 더욱 커 보이게 하는 공간 설정인 광장의 설계를 통해 자신의 링슈트라세 개혁안을 발전시킬 구체적인 방법을 찾았다.[94] 바그너는 예술가로서의 도시계획자의 성공 여부를 판단하는 기준이 획일성을 기념비적인 장대함으로까지 끌어올리는 능력에 있다고 보았다.

기념비적 장대함에 대한 열성을 서로의 공통성의 토대로 삼는 두 평론가는 모든 링슈트라세 개발 중에서도 가장 거창한 프로젝트, 즉 외부 부르크 광장(그림 29)의 건설에 찬사를 보낸 점에서 일치했다. 고트프리트 젬퍼가 설계한 이 매머드급 광장—그는 이를 황제포럼이라 불렀다—은 호프부르크와 링슈트라세 건너편의 두 거대한 박물관, 자연사박물관과 미술사박물관을 이어주려는 구상에서 나왔다. 1848년에 리하르트 바그너의 친구이자 함께 자유의 투사였던 젬퍼는 바그너의 구원지향적 음악극을 상연하기 위한 극장의 첫 설계도를 그린 바 있다. 지테가 이런 설계를 어떻게 찬양하지 않을 수 있겠는가? 혁명이 막을 내린 뒤 젬퍼는 영국으로 달아나서 예술과 산업을 통합하려 한 사우스켄싱턴 박물관의 공동 설립자가 되었으며, 건축 분야에서 유력한 실증주의적 이론가가 되었다. 그의 이 같은 면은 오토 바그너에게 당연히 호소력을 지녔다.

링슈트라세 황제포럼은 젬퍼가 도시 설계의 '표상적representational' 문제에 대해 내놓은 실용적인 해결책이었다. 그는 자신의 거대한 광장이 푀르스터의 순환형 공간의 패권에 도전하는 것이 되도록 구상한 것이다. 포럼은 링슈트라세를 이등분하는 한 축이 될 것이다. 중간에 있는 거대한 아치들이 전면에 있는 두 박물관과 뒤편에 있는 황제의 호프부르크의 양쪽 연장축을 이어준다. 그러면 그 축은 안쪽 시가지 주위에 있던 띠 모양의 석조 방어시설 대신에 설치된 링슈트라세의 띠 모양 보도를 가로지르게 된다. 그 광장은 옛것과 새것, 궁정과 고급문화의 대중적 중심, 고대의 왕족과 부르주아의 과학 및 예술의 기관, 안쪽 시가지와 바깥 시가지를 한데 묶어줄 것이다.

지테가 볼 때 젬퍼는 고대의 정신, 특히 로마 정신에 입각해 '장엄한 새 부르크 광장을 (…) 웅대하게' 구상했다. 로마는 규모가 워낙 컸기 때문에 현대 도시들이 사용해도 될 만한 공간 모델, '지독하게 많은 대중을 수용할 수 있

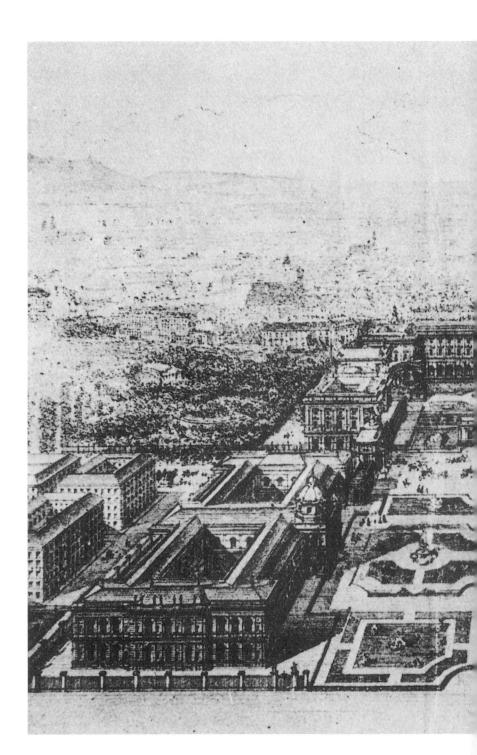

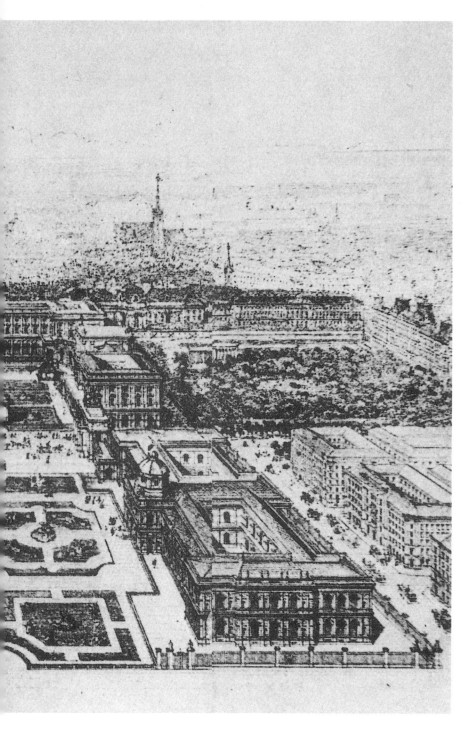

그림 29 외부 부르크 광장(황제포럼), G. 젬퍼, 1896.

는' 공간을 개발했다. 평소라면 지테는 친밀성과 아름다움에 더 많은 관심을 보였겠지만 젬퍼가 세운 프로젝트의 영웅적 비율에는 항복했다. 그는 링슈트라세 개발의 시작 단계에서라면 '유토피아적인 것이라고 치부했을 법한' 프로젝트를 빈이 실제로 위촉했다는 사실을 빈이 성숙한 징표라고 여겼다. 시기가 무르익었고, 드라마틱한 공간의 대가인 젬퍼를 그 시대가 요구했던 것이다.[95]

오토 바그너는 1890년대부터 젬퍼를 스타일 결정에 있어서 목적과 기술을 우선시한 이론가로 숭배해왔다. 뿐만 아니라 젬퍼의 호프부르크와 박물관 포럼의 장엄함과 초점이 명료한 특징은 바그너의 합리적 감각이나 규모감과 잘 어울렸다. 직선적인 잔디밭과 현관 및 다른 목적지로 명확하게 이어지는 통로들, 건물 배치에서 볼 수 있는 단순한 기하학적 구도는 바그너에게서 지상명령인 명료한 방향성의 요구를 기념비적 거대성의 범위 안에서 충족시키기 위한 설계일 수도 있었다. 바그너가 볼 때 빈의 예술적 실패 사례들 속에서 젬퍼의 작업은 영광스럽게 부각되었다. '여건이 유리했음에도 빈은 60년 동안 메트로폴리스적인 이미지를 만들어내지 못했다. 오직 젬퍼의 외부 부르크 광장만 예외였으며 (…) 링슈트라세 자체는 어쩌다가 요행히 좋은 결과가 얻어진 것에 불과하다.' 바그너는 젬퍼의 광장을 "거대 도시에서 요구한 상상력이 없다면, 신흥 국가를 끝없이 거듭 신성하게 만들어주는 예술이 없다면, 아름다운 메트로폴리스가 나타날 수 없다"는 원칙을 일반인들에게 증명할 때의 예외 사례로 삼았다.[96]

아이러니한 일이지만 두 평론가가 입을 모아 찬양한 링슈트라세의 이 작품은 결코 완성되지 못했다. 황궁과 부르주아 문화의 안방을 연결하려는 젬퍼의 아치는 링슈트라세 위로 솟아오르지 못했다. 고속으로 달리는 자동차라는 요소 덕분에 도로가 안쪽 시가지와 바깥쪽 구역을 나누는 힘이 더 커졌을 뿐이다.

어떤 시대에서든 건축가나 도시설계자가 자신의 꿈을 제대로 실현할 가능성은 극히 희박하다. 지테와 바그너가 각각 품었던 미래 도시에 대한 전망은 젬퍼와 그의 포럼보다 처지가 더 나빴다. 세기말에 급속도로 팽창하는 도시에서, 역사가 빠른 속도로 움직이고 있다고 느낀 사람들은 투기와 대중적 무관심으로 인해 도시의 미래가 마비되어 우중충하고 무기력한 곳이 되기 전에, 좋은 도시good city라는 발상을 바꿔야 할 절박한 필요성을 깨달았다. 그리하여 지테와 바그너는 모두 지칠 줄 모르고 선전활동에 나섰다. 이들은 학교에서, 대중적인 강연 연단에서, 언론에서, 정부와 시와 전문가 집단의 수도 없이 많은 위원회에서 그 필요성을 설파했다. 두 사람 모두 각자의 메시지를 후손들에게 전달하기 위한 수단으로 가장 선호한 것이 박물관이라는 점에서 자신들이 19세기의 아들임을 보여주었다. 두 사람 모두에게 박물관은 교육적 프로젝트이자 동시에 뭔가 아련한 개인적인 기념물이기도 하며, 고분고분하지 않은 사회 현실에서 구현하려고 노력해온 각자의 생각을 극적으로 표현하게 해주는 기관이었다. 둘 다 실현되지 못한 두 사람의 박물관 기획을 비교해보면 평론가로서 그들의 위치가 어디인지를 최종적으로 간파할 수 있다.

지테는 자신이 지은 박물관을 하나의 거대한 탑으로, 독일 문화에 바치는 민족적 기념물로 구상했다. 그것은 그가 평생 작업한 위대한 학술 프로젝트, 즉 일곱 권으로 나온 예술 형태의『종합예술역사Gesamtkunstgeschite』를 위한 시각적 전시물을 제공하기 위한 것이었다. 도시계획을 세울 때 지테는 현대의 실용주의적 요구 및 경제 권력들과 마지못해 타협했지만, 박물관에서는 현실에 의해 오염되지 않은 것, '일체의 실제 목적으로부터 차단된, 순수하게 예술적인 민족적 기념물'을 그렸다. 그 형태와 위치는 단호한 이상과 현실에서의 후퇴 둘 다를 표현했다. 박물관을 '네덜란드인의 탑'이라 부르는 지테는 그것이 도시에서 멀리 떨어진, 황량한 해변에 지어지기를 원했다. 그는 바그녀의 「방황하는 네덜란드인」에서 영감을 얻어 탑 이름을 정했다고 한다.[97] 혹 지테가 여기서 네덜란드인을 괴테의 늙은 파우스트와 뒤섞어버렸는지도 모른다. 평생의 마지막 역할인 근대적 토지 간척자이자 네덜란드의 유토피아 공동체 건설자로 일하면서 탑을 쌓은 것이 파우스트니까.● 그 이미지의 연원이 무엇이든 간에, 지테의 탑 박물관은 남근 같은 형태와 역사주의적 내용을 통해 현재의 약탈에 대해 과거가 행사할 수 있는 잠재력을 천명하고자 하는 그의 소망을 표현했다. 그런 시체애호가적인 환상을 은밀하게 키우는 일은 실제의 현대적 메트로폴리스에서 멀리 떨어진 곳에서라야 가능하다.

오토 바그너가 세우고자 하는 꿈의 박물관은 이와는 다른 종류였다. 그것은 현재와 미래의 예술에 바쳐진 시설이었다. 하지만 어제의 예술에게 바치는 지테의 기념물처럼 내일을 위한 바그너의 박물관 역시 도시 문명을 변형시키고자 하는 그 자신의 아직 충족되지 않은 열정을 기념하는 것이었다. 바그너 역시 평생에 걸쳐 박물관 문제에 대해 발언해왔다. 초년에(1880) 그는 아르티부스artibus라는 일종의 유토피아적 박물관 도시의 초안을 그린 적이 있다(그림 30). 예술의 만신전이 중심부에 위치하는 박물관 도시, 과잉 비대해진 이 도시적 낙원에 있는 보자르 학파식 장소는 바그너가 원래는 링슈트라세 문화의 포부에 얼마나 전폭적으로 공감했는지 보여준다.[98] 하지만 1897년 분리파에 경도되어 새로운 스타일을 추구하면서부터 그의 박물관 구상은 방향을 바꾸었다. 바그너는 국가의 후원으로 운영되는 현대예술 박물관을 설립

● 지테가 바그너의 네덜란드인과 괴테의 파우스트를 현대적 기업가의 원형으로 결부시켰으니, 탑이라는 형태를 선택한 이유 가운데는 파우스트적인 요소도 들어 있었을 수 있다. 네덜란드에서 자신이 행한 현대적 간척 작업을 관찰할 탑을 짓기 위해 파우스트는 방황하는 네덜란드인 같은 방랑자들을 구조하고 도와준 전통적 농민들을 살해했다(『파우스트』 2부 5막). 따라서 과거의 민속 문화를 불멸화하는 데 바쳐지는 지테의 탑은 괴테의 등장인물과의 관련을 통해 현대 개발업자들이 저지른 범죄의 속죄라는 성격도 지니게 된다.

하자는 분리파 캠페인에 가담했다. 그는 정치적 선동을 하고 문화부와 교육부 예술위원회에서 일했으며 미술관 설계도를 제출하는 등 여러 방식으로 노력했지만, 미술관 설계를 의뢰받지는 못하고 명분 달성이라는 제한적인 성과만을 거두었다.[99] 바그너는 큐레이터의 감독을 받는 수집품으로서 각각 별개인 예술적 오브제objet d'art들의 저장고라는, 당시 지배적이던 현대 박물관 개념을 거부했다. 박물관museum이라는 명칭조차 쓰지 않으려 한 그는, 그런 기존의 박물관 대신 '다가오는 세기 동안 이뤄질 예술적 생산물의 상황에 대한 명료한 그림'을 보여줄 수 있는 역동적인 전시장을 만들자고 주장했다.[100] 바그너는 전시장의 실내를 미완성 상태로 구상했다. 그 공간은 스무 개의 단위로 다시 나뉘며, 각각의 단위는 5년씩의 간격으로 1세기 전체를 나누어 수용하게 된다. 각 단위는 주어진 5년 동안 만들어진 최고의 예술과 건축물을 통합적으로 전시한다. 큐레이터들이 있어야 하는 것도 아니고, 있다고 해서 더 나을 것도 없다. 각 5년씩의 예술 상황을 보여주는 전시물의 운영은 당대의 대표적인 화가나 화가 집단에게 맡겨져야 한다고 바그너는 주장한다. "그들의 창작물은 그들 시대의 감수성과 정신에 부응한다."[101] 그러므로 지테의 미술관이 학술적이고 과거지향적이며 큐레이터 위주이고 정적인 것이며 보존이라는 그의 의지에 적합한 것인 데 비해 바그너의 예술 회관은 자기규정적이고 전시적이며 창조적이고 역동적인 것이었다.

바그너가 1900년에 '우리 시대의 예술작품을 위한 전시관'에 부여한 첫 번째 건축 형태는 지테의 것이 하늘로 치솟은 것과 정반대로 땅에 바싹 붙은

• 바그너는 틀림없이 오스트리아 정부로부터 당대의 예술을 대표하는 지위를 얻고 외국 전시회에서의 통합적 전시를 개최하고자 했던 분리파의 전략에서 이 프로그램의 영감을 얻었을 것이다. 바그너의 제자인 요제프 올브리히가 1897년에 제시한 분리파 전시관의 개방적인 설계도 역시 그의 현대적 전시관 프로그램에 영향을 주었을 것이다.

그림 30 박물관 도시 계획: "아르티부스", 오토 바그너, 1880.

형상의 육중한 2층 건물이었다(그림 31). 넓고 수평적인 2층 정면 전체에 걸쳐 바그너는 그에게서 흔히 볼 수 있는 진리, 즉 현대 예술의 기능에 관한 메시지를 담은 마욜리카 타일로 된 프리즈frieze 처마와 대들보 사이의 벨트 같은 부분, 혹은 벨트 모양의 조각를 펼쳤다. "예술은 이제까지 인류에게 드리워져 있던 베일을 걷는다."[102] 바그너의 개혁주의적 욕구와 역사적 낙관주의는 이 디자인에서도 작동하고 있다.

1913년경 일흔 살의 바그너는 자신의 현대 미술관 설계도를 뜯어고쳤다. 이때 그의 낙관주의는 확실히 줄어들어 있었다.[103] 간단하게 'MCM-MM'이라 불린 새 건물은 현대 예술의 계시적 기능에 대한 이데올로기적 선언 같은 것은 전혀 없이, 감정 면에서의 현대성과 형태 면에서의 전통주의가 기묘하게 조합된 분위기를 내보인다(그림 32). 바그너는 벽을 현대적 방식으로 마치 피부처럼 취급해, 그 밑에 있는 덩어리가 아니라 부피감을 암시했다. 하지만 건물의 형태 면에서는 역사와 링슈트라세의 거장들에게 되돌아왔다. 그가 젬퍼와 하제나우어가 지은 예술사박물관과 자연사박물관을 참조했다는 것(그림 29)은 착각이 아니다. 두 개 층은 다섯 개의 돌출부로 나뉘며, 불쑥 튀어나온 중앙 입구가 있다. 링슈트라세 네오르네상스 형태를 참조한 이 부문에서 가장 이상한 요소는 파사드 위 머리에 해당되는 돔이다. 바그너의 거장들이 단단하고 지붕이 씌워진 돔을 사용한 데 비해 그는 링슈트라세 르네상스에 바치는 앙상한 "메멘토 모리memento mori(죽음을 기억하라)" 같은 금속 능골만 사용했다.

바그너는 지테의 수도원적 사고방식을 따르지 않겠다고 결심했지만, 그 또한 현대 세계에서 예술가의 고립과 현대 세계를 자신의 의지대로 만들어나갈 능력이 상대적으로 부족함을 깨닫고, 어쩔 수 없이 자신이 떠나고자 했던 과거로 돌아가지 않을 수 없었다. 그 능력 부족이 설령 현대 세계 자체의 공리주의적 요구에 따른 결과라고 하더라도 말이다. 이 합리적 낙관주의자가 직면한 최후의 아이러니는 자신이 내걸었던 자랑스러운 구호의 진실—필요가 예술을 지배한다Artis sola domina necessitas— 에 떠밀려, '현대'의 미적 모델에 바친 자신의 기념비를 결국은 하나의 역사적 박물관으로 설계하지 않을 수 없게 되었다는 사실이다. 바그너는 자신이 소중하게 여기던 고향의 중심에 부지불식간에 지테의 해변에 있는 "네덜란드인의 탑"과 동일한 것을 구상해준 것이다. 그가 링슈트라세의 역사주의적 문화를 초월하고자 그토록 대담하게 노력했지만, 이 박물관은 바로 그 링슈트라세의 유령 같은 형태로 주조된 미래에 대한 이상적인 전망의 박물관이었다.

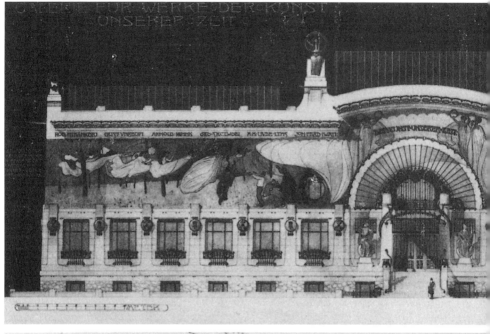

그림 31
우리 시대의 예술작품을 위한 갤러리, 오토 바그너, 1900.

그림 32
예술 회관, MCM-MM, 오토 바그너, 1913.

03

새로운 조성의 정치

오스트리아 삼총사

정치는 마술이다. 사람들은 심연
에서 힘을 깨워 일으킬 줄 아는
자를 따를 것이다.

휴고 폰 호프만슈탈

"그때 태어나지 않은 사람들은 믿기 어렵겠지만 그때도 시간은 낙타부대보다 더 빨리 지나갔다. (…) 하지만 그 시절 그것이 어디로 흘러가고 있는지 아는 사람은 아무도 없었다"고 로베르트 무질Robert Musil 1880~1942. 오스트리아의 소설가은 오스트리아의 세기말에 대해 썼다. 그리고 "뿐만 아니라 무엇이 앞으로 움직이며 무엇이 뒤로 물러나는지, 어디가 위이고 어디가 아래인지도 제대로 구분할 수 없었다"고 말을 이었다.[1]

자유주의자의 개념을 통해 걸러진 견해를 가진, 또 자유주의자가 가질 법한 기대를 가지고 역사를 바라보고자 하는 관찰자라면 자유주의의 주도권에 도전하기 위해 일어난 사회 세력을 볼 때 항상 당혹감을 느끼게 마련이다. 1860년대의 오스트리아 자유주의자들은 유토피아주의자도, 완벽성의 신봉자도 아니었지만 "무엇이 위이고 무엇이 아래인지 (…) 무엇이 전진하고 무엇이 후퇴하는지"에 대해서는 상당히 명료하게 알고 있었다. 사회적인 측면에 관해 그들은 역사의 대부분 기간 동안 '위'에 군림해온 귀족계급이 자유주의화되고 있고, 해롭지 않으며 장식적인 쾌락주의로 빠져들고 있다고 믿었다. 자유주의 신조를 구성하는 원리와 프로그램은 귀족을 일컫는 경멸적 호칭인 '봉건층'의 신조를 체계적으로 능가하도록 고안된 것들이었다. 입헌군주제는 귀족계급 절대주의를, 의회 중심주의는 귀족계급 연방제를, 그리고 과학은 종교를 대체할 것이다. 독일 국적의 자유주의자들은 과거의 봉건층이 그러했듯이 피지배자들을 무지한 농노로 묶어놓기보다는 교육하고 길러내는 양육자와 교사 역할을 할 것이다. 따라서 국적이라는 것 자체가 궁극적으로는 다

민족 국가에서의 대중적 응집 원리로 작용하게 될 것이다. 자유주의자들의 지도자인 베르거J. N. Berger는 1861년에 이렇게 말했다. "오스트리아의 게르만 인들이 쟁취해야 하는 것은 오스트리아에서의 정치적 패권이 아니라 문화적 패권이다." 그들은 "문화를 동쪽으로 운반하고 독일 지성, 독일의 과학, 독일 박애주의의 선전물을 전달해야 한다."**2** 마지막으로, 자유방임주의는 경제 영역에서 원칙도 없이 자행되던 특권의 지배를 깨뜨리고, 특권이나 자선이 아니라 공로가 있어야 경제적 보상을 얻게 되는 체제를 만들 것이다.

그 프로그램의 이런 모든 측면에서 오스트리아 자유주의자들은 자신들이 사회적으로 더 우월하고 역사적으로는 선배인 세력과 투쟁하게 된다는 것을 알고 있었다. 그들은 스스로를 아래에서 전진하는 세력을 이끌어 위에서 후퇴하는 세력과 맞서 싸우는 존재로 여겼다. 평민들은 매번 이해해주지는 않았으므로 아직은 신뢰할 만한 존재가 아니지만, 합리주의 문화가 전파되다보면 언젠가는 폭넓은 민주주의 질서를 위한 전제 조건이 마련될 것이다. 대중적 권력은 합리적 책임감의 기능으로 작동할 때만 커진다.

오스트리아 사회는 질서와 진보라는 이 같은 자유주의적 좌표를 따라가지 못했다. 19세기의 마지막 사반세기 동안 자유주의자들이 상류계급에 대항하여 고안해낸 프로그램이 낳은 결과는 하층계급의 폭발이었다. 자유주의자들이 대중의 정치적 에너지를 해방시키는 데는 성공했지만, 그 저항 에너지는 그들의 숙적에 대해서가 아니라 그들 자신을 향해 폭발했다. 그들이 위쪽에 있는 적을 겨냥하여 쏠 때마다 아래로부터 적대적인 폭격이 가해졌다. 귀족 계급의 국제주의에 맞서기 위해 게르만 민족주의를 고안했지만, 그들에게는 슬라브 애국주의자들의 자치권 요구라는 응답이 돌아왔다. 자유주의자들이 다민족 국가에 유리하도록 게르만주의의 어조를 누그러뜨리자 반자유주의적인 게르만계 프티부르주아들은 그들을 민족주의에 대한 배신자로 낙인찍었다. 경제를 과거의 족쇄로부터 풀어놓기 위해 고안된 자유방임주의는 미래의 마르크스주의 혁명가들을 불러들였다. 귀족계급 압제의 시녀라는 죄목으로 학교와 법정에서 발본색원되었던 가톨릭교는 농민과 장인들의 이데올로기라는 모습으로 복귀했는데, 이들이 볼 때 자유주의는 곧 자본주의였고 자본주의란 유대인을 의미했다. 세기가 끝날 무렵에는 오스트리아 자유주의 덕분에 해방되고 기회를 얻으며 현대성에 동화될 수 있었던 유대인들조차 은인에게 등을 돌리기 시작했다. 자유주의가 실패하자 유대인들은 희생양이 되었고, 그 희생에 대한 가장 설득력 있는 대답은 민족의 고향으로의 도피라는 시오니즘의 제안이었다. 다른 민족들은 혼란이라는 무기로 오스트리아 국가를 위협했지만 시오니스트들의 무기는 분리하겠다는 주장이었다.

그리하여 자유주의자들은 위쪽에 있는 옛 지배계급에 대항하여 대중을 다시 불러 모으기는커녕 미처 깨닫지 못하는 사이에 사회의 깊은 내면으로부터 전반적인 해체의 힘을 불러낸 것이다. 자유주의는 낡은 정치질서를 해체하기에는 힘이 충분했지만, 그 해체 덕분에 풀려난, 관대하지만 융통성 없는 자유주의의 후원 하에서 새로운 분리주의적 운동을 만들어내는 사회 세력들을 장악할 능력은 없었다. 새로운 반X자유주의적 대중운동—체코 민족주의, 범독일주의, 기독교사회주의, 사회민주주의, 시오니즘—은 아래로부터 솟아올라, 교육받은 중산계급의 신탁통치권에 도전해 그 정치 시스템을 마비시키고 역사의 합리적 구조에 대한 그들의 확신을 훼손하기 시작했다.

오스트리아 자유주의자들이 정권에서 밀려나고, 민족주의와 사회주의의 갈등으로 의회주의가 마비되었던 복잡한 역사를 추적하는 일을 우리가 지금 여기서 다룰 수는 없다. 그보다는 그들 자신이 자라난 자유주의적 근원에서 이탈하여 자유주의자들이 손에 넣지 못한 집단들을 조직하고 그들의 열망을 표현했던 지도자들의 본성에 관심의 초점을 맞추려 한다. 여기서 다룰 새로운 대중운동의 대표자 세 명은 각각 정치적 목적은 다르지만 하나의 공통된 새로운 스타일을 보여준다. 그것은 합리적 자유주의 문화와는 다른 방식으로 권력과 책임감이 통합된 새로운 정치적 문화의 선구자라는 스타일이다.

민족적으로든 이데올로기적으로든, 옆에서든 아래에서든, 자유주의 패권을 공격한 새로운 운동들이 모두 자유주의 정치 문화에서 이탈해 나온 것들은 아니었다. 일반적인 자유주의자 입장에서는 가장 이해하기 쉬운 당파가 비독일계 민족주의 정당과 사회민주당이었다. 반세기 동안 독일 민족의 자결권을 얻으려는 투쟁에 가담해온 게르만 자유주의자들은 갈수록 급진화되는 체코인들의 법적이고 문화적인 제도적 평등의 요구를 폄하하고 거부하기는 했지만 이해할 수는 있었다. 마찬가지로, 1889년에는 공식적으로 정당으로 설립된 사회민주당에도 자유주의자들이 보기에 수수께끼 같은 구석은 거의 없었다. 아버지를 대체하고 싶어 안달하는 모든 반란자 아들들 중에서 아버지의 모습을 가장 강하게 지니고 있는 것이 이 사회민주당이었다. 논리는 합리주의적이었고, 그들의 비종교적 도덕론은 전투적이었으며, 교육에 대한 신념은 무한하다고 할 정도였다. 사실 사회민주당의 제1지도자인 빅토어 아들러Victor Adler는 학생 시절 게르만 민족주의와 일반 민중을 기반으로 하는 사회적 통합이라는 바그너의 생각을[3] 지지하면서 합리주의에 저항했었다. 그렇지만 그 뒤로 마르크스주의 신조를 받아들이면서 아들러는 과학과 법률이라는 합리주의자의 유산에 대한 근본적인 충성을 맹세했다.

자유주의자들도 몇 가지 사안 때문에 사회주의자들이 자신들과 갈라지기는 하지만 그들이 자유주의 문화에 대해 친근함을 느낀다는 것은 알고 있었다. 자유주의자는 사회민주당의 유토피아주의라든가, 정치적 계몽 등의 '가장 원시적 선결 문제들'도 아직 해결되지 않은 마당에 터무니없이 복지국가 따위의 무리한 요구를 한다고 그들을 비난할 수 있다.[4] 하지만 참을성 없는 합리주의도, 사회주의자 내의 계급지향적인 국제주의도 사회주의자와 자유주의자 간의 친족 감정을 무너뜨릴 수는 없었다. 자유주의자가 사회주의자의 입장을 거부할 수는 있지만 논쟁할 때 쓰는 언어는 동일하다. 자유주의자의 사고방식에서 보면, 사회민주당은 부당하기는 하지만 불합리하지는 않은 상대다.

이에 비해 자유주의자가 대중을 국가 안으로 데려오지 못한 결과로 발생한 다른 운동들은 오스트리아 자유주의 전통과 훨씬 더 급격하게 단절하게 되며, 그로 인해 자유주의 공동체는 더 깊은 상처를 받고 격하게 반응했다. 이런 운동으로는 범게르만주의, 기독교사회주의, 그리고—이들에 대한 반응인—시오니즘이 있다. 건조하고 합리적인 자유주의 정치와 대조적으로 이런 운동의 강력한 지도자들은 "더 날카로운 조성調性, the sharper key"이라 알려지게 되는 것, 즉 자유주의자의 신중한 스타일에 비해 더 무모하고 더 창의적이고 감정의 삶을 더 잘 만족시키는 정치적 행동 양식을 개발했다. 새로운 조성의 대표적인 대가 두 명—범독일주의의 게오르크 폰 쇠네러Georg von Schönerer와 기독교 사회당의 카를 뤼거—은 아돌프 히틀러에게 영감을 주고 그의 정치적 모델이 된 인물이었다. 세 번째 인물인 테오도어 헤르츨Theodor Herzl은 이교도의 공포 정치에 맞서 고안된 가장 설득력 있고 강력한 정치적 답변을 히틀러의 희생자들에게 제공하게 될 분야의 개척자였다. 그리하여 빈의 지식인들이 20세기의 고급문화로 이어지는 길을 내기도 전에, 그 문화의 자식 세 명은 합리주의 이후의 정치를 개척해나가기 시작했다.

쇠네러, 뤼거, 헤르츨은 모두 정치적 자유주의자로서 각자의 경력을 시작했다가 이탈해, 주도권을 잡은 자유주의 진영에게 무시당하거나 거부당한 대중을 조직했다. 세 명 모두 이데올로기적 콜라주—현대성의 파편들, 흘낏 엿본 미래의 모습, 반쯤 잊힌 과거에서 부활한 잔여물 따위로 만들어진 콜라주—를 만들어 추종자들의 사회적, 정신적인 요구에 응답하는 특이한 재능을 갖고 있었다. 자유주의자들이 볼 때 이 이데올로기적 모자이크는 수수께끼 같고 역겨우며, '위'와 '아래', '전진'과 '후퇴'를 혼동하는 것이었다. 하지만 이런 정치적 기술자들—쇠네러, 뤼거, 헤르츨—은 모두 자유주의자들이 보지 못한 사회적-심리적 실체를 포착했다. 그들 모두 이성과 법률에 저항하는 반란을 정치에서 표현했으며, 그 반란은 곧 널리 확산되었다. 이 정치가 삼총사는 자유주의 정치 전통에서 떨어져 나온 방식 및 자유주의 가치에 맞선 도전의 형태라는 측면에서, 순수한 정치 영역을 뛰어넘어 20세기를 인도해 들여오는 더 넓은 문화적 혁명의 일부인 삶의 개념과 행동 양식을 슬쩍 알려준다.

2

게오르크 폰 쇠네러(1842~1921)는 1882년에 급진적 독일 민족주의자들을 조직해 극단적인 반유대주의 정치로 끌어들였다. 그는 한 번도 강력한 정당을 결성하지는 못했지만, 반유대주의가 오스트리아 정치생활의 중요한 파괴력으로 자라나게 했다. 오스트리아 정치에서의 새로운 소음, 즉 19세기 마지막 10년의 특징이 된 소란스러운 토론과 거리에서의 말다툼 등의 "날카로운 조성"이 생긴 책임을 묻자면 아마 다른 누구보다도 그를 지목해야 할 것이다.

악당과 속물과 귀족의 기묘한 복합물인 쇠네러는 스스로를 독일 민중을 구원하는 투사적 이미지의 기사로 여겼다. 그는 기사제도를 암시하는 호칭을 아주 좋아했다. '기사 조지'(기사 게오르크) 혹은—저지 오스트리아에 있는 그의 장원의 이름을 딴—'로제나우의 기사' 같은 것이다. 그의 정당이 택한 공식 당가인 「리터 게오르크 호흐!Ritter Georg hoch!」는 오스트리아인들이 전통적으로 군사적 영웅인 사보이의 오이겐 공, 튀르크 군대로부터 오스트리아를 구한 영웅을 기리면서 부르는 곡조인 「고귀한 기사」에 맞춰 불려졌다. 혁명에 의한 국가 전복 프로그램을 짜려고 하는 쇠네러가 고전적인 기사 갑옷 차림으로 민주주의자인 학생들과 좌절한 하층 중산계급 및 수공업자 계층에 호소한다는 것은 충격적이다. 그의 귀족 행세에서 우리는 자유주의 문화에 대항하는 그의 요란스러운 반란의 심리적 연원과 그가 조직한 계층의 사회적 감수성이 어떤 것인지 알려주는 힌트를 얻을 수 있다.

게오르크 폰 쇠네러는 정직한 상속을 통해 작위를 얻었지만 결코 귀족의 혈통을 타고난 것은 아니다. 우리가 다룰 세 지도자 가운데 오로지 그만 신흥 기업가 계층 출신이다. 그의 아버지는 철도 분야에서 기술자와 경영자로 봉직한 데 대한 감사의 표시로 황제에게서 귀족 작위를 받았다. 그러므로 게오르크는 자수성가한 사람, "유능한 사람"의 아들이다. 그는 자신이 받은 유산에 어울리는 삶과 그것을 잊어버리려는 삶 사이에서 동요하면서 평생을 보냈다.

마티아스 쇠네러Matthias Schönerer. 정말로 대단한 아버지였고, 초기 산업 시대의 모델이라고 할 만한 인물이었다! 겨우 스물한 살이던 1828년에 그는 오스트리아의 첫 철로─말이 끄는 것─를 건설했고, 그 뒤 증기기관차 노선을 여럿 개설했다.● 미국을 두루 돌아다니며 철도 공법을 견학한 뒤 그는 1838

● 쇠네러는 여기서 자신의 스승인 주임 설계자와 대립하던 경제지향적인 감독들의 편을 듦으로써 스승을 밀어냈으며, 이 첫 사업에서 그의 추진력, 사업적 촉각, 무자비함을 입증했다. Oesterreichischer Eisenbahnbeamtenverein, *Geschichte der Eisenbahnen der Oesterreichisch-Ungarischen Monarchie*(Vienna, Teschen, and Leipzig, 1897~1908), I. Part I, pp. 99~101.

년에는 최초의 증기기관차인 '필라델피아'호를 가지고 빈으로 돌아왔다. 그는 곧바로 외국 장비에 대한 오스트리아의 의존성을 없애기 위해 최초의 기관차와 자동차 제조창을 경영했으며, 국내 기관사를 훈련시키고자 미국의 기관차 기술자들을 데려왔다.[6] 직위에 따른 특권으로서 마티아스는 신설된 빈 남역에 있는 주택에서 거주할 수 있었는데, 1842년에 미래의 게르만 민족주의의 구세주가 태어난 곳이 바로 이 현대식 요람이었다. 노 쇠네러는 건설자의 재능 못지않게 뛰어난 경영의 재능도 지녔었다.[●] 기술자와 금융가의 긴밀한 협력이 최대한으로 요구되는 산업 분야에서 쇠네러는 당시의 거대 금융 재벌들과의 협력관계를 탁월하게 유지했다. 외교적 재능 때문이건 철도 건설자로서의 필요불가결성 때문이건, 그는 오스트리아 고위 금융계의 가장 치열한 라이벌 두 명과 동시에 일할 수 있었다. 한 편은 로트실트 가문이었고, 다른 편은 유대인 은행가 아른슈타인과 에스켈레스 가문과의 철도 사업에 관련된 이름으로 자주 거명되던 시몬 지나 남작Baron Simon Sina이었다. 이 두 거대한 사립 은행가 사이의 경쟁이 새로운 연합 주식 은행들—지나의 크레디 모빌리에 은행과 로트실트의 외스터라이히세 크레디탄슈탈트 은행[7]—간의 투쟁이라는 무시무시한 형태로 발전했을 때도 마티아스 쇠네러는 두 그룹의 철도 기업 위원회 모두에 고위급 인사로 참석하곤 했다. 1834년에 로트실트 가문은 자기들이 계획하고 있던 거대한 노르트반Nordbahn의 동력을 말로 할지, 증기기관차로 할지를 결정하기 위해 그를 전문가로 위촉했다.[8] 노 쇠네러의 아

● 1846년에 쇠네러가 빈-글로크니츠 철도의 책임자가 되었을 때 그의 충실한 직원들이 선사한 항아리에는 그의 수많은 재능을 찬양하는 그림이 당시의 다양한 아이콘 인물상을 활용해 그려져 있다. 미네르바는 '시민적 공학'을 대표했고, 머큐리는 사기꾼과 신들의 전령이라는 전통적인 배역에서 승격해 '경영'을 대표하게 되었으며, 만신전에 기관차가 연결되어 '철도의 경영'을 나타내고, 모루 하나에는 '기계 제작'이라는 이름표가 붙어 상징의 사중주를 완성한다. Cf. Constantin von Wurzbach, *Oesterreichische Nationalbiographie*(Vienna, 1856~91), XXXI, p. 149.

들이 1884년에 반유대주의 십자군 운동을 벌일 때의 중심 과녁이 바로 이 철도다. 노 쇠네러의 사업 경력은 엘리자베트 황후 철도(1856~1860년에 세워짐)의 운영위원회 위원이 되었을 때 절정에 달했다. 로트실트 일가가 지배하는 그 위원회는 크레디탄슈탈트 은행의 위원회와 철저하게 맞물려 있었다.[9] 이 정력적인 기술자는 부를 쌓았고, 은행가, 자유주의자, 유대인, 주식투자자, 제국 관료들의 협력자가 되었다. 그의 아들인 게오르크는 나중에—아버지의 사후에—이런 온갖 사회적 부류를 파멸시키기 위해 정치 인생 전부를 쏟아 붓게 된다.

1860년에 엘리자베트 황후 철도의 개통식에서 황제는 철도 건설자로서의 봉사에 대한 감사로서 마티아스 쇠네러에게 귀족 작위를 내렸다. 산업과 무역의 세계에서 이룬 자신들의 성취를 자랑스럽게 여기는 다른 사람들처럼 쇠네러는 자신의 직업에 어울리는 문장을 골랐다. 그것은 기술을 상징하는 색깔인 은빛과 청색으로 된 날개 달린 바퀴였다. 그의 모토 역시 그의 계급과 세대의 윤리에 잘 어울리는 '옳음을 따라서Recta sequi'라는 것이었다.[10] 그 계급이 꼭 그렇게 실천한 것은 아닐 테지만 말이다. 그 문장과 모토를 생각한다면, 쇠네러가 자신의 사회적 성취를 자축하기 위해 봉건 영지를 사들이기로 결정한 일은 전형적인 행동이 아니었다. 그는 츠베틀 근처 로제나우에 있는 14세기 이래의 영지와 그에 딸린 마리아 테레지아 시대에 지어진 아름다운 성곽을 사들였다. 영국에서는 오래전부터 시골 저택을 소유한 상인을 기사계급으로 승격시켜주고 있었다. 오스트리아에서도 직무상의 업적을 통해 신분이 상승한 귀족이 흔해졌지만, 통상적으로는 시골의 영지가 아니라 더 고급의 문화를 수용하는 것이 작위의 징표 또는 필요한 부수 항목이었다. 귀족 장원을 구입한다는 것은 그리 좋은 취미가 아니었고, 어딘가 사회적으로 주제넘는 일을 했다는 낙인이 찍힐 수도 있었다.

노 쇠네러는 그런 거리낌에 전혀 구애받지 않았다. 또 자기 시대의 여느 자수성가한 인물들과 달리 그는 자녀들에게 오스트리아의 '부르주아 상류층 haute bourgeoisie', 특히 쇠네러 자신이 방금 입성한 직무 귀족계급service nobility 이 보여주는 사회적 스타일의 본질인 인문학적 교양을 길러주는 데 관심이 없어 보였다. 그의 다섯 자녀 가운데 이름이 조금이라도 알려진 두 명은 모두 그 계급의 기준으로 볼 때 지적으로는 평범했다. 게오르크의 누이인 알렉산드린 폰 쇠네러Alexandrine von Schönerer는 아버지나 게오르크처럼 경영에 재능이 있었지만, 빈 지배계층처럼 극장에 대한 열정도 갖고 있었다. 알렉산드린은 여배우로 잠시 활동한 뒤 재능과 상당한 유산을 극장 경영에 쏟아부었다. 1889년에 그녀는 대중 연극의 가장 오래된 중심 가운데 하나인 빈 극장Theater an der Wien을 사들였다.(이곳의 원래 경영자는 모차르트의 「마술 피리」의 대본작가이자, 베토벤의 「피델리오」를 최초로 제작한 임마누엘 시카네더Immanuel Schickaneder였다.) 쇠네러 부인이 경영하는 그 극장은 훌륭한 오페레타 극장으로 변신했는데, 여기서는 요한 슈트라우스Johann Strauss와 카를 밀뢰커Karl Millöcker의 쾌락주의적 작품들이 요한 네스트로이Johann Nestroy와 루트비히 안첸그루버Ludwig Anzengruber의 통렬한 사회적 도덕극을 밀어냈다. 알렉산드린은 다수의 유대인이 참여하고 있는 국제주의적 오스트리아 극장 공동체의 일원으로서, 게오르크의 반유대주의를 공개적으로 거부했다. 오락으로서의 연극과 기업적 정신 두 가지 모두에 대한 열렬한 지지자인 그녀는 빈 자유주의의 중류계급 문화에 충실했다.[11]

게오르크는 정력적인 벼락출세자의 자녀들을 혼란스럽게 하는 불확실성 때문에 누이보다 더 심하게 괴로워했던 것 같다. 다른 면에서는 규칙적이고 더할 나위 없이 멋진 기업가인 마티아스 쇠네러가 아들의 교육 문제에 관해서는 좀 괴팍하게 굴지 않았나 하는 의구심도 든다. 그는 소년을 계급의 관례대로 김나지움에 보내지 않고 기술 교육을 시키는 오버레알슐레에 보냈다. 그 뒤에도 학교를 여러 번 바꾸었다는 사실을 보면 게오르크가 적응하는 데 문제가 있었던 것 같다.[12] 게오르크는 1859년에 드레스덴의 상업학교에 입학했다. 그다음 해, 아버지가 기사 작위와 영지 딸린 장원을 얻자 게오르크는 진로를 바꾸었다. 그는 1861년에 실업학교를 떠나서 농업학교 두 곳에서 교육을 마쳤다. 직접적인 압력은 없었다 하더라도 분위기상으로는 아버지의 그늘 아래 있었던 게오르크가 그런 식으로 새로 획득한 장원과 작위를 물려받기 위한 준비를 한 것이다. 또 시골 기사의 삶을 유익한 것으로 만들려는 것이기도 했다. 귀족 행세와 경제적 현실주의 간의 조화가 1대 리터 폰 로제나우Ritter von Rosenau(즉 마티아스 쇠네러)에게서는 이뤄지지 않았지만 2대(게오르크 쇠네러)에 가서는 실현된다.

따라서 게오르크가 오스트리아 최대의 귀족 기업가인 슈바르첸베르크 공작 요한 아돌프Johann Adolf Prince Schwarzenberg의 장원 한 곳의 집사, 혹은 농장 관리인으로 일함으로써 자기 교육을 완결하려 한 것은 적절했다. 슈바르첸베르크 공작은 프란츠 요제프의 자문관인 그의 유능한 형, 펠릭스가 1848~1852년의 정치적 소요 기간 동안 한 것과 같은 역할을 영지 소유 귀족의 경제적 현대화라는 분야에서 하게 된다.[13] 자본주의 농업과 식품 가공, 광물질 추출의 최신 기술을 영국에서 배워온 요한 아돌프는 구식이던 자신의 영지를 높은 소득을 올리는 광대한 영지 제국으로 바꿔놓았다. 그는 '농부들 중의 공작, 공작들 중의 농부'라고 불렸다. 보헤미아 내각의 정치 지도자로서의 그는 극단적인 귀족적 보수주의의 기둥이었지만, 기업가로서는 마티아스 쇠네러와 동일한 금융가와 기업가 부르주아 그룹에서 활동했다. 슈바르첸베르크 공작은 엘리자베트 황후 철도의 운영위원회와 극도로 내밀하게 맞물려 있는 외스터라이히세 크레디탄슈탈트 은행 이사회의 초대 회장으로도 봉직했다.[14] 마티아스 쇠네러의 위치에서는 함께 참여한 여러 금융 연대를 통해 공작에게 쉽게 연줄이 닿을 수 있었을 것이다. 구체적인 증거는 없지만 아버지가 자신의 연줄을 활용해 아들이 기술관료 귀족들의 사회로 들어가는 귀중한 통로를 확보해주지 않았을까 짐작할 수 있다. 어쨌든 장래의 (2대) 로제나우 기사가 도제 수련을 할 곳으로 슈바르첸베르크 공작 장원 이상의 장소를 찾을 수는 없었을 것이다.

오스트리아의 성공한 중산계급의 아들들이 대부분 도시적인 직업을 갖게 되는 데 반해 게오르크 쇠네러는 이리하여 슈바르첸베르크 공작의 소박한 복제물이 되는 길에 전념해, 장원의 현대적 영주로서 기업가적 정신과 과학을 영지에 적용했다. 이 경력이 아버지의 소원에서 나온 것인지, 아들의 야심에서 나온 것인지 우리는 알지 못한다.[15]

게오르크가 품위는 없지만 열렬한 확신을 품고 '대귀족'의 역할을 완수하려고 노력한 것은 분명한 사실이다. 하지만 로제나우의 정직하고 '고귀한' 방식의 틀 안에서도 그는 아버지가 자신의 인생을 위해 세워놓은 거의 모든 것, 즉 합스부르크에 대한 충성심, 자본주의, 인종 간의 관용주의, 금융 투기 같은 것들에 반항할 준비를 갖춰나갔다. 좌절한 모조품 귀족인 게오르크는 거의 의식도 하지 못한 채, 그 자신의 출신 연원이기도 한 산업 부르주아의 지배하에서 불만스럽게 들썩거리고 있는 사회 계층을 이끌어갈 태세를 갖추었다. 반역하는 대중과 반항적인 아들은 때가 되면 만나게 되어 있었다.

로제나우 기사가 민족주의 선동가로 변하는 과정은 서서히 진행되었으며, 1881년에 아버지가 죽은 뒤에야 완성되었다. 유산과 에너지와 농촌이 무엇을 필요로 하는지에 대한 실용적인 지식을 지닌 쇠네러는 먼저 자신의 집이 있는 지역을 정치적 경력을 쌓기 위한 든든한 기지로 삼았다. 그는 미국의 농민 공제조합 및 자원소방대에 해당되는 농업개선연대를 설립하고 재정 지원을 했다. 지지자층을 다지기 위해 그는 민중 황제인 요제프 2세의 이데올로기적 상징을 택했다. 요제프 2세는 과학의 결실을 토지에 적용하고 강한 농민층의 건설을 정책 목표로 삼았던 사람이다. 쇠네러는 자기 지역구에 있는 수많은 마을에 요제프 황제가 쟁기를 잡고 있는 동판을 세웠다.**16** 여기서 과학과 공공복지에 대한 자유주의적 숭배가 합스부르크에 대한 충성심과 뒤섞였다. 쇠네러는 아직도 자유주의적인 요제프적 전통의 틀 속에 분명히 머물러 있었다.

이 확고한 농촌의 기반 위에서 쇠네러는 의회 경력을 시작했다. 1873년에 의원으로 선출된 그는 자유주의 진영의 민주주의 좌파인 진보클럽 Fortschrittsklub에 가입했다.● 그는 일찌감치 농민 이익의 옹호자로 명성을 쌓았다. 얼마 지나지 않아 그는 의회 주류이던 자유주의 세력과 갈등을 일으켰다. 쇠네러가 동료들에게 불만을 갖게 된 이슈는 두 가지가 있었다. 그들이 사회 문제에 무관심하다는 것과 슬라브 민족주의와의 투쟁에 대한 열성이 충분치 못하다는 것이었다. 두 번째 이슈를 다루면서 쇠네러는 오스트리아 자유주의를 약화시키는 첫 번째 성공을 기록했다. 당시 게르만계 자유주의자들은 민족성 문제에 관해 전반적으로 분열된 상태였다. 전투적인 체코인들에게 양보한다는 것은 게르만계 중산계급이 쥐고 있던 보헤미아와 모라비아의 지배권을 약화시킨다는 뜻이었고, 그렇게 되면 자유주의도 약해진다. 반면 슬라브 민족을 몰아붙여 더 첨예하게 반발하도록 만들면 양보가 불가능해져 제국 자체가 위험에 처할 수도 있다. 어느 편을 택하든 자유주의자들은 그들의 민족적, 국제주의적, 사회적인 신념을 한데 결집시킬 원리를 갖고

● 클럽이란 의회 내 정당 조직의 기본 단위였다. 정당은 일반적으로 그런 클럽 여러 개로 구성된 느슨한 구조였다.

있지 못했다. 그들이 내세울 수 있는 최선의 방어책은 제한적인 참정권 시스템의 현상 유지인 듯 보였다.[17] 그렇게 하면 급진적 민족주의자들을 투표장에서 격리시킬 수 있으니 말이다. 그들의 민족적 가치 면에서는 좀 손해를 보더라도 자유주의자들의 법적이고 사회적인 우월성이 크게 손상되지 않으면서 다민족 제국은 여전히 유지될 수 있을 것이다.

분열된 자유주의자들이 1879년에 정권을 잃은 뒤 쇠네러는 자신을 의회 대변인으로 선택한 젊은 대학 지식인들의 중요한 그룹과 함께 그들이 속한 정당의 노선에 공개적으로 반항했다. 그들은 민주주의 원리와 독일 민족주의를 제국의 안정과 중산계급 과두정치보다 먼저 내세운 것이다.● 이 그룹은 소위 린츠 프로그램(1882)이라는 것을 작성해, 당시 미국에서의 대중영합주의populism 현상과 비슷한 방식으로 급진적 민주주의와 사회개혁 이론 및 민족주의를 한데 합친 강령을 만들었다. 이 프로그램은 가내 공업과 '정직한 노동', 수공업자들을 위한 필수 훈련자격증 발행과 행상 금지 등의 정책을 내걸어 반유대주의적인 빈 수공업 연대의 불만을 배려했다. 이들은 과거 경제 활황 시대를 거치며 살아왔지만 지금은 공장제 생산의 비중이 커지고 공장 생산물을 과거 수공업자들의 고객에게 판매하는 소매상과 유대인 행상들 때문에 처지가 어려워진 사람들이었다. 그러나 이 프로그램의 내용이 반유대주의를 직접 표방하지는 않았다.

린츠 프로그램은 소비자 조합과 독일 제국 내에서의 좀더 강력한 조약 조

● 이 그룹에는 훗날 사회민주당의 지도자가 되는 빅토어 아들러와 엥겔베르트 페르너스토르퍼Engelbert Pernerstorfer, 나중에 기독교 사회당의 지도자가 되는 로베르트 파타이Robert Pattai, 자유주의 역사학자인 하인리히 프리트융이 있었다. 이 그룹의 연원은 일차적으로 대학생 조직인 빈 독일 학생 독서협회(1871~1878)에 있다. William J. McGrath, "Student Radicalism in Vienna", *Journal of Contemporary History*, II, No. 2(1967), pp. 183~195.

정을 요구한다는 점에서 '대독일주의'적 지향성을 함축하고 있었다.[18] 그러나 거기에 쇠네러가 의회에서 울화가 치밀었을 때 내뱉었던 한 가지 목적은 들어 있지 않았다. "우리가 진즉에 독일 제국에 귀속되었더라면!"이라는 것이 그 발언이었다.[19] 쇠네러의 동료 민족주의자들도 1882년에는 아직 오스트리아 제국을 완전히 해체하길 원하는 지경까지 가지 않았고, 그들 대부분은 끝까지 그렇게 되지 않는다. 하지만 오스트리아 국가에 두 가지 거대한 사항을 요구한다는 점에서는 그들도 그와 뜻을 같이했다. 그것은 자유주의자들이 해방시켰지만 해결하지도, 만족시키지도 못했던 민족의 주도권과 사회 정의에 대한 요구였다.

쇠네러는 민족주의자 연합인 독일 민족정당 협회Verein der deutschen Volkspartei를 위해 1881년에 발표한 선언문에서 이를 해결할 종합적인 방안을 내놓았다. "우리는 슬라브족과의 투쟁만이 아니라 국민(아마 농민과 수공업자를 지칭하는 듯)의 가장 고귀한 힘을 소수의 이익을 위해 수탈당하는 데 반대하는 투쟁에서도 오스트리아 내의 독일 민족의 연대감을 생생하게 표현하고자 한다."[20] 그러한 종합 방안은 사회 개혁에 관심을 가진 오스트리아-독일 자유주의 민족주의자들의 상당히 폭넓은 전선을 포괄할 수 있다. 하지만 그 전선이 안정적일 수는 없었다. 쇠네러부터도 자신이 내세운 종합 방안의 두 가지 조건을 매우 극단적으로 확대했기 때문에 오스트리아의 자유주의와 도저히 양립할 수 없는 지경에 이르렀다. 민족주의 진영에 선 그는 '연대감'이라는 것을 '오스트리아의 독일인들'만이 아니라 모든 곳의 게르만인들을 포용하기 위한 것으로 해석했다. 쇠네러는 여기서 독일 민주주의 혁명가들이 민족과 무관한 군주국가 대신 통일된 범게르만 공화국으로 대체하고자 했던 1848년의 '대독일주의' 이념을 끌어온다. 보불 전쟁 기간에, 그리고 1871년에 독일 제국이 수립되자, 빈과 다른 지역의 대학생들은 통일을 확대해 합스부르크 영토까지 포함시키라고 선동했다. 1878년에 쇠네러는 1848년 혁명 당시 학생 연대의 군목을 지낸 노인과 함께 학생 독서협회의 명예회원으로 선출되었다. 이 우연의 일치는 낡은 민주적 민족주의가 신우익 급진주의 형태로 재탄생 하는 일이 얼마나 쉬운지, 그리고 '전진'과 '후진'을 구별하는 것이 얼마나 어려운지를 알려준다. 쇠네러 편에서는 1848년의 민주당처럼 통일독일 공화국이 아니라 합스부르크 왕국의 서쪽 부분이 비스마르크의 왕국과 통합될 수있도록 '친슬라브주의자'들을 와해시키는 것을 목표로 했다. 좌익 진보주의자들 가운데서는 쇠네러를 따라 이러한 보수적 혁명의 방향으로 들어갈 수있는 사람이 많지 않았다. 하지만 학생 그룹에서는 쇠네러의 반오스트리아적인 민족적 충성심의 발전이 상당한 공감을 얻었다. 한때는 승리한 오스트리아 자유주의의 중심이던 대학은 쇠네러파Schönerianer의 영향력이 확산됨에 따라 1870년대 후반과 1880년대에는 민족주의자의 선동이 끓어오르는 무대가 되었다.[21]

쇠네러의 민족주의-사회적 프로그램의 2차 확장은 반유대주의 쪽으로 기울어지는 것이었다. 그는 1879년의 선거 연설에서 유대인에 반대하는 첫 번째 기획 발언을 행했다. 여기서 쇠네러는 그다운 태도로 귀족계급과 평민, 즉 '토지 재산과 생산 수단의 이익'을 연대시켜 '이제껏 특권을 가졌던 동산 자본의 이익', 즉 유대인들의 돈과 언어(즉 언론)의 지배력에 대항하게 했다. 마치 늙은 아버지와 자신이 가진 상당한 재산의 원천을 규탄하듯이 그는 회사와 기업 이사회 위원들의 부적절한 책임감에서 발생하는 도덕적, 경제적인 위험에 대비할 법을 요구했다.[22] 반유대주의적 급진파로서의 더 큰 정치적 기회가 곧 쇠네러에게 열렸는데, 이는 그의 아버지가 죽어가고 있던 바로 그때인 1881년이었다. 아버지가 죽자 그는 마티아스 쇠네러가 대표했던 모든 것에 대해 거침없는 비난을 감행했다. 게오르크의 반자유주의 지도력을 위한 사회적 기반과 그것을 주장하게 해주는 심리적 여건이 한곳에서 만난 것이다.

민족주의 학생 연대가 범게르만주의자 쇠네러를 고대했다면, 사회주의적 반유대주의자 쇠네러는 수공업자 운동이 고대했던 존재였다. 1880년에 수공업자 보호를 위한 반유대주의협회가 최초로 빈에서 결성되었다. 1882년에 그 협회는 오스트리아 개혁 조합에 흡수되었으며, 그 조합의 창설 모임에서 쇠네러는 주연설자였다. 그는 "독일 농민과 수공업자들의 좁은 창문 달린 집을 무너뜨리는…… 흡혈귀들……", 즉 유대인들에게 선전포고를 했다.[23] 그의 연설에서 들려오는 악의적인 '새로운 조성'은 바그너 지지자인 학생들뿐만 아니라 좌절한 수공업자들에게도 호소력을 지녔다.

1884년에서 1885년 사이에 쇠네러는 얼마 전에 자기 아버지가 로트실트 가문에 건설 자문을 해준 바로 그 철도인 노르트반의 국유화를 외치는 투쟁을 이끌면서 의회 의원으로서 대단한 악명을 날렸다. 높은 수입을 올리는 이 노선의 이용권을 갱신할 시기가 사회 각계각층에서 자유방임에 반대하는 반란이 터져나오기 시작하던 바로 그때와 맞아떨어졌다. 은행가와 브로커들에게 반대하는 대중 투쟁을 반유대주의 방향으로 돌리면서 쇠네러는 자신의 뒤늦은 오이디푸스적 반항심의 폭발적 에너지를 이 사안에 쏟아부었다. 그는 자유주의자와 장관들만이 아니라 황실까지도 '로트실트 가문과 그 동료들의 힘 앞에 굴복'했다며 간접적으로 고발했고, 그 권력이 이제 분쇄되지 않는다면 민중의 손으로 '거대하고 강력한 전복'을 맛볼 것이라며 모두를 위협했다.[24] 자본주의 사회에서 억압받던 이들의 복귀는 쇠네러의 프시케에서 보이는 억압당한 것의 복귀와 닮은꼴이다. 이런 날것 그대로인 분노의 분출 앞에서 자유주의자들은 퇴로가 차단되었다.

쇠네러는 그 자신과 동일시되던 빈의 급진적 장인들의 것을 그대로 가져와서 반유대주의 작전에서의 또 다른 목표를 겨냥했다. 유대인 행상들은 유대인 백화점 주인들의 하층계급판 유사품이었다. 둘 다 전통적인 상점 주인을 위협하는 존재였다. 둘 다 소규모 소비자들의 단골손님과 적대감을 동시에 끌어간 존재였다. 마지막으로 쇠네러는 자신의 반유대인 작전의 초점을 포고 령이 내려진 동안 진행되던 러시아 출신 유대인의 이주 제한에 두었다. 그의 아버지는 미국의 기술자들을 철도 설계의 기술적 모델로 삼았지만, 게오르크는 미국에서의 인종 차별, 즉 1882년의 중국인 배척 조례를 자신의 법적 모델로 삼았다.

몇 가지 측면에서 쇠네러의 반유대주의는 자유주의 사회에 미치는 그의 해체적 영향력을 고려해볼 때 그의 민족주의보다 훨씬 더 중심에 있다. 한나 아렌트가 올바르게 주장했듯이, 유대인은 오스트리아에서 누구보다도 더 '국가 국민state-people'이었다.[25] 그들은 하나의 민족 단위를 이루고 있지 않았다. 심지어 슬로바키아인이나 우크라이나인처럼 소위 비역사적인unhistoric 민족성도 갖고 있지 않았다. 그들의 존재는 시민적이고 경제적인 것으로서, 게르만인이나 체코인처럼 하나의 민족적 공동체에 참여하는 데서가 아니라 그와 반대로 그런 지위를 획득하지 않는다는 것을 근거로 하고 있었다. 설령 주어진 어떤 민족의 문화에 완벽하게 동화되었다 하더라도 그들은 '개종자'의 지위를 넘어 그 민족이 될 수는 없었다. 황제에 대한 충성이나 하나의 정치 시스템으로서의 자유주의에 대한 충성은 그런 어려움을 강요하지 않았다. 황제와 자유주의 시스템은 유대인들에게 별다른 민족성을 요구하지 않은 채 지위를 부여했다. 그들은 다민족 국가의 초超민족적 국민이 되었다. 사실상 과거 귀족들의 위치를 차지한 종족인 것이다. 그들의 운수는 자유주의적, 국제주의적 국가의 운수와 흥망성쇠를 함께했다. 지금 우리 관점에서 더욱더 중요한 것은 자유주의 신조 그 자체의 운수가 유대인들의 운명과 얽혀들었다는 점이다. 따라서 민족주의자들이 자기들에게 유리하도록 왕국의 핵심 권력을 약화시키려 하면 할수록 유대인들은 모든 민족의 이름으로 더 심하게 공격당했다.

쇠네러는 오스트리아가 만들어낸 반유대주의자 가운데 가장 강력하고 철저하게 일관된 사람이었다. 마찬가지로, 혹은 그렇기 때문에 그는 이 다민족 제국을 한 덩어리로 유지할 수 있었던 모든 통합 원리의 최대 강적이었다. 즉 그는 자유주의의 적이었고 사회주의의 적이며 가톨릭교의 적이고 황실 권위의 적이었다. 완전한 민족주의자인 그는 제국에 만족할 수 없었다. 그가 보기에 황제는 자신의 영토를 민족적으로 분열시키고 있는 민족 사이에서, 또 그의 영역을 사회적으로 쪼개고 있는 이데올로기 사이에서 타협하는 존재였다. 황제가 만약 민족 위에 군림하는 존재라면 유대인은 민족 아래에 있으면서 어떤 민족이나 집단적 신조에서든 자신들의 대변자를 발견하는 존재였다. 어떤 그룹에서 활동하든 유대인들은 결코 제국을 해체하고자 애쓰지 않는다. 모든 사회에서 분열의 원심력이 발생할 때마다, 또 그 힘이 제국의 전복을 목표로 삼을 때마다 유대인들이 희생물이 되는 것은 이 때문이다.

쇠네러는 자유주의가 우세한 시대에서 발생한 과도한 분리주의 성향의 첫 지도자였다. 그 누구도 사회가 갖고 있는 파괴적인 잠재력, 즉 계급, 이데올로기, 민족성, 종교 등을 그처럼 최대한으로 지지한 적이 없었다. 민족주의는 쇠네러가 지닌 신념의 긍정적인 중심이 되었다. 하지만 전면적 해체가 아니어도 민족주의에는 충분했겠지만, 그의 시스템이 응집력을 지니려면 부정적인 요소가 있어야 했다. 반유대주의가 그런 요소였고, 그것을 통해 그는 동시에 반사회주의자, 반자본주의자, 반가톨릭, 반자유주의자, 반합스부르크주의자가 될 수 있었다.

쇠네러는 그 후계자인 뤼거나 히틀러가 한 것 같은 대규모 대중운동을 건설하는 데는 한 번도 성공하지 못했다. 그가 남긴 지속적인 영향은 주로 정치 행위, 언어와 행동 분야에 속했다. 그 분야에서 그의 스타일은 그의 이데올로기만큼 공격적이었지만 전염성은 더 강했다. 쇠네러와 그의 동료들은 무질서와 악담의 소란스러운 음역을 지닌 날카로운 조성을 자유주의적 합법성과 품위의 중심부인 의회 안에 들여놓았다. 그 존엄한 집단은 금융계 유대인, 노르트반의 유대인, 유대인 행상, 언론계 유대인, 유대인 협잡꾼 등등에 대한 그의 비난 공격에 길들여지는 수밖에 없었다. '고귀한' 독일 민족을 대리한 이런 공격은 유대인과 이교도 모두가 있는 앞에서 시달되었다. 그리고 그에 적응하는 과정에서 피해자가 좀 생겨났다.

1886년 6월에 자유당 지도자이며 위엄 있는 변호사이자 친영파 신사인 에른스트 폰 플레너 박사Dr. Ernst von Plener는 의회 내에서의 반유대주의 선동을 종식시키려고 애썼다. 그는 의장(연사)이 "다른 경우에는 의회의 위엄을 아주 잘 지켜왔지만……" 그런 욕설로 점철된 어조가 발언되도록 허용한 점에 대한 유감을 표시했다. 그는 의장의 직무가 좀더 확고하게 행사되어야 한다는 암시를 보냈다. 플레너는 또한 유대인을 두들겨 패자고 하는 무척 허풍스러운 주장을 최소한 법률안이라는 형태로 제시하라고 반유대주의자들에게 제안했다. "그렇게 된다면…… 우리는 그 신사들의 진정한 의도가 무엇인지 알게 될 것이고…… 의회는 우리 시대의 가장 후회스러운 징후 가운데 하나인 바로 그 선동에 대한 각자의 견해를 발언할 기회를 갖게 될 것이다."

쇠네러는 이 도전에 대해 의회 법규에 따른 행위와 무력 위협을 합친 강력한 태도로 맞섰다. 그는 유대인을 구속하기 위한 여러 법안을 도입하겠다는 약속을 내걸었다. 그런 다음 약속을 실행하기 전에 위협을 가했다. 의장이 플레너의 제안에 따라 유대인 문제를 논의할 자유를 억제한다면 "이 문제는 의사당 내에서 발언된 말과 제기된 제안을 통해 해결될 가망이 없을 것이다. 또 그럴 경우 의사당 바깥에서 주먹질이 벌어질 것이다."[26] 자유주의 의원들이 "소위 반유대주의 운동은 문명인에게 어울리는 행동이 아니다"라고 비난하는 동안 로제나우의 기사는 "국민에 대한 유대인들의 수탈을 법적으로 제한"하는 방안을 통해 "모국을 도덕적으로 재생시키자"고 요구했다. 여기서 쇠네러는 또다시 위협적인 화법을 구사했다. 그는 1887년에 의회에서, 만약 자신의 운동이 지금 성공하지 못한다면 "우리 뼈에서 보복자가 태어날 것"이며 "억압하는 유대인들과 그 식객들이 두려워"하도록 "눈에는 눈, 이에는 이"라는 원리가 실행될 것이라고 장담했다.[27]

쇠네러의 정치적 스타일과 개인적 기질에는 모두 편집증의 기미가 있다. 그는 명예훼손 소송에 원고로, 또 피고로서도 곧잘 연루되었다. 그가 행하는 공격은 많은 추종자를 얻게 해주었지만 종국에는 그 자신을 파멸시켰다. 그가 의회에서 '눈에는 눈으로'라고 위협한 지 1년도 못 되어 이 고귀한 기사는 『노이에스 비너 타그블라트Neues Wiener Tagblatt』지의 사무실로 쳐들어갔고, 동료들의 도움을 받아 이 "유대인 쓰레기" 신문의 직원들을 두들겨 팼다. 편집장인 모리츠 제프스Moritz Szeps는 황태자 루돌프의 친지였다. 공격적 자유주의자인 제프스는 이전에도 쇠네러와 말로, 또 법률적으로 결투에 얽힌 적이 여러 번 있었는데, 이기기도 하고 지기도 했다.* 하지만 편집실에 대한 쇠네러의 공격은 정치의 새로운 스타일이 폭력 대결이라는 형태로 나타난 최초의 사례였다. 물리적 공격이라는 구체적인 음악은 언어적 전투의 날카로운 음조tone와 완전히 다른 문제였다. 법원은 쇠네러에게 단기간의 수감형 외에도 5년간의 참정권 박탈형—그의 정치 경력에는 가장 치명적인 처벌—을 내렸다.[28] 마지막으로 법원의 판결로 인해 게오르크 폰 쇠네러는 자동으로 작위를 박

---

* 1885년에 제프스는 쇠네러가 효과적으로 도발한 명예훼손 행위 때문에 한 달간 감옥에 갇혔다. Bertha Szeps-Zuckerkandl, *My Life and History*, trans. by John Sommerfield(London, 1938), pp. 86, 91, 95를 보라.

탈당했다. 이로써 로제나우 기사는 그가 진정으로 귀중하게 여기던 아버지의 유산 한 가지를 잃었다. 아버지의 세계를 파괴하려다가 그는 그 세계에서 거둔 성공의 보상이던 상징물을 파괴한 것이다. 쇠네러의 정치적 파괴 경력은 자기 파멸로 끝났다. 그는 곧 자기 아버지를 배출한 고향인 망각 속으로 되돌아갔다.

쇠네러의 행태에 들어 있는 당혹스러운 요소들의 복합을 보면 무질의 아이러니한 언급에 담겨 있는 심각한 역사적 내용을 다시 떠올리게 된다. 즉 그 시대에는 무엇이 위에 있고 무엇이 아래에 있는지, 무엇이 전진하고 무엇이 후진하는지를 제대로 구별할 줄 아는 사람이 아무도 없었다는 이야기 말이다. 인격 면에서나 이데올로기 면에서나 쇠네러는 가장 다양하고 모순적인 요소들의 복합물이었다. 그는 귀족이 되기를 간절히 원했지만, 프러시아 융커라면 몰라도 오스트리아의 신사 기사는 결코 되지 못했을 것이다. 오스트리아 귀족의 전통은 우아함, 유연성, 그리고 이 세계의 잘못과 악행에 대한 관용을 요구하기 때문이었다. 그런 병폐는 쇠네러의 성장 과정에서는 완전히 딴 세상 이야기였다. 성공한 빈 중류계급 가문의 사회적 야심이 큰 아들들 대부분, 특히 직무 귀족의 자제들은 신분으로 결정되는 역사적 귀족계급에 들어갈 입장권을 대신하는 그럴듯한 대용물로서 심미적 문화를 획득했다. 쇠네러—혹은 그의 아버지—는 더 과격한 과정을 걸어갔다. 봉건 장원을 구입해 영지를 소유한 기술 관료, 전통적 궁정 기사가 아닌 신분 외적 요인에 의한 기사가 된 것이다. 이에 따라 쇠네러는 자신의 정치적 열정을 그가 끝내 침투하지 못한 귀족계급이 아니라 자기 아버지의 세계인 자유주의자 세계, 그가 멀리 떨어지고 싶어했던 상류 부르주아 세계에 대항하여 쏟아냈다. 그의 경력이 정치적으로 파멸하게 된 개인적 원인은 벼락부자 아버지가 키운, 교육은 부족하고 욕심은 과도한 아들의 좌절한 야망에 있었던 것 같다.

증오의 혁명을 추구하는 과정에서 쇠네러는 여러 시대 및 여러 사회 계층의 태도와 가치를 재료로 삼아 자신의 이데올로기를 구축했다. 귀족계급의 엘리트주의와 계몽전제군주제, 반유대주의와 민주주의, 1848년의 대독일주의 민주정치와 비스마르크식 민족주의, 중세의 기사도와 반가톨릭주의, 길드의 규제와 공공시설의 국유제 등이 그것이다. 19세기의 자유주의자라면 이렇게 쌍을 이루는 가치들이 모두 상충한다고 여겼을 것이다. 하지만 이런 이념적 갈등의 조합에는 공통분모가 있다. 즉 자유주의 엘리트와 그 가치에 대한 전적인 부정이다.

쇠네러가 분노에 찬 사람이었기 때문에 그의 이데올로기적 몽타주도 분노한 사람들에게 호소력을 발휘했다. 장래에 대한 아무런 희망이 없고 현재에서도 위안을 찾을 수 없이 과거의 삶을 빼앗긴 장인들, 자유주의 윤리 전통의 평면적인 지루함에 만족하지 못하고 낭만적 반항주의에 물든 학생들, 우익 지도자들이 나중에 동원하게 되는 퇴락한 유럽의 사회적 잡동사니의 뿌리 없는 정신적 선구자의 첫 세대가 바로 이들이다. 뼛속까지 중산계급인 로제나우 기사, 시대에 뒤지고 폭력적인 돈키호테인 쇠네러가 장인과 사춘기 아이들을 사이비 봉건제적 지지자로 얻어서 자신의 잔인한 소극을 연습했으니, 그럴싸했다. 어느 날, 그 소극은 무대에 올라 비극이 될 것이며, 쇠네러의 숭배자인 히틀러가 주인공을 맡게 될 것이다.

3

카를 뤼거는 로제나우 기사와 공통점이 많았다. 두 사람 모두 처음에는 자유주의자로 출발했으며, 둘 다 자유주의를 처음에는 사회적이고 민주적인 관점에서 비판했고, 둘 다 결국에는 반자유주의 신조를 공개적으로 지지하는 배교자가 되었다. 두 사람 모두 반유대주의를 이용해 주민들 가운데서 똑같이 불안정한 분자인 장인 집단과 학생층을 동원했다. 그리고—우리의 논의 목적에는 이것이 결정적인데—두 사람 모두 의회 바깥에서의 정치 기술, 폭도와 오합지졸을 조종하는 정치 기술을 개발했다. 그런데 두 사람 사이의 유사점은 여기까지다.

쇠네러의 긍정적인 업적 가운데 핵심은 구舊좌익의 전통을 변형시켜 신新우익의 이데올로기로 만든 점이었다. 그는 민주적이고 대독일주의적인 민족주의를 인종적 범게르만주의로 변형시켰다. 뤼거는 정반대의 일을 했다. 그는 구우익—오스트리아 정치적 가톨릭교—의 이데올로기를 변형시켜 신좌익인 기독교사회주의 이데올로기로 만들었다. 쇠네러는 처음 시작할 때는 시골의 지지자를 조직하는 일의 대가였지만 나중에는 도시에서 소규모 광신적 추종자들을 거느리는 선동가가 되었다. 반면에 뤼거는 도시의 선동가로 시작해 도시를 정복한 뒤, 시골 지역을 안정적인 기반으로 삼는 거대 정당을 조직했다. 우리가 다루려는 것은 승리한 뤼거가 아니라 전투적 뤼거다. 1900년 이후에는 이 민족주의 정치가가 원숙해져서 한때 무질서했던 자신의 양떼를 이끌어 호프부르크의 아늑한 축사에 집어넣는다. 우리는 그런 뤼거보다는 호민관 뤼거, 파트너 뤼거, 새로운 조성으로 작곡하는 작곡가로서 쇠네러와 경쟁하는 뤼거에게 초점을 맞출 것이다. 왜냐하면 고금을 불문하고 자유주의의 적들을 한꺼번에 데려와서 빈이라는 도시, 자유주의의 중심 거점인 이 도시에 정치적 공격을 성공적으로 퍼부은 인물이 바로 이 뤼거, '앞으로' '뒤로' '위로' '아래로' 종횡무진 활약하며 얽어매는 뤼거이기 때문이다. 1897년에 황제가 내켜 하지 않으면서도 결국 뤼거의 시장 선출을 인준했을 때 오스트리아에서 고전적 자유주의가 주도권을 갖던 시대는 공식적으로 막을 내렸다.

"우리는 기다릴 수 있다. 지식이 자유를 가져다줄 것이다." 자유주의 시대가 시작될 때인 1861년에 영웅적인 리터 폰 슈멜링Ritter von Schmerling은 이 자신감 넘치는 말로써 정치적 발전에 대한 합리주의적 기대를 표명했다.[29] 그 시대가 끝났을 때 교양 있는 중산계급 가문의 상속자인 시인 후고 폰 호프만슈탈Hugo von Hofmannsthal은 정치적 성공을 위해 그와 다른 공식을 제시했다. "정치는 마술이다. 사람들은 심연에서 힘을 깨워 일으킬 줄 아는 자를 따를 것이다."●[30] 뤼거는 정치 경력을 시작할 때 전통적인 자유주의 방식으로 '뤼거 박사'였지만 자신에게 맞는 보폭을 발견하자 아름다운 카를, 웅변가 카를이 되었다. 그는 라이벌인 쇠네러보다도 더 성공적으로 슈멜링에서 호프만슈탈로, 이성의 정치에서 환상의 정치로 나아가는 길을 가로질러갔다.

쇠네러가 빈 남역 역장 사택에서 자란 반면 어린 카를 뤼거는 그보다 훨씬 더 낮은 계층인 시 공무원의 구역, 즉 빈 폴리테크닉의 학교 관리인 사택에서 성장했다. 뤼거는 아버지 레오폴트에 대한 자부심을 공개적으로 밝혔다. 레오폴트는 시골 출신으로 빈에 올라와서 "사전 교육적 배경이 없이도 (관리인이 된다는) 목표를 이룰 수 있었다."[31] 하지만 우리는 사실 카를의 어머니가 그 가정의 진정한 실력자였으리라고 짐작한다. 그녀의 두 딸과 아들은 모두 결혼하지 않았다. 이는 어머니의 권력이 극단적으로 강했음을 뜻한다. 한 역사가의 말에 따르면 뤼거 부인은 임종 직전에 마흔네 살 난 아들에게 누이들을 돌보기 위해 결혼하지 않겠다는 서약을 하라고 요구했다고 한다.[32] 또 남편이 죽은 뒤에는 검소하게 살기 위해 담뱃가게를 운영하면서 딸들과 계속함께 살았다. 아들이 급속도로 출세했다고 해서 그 가족의 단순한 생활양식

● "Politik ist Magie. Welcher die Mächte aufzurufen weiss, dem gehorchen sie."

이 바뀌었다거나 그 아들이 의지력 강한 어머니에게 보내는 원초적인 충성심에 변화가 있었다는 증거는 없다.[33] 강력한 벼락부자 아버지가 로제나우의 기사를 만들었다고 한다면, 장래의 "빈의 신神"을 만든 것은 강인한 프티부르주아 어머니였다.

뤼거 부인은 어린 시절부터 아들에게 교육을 통해 사회적 지위를 더 높이라고 격려했다. 그녀의 아들은 감사한 마음으로 이렇게 전한다. "단순한 평민 여성이었지만 그녀는 (나와 함께) 키케로의 연설문을 읽었다. 그 내용을 한마디도 이해하지 못하는데도 아주 꼼꼼하게 집중해 단어 하나하나를 따라 읽었다. 내가 한 문장이라도 잘못 암송한다면 어떻게 되었을까! 어머니 덕분에 나는 아주 철저하게 공부했다."[34] 어머니의 훈련에 힘입어 어린 카를은 빈의 가장 배타적인 예비학교인 테레지아눔에 입학할 수 있었다.●

테레지아눔에서 보낸 6년 동안 카를이 훨씬 더 높은 신분의 아들들과 대등하게 교제했으리라고 생각하면 안 된다. 그는 사관후보생이 아니라 통학생일 뿐이었다. 통학생이 그 학교에 입학할 수 있게 된 것은 1850년 이후의 일이었다. 그것도 거의 이 학교가 소재했던 빈의 비덴구 거주자에게만 한정된 것이었다. 상류 부르주아 가문의 아들들이 통학생의 대부분을 차지했지

● 혈연 귀족과 직무 귀족의 고위층에서 이 아카데미가 어느 정도 중요한 위치를 점했는지는 1867년에 이중 제국이 수립되고 난 뒤 오스트리아와 헝가리 사이의 고위층 행정 협상에서 저명한 헝가리 가문 후계자들을 이 학교에 입학시킬 자리를 안정적으로 확보하는 문제가 중요 안건으로 제기되었다는 사실에서 헤아릴 수 있다.(Eugen Guglia, *Das Theresianum in Wien. Vergangenheit und Gegenwart*(Vienna, 1912), pp. 156~157). 테레지아눔 교장의 직위는 미국 학교에서의 이사회 의장에 해당되는데, 대개 전국적인 저명 인사에게만 주어진다. 뤼거가 1854년에 이 학교에 입학했을 때 교장은 타페 백작이었는데, 그의 아들이 총리로 재임하는 동안 뤼거가 명성을 얻게 된다. 또 한 명의 정부 수장인 안톤 리터 폰 슈멜링도 1865년에서 1893년까지 이학교의 교장을 지냈으며, 그의 선임자인 파울 가우치 폰 프랑켄투른 남작은 1897년에 오스트리아 총리가 되었고, 뤼거는 그해에 마침내 빈 시장이 되는 꿈을 실현했다.

만● "그 외에도 완전한 평민의 자녀들······ 예컨대 폴리테크닉 고등학교 감독관의 아들인 카를 뤼거 박사와 같은 이도 언제나 있었다"며 그 학교의 역사가가 말한다.[35] 통학생은 사관후보생과 같은 교실에서 공부했지만 제복은 입지 않았다.

통학생이 정규 학생과의 차별 대우를 느끼지 않을 수 없었을 것이다. 특히 뤼거처럼 낮은 계층 출신이라면 더욱 그러하다. 하지만 카를은 테레지아눔에 다닌 경험을 오로지 유리한 쪽으로만 활용한 것 같다. 그가 쇠네러처럼 귀족계급을 조금이라도 질시했다는 증거는 없다. 그는 오스트리아의 전통적 지배계급을 공경하는 태도를 취했고 항상 그런 태도를 유지했다. 나중에 분란을 일으키는 인물이 되기는 했지만 그는 '아름다운 카를'이라는 별명을 얻었다. 그의 스타일에는 항상 어딘가 우아함이 드러났고, 거의 아름다움이라고까지 할 만한 요소가 있었기 때문이다.[36] 그는 빈에서 몰락하는 귀족과 억압받은 '소인' 사이에 존재하고 있던 기묘한 침묵 속의 이해공동체, 즉 헤르만 브로흐Hermann Broch가 빈의 즐거운 묵시록의 '젤라틴 민주주의'라고 부른 것에 속해 있었다. 말할 필요도 없지만, 뤼거는 테레지아눔에 다니면서 사회적 차별에 대한 선천적인 느낌을 다듬어나갔고, 미래의 적인 완고한 부르주아 종족과의 관계에서 자신이 출신은 더 낮은데도 사회적으로 더 우월한 듯한 미묘한 느낌을 갖게 되었다. 그의 감각은 잘 훈련된 하인, 즉 주인 계급과 자신의 계급 사이에 있는 중간 계급보다 예의범절에 대해서는 더 잘 아는 종족들의 감수성이었다. 그것은 나중에 그가 자유주의 중산계급에 대항하는 귀족계급

● 몇몇 부르주아 가문은 자부심이 워낙 커서 자기 아들들을 테레지아눔의 속물적인 귀족적 환경에 들여놓으려 하지 않았다. 세속적 자유주의자―및 유대인―가 가장 좋아하는 김나지움은 아카데미셰 김나지움이었다. Cf. Karl Kautsky, *Erinnerungen und Erörterungen* (s'-Gravenhage, 1960), p. 211.

과 대중적 연정을 구성할 때 하나의 자산이 된다.

대학생이 된 뤼거는 법학을 공부했다. 법학과 정치학 과목의 최종 구술시험에서 이 젊은이는 자신의 오스트리아 민주주의자 성향, 그러니까 사회 문제에 대한 관심 및 보편적 참정권을 지지하는 입장을 옹호했다. 그러나 대부분의 민주당원과 달리 뤼거는 민족 지향적 태도를 거부했던 것으로 보인다. "민족성이라는 이념은 인류 발전에 파괴적인 요소이며 장애물이다." 뤼거가 시험을 치르던 보불 전쟁 직전(1870년 1월 14일)의 분위기에서 이렇게 근본적으로 국제주의적인 테제를 옹호하는 것은 전형적인 학생들의 태도가 아니었다.[37] 전쟁이 벌어진 뒤 독일 민족주의의 열정이 빈 대학의 학생 공동체를 휩쓸고 지나갔을 때 젊은 뤼거 박사는 모교로 돌아와서 친프러시아 민족주의와 싸우게 되었다. 검정, 하양, 빨강의 깃발 아래에서 싸우고 죽어가는 사람들과의 연대를 주장하는 어느 학생 시위에서 뤼거가 그 북독일적인 색깔을 '전제적 자의성의 산물'이라고 비난하는 바람에 그 시위는 거의 폭동에 가까운 아수라장이 되었다. 지지자들에게서는 갈채를 받았지만 뤼거는 분노한 민족주의자들의 폭력을 피해 회의장에서 달아나야 했다.[38] 정치에서의 날카로운 조성을 희생자 입장에서 처음 맛본 것이다. 더욱이 그것은 그가 정치활동을 한 기간 내내 변함없이 지지했던 유일한 사안, 즉 오스트리아를 제외한 독일 통합이라는 소독일주의 이념에 대한 반대 때문에 겪은 희생이었다. 여기에서 그는 자신이 당시의 전형적인 민주당원이 아니라 테레지아눔의 진정한 아들임을 보여주었다.

하지만 북독일에 대한 적대감만으로는 1870년대 초반의 빈에서 정치 경력을 쌓기에 충분치 않았다. 노조 입회증과 법학 학위를 가진 뤼거는 가장 확실한 통로를 통해, 즉 그 자신의 구역인 빈 시 제3구역의 자유주의 시민클럽Liberal Bürgerklub을 통해 정치에 입문했다. 그곳의 지도자인 리터 폰 쿤Ritter von Khunn은 1848년 혁명에 참가했던 원로로서, 이 젊은이를 '소인들', 즉 아직 참정권은 없지만 민주적 급진파의 기동타격대가 되겠다고 위협하는 세력과 소통할 줄 아는 사람으로 길러냈다. 1876년에 빈 시의회에 들어간 지 겨우 1년 만에 뤼거는 『노이에 프라이에 프레세』 지로부터 '좌파에 반대하는 중도 정당의 흉갑胸甲'이라는 갈채를 받았다.[39] 그 갈채는 오래가지 않았다. 같은 해에 뤼거는 유대계 민주당원인 이그나츠 만들Ignaz Mandl과 연대하여 좌파로 기울었다. 만들은 도시를 장악한 자유주의 과두 체제에서의 독점과 부패를 통렬하게 매도한 평민 권리의 옹호자였다. 만들-뤼거 진영의 주 과녁은 자수성가형 변호사이자 곤충학자인 시장 카예탄 펠더Kajetan Felder였다. 두 파트너는 정치적 문제에서 더 많은 발언권을 얻고자 하는 소규모 점포주 세력인 '양복공과 야채상 연합'의 의견을 대변했다. 이 지지자들은 프롤레타리아가 아니라 소액 납세자들, 즉 도시 정부의 낭비와 자기들이 개입할 여지가 없는 관직임명권의 이해관계에 유달리 민감한 제3의 투표권자 계층인 '10굴덴 납세자들'이었다. 그들은 또한 계급에 따른 선거권으로 인해 시 정부 내의 특권 계층에게 인정되던 관리권에 대해 분개하고 있었다.[40] 뤼거와 만들은 시의 정치에 새로운 스타일을 도입했다. 예전에는 동질적 인물들로 구성되던 "지식인들의 시의회"의 살롱 같은 분위기는, 펠더의 표현에 의하면, 선동적인 민주당원들의 "셔츠 소매 바람의 예절"에 밀려났다.[41] 고지식한 시장은 갈수록 민주화되어가는 시의회에 자신의 행정 행위에 대한 검열을 허용하지 않겠다고 거부했다가 1878년에 사임했다. 이것은 민주주의를 구현해나가는 과정에서 빈의 중하층 계급이 거둔 중요한 승리였다.[42] 뤼거와 만들은 그동안 시의회 내에서 참정권 확대를 요구하는 그룹을 이끌었다. 이것은 자유주의자가 분열하는 계기가 된 개혁 과제였는데, 5굴덴 납세자들이 참정권을 얻은 1884년까지도 달성되지 못했다.[43] 참정권 확대에 반대하는 일부 자유주의자의 저항—펠더 시장을 우두머리로 하는—은 하층계급의 반자유주의 분위기를 증폭시키기만 했을 뿐이었다. 그런 상황에서 민주주의와 자유주의는 상충하는 용어가 되었다.

거의 알아차리지도 못한 사이에 뤼거가 민주당의 선동가로서 거둔 성공은 거의 표시도 나지 않게, 자유주의 질서 전반에 대한 점점 더 커지는 반대 속으로 그를 더 깊이 끌고 들어갔다. 그는 사회적 분노가 극대화될 수 있는 구체적인 사안을 포착해 경제적 질투심을 부추기고 민주주의자들의 원망을 강화했다. 그는 정치에서의 적인 자유주의자들을 고위급 금융계 인사들과 동일시하는 방법으로 분노가 쏟아질 과녁을 손쉽게 마련했다. 그리하여 뤼거는 시의 운송 시스템 건설 계약을 따기로 예정된 영국 국적의 한 제조업체에 대한 반대 운동을 개시했다. 뤼거는 이 회사의 지지자들이 자신 및 시의회의 다른 의원들을 매수하려 했다고 비난했다. 이에 뒤이은 명예훼손 소송을 거치면서 그의 대중적 인지도는 엄청나게 높아졌다. 이제 그도 쇠네러처럼 '국제 자본'이라는 거대한 골리앗에 대항하는 다윗 같은 역할로 나섰다. 1882년 3월 2차 소송에서 명예훼손에 관해 무죄선고를 받은 뒤, 그는 "이런 금융계 파벌과 화폐 권력은 (…) 공공 생활을 부패시키며 해친다"고 말했다. 또 그는 그들에 대항하여 싸우겠다고 스스로 서약했다.[44]

1882년에서 1887년까지 5년이 넘는 기간 동안 뤼거는 스스로를 민주주의자로 규정했고, 의회에서는 좌파와 연대했다. 그는 선거구민의 태도를 반영하고 표현하는 것을 최고의 장기로 삼는 시 정치가였으니, 그런 '소인들'의 입장이 점점 더 급진화해가자 그도 그들을 따라, 반부패에서 반자본주의로, 반자본주의에서 반유대주의로 입장을 바꿔가지 않을 수 없었다.

1883년에 뤼거는 로트실트 가문이 이윤이 두둑한 노르트반 운영 계약을 갱신하지 못하게 저지하려는 쇠네러의 십자군 운동에 가담했다. 쇠네러가 의

사당 내에서 철도 국영화를 위한 싸움을 이끄는 동안 뤼거는 시의회와 빈 대중 가운데서 그를 위한 여론적 지지를 조직했다.[45] 뤼거는 민주당의 도시 개혁가로서 '이권 소유자'와 맞서 싸우면서 하급 장인 계층과 접촉하게 되었는데, 그곳에서는 반유대주의 감정이 커가고 있었다. 그는 또 1882년에 쇠네러가 창립 회의에서 활약한 바 있는 바로 그 오스트리아 개혁 조합과도 관계를 맺었다.

뤼거는 쇠네러보다는 더 기회주의적이며 자신의 강렬한 감정의 속박을 덜 받는 사람이었으므로 좀더 천천히 반유대주의적 입장에 다가갔다. 뤼거의 공식적인 입장은 1880년대의 유동적인 민주주의에서 원조 파시스트로 나아가는 불분명한 이행 과정에 반영되어 있다. 1884년까지도 그는 여전히 '모든 구성원의 평등성 원리'를 주장하는 민주당 당 강령의 초안 작성에 능동적으로 참여하고 있었다.[46] 5굴덴 납세자들이 참여한 첫 선거인 1885년의 의회 선거에서 뤼거는 여전히 민주당원으로 출마했다. 의회 의석을 놓고 경쟁하는 그의 경쟁자도 민주당원으로 출마했다는 것이 그가 나선 빈의 선거구(마르가레텐)와 투표 계급 모두의 특징이었다. 이 두 입후보자의 차이는 곧 그들을 보증하는 외부 세력의 차이였다. 반유대주의적 개혁 조합은 뤼거를 지지했고, 자유주의자들은 그의 경쟁자를 지지했다. 민주주의 이데올로기는 쇠퇴하는 자유주의와 상승 물결에 올라탄 반유대주의 모두를 위한 공통의 기반으로 여전히 작용하고 있었다. 뤼거는 '이권 소유자들'에 반대하는 민주주의적 십자군 운동을 더 강조하고 반유대주의는 부수적으로만 추구했기 때문에 개혁 조합의 신경을 건드렸지만, 민주주의자의 표가 충분했기 때문에 85표 차이로 선거에서 승리할 수 있었다. 그리하여 뤼거는 페르디난트 크로나베터 박사Dr. Ferdinand Kronawetter가 이끄는 오스트리아 민주당과 함께 1885년에 의회 의석을 차지했다. 하지만 당에 대한 그의 태도에는 과거와 같은 확고함이 부족했다. "우리는 민주주의 운동인지 반유대주의 운동인지, 어느 운동이 더 강력해지는지 볼 것입니다"라고 그는 크로나베터에게 말했다. "그에 따라 태도를 결정해야겠지요."[47]

쇠네러가 1887년 5월에 유대인 이민을 제한하자는 법안을 제안했을 때 뤼거는 마음을 정한 것으로 보인다. 그는 쇠네러의 법안을 지지했다. 크로나베터와의 최종 결별이 뒤따랐다. 뤼거는 시간이 갈수록 멀어지는 두 사조, 즉 민주주의와 반유대주의를 한데 합치려는 노력을 포기했다. 범게르만주의에 대한 거부감은 있었지만 뤼거는 유행에 뒤진 크로나베터에 대한 헌신보다는 쇠네러와의 연대를 더 가망 있는 것으로 보았다.

그리하여 1887년에 뤼거는 쇠네러가 5년 전에 거친 것과 동일한 진화 과정을 완성했다. 정치적 자유주의에서 시작해 민주주의와 사회 개혁을 거쳐 반유대주의로 나아간 것이다. 하지만 이 둘 사이에는 차이가 있다. 뤼거는 빈의 정치인이며, 따라서 제국의 수도인 그 도시의 이익을 대변하는 인물이었다. 그는 합스부르크 왕국에 대한 근본적인 충성심을 지녔고, 따라서 쇠네러가 가진 무한한 증오심의 실체, 적극적이고 유동적인 실체인 게르만 민족주의에 매력을 느끼지 못했다. 뤼거는 자신의 이념을 통합하는 이데올로기를 다른 곳에서 찾아내야 했다.

뤼거가 하층 중산계급과 장인 집단이라는 지지자에 의해 쇠네러 편으로 밀려가던 중에도 이보다는 덜 민족주의적인 대중정치가 전혀 예상치 못한 구역인 가톨릭 공동체에서 조용히 시작되고 있었다. 가톨릭은 뤼거에게 민주주의, 사회 개혁, 반유대주의, 합스부르크 충성심이라는 제각기 상반되는 방향으로 움직이고 있던 서로 이질적인 반자유주의 요소들을 통합할 수 있는 이데올로기를 제공했다. 반대로, 뤼거는 그 산산이 부서진 구성 요소들을 한데 끌어 모아 현대의 세속세계에서 제 갈 길을 찾을 만큼 강력한 조직으로 만들어낼 정치적 지도력을 가톨릭교에 줄 수 있었다.

뤼거의 기독교 사회당이 1889년경에 등장하기 전,[•] 오스트리아 가톨릭교는 시대착오로 인해 정치적으로나 종교적으로나 시들어가고 있었다. 지적으로 그리고 사회학적으로 가톨릭교의 지도력은 자유주의 주도권이 영원히 파괴해버린 어떤 질서에 매여 있었다. 가톨릭교의 주요 정치적 지도자들은 연방주의자인 보헤미아 귀족들과 알프스 지역 출신의 지방 보수주의자들이었다. 그들의 의회 클럽은 유명 인사들의 의회 내 소그룹Honoratiorenparteien이었다. 그들은 현대성과 현대적 작품 및 그 허세에 경각심을 느꼈다. 그들은 토지 소유 귀족이 지배하던 시절, 종교가 존경스러운 사회의 토대가 되어주던 사라진 나날을 그리워하며 돌이켜볼 수밖에 없었다. 살아 있는 현재에 보호받기 위해 그들은 요제프 황제의 방식대로 황제에게 의지했다. 1860년 이후에는 황제 자신이 자유주의자들의 포로가 되었음이 명백한데도 말이다.

성직의 최고위직은 대개 귀족 가문 출신으로 채워지곤 했지만, 이런 성직자 계급 역시 교회의 전통적 권위가 해체되는 데 거의 아무런 저항을 하지 않았다. 바티칸 자체가 그랬듯이 주교와 사제들도 신절대주의의 와해에 압도되었다. 가톨릭교회의 맏아들이자 최후의 보호자이던 오스트리아 황제는 1860년에는 피에몬테의 배교자들과, 1866년에는 프러시아의 개신교도들과의 싸움에서 패배했다. 오스트리아가 쾨니히그레츠(지금은 체코의 흐라데츠 크랄로베)에서 패배한 소식을 들었을 때 교황 비오 9세(재위 1846~1878)의 비서관은 "카스카 일 몬도Casca il mondo!(세계가 멸망하는구나!)"라고 소리쳤다. 이 말은 공포에 질린 편협한 성직자들의 세계관의 표현이면서 동시에 바로크식

[•] 새로운 운동을 구성하는 집단이 재집결하는 데 여러 해가 소요되었기 때문에 정확한 날짜는 불분명하다.

가톨릭교가 자유주의 시대에 처한 운명의 예언이기도 했다. 왜냐하면 이제 자유주의가 오스트리아에서 거둔 승리에는 입헌 정부의 수립뿐만 아니라 제국과 교황령이 맺은 화약에 대한 비난과 학교 개혁의 도입, 교황이 로마를 잃고 바티칸에 칩거하자 환호를 올리는 것도 포함되어 있었으니 말이다.

"카스카 일 몬도!" 낡은 세계가 무너짐에 따라 새로운 세계에 적응할 수 없었던 오스트리아 교회는 그 요제프식 행동 습관으로 되돌아갔다. 그들은 자신들의 난파선이 올라앉은 바위이거나 한 것처럼 제국의 시스템에 매달렸으며, 의회 내 소그룹과 궁정을 통해 작업하면서 문제를 일으키지 않으려고 노력했다. 그리하여 교회는 그 지도자들의 출신지인 귀족 그룹과 별반 다르지 않은 방식으로 행동했다. 교회는 불가피한 것에 굴복했고, 인내심 있는 희생자로서 고통을 견뎠으며, 자기 검열을 한다거나 자기 의심을 품지는 않았다.

그런 체념적인 자세에서 쇄신이 일어날 리 없었다. 유럽의 다른 곳들도 그렇지만, 오스트리아에서도 가톨릭 공동체에서의 새로운 활력은 신도들이 현대 사회의 가능성을 재검토하고 그와 동시에 고대 교회의 잘못을 비판할 때에만 생겨날 수 있었다. 평신도나 성직자 모두 방향의 재검토와 재설정 과정에 서서히 참여하기 시작했다. 그 사회적 영역을 한참 넘어선 교회의 복잡한 발전 과정은 우리가 다룰 범위를 훨씬 넘어선다. 그러나 그들의 공격적인 정신은 세속적 자유주의 세계에 영향을 미쳤기 때문에 우리의 관심사이기도 하다. 그 정신은 1887년에 열린 제1차 전全 오스트리아 가톨릭 총회에서 명료하게 나타났다. 그 예비 위원회는 레오 교황에게 보낸 메시지에서 새로운 분위기를 전달했다.

우리 나라에서 신앙에 충실한 사람이 부족하지는 않습니다. 하지만 대다수의 성실한 가톨릭 신자는 상황을 명료하게 이해하고 있지 못하며, 새로운 여건 하에서 필요한 전투 방법이 무엇인지 알지 못합니다. 우리의 가톨릭 군주와 그가 마음대로 믿을 만하다고 선택한 사람들에 의해 그리스도교 정신으로 통치되는 데 길들여진 가톨릭 평신도의 절대 다수는 이제 어느 곳을 지향해야 할지 더 이상 알고 있지 못합니다.[48]

이 발언에는 가톨릭 정치 쇄신이 따르게 될 프로그램의 요소들이 담겨 있다. 가톨릭 공동체를 군주와 그의 자문관들에 대한 의존에서 해방시킬 것, 그리고 새로운 여건에 적절한 새로운 전투 방법과 조직 기술을 찾을 것이 그것이다.

1875년에서 1888년 사이에 뤼거가 자유주의의 출발점에서 멀어지고 세속적 민주주의와 민족주의적 반유대주의 사이에서 동요하고 있을 때, 그런 과제를 완수할 수 있는 정치 세력이 가톨릭교 내에서 서서히 등장하고 있었다. 이 새로운 운동의 참가자들은 귀족과 가톨릭 지식인, 기업가, 성직자, 장인 등 자유주의적 자본주의가 지배하는 사회의 여러 부분에서 저마다 나름대로 상처 입은 존재들이었다. 이들이 이루는 새롭고도 복합적인 진영에 대해 말해주는 패러다임이라 할 사례가 바로 가톨릭 보수주의자의 온건파 지도자 가운데 한 사람인 레오 툰 백작Count Leo Thun이 프라이허 카를 폰 포겔장Freiherr Karl von Vogelsang을 자신의 정치적, 이론적 도구인 『조국Das Vaterland』의 편집장으로 임명한 행동이었다. 포겔장은 자본주의적인 사회적 무관심이 자유주의의 아킬레스건이라고 보았다. 이 신봉건주의 이론가는 자신이 보유한 최고의 치명적인 무기를 그곳에 겨누었다. 1789년의 정신과 자본주의를 연대시킨 포겔장은 중산계급을 건너뛰어 자유방임제의 압력에 맞서는 반란을 점점 더 강화해가던 장인층과 노동자 양쪽에 접근할 수 있었다. 위에 있는 종족들, 즉 귀족계급의 일부가 아래에 있는 종족, 즉 자유방임의 하층계급 희생자들과 손을 잡았다. 그것은 필요에 따라 변형된 형태로서의 강력한 선례를 영국과 프랑스, 그리고 포겔장의 고국인 독일에서 찾을 수 있는 유형이었다. 하지만 그 어디에서도 이 이데올로기가 성공한 민주적 정당의 프로그램으로 등장한 적은 없었다.

사회적 입법 영역에서 일부 귀족은 포겔장이 내세운 이데올로기의 실용적인 유사물을 개발했다. 적들에게 '붉은 공작'으로 알려진 알로이스 폰 리히텐슈타인 공작Prince Alois von Liechtenstein은 1880년 하원의 우익을 압박해 사회입법을 얻어내는 선봉에 섰다. 카를 뤼거는 좌익에서 그의 노력을 지원했다. 귀족계급의 일탈자와 민주적 선동가가 서로 만난 것이다.[49] 그 외에 다른 두 세력이 이 느슨한 연정에 가담하여 기독교 사회당 구성원의 윤곽이 그려졌다. 열성적인 젊은 사제와 신학자들의 그룹은 교회와 민중 사이에서 더 필수적인 연대를 맺으려 애썼고, 반유대주의 장인 운동은 이미 쇠네러와 뤼거에게 지지를 보내고 있었다.

이 모든 세력의 비공식적 대변인들의 첫 만남은 멜라니 메테르니히 치히 공작부인Princess Melanie Metternich-Zichy의 저택이라는 상징적인 장소에서 이뤄졌다. 사라진 과거를 떠올리게 하는 향기로운 후광 속에서 귀족과 사회이론가와 대중정치의 실천가들이 힘을 합쳤다. 이곳에서 리히텐슈타인 공작, 도덕신학자인 프란츠 신들러 교수Prof. Franz Schindler, 포겔장, 민주당의 뤼거, 반유대주의 장인인 에른스트 슈나이더Ernst Schneider가 모였다. 그들은 신들러의 지적 지도를 받으며 여러 차례 토론 모임을 갖고 프로그램을 작성해 1889년과 1893년의 오스트리아 가톨릭 총회를 통해 종교적 세계에 그것을 내놓았다. 통합기독당United Christians이 창립되고(1888) 그것이 기독교 사회당으로 확장되는 과정을 통해 하나의 정치적 조직이 개발되어 가톨릭 쇄신이라는 과제를 수행하게 되었다.

교회와 정치 영역 모두에서 기독교 사회민주당의 행동 프로그램은 더 신중한 연장자 세대의 반대에 부딪혔다. 새로운 프로그램에는 주류 사회에 대한 도전도 들어 있었기에 가톨릭 세계의 정숙한 지도자들은 그런 위험 부담을 결코 좋아할 수 없었다. 만들과 뤼거가 민주주의 입장에서 반대를 제기했을 때 자유주의 빈 시의회가 그랬던 것처럼, 혹은 쇠네러가 의회 내에서 유대인에 반대하는 십자군 운동을 시작했을 때처럼, 1880년대 후반과 1890년대의 가톨릭 내부에서는 더 날카로운 조성이 무자비하게 설쳤다. 급진적 가톨릭교도는 범게르만주의, 사회민주당원, 시오니스트들의 특징인 문화적 소외의 징후를 여러모로 보였다. 자신들만의 언론을 설립했고 자신들만의 운동 클럽을 조직했으며, 범게르만주의 민족주의자들처럼 자신들의 공동체를 국립 교육기관에 대한 의존에서 해방시키기 위해 학교연합을 추진했다. 또 그들은 거리에서 폭력적인 대중 시위를 일으켰는데, 이는 자유주의자들에게나 구식 가톨릭 계층 질서에나 똑같이 경악스러운 일이었다. 새로운 스타일을 따르는 젊은 가톨릭교도는 젊은 민족주의자들이 그랬듯이 자신들이 기존 주류 질서에서 소외되었음을 표현하는 것을 구원의 전주곡쯤으로 생각하는 듯했다. 그들이 생각하는 구원이 국가에서 물러나는 것이든, 아니면 그것을 정복하는 것이든 간에, 그들이 성공하기 위한 심리적 전제는 자신들이 소수파임을 분명하게 털어놓고 억압받은 사회적 준집단임을 솔직하게 규정하는 데 있었던 것으로 보인다. 이는 새로운 가톨릭교도에서든 신민족주의자와 시오니스트들에서든 모두 마찬가지였다.

가톨릭교도의 사회적 불평불만이라는 요소를 일급의 조직으로 흡수한 정치적 연금술사는 카를 뤼거였다. 뤼거는 별반 종교적인 인물은 아니었지만 새로운 가톨릭 사회 이론을 자신의 정치적 경험에서의 촉매로 사용할 줄 알았다. 자신이 반유대주의자임을 털어놓음으로써 쇠네러 세력의 지원을 확보한 그는 쇠네러가 투옥된 덕분에 빈의 장인계층 대부분을 기독교 사회당의 골짜기 안으로 끌어갈 수 있었다.

빈 시에서 뤼거의 추종자는 선거를 치를 때마다 늘어났고, 1895년에는 시의회에서 시장으로 선출되기에 충분한 다수표를 얻었다. 그의 대중적 페르소나는 그의 다양한 지지자가 가진 온갖 색깔을 모두 담고 있었다. '아름다운 카를'은 그 세련되고 멋쟁이 같은 존재, 보들레르가 주장했듯이, "민주주의가 아직 전능하지 못하고 귀족계급의 불안정이 부분적으로만 나타나고 있는 (…) 이행기"의 정치 지도자에게서 효과적으로 작용한 그런 특질을 구사했다.[50] 그의 우아하고 거의 냉담하기까지 한 태도는 대중과 자신을 차별화하는 한편, 빈의 다정한 대중적 방언으로 대중과 말할 수 있는 재능은 그들의 마음을 얻게 했다. 귀족적 외피를 걸친 민중의 인물인 뤼거는 또한 빈 중산계급을 자기 쪽으로 끌어올 수 있는 특징도 지니고 있었다. 그는 이 도시를 진심으로 열정을 다해 사랑했으며, 그것을 향상시키기 위해 노력했다. 그러면서도 그는 선임자들의 쓸데없는 낭비를 비판했고, 낭비의 낌새만 보여도 언제나 비판의 포문을 열 준비가 되어 있었다. 그리하여 뤼거는 자유주의자들의 노선에서도 꾸준히 점수를 쌓아갔다. 마침내 1895년 3월에는 세력이 막강한 제2투표소가 그의 편으로 넘어왔다. 자유주의 진영에 남은 것은 부동산 소유자 가운데서도 최고의 부유층뿐이었다.

1895년 선거에서 얻은 뤼거의 승리는 빈 자유주의의 마지막 지푸라기라고 할 만한 2년간의 교착 상태의 시작이었다. 뤼거가 시의회에서 필요조건인 다수표를 얻어 합법적으로 시장으로 선출되었음에도 불구하고 황제는 그의 취임 승인을 거부했다. 그를 반대하는 압력이 사방팔방에서 황제에게 가해진 탓이었다. 주된 반대자는 연정聯政을 구성하고 있던 자유주의자와 보수주의자 및 고위 성직자였다. 정부는 프란츠 추기경 쇤보른Franz Cardinal Schönborn의 개인적 중재를 통해 교황을 개입시켜 뤼거 지지 운동을 저지하려 했지만 소용없었다. 빈 시민들은 자신들의 선택을 다시금 확인하기 위해 선거에 호소했고, 황제는 1897년까지 끈질기게 계속해서 거부했다.

그동안 대의제 정부를 옹호해오던 자유주의자들은 이제 극히 모순적인 입장에 처하게 되었다. 그들의 지도자인 에른스트 폰 플레너가 말했듯이, 정치 생활의 급진화에 반대하는 투쟁을 명백하게 프로그램에 집어넣은 연정 정부는 황제가 거의 혁명이나 마찬가지인 운동의 "대변인", "우리 의사당 내 분위기를 야만스럽게 만든" 책임이 있는 "공동체적 선동가"를 인준하도록 내버려 둘 수 없다는 사실은 납득했다.[51] 그러나 플레너의 논리가 제아무리 납득할 만한 것이었더라도 그의 반(反)성직주의 정당은 이제, 우선 자유주의 헌정 질서가 초래한 결과를 피하려면 교회 주교들―심지어는 교황―에게 의존해야 하며, 그다음으로는 선거권자들의 의지가 달성되는 것을 막기 위해 황제의 지시에 기대야 한다는 난처한 처지에 놓였다. 진보적인 지그문트 프로이트도 젊은 시절에는 베토벤처럼 황제에게 예를 표하기 위해 모자를 벗는 행동을 고집스럽게 거부했던 사람이었지만, 이제 뤼거와 다수파의 의지를 막는 프란츠 요제프의 전제적인 거부권 행사를 찬양했다.[52]

그러나 대중정치 시대에 황제의 거부권 행사가 계속 유지될 수는 없었다. 1897년의 성금요일에 황제는 굴복했고, 아름다운 카를은 의기양양하게 시청사에 입성했다. 동시에 오스트리아 정부는 체코 땅에서의 언어 문제로 인해 심각한 위기에 말려들어갔다. 그리하여 오래된 자유주의의 거점이 반유대주의자 기독교도에게 함락되는 바로 그때, 의회는 도무지 해결의 실마리가 보이지 않는 불화에 빠져들어서, 황제가 의회를 해산하고 칙령을 내려 내각을 구성하지 않을 수 없게 되었다. 땅을 치고 한탄할 일이었지만 자유주의자들은 그 변화를 환영할 수밖에 없었다. 그들이 구원될 길은 이제 요제프주의로

퇴각하는 데 있었다. 그것은 민주주의뿐만 아니라 대의제 정부에 대한 기피이기도 했다. 그것으로부터 나올 수 있는 결과는 두 가지뿐이다. 전반적인 혼란이거나, 반자유주의 세력의 어느 한쪽이 승리하는 것이다.

쇠네러와 뤼거, 각자는 자기만의 방식에 따라 자유주의와 싸우면서 민주주의를 선양하는 데 성공했다. 두 사람 모두 자유주의의 적들을 통합한 이데올로기 시스템을 만들어냈다. 두 사람 모두 각자의 방식으로 귀족적인 스타일과 몸짓과 행세를 활용해, 합리적 논쟁과 경험적인 증거의 힘보다는 뭔가 더 오래되고 더 깊이 들어가 있는 것에 기초한 권위를 가진 지도력을 여전히 갈구하는 추종자 대중을 동원했다. 두 지도자 가운데 쇠네러는 파괴적본능을 풀어놓는 데 더 무자비하고 강력한 개척자였다. 그는 강력한 반유대주의 호소로써 벽을 깨뜨렸지만 뤼거는 그들을 조직하는 방법으로 승리와전리품을 얻었다.

뤼거는 로제나우의 좌절한 부르주아-기사보다는 덜 소외되었고 더 전통적이었다. 반유대주의적인 면에서도 뤼거는 쇠네러만큼 증오나 확신이나 일관성이 크지 않았다. 쇠네러가 유대인 공동체의 초민족적 성격을 이용해 오스트리아의 사회적, 정치적 생활에서의 모든 통합 원리를 공격했다면, 뤼거는 반유대주의를 상대적인 수단으로 활용해 자유주의와 자본주의를 공격하는 데 썼다. "누가 유대인인지는 내가 결정한다"는 뤼거의 유명한 말은 군주제와 가톨릭교회, 심지어는 그가 투쟁의 대상으로 맹세한 자본주의의 이익을 위해 반유대주의의 폭발적이고 전복적인 잠재력을 둔화시킬 여지를 그에게 주었다. 연정을 수립한 사람은 원칙적으로 행동하기 힘들다. 뤼거는 따라서 가장 악랄한 반유대주의자까지도 부하로 받아들였지만, 그 자신은 이데올로그로서보다는 조정자와 기계 제작자 입장에서, 반유대주의를 즐기기보

다는 그것을 고용한 것이다. 새로운 조성의 정치에서도 뤼거는 대중정치 시
대를 위해 합스부르크 원리를 응용했는데, 그러기 위해서는 호전적 경쟁자인
쇠네러를 희생시켜야 했다.

다른 사람들은 전쟁을 일으키라고 하지.
그대, 행복한 오스트리아는 결혼하고 자손을 낳을 테니까…….●

그는 인종주의라는 독을 제한적으로 사용해 자유주의자라는 적을 공격함
으로써 귀족계급과 민주당원, 수공업자, 교회 일원의 연대를 만드는 일을 더
성공적으로 이뤄냈다.

자유주의의 정치적 토대가 부식되고 여러 사건으로 인해 그 사회적 기대치
가 실현되지 못함에 따라 자유주의 문화에 몰두했던 사람들은 그것의 가장
소중한 가치를 구해내기 위해 새로운 토대를 찾아 나서기 시작했다. 그들 가
운데 테오도어 헤르츨Theodor Herzl 1860~1904이 있었다. 그는 슈멜링의 합리주
의적 전제("지식이 자유롭게 하리라") 위에서가 아니라 창조적인 환상, 욕구와
예술과 꿈 위에서("욕구가 자유롭게 하리라") 자기 민족을 위한 자유주의 유토
피아를 실현할 방법을 찾았다. 헤르츨은 시오니즘을 제창해, 자유주의 주도

● "Bella gerant alii,
　Tu, felix Austria, nube……"

권 시대에는 좀 얄궂게 어울리는 기념비이자 쇠네러와 뤼거가 시작한 어마어마한 창조적 파괴 작업에 어울리는 속편을 구축했다.

헤르츨은 반유대주의의 희생자들에게 강력한 지도력을 제공할 수 있었다. 왜냐하면 그 자신이 바로 그 동화주의자 이념의 화신이었기 때문이다. 교육받은 자유주의자의 모델 그 자체인 그가 유대인 문제에 대해 고도로 창조적인 접근법을 만들어낸 것은 유대인 전통에 함몰된 결과가 아니라 그것을 떨쳐버리려고 헛되이 애썼던 노력의 산물이었다. 그가 메타자유주의적인 환상의 정치학에 도달한 것은 쇠네러와 뤼거 같은 사회적 적대감과 정치적 기회주의에서 비롯된 것이 아니라 개인적인 좌절과 심미적인 절망감에서였다. 헤르츨이 내세우는 시온^{Zion}이라는 개념조차 새로운 자유주의 국가에 의한 유대인 문제의 해결책만이 아니라 새로운 유대인 국가에 의해 자유주의 문제를 해결하고자 하는 시도로 볼 때 가장 잘 이해될 수 있다. 그는 평생의 경험을 통해 세기말 지식인이 중요시하는 온갖 가치관을 습득할 수 있었다. 그가 포로가 된 유대인을 와해되는 자유주의 질서로부터 구원하기 위해 끌어다 쓴 것이 바로 이런 가치관이었다. 이 과제를 대하는 헤르츨의 반응은 그만의 고유한 반응이겠지만, 그가 그 반응의 틀을 짜나간 재료는 수많은 상류 중간 계급 유대인들이 그랬듯이 그도 자신의 것으로 받아들였던 비유대적인 자유주의 문화의 재료였다.

헤르츨은 부다페스트에서 태어나고 자랐지만, 그것이 그가 손끝까지 빈 사람이 되는 데 지장을 주진 않았다. 그의 가족은 현대 기업가 계급의 일원이었고 민족적으로 비게르만인이 우세한 지역에 살면서도 독일의 문화와 언어를 받아들인 점점 더 부유해지는 유대인 계층에 속했다. 후손들의 지위가 올라가는 데 반해 선조들의 신념은 쇠퇴했다. 테오도어의 부계^{父系} 조부는 세 형제 가운데 홀로 종교를 고수했지만 그의 아들, 즉 헤르츨의 아버지는 형식적으로만 지킬 뿐이었다. 테오도어의 어머니인 지네트 디아만트Jeanette Diamant 는 부유한 포목 상인인 아버지에게서 비종교적 교육을 받았다. 그녀의 오빠 는 1848년 헝가리 혁명군에 가담함으로써 더 신속하게 동화되는 과정을 택 했다. 비록 유대인이 1867년에 전면적으로 해방될 때까지는 임관이 허용되지 않았지만 말이다.[53] 1860년에 테오도어가 태어났을 때, 그의 가족은 게토와 는 거의 무관하게 살고 있었다. 경제적으로는 안정되고, 종교적으로는 "계몽 되었으며", 정치적으로는 자유주의였고, 문화적으로는 독일적이었다. 그들의 유대주의는 그것을 "가족의 어떤 경건한 기억"이라고 부르곤 했던 동화된 유 대인 고전학자 테오도어 곰페르츠Theodor Gompertz와 비슷한 정도를 넘지 않 았다.

따라서 헤르츨은 계몽된 유대인 사회라는 배경에서 오스트리아식 "자유주 의적 국민"의 교육받은 시민으로서 자라났다. 그의 어머니는 상대적으로 교 육 수준이 낮은 남편에 비해 사회적 지위에서나 문화적 성취도 면에서 더 뛰 어난, 강인하고 상상력 풍부한 여성이었으며, 아들에게 독일 문학에 대한 깊 은 열정을 심어주었다. 바-미츠바bar-mitzvah 유대교에서 소년이 13세가 되면 받게 하는 성 년식(그의 부모는 그것을 그의 확인Konfirmation이라고 부르는 편을 더 좋아했다)를 받 은 지 얼마 지나지 않은 열네 살 때 헤르츨은 학교 동료들과 '베We'라는 독일 문학 모임을 결성했다. 이념이 "항상 동의할 만한 형태로 포장되어야" 하는 글을 써서 회원들의 지식을 넓힐 것을 서약하는 모임이었다.[54] 학교에 마자르 반유대주의가 퍼지기 시작하자 어린 헤르츨은 유대인 학생이 다수를 차지하 는 부다페스트 에반젤리칼 김나지움으로 옮겼다. 소년 헤르츨은 헝가리 유대 인들이 마자르 문화에 동화되려는 경향이 커지는 데 공개적으로 반대했다. 어머니의 강력한 친독일적 영향력이 가정 내의 연극 및 프랑스어, 영어, 음악 의 개인 교습으로 강화된 헤르츨은 점점 더 국제주의적 독일 문화, 특히 그 심미적이고 인문주의적인 전통으로 기울었으며, 그것을 자신의 가치 시스템의 중심으로 삼았다.

이런 문화 양육 과정은 헤르츨의 아버지가 겪은 것과는 완전히 다르다! 노헤르츨은 경제활동과 종교적 세속화 과정을 통해 사회적 유동성을 체현했다. 그는 열다섯 살이 되었을 때 독일 현대실업중학교Normalschule에서 4학년을 마쳤고, 데브레첸에 있는 친척에게서 도제생활을 했으며, 기업가 경력을 쌓는 과정을 거쳤다. 그의 아들인 테오도어는 같은 나이에 어떤 직업적 열정에도 아무런 직접적인 관련이 없는 보편적 교양을 김나지움에서 습득하고 있었다.

우리가 든 세 주인공은 각각 '귀족' 및 귀족적 유산에 대한 열정을 개발했다. 쇠네러는 아버지의 업적을 통해 귀족적 역할을 습득했고 반자유주의 증오감으로 그것을 분출시켰다. 뤼거가 귀족계급과 맺은 유연한 관계는 학교와 정치에서 공경의 연대를 통해 얻어졌다. 그는 최고 계급에 들어가려고도, 그들을 파괴하려고도 하지 않았다. 헤르츨의 귀족계급과의 관계가 기원에서는 그와 비슷하게 사회학적이지만 성격 면에서는 좀더 지적인 것이었다. 헤르츨은 쇠네러만큼이나 '귀족적'이 되고 싶은 열망이 컸지만, 그의 사회적 지위와 어머니가 심어준 가치관 모두가 그를 족보나 작위를 가진 귀족의 대체물인 낭만적 정신의 귀족이라는 것을 희망하는 쪽으로 이끌어갔다. 수많은 젊은 부르주아 지식인이 그렇듯이, 헤르츨은 신분의 대체물로 심미적 문화를 얻었다. 정신의 사다리는 사회적 사다리이기도 했다.

자유주의자와 상류 중산계급에서 신분의 표시로서의 고급문화가 워낙 대단하게 찬양되는 오스트리아에서, 그 계급에 속한 유대인들은 유행하는 가치를 그대로 공유했거나 혹은 그것에 좀더 강하게 집착했을 것이다. 그들의 삶이 직업에 더 깊이 오염되어 있었기 때문이다. 나중에 헤르츨은 유대인들이 실제로 그들에게 당연한 직종으로 여겨지던 상업에서 벗어나고자 애썼다고 주장했다. "대부분의 유대인 기업가는 자기 아들들이 (대학에서) 공부하도록 허락한다. 그리하여 모든 교육받은 전문직이 유대인으로 채워지는 것이다."[55] 유대인 동화의 둘째 단계인 문화를 통한 동화는 경제적 직업에서 지적 직업을 향해 상향 운동을 하는 중산계급의 여러 단계 가운데 특수한 하나의 사례일 뿐이다. 문필가가 되겠다는 아들의 뜻을 전폭적으로 후원하고, 오로지 좀더 안정적으로 활동할 수 있도록 대학에서 법학을 공부하라는 주문 외에 다른 조건을 내걸지 않은 헤르츨의 부모는 그들 계급의 가치에 충실하게 행동한 것이다.

학생 시절에 씌어진 헤르츨의 초기 글도 상류 부르주아, 정신의 귀족이라는 야심적인 사회적 지위의 산물인 가치들이 기묘하게 혼합된 형태를 드러낸다. 그의 희곡과 소설 습작의 주인공들은 대개 혈통으로든 윤리적 신념으로든 귀족이었다. 지독하게 부정직한 물질세계의 한복판에서 살아가는 그들은 사악함이나 불운의 희생자들을 보호하면서 냉철함, 품위, 너그러움을 내보인다.[56] 헤르츨의 주인공은 자기실현이나 현실의 장악이 아니라 자기희생과 자기 포기를 주된 목표로 삼는 듯하다. 법과 노동에 대한 부르주아적 몰두가 아니라 기사도와 명예라는 좀더 고귀한 정신이 그들의 행동 동기다. 하지만 이런 고귀한 주인공들에게는 사회적 토대가 없다. 그들은 자신이 태어난 환경의 예외적 존재이며, 사회적으로 시대착오적이고 정신적으로는 낯선 세계에 고립되어 있다.

헤르츨은 학생 때 그의 작품 속의 귀족적 주인공들과 철저하게 공존 가능한 대중적 페르소나를 개발했다. 김나지움에서도 그는 멋쟁이의 특징을 가꾸기 시작했다. 한 학교 친구는 그를 "검은 피부에 호리호리하고 항상 우아한 옷차림을 한 젊은이, 언제나 쾌활하고 장난과 재치를 부릴 준비가 되어 있으면서도 아주 우수했고, 빈정대는 말투에 심지어는 냉소적이기까지 했다"**57**고 말했다. 몽상가이자 냉소가인 그는 세계에 맞서는 강력한 방어벽을 쳐두고 있었고, 그것을 거울삼아 그 세계에 대한 자기 자신의 우월성을 주장하는 멋쟁이의 외로운 방식을 유지했다. 대학 시절에는 그의 자부심 강한 개인적 스타일이 한층 더 부각되었다. 같은 시기에 빈 대학에 다닌 아르투어 슈니츨러는 헤르츨을 멀리서 바라보면서 친구가 되기를 간절히 원했으며, 그의 냉철함과 열등한 세상에 보내는 고고한 경멸을 부러워했다. 둘 모두 학생 독서회에 속해 있었다. 그 모임은 원래 비정치적인 학생조합이었지만 첨예한 갈등을 겪은 뒤 헤르츨이 가입한 바로 그 학기에 독일 민족주의자들에게 점령당했다. 슈니츨러는 새로운 조성의 연설가로서의 헤르츨의 능력에 깊은 인상을 받았다. "나는 '자네를 처음 보았을 때'를 지금도 기억한다네. 자네는 연설을 하고 있었고, '예리했지', 아주 '예리했어!' (…) 자네는 비꼬는 듯한 미소를 짓고 있었다네. 내가 그런 식으로 말하고 미소 지을 수만 있다면, 하고 나는 속으로 생각했다네."**58**

혹은, 또 젊은 슈니츨러가 속으로는 냉소적인 우아함을 선망하면서 최신 유행의 차림으로 나타났을 때 헤르츨은 "내(슈니츨러의) 넥타이를 살펴보더니 나를 무너뜨리는 말을 했지. 자네가 무슨 말을 했는지 아는가? '나는 자네가 브러멜Brummell 본명은 George Bryan Brummell로, 19세기 영국의 실존 인물. 별명이 Beau Brummell 일 정도로 유명한 멋쟁이였음 같은 사람이라고 생각했는데!' 이렇게 말하더군." 헤르츨의 빈정대는 미소와 지시하는 듯한 태도 앞에서 슈니츨러는 "같은 길에서 스무 걸음씩이나 앞서가는 사람과 마주쳤을 때 느끼는 우울한 기분"을 맛보았다. 무엇보다도 슈니츨러는 빈의 가장 특권적인 예술인 연극계의 거장이 되리라는 자신의 미래에 대한 헤르츨의 확신에 압도되었다. "새 부르크 극장이 여전히 건설되던 중이었다. 어느 늦가을 저녁에 우리는 판자담 앞에서 왔다

갔다 하면서 서성거리고 있었다. 자네는 조심성 있게 정복하려는 듯한 눈길로 그 벽을 올려다보면서 이렇게 말했지. '언젠가는 저 안에 들어갈 거야!'"[59]

슈니츨러는 젊은 헤르츨의 침착함과 수완이라는 가면 뒤에 숨어 있는 안정감과 자신감을 심하게 과장했다. 사실 헤르츨은 간절히 원하지만 도저히 손에 넣을 수 없으리라고 절망하는 성공을 마치 당연히 얻을 것처럼 가장하고 있었다. 감수성 풍부한 그의 전기작가 알렉스 바인Alex Bein은 헤르츨의 솟구치는 야망―문학적인 것과 사회적인 것 모두―이 그에게 초래한 고통스러운 좌절감을 폭로했다.*

헤르츨은 이따금 자신이 고급 공무원이 되거나 군대 장교 집단에 들어갔더라도 크게 성공할 수 있었으리라고 생각했다. 부모만 아니었더라면 그런 경력에 필요한 가톨릭으로 개종했을 수도 있다. 유대인의 명분에 헌신한 뒤에도 그는 준귀족이라는 계급적 신분에 대한 갈망을 완전히 떨치지 못했다. "내가 진정 되고 싶은 한 가지가 있다면 그것은 프러시아 귀족계급의 일원이 되는 것이다."[60] 1895년 7월의 일기에 그는 이렇게 털어놓았다. 혹은 1895년에 정부 관보의 편집권을 놓고 바데니 백작Count Badeni과 협상하는 과정에서 그는 자신이 '대사로서' 바데니와 언제라도 대화를 나눌 수 있도록 한다는 것을 주요 조건으로 내걸었다.[61] 1891년에 『노이에 프라이에 프레세』 지의 파리 특파원이라는 중요한 직책을 맡았을 때 그는 부모에게 '자신이 높이 출세할 도약대'를 얻었을 뿐만 아니라 런던의 『타임스』 지의 하인리히 하이네Heinrich Heine와 앙리 블로비츠Henri Blowitz와 같은 가장 위대한 언론인도 같은 직위를

---

* "성공은 오지 않았다." 헤르츨은 1883년의 일기에 이렇게 썼다. 그는 일류 극장과 잡지사에만 원고를 제출하기로 작정했는데, 이 일기를 쓴 때는 그런 곳에 들어가려고 제출한 원고가 거절당한 뒤였다. "그리고 나는 정말로 성공이 필요했다. 나는 성공이 있어야 살아갈 수 있다." Alex Bein, *Theodor Herzl: Biographie* (Vienna, 1934), p. 70; cf. pp. 54, 73.

맡아 '대사처럼' 활약했음을 상기시켰다.[62]

이런 개인적인 환상에 비추어볼 때 헤르츨의 문학적 주인공들은 충분히 의미심장하다. 부패한 부르주아 세계에서 일하느라고 고귀한 공직생활을 왜곡시키는 귀족인 그들은, 더 고귀한 신분으로 올라가려는 열망이 자신이 들어갈 수 없는 귀족세계 때문에 왜곡된 부르주아인 헤르츨이 겪은 개인적 곤경이 내면화된 이미지다.

헤르츨의 낭만적 심미주의는 젊은 부르주아라는 그의 세대의 지극히 전형적인 특징이기는 하지만 심리적으로 엄청난 위력을 갖게 되었다. 그것은 대학에서 세력이 점점 더 커지던 반유대주의를 겪으면서 강화되었다. 1880년에 헤르츨은 알비아 학생조합에 가입했는데, 이는 당시 민족주의적 성향을 강하게 띠었던 결투 클럽이었다. 이 무렵 헤르츨은 게르만 민족주의에 강하게 이끌렸던 것 같다. 하지만 반유대주의가 고조되는 바람에 그가 이 입장에 가담할 수는 없었다. 알비아 클럽의 동료인 헤르만 바르Hermann Bahr가 1883년 바그너의 사망을 계기로 반유대주의적 학생 행사를 주도했을 때 경찰이 개입했다. 알비아가 바르를 지지하자 헤르츨은 유대인이라는 개인적 이유 및 '자유 애호가freiheitslidbender'라는 정치적 이유를 내세워 탈퇴하기로 했다. 그는 자신의 탈퇴 의사가 신속하게 받아들여지자 굴욕감을 느꼈다.[63]

헤르츨 자신은 유대인을 신체적으로나 정신적으로나 게토에 의해 뒤틀린, 전체적으로 역겨운 존재로 여기고 있었으므로, 그가 동료 학생들에게 거부당한 것은 하나의 아이러니였다. 외부 세계에 대한 불관용과 유대적인 근친교배는 "유대인들을 신체적으로, 또 정신적으로 제약했다. (…) 그들은 종족적인 발전을 못 하도록 저지당해왔다. (…) 공통의 국가 종교를 토대로 서양 인종과 소위 동양 인종을 교차 교배하는 것, 이것이 가장 바람직한 해결책이다."[64] 헤르츨은 1882년에 이렇게 썼다. 그토록 전면적인 인종적이고 종교적인 동화를 지지한 헤르츨이었으니, 유대인인 그가 추방된 것은 통렬하면서도 무의미한 일이 되어버렸다.

추방의 경험은 멋쟁이라는 헤르츨의 자기 확신에 상처를 입혔다. 그는 일기에 이렇게 썼다. 자신의 침착함과 강인함을 찬양하는 사람들은 "얼마나 많은 비참함과 고통과 절망을 이 '참신하고 매력적인 젊은이'가 (자신감 있는) 표면 배후에 숨기고 다니는지 알지 못한다. 의혹, 절망! 우아한 의혹, 향기로운 절망!"[65]

이러한 사회적 무기력함과 개인적 고립감을 지닌 헤르츨은 작가로서의 경력에 발을 내딛었다. 예술적 삶은 그에게 부분적으로는 성공의 수단이 될 수 있었다. 순수하게 문학에만 몰두하기보다 저널리즘에서 기반을 찾은 것은 적절했다. 그곳에서 그는 창조적 야심의 분출구를 얻었고, 청중을 만났으며, 천재가 감당해야 하는 고립이나 실패의 위험 없이 문화계의 조정자가 되었다. 정신의 귀족인 헤르츨에게 저널리즘은 로제나우 장원이 독일 민중의 기사 구원자인 쇠네러에게 그랬던 것처럼 훗날 시오니스트 경력을 위한 굳건한 토대가 되어주었다.

탐미주의 쪽으로 강하게 기울던 빈 언론의 경향은 헤르츨의 재능과 잘 어울렸다. 그는 푀이통을 써내는 데 몰두했다. 빈 저널리즘의 특징이자 가장 높은 인기를 끈 이 장르는 실증주의적 문화가 요구하는 자연주의적 묘사를 고도로 개인적인 시각으로 제시했다.* 그것은 예술 전반의 기능에 대한 월터 페이터Walter Pater의 견해를 저널리즘 입장에서 독자들에게 제공했다. 즉 그것은 "기질을 통해 걸러진 삶의 한 모퉁이"인 것이다.

김나지움 학생 시절에도 헤르츨은 이미 푀이통 필자가 직면한 위험이 무

---

* 이 책 56쪽을 보라.

엇인지 지적한 바 있었다. 하지만 이런 위험—지나친 주관주의와 나르시시즘—이 바로 그의 본성의 일부였으므로 그는 이 장르의 대가가 될 수 있었다. 그러면서도 프리랜서로 10년 가까이 글을 쓰면서 큰 성공을 거둔 덕분에 여기서 탈출할 수도 있었다. 헤르츨은 1891년에 오스트리아 저널리즘에서 가장 명망 있는 자리, 즉『노이에 프라이에 프레세』지의 파리 특파원으로 임명되었다. 이 직위에서는 정신을 길러낼 자유 시간을 많이 얻을 수 있었지만, 또한 정치와 사회적 상황에 대한 냉철하고 엄격한 보고를 해야 했다. 파리에서 헤르츨은 대학 시절 이후 도피해 있던 탐미주의적 저널리즘 세계에서 사회적 현실로 돌아오지 않을 수 없었다. "파리에서 나는 정치에 가담했다, 적어도 관찰자로서 말이다"라고 헤르츨은 말했다.[66] 4년 동안 프랑스 정치와 사회생활을 면밀하게 관찰한 끝에 헤르츨은 변했다. 우선 탐미주의자에서 참여하는 자유주의자로, 다음에는 자유주의자에서 유대인으로, 마지막으로 유대인 자유주의자에서 시오니스트 십자군 운동가로 바뀐 것이다.

오스트리아에서의 학생 시절 헤르츨은 반유대주의적 경멸이 주는 고통과 자유주의의 취약점을 알게 되었다. 그는 프랑스는 다르리라고 생각했다. 오스트리아 자유주의자들이 대부분 그렇듯이 그는 프랑스로 가면서 자유와 문명의 원천, 인권의 모국을 보게 되리라고 기대했다. 헤르츨과 마찬가지로 친프랑스적 편견을 지니고 있던『노이에 프라이에 프레세』의 상관은 신임 프랑스 특파원에게 편견이 담긴 지시를 내렸다. "우리는 대체로 기회주의적-공화주의자 편에 공감하고 있네. (…) 우리 특파원은 연줄을 만들고 유지해야 하니까 얼마든지 (우리보다) 더 심한 친프랑스파가 되어도 좋다네."[67]

헤르츨은 계몽의 나라인 프랑스에 관한 보고를 하도록 임명되고 지시받았지만, 막상 가보니 그런 나라는 없고 자유주의 질서의 전면적 위기를 맞아 와해된 나라가 있었다. 1890년대 초반의 프랑스는 오스트리아보다 더 심한 혼란 속에서 해체되고 있는 듯했다. 공화국은 퇴폐한 귀족, 의회의 부패, 사회주의자의 계급 전쟁, 무정부주의자의 테러, 반유대주의의 야만 행위 등 당시 온갖 사회적 질병에 시달리고 있었다.

헤르츨이 더 많은 것을 기대하고 온 프랑스에서는 오스트리아에서 그가 정치적 삶을 조망하면서 유지하던 고고한 무관심의 태도를 유지하기가 더 어려웠다. 뿐만 아니라 기자로서의 임무 때문에 사회적, 정치적 상황의 구성 요인들을 더 가까이에서 분석하지 않을 수 없었다. 이처럼 정치에 대한 관심은 더 커졌는데도 헤르츨은 여전히 자신이 기록하는 상황과의 사이에서 의도적으로 심미적인 거리를 유지했다. 그는 정치학의 분석적 범주가 그것들이 묘사하는 사회적 실체에 지나치게 긴밀하게 묶여 있으며, 또 그런 실체들처럼 상호 간의 연관성을 잃었다고 느꼈다. '장인' '노동자' '납세자' '시민', 현대 세계에 돌아다니는 이런 개념들은 정치적 분석가가 세부 사항만 부각시키게 만들고,[68] 부분들을 연결해 일관성 있는 전체를 만들지 못하게 한다. 헤르츨은 예술가의 눈을 가지고 의식적으로 프랑스 정치에 접근했다. 예술이 이질적인 사회적 단편들 아래에 놓여 있는 전반적인 인간 조건을 더 잘 통찰할 수 있다고 확신했기 때문이었다. 그는 파리에서 맞은 첫해가 끝날 무렵 이렇게 썼다. "시는 정치보다 더 고차원의 추상, 즉 세계를 다룬다. 세계를 파악할 수 있는 사람이 정치를 이해 못 할 리가 있겠는가?"[69] 구체적인 정치 영역으로 옮겨가면서도 푀이통 필자의 심미적 태도를 의도적으로 유지한 헤르츨은 그 구체적인 정치를 구성하는 집단에 대해 불편부당한 입장을 확립했다. 그런 입장은 몰입하는 데는 제약이 되었지만 그의 시각을 더 예리하게 다듬어주었다.

1890년대 초반의 프랑스에서 특히 헤르츨의 관심을 붙잡은 것은 자유주의 법률 질서가 부식되는 현상이었다. 헤르츨은 쇠네러나 뤼거처럼 그 질서의 적법성을 부정하거나 그것이 와해되는 것을 환영하지 않았다. 오히려 반대로 그는 일종의 경악한 매혹의 감정으로 그 진행 과정을 지켜보고 보도했다. 1892년에 헤르츨은 무정부주의자들에 관한 기사를 썼다. 그들의 암살과 폭탄 투척은 전 유럽을 공포로 떨게 했다. 그는 프랑스 테러리스트인 프랑수아 라바솔François Ravachol의 재판을 보도했다. 헤르츨은 그 테러리스트가 옳다고 보지는 않았지만 그에게 공감하고 찬탄하기는 했다. 헤르츨은 정치적 범죄가 지닌 도덕적 문제의 심리적 해결책에 도달한 것이다. 라바솔은 "자기 자신과 자신의 임무를 믿는다. 그는 범죄를 저지르면서 자신에게 정직해졌다." 라바솔은 "새로운 관능성을 발견했다. 그것은 위대한 이념과 순교의 관능성이다."[70] 그리하여 헤르츨은 무정부주의자의 명분을 반박하면서도 그것이 발휘하는 위력의 심리적 원천에 친화감을 느꼈다. 하지만 그는 사형 선고를 권하지 못했다며 배심원단을 에둘러 비난했다. 헤르츨이 생각하기에 배심원들이 그렇게 하지 못한 것은 프랑스에서 대중 주권이 용기와 명예의식을 잃었다는 증거였다. 민주주의는 속 빈 껍질만 남았고, 군주제를 원하는 갈망이 그 본질이 되었다. 사회는 "다시 한번 구세주를 갈망하고 있다." 즉 법을 준수하는 시민들이 두려워 짊어지기를 거부하는 모든 책임을 자기 혼자서 다 짊어지려는 사람 말이다. 헤르츨의 예언에 의하면, 이 새롭고 엄격한 구세주는 나타나면서 이렇게 말할 것이다. "'들으라, 나는 모든 불편을 너희에게서 가져가리라. 내 머리 위에 모든 불편을 지워놓으라.'"[71] 그리하여 하층계급의 영웅이 가진 테러의 관능적 매력이 상층계급에서는 구세주 지배자라는 대답으로 나타난다. 이런 시점에서는 공화주의적 합법성이 카리스마적인 군주제적 질서에게 굴복할 것이다.

사실은 헤르츨이 미리 겁을 집어먹은 것이었다. 라바솔은 고등법원에서 사형을 선고받고 공개처형되었으며, 헤르츨은 공화국이 힘을 되찾은 것에 환호했다. 하지만 자유주의 질서에 대한 헤르츨의 확신이 완전히 되살아난 것은 아니었다. 그 자신도 대중 지도자에게서 나타나는 '위대한 이념의 관능성'이 심각한 현실이 되었으며, 그 현실에 대한 반응으로서, 무정부 상태의 테러에 직면한 합법적 질서의 지지자들이 구세주 군주에 대한 유혹을 느낀다는 사실을 감지했다. 헤르츨은 유대인으로서가 아니라 오스트리아 자유주의자로서 프랑스 반공화주의적 정치의 진동을 자기 존재 깊은 내면에서 느낀 것이다.

실패는 위에서 일어나고 폭발은 아래에서 일어난다. 헤르츨이 프랑스의 변화를 취재하는 기자로서 후속 직무를 수행하는 과정에서 그에게 더욱 강력하게 각인된 복합 명제가 이것이었다. 무엇보다도 대중이라는 문제가 그를 사로잡았다. 헤르츨은 훗날 이렇게 회상했다. "나는 대중이라는 현상을 그저 바라보고만 있었다. 오랫동안, 이해하지도 못한 채."[72] 그의 이해 범위를 벗어난 것은 사회적 정의에 대한 대중의 요구가 아니었다. 그와 같은 배경을 가진 젊은 자유주의자라면 대부분 그렇듯이, 그는 전통적인 자유방임적 자유주의에 반대하는 주장들을—적어도 원리상으로는—찬양했다. 그는 기술이 발달하면 사유재산이 더 넓게 분배되리라고 믿었다. 이 같은 미래에 관한 부르주아적 유토피아적 시각에서 헤르츨은 마르크스주의를 시대에 역행하는 것으로, 역사 전체가 개별화와 사적 소유권의 확대 쪽으로 움직이고 있는 판국에 공동체적 재산 소유라는 원시적 시스템을 부활시키는 것을 목표로 하는 사상이라고 보았다.[73]

마르크스적 사회주의에 헤르츨의 관심을 붙들어둔 것은 그 경제적 주장이 아니라 그것이 밀어붙이는 심리적 동력이었다. 실제로 진행 중이던 진정한 프롤레타리아 운동인 프랑스에서의 사회주의 운동은 집단 원시주의의 한 형태였고, 그것을 지켜보는 헤르츨은 경외심과 공포심에 휩싸였다. 그는 대중이 법정을 패배시키는 것을 보았다. 사회주의 지도자인 폴 라파르그Paul Lafargue 가 1892년에 수감되자 릴의 선거권자들은 그를 하원 의원으로 선출함으로써 석방시켰다.[74] 1893년 여름에 치러진 선거운동 기간 동안, 헤르츨은 릴의 사회주의자 전당대회에 모인 대중 사이에서 겪은 흥미로운 사건들을 보도했다. 한편으로 헤르츨은 청중의 대부분을 차지하던 기계의 노예인 인간들에게 공감을 표했다. 다른 한편으로 그는 『노이에 프라이에 프레세』의 독자들의 사기를 북돋우기 위해 그들의 대중적 행동을 약간은 계산적으로 묘사했다.

그들의 웅성거림이 점점 더 커져, 아직도 어둑어둑한 회의장에 가득 찬 어둡고 불길한 느낌의 밀물처럼 부풀어 올랐다. 그것은 그들의 힘을 물리적으로 예견하는 징조처럼 내 속을 관통하고 지나갔다. 따로따로 있으면 모두 똑같아 보이지만 함께 모이면 그들은 자신의 힘을 아직 반도 깨닫지 못한 채 기지개를 켜기 시작한 거대한 짐승처럼 된다. 수백 개의 단단한 머리통과 그 수의 두 배인 주먹들…… 프랑스의 한 도시 안의 한 구역만 보더라도 이렇다……[75]

대중은 위험한 힘을 지니고 있지만 또한 변덕스러울뿐더러 정해진 성격도 없으며 암시에 걸리기도 쉽다. 1893년의 선거전에서 헤르츨은 마술적인 선동이 단결과 정치적 상식을 누르고 승리하는 광경을 보도했다. 계몽되지 않은 선거권자를 한 번도 강력하게 신뢰해본 적이 없는 여느 오스트리아 지식인 자유주의자들처럼 헤르츨도 '민중the people'을 '대중the mass'으로 보기 시작했다. 그는 대중의 지혜에 대해 다음과 같은 의문을 던지면서 절망했다. "그런데도 이들에게 조언을 구해야 할까?"[76] 헤르츨이 나중에 시오니스트로 정치적 진화를 하게 되는 연원은 프랑스에서의 민주화 과정에 대한 이 같은 환멸에서 찾을 수 있다. 그는 1896년에 쓴 최초의 위대한 시오니스트 조약문에서 다음과 같이 말했다. "어디에서나 민중은 몸집만 큰 어린아이다. 그들을 교육시킬 수는 있다. 하지만 여건이 아무리 좋다 해도 이 교육에는 아주 많은 시간이 필요하기 때문에 결국 우리는…… 얼마 지나지 않아 각자 자기 방식대로 해나가게 된다."[77]

민중에 대한 헤르츨의 신뢰 상실에 대해 이해하려면 그 신뢰의 대상이 누구인가 하는 측면, 그러니까 그 민중의 지배자에 대한 신뢰 상실이라는 맥락에서 알아보는 편이 제일 좋다. 여기서는 프랑스 의회주의가 파산했다는 증언이라 할 파나마 스캔들레셉스의 운하 공사가 실패한 뒤 공사 담당자인 파나마 운하회사가 도산하기 전에 모집한 사채와 복권 사업에 의회 의원들을 매수한 일이 폭로되어 벌어진 스캔들. 반유대계 진영이 유대계 금융인들을 공격하는 계기가 되었다이 가장 결정적인 요인이었다. 수천 명의 인명과 수백만 프랑을 집어삼킨 대운하 프로젝트의 거대한 부실 운영에 대한 조사 과정에서 정치적 뇌물과 공금 횡령 사실이 낱낱이 드러났다. 부패로 인해 법의 통치의 토대가 훼손되었고 비합리적인 대중의 힘이 족쇄에서 풀려났다. 마지막으로 공화국의 최근의 적인 반유대주의가 표면에 떠올랐다. 헤르츨은 전체 정치 시스템이 폭발하고, 프랑스 사회에서 들끓고 있던 내적 긴장들이 법과 도덕의 존엄한 굴레를 깨뜨리며 터져나오는 극적인 과정을 지켜보았다.

기자 헤르츨, 위협받는 법 문화의 자식인 헤르츨은 오스트리아 자유주의자들에게 핵심적인 질문을 던졌다. 부패와 공격 그 어느 것에도 이토록 취약한 의회 정부가 무슨 의미가 있을까? 파나마 스캔들에 연루된 공무원들을 처벌해 공화국에 그처럼 치명적인 타격을 가할 정당한 명분을 법원은 갖고 있는가? 헤르츨은 여기서 위험한 영역에 발을 들여놓고 있는 것이다. 즉 법 그 자체가 우선권을 갖는지, 또 공화국과 사회가 위험에 처했을 때 법을 적용하는 것이 정치적으로 지혜로운 일인지를 의문시하는 것이다. 헤르츨은 1892년에 대한 검토를 마치면서 결론적으로 프랑스가 나아갈 방향에 대한 묵시록적인 단정을 내렸다. "자신의 눈으로 하원의 마지막 회기를 직접 지켜본 사람이라면 누구라도 (1792년의) 국민공회의 모습을 상상할 것이다. 인류 자체가 그렇듯이, 어리석음과 범죄가 되풀이되고 있다. 그러니까 그것은 100년 전이었고, 피비린내 나는 세월이 이어졌다. 파멸의 조짐이 울린다. '1893년!'이라고."[78]

자유주의의 모국은 그 핵심인 의회에서부터 병이 들었다. 오스트리아의 지식인에게 이것이 지니는 의미는 그저 새로운 정치적 경험에만 그치지 않았다. 그것은 정치적 자유주의가 살아남을 수 있으리라는 믿음을 깨뜨리는 일이었다. 그것이 지금 그 고향인 프랑스에서조차 와해되고 있으니 말이다.

1890년대 초반에 벌어진 자유주의의 위기라는 이 광범위한 상황에서 반유대주의의 문제는 헤르츨의 의식 표면을 끈질기게 괴롭혔다. 어쨌든 반유대주의는 공화국에 대한 모든 공격에서 항상 뭔가 역할을 하고 있었으니 말이다. 에두아르 드뤼몽Edouard Drumont의 『유대적 프랑스La France Juive』(1885)는 프랑스가 쇠퇴한 책임이 국제 유대인 사회에 있으며, 유대인 해방 조처의 철회와 그들 자본의 박탈을 요구했다. 1894년에 드뤼몽은 유력한 정기 간행물인 『말의 책Livre Parole』을 창간해 유대인 및 그들의 옹호자들에게 무차별적인 공격을 가하는 기지로 삼았다. 헤르츨은 또다시 비합리적인 정치적 스타일에 매력을 느꼈다. "내가 현재 누리고 있는 개념적 자유는 그 상당 부분이 드뤼몽 덕분이다. 왜냐하면 그는 예술가이기 때문이다."[79] 그는 1895년에 시오니즘으로 전향한 직후의 일기에 이렇게 썼다. 헤르츨이 말하는 정치에서의 예술가란 실증주의적 사회 분석의 범주가 본질적으로 갖는 분열의 한계에서 자유로울 수 있는 사람을 뜻한다는 것을 떠올릴 필요가 있다.

알렉스 바인은 헤르츨이 프랑스에서의 유대인 문제에 점점 더 깊은 관심을 갖게 되는 과정을 추적해 드레퓌스 대위의 유죄선고가 그 절정이었음을 밝혀냈다. 여러 사건—반유대주의 연극, 한 장교가 유대인으로서의 명예를 지키기 위해 결투하다가 죽은 사건, 반유대주의 시위, 명예훼손 소송, 파나마 스캔들—을 차례차례 겪으면서 헤르츨은 보도하고, 성찰하고, 점점 더 깊이 개입하게 되었다. 처음에 그는 훌륭한 동화주의자답게, 유대인 문제를 사회적 문제에서 주변적인 것으로 간주했다. 다시 말해, 현대 사회의 문제들의 한 가지 측면인 유대인 문제는 더 큰 문제가 해결되어야만 해결될 수 있다는 것이었다. 1893년에 그는 유대인들이 "물러설 길 없이 내몰려 있으며, 사회주의 이외의 다른 대안이 없다"고 결론지었다.[80] 헤르츨은 그 해결책 자체를 긍정했기 때문이 아니라 다른 대안이 없다는 절망감 때문에 그렇게 쓴 것이다.

경험이 희망을 집어삼키는 순간에도 그의 주된 관심은 여전히 이교도 사회를 구원하는 데 있었고, 그렇게만 된다면 유대인 문제는 저절로 해결될 수 있으리라고 여겼다. 그래서 그는 자리를 옮겨 오스트리아 유력자들에게 프랑스에서 폭발하고 있는 대중 반란의 기선을 어떻게 제압할지에 대해 조언하러 나섰다. 그는 『노이에 프라이에 프레세』 편집진에게 민주파 선거구민들이 선거권 제한에 대한 분노 때문에 자유주의에 반대하게 되기 전에 보편 선거권 주장을 지지하라고 권유했다. 그는 적극적인 사회 행동도 권했다. 유력한 자유주의 지도자인 클루메키 남작 Baron Chlumecky을 기념하는 추도문 초안에서, 헤르츨은 잠재적인 도시 혁명가인 실업자를 줄이기 위해 국영 노동 서비스를 설립해 그들을 도시에서 데려 나와 시골의 건설적인 노동에 투입하도록 권했다. "내적 식민화"가 사회주의와 자유방임 사이의 중재 수단을 제공할 수도 있다. 사회 개혁에 대한 이러한 접근법은 나중에 헤르츨이 유대인 국가를 위한 계획을 수립할 때도 등장한다. 그러나 1893년의 그는 여전히 유대인이 아니라 오스트리아 자유주의자가 그 사회적 한계를 극복하도록 돕는 데

관심이 있었다.[81]

하지만 그것은 이미 늦었고, 헤르츨도 이를 곧 깨달았다. 헤르츨은 프랑스에 체류하면서 뤼거와 반유대주의자가 오스트리아의 모든 선거에서 권력을 장악하는 것을 지켜보았다. 프랑스와 오스트리아에서 각각 처한 자유주의 질서의 운명에 대한 그의 우려는 한 점에서 만났다. 그 과정에서, 그가 유럽 사회가 앓고 있는 질병의 한 징후—이교도들의 좌절감을 배출하기 위한 벼락—라고 생각하던 '유대인 문제'는 이제 희생자들의 생사가 달려 있는 문제로 변했다.

어떻게 해야 유대인이 구원될 수 있을까? 이 물음은 오랫동안 사회를 관찰해오면서 논리적으로 자라났지만, 예술가이자 기자, 자유주의자라는 그의 과거 역할들과는 근본적으로 불연속적인, 완전히 새로운 문제였다. 헤르츨이 최종적으로 그것에 몸을 바치게 된 것은 개종이라고 할 만한 성격의 사건이었다.

말할 필요도 없이, 구원자 역할을 떠맡게 된 그의 태도 변화에서 결정적인 역할을 한 것은 강력한 개인적 요소, 역사가보다는 심리학자가 더 잘 이해할 만한 요소였다. 1890년 이후 헤르츨은 일련의 개인적인 상처를 겪었다. 사회적으로 신분이 더 높은 여성과의 결혼은 처음부터 만족스럽지 못했고, 그는 아내나 자녀들과 떨어져 오랜 시간을 보냈다. 헤르츨은 카를 뤼거처럼 독신은 아니었지만 뤼거만큼이나 아름답고 강한 의지의 소유자인 어머니를 사랑했다. 이 두 사람이 누이들과 가진 관계 역시 유사점이 있다. 뤼거는 독신이었기 때문에 어머니의 유언에 복종해 독신 여성인 누이들을 돌보는 데 헌신했다. 헤르츨의 누이인 폴린은 그가 열여덟 살 때 죽었지만 그는 거의 병적으로 그녀에 대한 기억에 집착했다. 매년 그는 기일이 되면 순례하듯 부다페스트에 있는 그녀의 무덤을 찾아갔다.[82] 자신의 직계 가족 여성에게 품고 있던 끈질긴 애착은 헤르츨이 새로운 여성에 대한 사랑을 키우는 것을 방해한 듯 보인다. 주된 희생자는 그의 아내인 율리아였다. 오늘날 남아 전하는, 헤르츨이 그녀에게 보낸 몇 안 되는 편지에 그의 애정이 나타나 있다고 하지만, 그 애정은 사랑이라기보다는 보호자 성격의 것이었다. 즉 그것은 연인의 역할보다는 아버지 같은 태도로서, 그는 아내에게 '내 사랑하는 아이'라고 말했고, '그대의 충실한 아빠, 테오도어'라고 서명했다.[83]

헤르츨의 개종을 초래한 두 번째 개인적인 요소는 우정에서 맞은 위기였다. 1890년대 초반은 그에게도 가혹한 대가를 요구했다. 가장 친한 친구 두 명을 앗아갔으니 말이다. 그들은 유대인 인텔리의 두 극단적 유형을 대표하는 사람이었다. 첫째로 하인리히 카나Heinrich Kana는 아주 민감한 성격의 소유자였는데, 자신이 설정한 창조적 성취 기준을 만족시키지 못하자 자살했다. 둘째는 정력적인 기자였는데, 열대 지방에 러시아 유대인들의 식민지를 건설하는 일에 참여했다가 목숨을 잃었다.[84] 두 사람은 당시 헤르츨의 양 날개 같은 존재였던 듯하다. 그는 두 사람의 운명이 모두 유대인의 운명, 무의미하고 낭비된 운명이라고 보았다.

결혼에서 느끼는 실망감과 가장 친한 친구를 잃은 상심 때문에 파리 시절 헤르츨의 감정 상태는 대체로 저조했다. 사회세계로부터 초연하게 굴던 태도를 즉시 포기하고 더 광범위한 명분에 몸과 마음을 바쳐 몰두한 것도 그런 점에서 설명될 수 있을지 모른다. 유대인의 집단 사회body social는 마치 이제껏 한 번도 제대로 인정하지 않던 양어머니에게 돌아가기라도 하는 듯 그의 집단적 사랑의 대상이 되었다.* 하지만 그는 왜 그 집단 대신 프랑스 시절 초

---

* 노먼 브라운은 『사랑의 신체Love's Body』(New York, 1966)에서 공동체를 어머니의 대체물로 보는 근본적으로 새로운 견해를 펼치는데, 이 견해는 헤르츨의 태도 변화를 해명해준다. 특히 브라운 책의 pp. 32~36을 볼 것.

년에 그의 관심을 사로잡았던 프롤레타리아나 자유주의 명분을 포용하지 않았을까? 사실을 말하자면 그것들은 유대주의만큼 그의 출신 연원을 깊이 건드리지 않았기 때문이다. 그는 반유대주의가 그에게 최초의 큰 타격을 가했던 학생 시절과 마찬가지로 1890년대에, 문화적 동기에서 형성되었던 유대인 자아 정체성에 대한 저항감이 무너져 내렸다. 그는 유대인 문제와 자신의 관계에 대해 "사실 나는 내 개인적인 경험, 기쁨과 슬픔의 일반적인 측면들을 고려할 여유가 있을 때마다 항상 그 문제로 돌아갔다"고 썼다.[85]

프랑스에서 보낸 상처 많은 기간 동안, 점점 더 공허해지는 개인 생활이 서서히 자유주의의 위기 및 강력하게 돌진해오는 반유대주의의 경험과 한 지점에서 만나면서 유대적 명분으로의 헤르츨의 개종이라고 불릴 수밖에 없는 현상이 촉진되었다. 한 세련된 동화주의자가 종족에 대한 효성의 재확인이라는 자유로운 행위를 통해 고통받는 선민의 구세주로 변한 것이다. 그는 유대인 문제를 정면으로 다룸으로써 자기 자신의 문제를 풀었고, 그럼으로써 예술가에서 정치인으로의 변신을 완성했다.

개종의 순간에 다가가는 동안 헤르츨의 태도가 보이는 여러 모습에서는 쇠네러나 뤼거와의 깊은 유사성이 드러난다. 합리주의 정치의 거부, 장중한 몸짓을 크게 선호하는 고상하고 귀족적인 지도력 스타일에 대한 열정이 그들 사이의 닮은 점이다. 뿐만 아니라 또 다른 유사성, 즉 유대인에 대한 거부감도 있었다. 그로부터 도출된 결론은 완전히 달랐지만 말이다.

1893년에 헤르츨은 유대인 문제를 합리적인 설득에 의존해 해결하려는 접근법을 완전히 거부하게 되었다. 그는 독일과 오스트리아의 저명한 지식인들이 반유대주의에 대항하기 위해 세운 보호 협회와 아무런 관계도 맺지 않는다. 그 협회가 내는 신문에 합류하기를 거부하면서, 헤르츨은 합리적인 논의에 대한 희망을 가질 수 없다는 확고한 신념을 분명히 밝혔다. "공손하고 온건한 수단을 통해 무언가를 달성하는 것이 가능하던 시절은 이미 오래전에 지나갔다." 사람들이 유대인을 비난하는 이유가 되는 특징들을 유대인 스스로가 없애는 것은 불가능해 보인다. "그것은 길고 힘들고 절망적인 길이다." 그가 보기에 유효한 가능성은 오로지 두 가지뿐이었다. 하나는 치료하는 길이고 다른 하나는 고식적인 방책이었다. 반유대주의 징후에 대항하는 최선의 고식적 방책은 '폭력'에 호소하는 길, 즉 유대인 비방자들과 개인적으로 결투하는 방식이다.[86] 항상 그래왔듯이 헤르츨은 유대인의 명예를 문제의 핵심으로 여겼다. 개인적인 싸움이라는 낭만적이고 봉건적인 방법으로 자신의 낭만적이고 봉건적 가치를 옹호할 길을 찾은 것도 그다운 생각이다. 그는 협회에 보내는 글에 "결투를 대여섯 번 하고 나면 유대인의 사회적 지위가 상당히 올라갈 것"이라고 썼다. 자기 일기에 털어놓은 이런 더더욱 과감한 영웅적 환상 가운데 하나(이 구절은 출판된 판본에서는 삭제되었다)에서 헤르츨은 자기 스스로 유대인의 명예를 지키는 기사 영웅의 역할을 하려고 생각했다. 그는 오스트리아 반유대주의의 지도자들—쇠너러, 뤼거 혹은 알로이스 리히텐슈타인 공작—에게 결투를 신청할 것이다. 그 도전에서 자신이 죽을 것에 대비해 그는 자신의 죽음을 '세계에서 가장 부당한 운동'의 순교자적인 희생물로 일컫는 편지를 남길 것이다. 승리하면—프랑스에서 지켜본 소송을 참고한다면—적을 죽였다는 이유로 고발될 법정에서 감동적인 역할을 맡게 될 것이라고 헤르츨은 예상했다. 그는 희생자의 개인적인 명예를 격찬한 뒤 반유대주의에 반대하는 대단한 연설을 할 것이다. 법정은 그의 고결함을 존중하지 않을 수 없으므로 그의 결백함을 선언할 것이고 유대인들은 그를 자신들의 대변인으로서 의회로 보내고 싶어할 것이다. 하지만 헤르츨은 "나는 한 인간의 시체를 넘어 의회로 갈 수는 없으므로" 기품 있게 거부할 것이다.[87] 반유대주의의 고식책은 따라서 명예의 사건이라는 형태를 띠게 되었다.

다른 방법인 반유대주의에 대한 치료적 접근법은 여전히 동화주의자의 것이었지만, 자유주의의 힘을 신뢰할 수 없었던 헤르츨은 동화주의적 태도 중에서도 더 고전적이고 더 기독교적 시각인 대중적 개종이라는 것으로 후퇴했다. 여기서도 개인적 장엄함의 환상이 헤르츨의 마음속에서 피어올랐다. 1893년에 그는 교황과 세기적인 타협을 이루겠다는 꿈을 꾸었다. 교회에 들어가 있는 오스트리아 공작들의 도움을 받아 헤르츨은 교황을 만나 이렇게 말하게 될 것이다.

교황께서 반유대주의에 대한 우리의 저항을 도와주신다면 저는 유대인들을 자유롭고 건전하게 그리스도교로 개종시키는 거대한 운동을 이끌겠습니다. (…) 밝은 대낮에, 정오에 교회 종소리가 울리는 속에서 엄숙한 행진이 나아가며 성 슈테판 대성당에서 개종이 진행될 것입니다. (유대인들은) 개종이 비겁함 때문이거나 신분 상승을 위한 수단으로 간주되었던 이제까지의 개인적 개종자들처럼 부끄러워하는 것이 아니라 자랑스러운 얼굴로 (성당에 들어갈 것입니다)…….**88**

이 환상 역시 여전히 동화주의적이지만 결코 자유주의적인 것은 아니다. 극적이고 비합리적인 이 환상에는 은밀하게 프러시아 귀족이 되고 싶어했던 헤르츨, 무정부주의자 라바숄로부터 '위대한 이념의 관능성', 혹은 반유대주의자인 드뤼몽에게서 정치적 '예술'의 위력을 배운 헤르츨의 흔적이 찍혀 있다.

로마 교회를 통한 유대인들의 동화, 이는 세속적 자유주의자치고는 정말 기묘한 제안이었다! 결투라는 아름다운 행위에서도 이와 마찬가지로 시대착오적 성질을 엿볼 수 있다. 현대적 자유가 아니라 봉건적 명예감을 자극하자는 것이었다. 헤르츨이 유대인의 미래를 위해 합리주의를 넘어선 해결책을 찾으려고 노력함에 따라 동화주의자로서 그의 목표는 고전적이고 전前부르주아적 형태를 띠게 되었다. 어떤 유대인들은 돈만 아는 유대인Geldjuden이고 또 다른 사람들은 게토 유대인Ghettojuden이며 어떤 사람들은 지나치게 낙관적 합리주의자이고 또 다른 사람들은 원시적인 신자들이라는 이유로 거부하면서 유대인 자체와는 여전히 분리된 채, 헤르츨은 유대인들을 위해 새로운 조성의 정치적 요소들을 한데 끌어 모으기 시작했다. 귀족적 자세, 자유주의자에 대한 예언자적 거부, 극적인 몸짓, 사회 현실의 변형을 일으키는 열쇠인 의지에의 헌신이 그것이었다.

헤르츨의 개인적인 환상은 아직은 포괄적인 프로그램으로 구성되지 않았다. 이교도 세계로부터의 헤르츨의 철수도 여전히 불완전했다. 1895년에는 크고 작은 정치적 사건이 연속적으로 일어나 빈의 동화주의자 헤르츨을 새로운 엑소더스의 지도자로 변형시키는 심리적 혁명이 완수되었다. 첫 번째 사건은 1894년 12월 22일에 내려진 알프레드 드레퓌스에 대한 선고였다. 드레퓌스 재판과 계급 갈등 문제를 다룬 헤르츨의 기사에는 필자가 겪고 있는 심오한 긴장 상태가 배어 있었다. 당시 거의 모든 사람이 드레퓌스가 유죄라고 믿고 있었지만, 헤르츨은 증거가 부족한데도 그것을 의심했다. 헤르츨은 그런 의심의 근거를 자신의 심리, 즉 이교도 세계에서 성공했고 귀족적 가치를 중요시하는 동화된 유대인의 심리로부터 추론해냈다. 그는 이탈리아 대사관의 무관인 알레산드로 파니차르디 대령Colonel Alessandro Panizzardi에게 이렇게 말했다. "참모장교가 되어 명예로운 경력의 길에 올라선 유대인이라면 도저히 그런 범죄를 저지를 수 없습니다. (…) 유대인이 명예에 대해 지닌 욕망은 병적인 수준입니다. 오랜 기간 시민으로서 불명예를 겪으며 살아왔기 때문이지요. 이런 관점에서 생각한다면 장교가 된 유대인이란 유대인으로서는 최고 권력을 누리는 지위로 올라선 인물입니다."[89] 또 설사 드레퓌스가 유죄라 하더라도 그의 피를 요구하는 군중의 외침은 배신의 문제를 넘어선 수준이었다. "죽여라! 유대인들을 죽여라!" 4년 뒤 헤르츨은 공화주의적 정의가 이렇게 유산流産된 데에는 "유대인을 저주하려는, 그리고 이 한 명의 유대인 속에서 모든 유대인을 저주하고자 하는 프랑스의 엄청난 다수파의 소원이 담겨 있었다"고 회고했다. 이런 일이 러시아도 아니고 오스트리아도 아닌 바로 프랑스에서, 공화주의적이고 현대적이며 문명화된 프랑스에서, 인권 선언이 이뤄진 지 100년이 지난 이곳에서 벌어진 것이다. 헤르츨은 이렇게 결론지었다. "대혁명의 칙령은 뒤집혔다."**90**

드레퓌스 사건으로도 불충분하다는 듯이, 1895년 5월의 긴박한 며칠은 그 어떤 방법도, 합리주의적이든 낭만주의적인 것이든 일체의 동화주의자적 접근법을 헤르츨이 영원히 그리고 완전하게 포기하도록 만들었다. 5월 25일과 27일에 그는 유대인들의 프랑스 '침투'를 방지하기 위한 프랑스 하원 대정부 질의를 목격했다. 이는 오스트리아에서 쇠네러가 1887~1888년에 제안한 유대인 배척 법안에 맞먹는 것이었다. 이틀 뒤에는 카를 뤼거가 빈 시의회에서 최초로 다수표를 얻었다. 아직은 그가 시장직을 받아들이지 않았지만 그것은 기독교 사회당이 점점 더 큰 다수파로 성장해가는 일련의 선거 가운데 첫 선거였으며, 그로 인해 결국은 황제와 그의 내각이 1897년의 반유대주의 물결에 항복하고 뤼거를 시장으로 인준하게 되는 선거였다. 헤르츨로서는 마지막 지주가 무너진 것이었다.

5

헤르츨을 '정상적인' 이교도 문화에 묶어두고 있던 끈들이 차례차례 위험할 정도로 닳아 없어졌다. 결혼, 우정, 관용의 공화국인 프랑스, 동화를 통한 유대인 존엄성의 유지라는 꿈이 사라졌고, 이제 그 거점인 빈에서의 오스트리아 자유주의도 무너졌다. 그러던 중에 헤르츨은 「탄호이저Tannhäuser」공연을 관람했다. 헤르츨은 광신적인 바그너 추종자도 아니었고, 빈의 기준에서 본다면 평균 이상의 오페라광도 아니었지만 이번에 「탄호이저」를 보고는 감전된 듯한 충격을 받았다. 그는 흥분한 상태로 집에 돌아와 책상 앞에 앉아서는 마치 귀신에 사로잡힌 것처럼 열광적인 상태에서 유대인을 유럽에서 격리시키겠다는 꿈을 스케치했다. 헤르츨의 지적 에너지를 해방시켜 창조의 격랑을 풀어놓도록 자극을 준 것이 바그너였다는 사실은 정말 지독한 아이러니이지만, 심리적으로는 또 얼마나 어울리는 일인가! 헤르츨이 이교도가 베푸는 관용의 한계와 최초의 잊지 못할 조우를 하게 된 것이 1883년 바그너가 사망한 직후 그를 기리는 학생 시위가 일어났을 때였고, 유대인으로서의 명예와 동지 클럽 회원으로서의 명예 사이에서 선택을 강요당한 적이 있었다. 그 뒤 헤르츨은 교육받고 계몽되며 세련된 유럽인으로서, '이교도 사회의 진보'에 의존하는 비유대인적인 생활을 영위해왔다. 최근 들어서야 그는 유대인 문제를 해결하기 위해 환상 속에서 고대 기독교의 권위로 관심을 돌렸다. 탄호이저가 헤르츨에게 말을 걸 수 있을까? 기독교도로서의 양심이 위기에 봉착하자 교황에게 도움을 청했지만 소용없었던 낭만적 순례자인 탄호이저는, 떨쳐버리려고 애썼지만 소용없던 세속적 사랑을 긍정함으로써 자신의 성실성을 재확인했다. 탄호이저가 동굴로 돌아감으로써 느꼈던 것과 같은 도덕적 해방감을 헤르츨도 스스로 게토로 귀환하는 데서 느낄 수 있었을까? 알 수 없다. 어쨌든 바그너는 수많은 동시대 사람들에 그랬던 것처럼 헤르츨에게도 머리에 반대하여 가슴을, 대중에 반대하여 민중을, 늙고 화석화된 사람들에 대항하여 젊고 활력적인 사람들의 반란을 옹호하는 사람으로 보였음이 틀림없다. 그런 정신에서―하지만 예술의 직관뿐만 아니라 현대 합리주의라는 무기도 갖춘― 헤르츨은 이제 자유주의 세계와 결별하고 유럽에서 유대인을 격리시키는 일에 뛰어들었다. 시오니스트 운동은 일종의 새로운 정치의 종합예술 작품이 될 터였다. 헤르츨이 "모세의 엑소더스는 (내 것에 비하면) 마치 한스 작스의 징슈필을 바그너 오페라에 비교한 것이나 마찬가지"라고 말했을 때, 그 역시 이 점을 느끼고 있었다.[91]

헤르츨 자신은 예전에 스스로를 위해 영광을 꿈꾸었던 것처럼 이제 유대인을 위한 영광을 꿈꾸는 데 헌신했다. 의식적으로, 또 공공연하게 그는 꿈과 백일몽과 무의식과 예술을 분열적인 사회 현실을 극복하고 형성하는 힘의 근원으로 긍정했다. "꿈은 흔히 생각하는 것만큼 행동과 다르지 않다"고 그는 썼다. "인간의 모든 행동은 꿈의 형태로 시작되며 나중에 다시 한번 꿈이 된다."[92] 정치의 임무는 꿈을 인간의 욕망과 의지의 합리주의 아래에 있는 원천을 건드리는 형태로 제시하는 것이다. 지금까지 유대인들은 외부 세계에서 해결책을 모색해왔으며, 그것을 발견한 사람은 아무도 없었다. 이제 그들은 내면으로, 심리적 현실로 향해야 한다. "아무도 약속의 땅을 그것이 있는 곳에서 찾아보려고 생각도 하지 않았는데, 그것은 사실 아주 가까이에 있다. 바로 거기에, 우리 내면에 있다! (…) 약속의 땅은 우리가 그것을 갖고 다닐 수 있는 곳이면 어디에든 있다!"[93]

유대인 국가를 만들어낼 추진력은 그것이 있어야 한다는 필요성이라고 헤르츨은 말했다. 꿈과 현실을 갈라놓는 것은 욕망과 의지뿐이다. "소원하는 유대인은 자신들의 국가를 가질 것이고 그것을 획득할 것이다." 그는 1895년에 이렇게 썼다. 유토피아적 소설인 『새롭고 낡은 땅Alteneuland』(1900)의 첫머리에 그는 다음과 같은 이야기를 덧붙였다. "만약 그대가 원한다면 이것은 동화가 아니다." 에필로그에서는 이렇게 경고했다. "그대가 원치 않는다면 이것은 동화이고 영원히 동화일 것이다."[94]

헤르츨의 급진적 주관주의는 유대인이건 유대인이 아니건 모든 신중한 자유주의 현실주의자들과 그를 명백히 갈라놓고, 결정적인 적들과 그를 한데 묶어주는 요인이었다. 환상의 힘을 향한 탐미주의자적 열정은 정치 지도자로서의 그의 스타일에 영향을 미쳤다. 괴테의 프로메테우스처럼 헤르츨은 현실을 무시하고 예술적 창조자로서의 자신의 힘에 의거해 새로운 인종을 만들게 된다. 폭발적인 개종 경험을 하면서 헤르츨은 역사 진보의 실증주의적 개념을 거부하고 순전히 정신적인 에너지가 역사를 추진하는 동기가 되는 힘이라고 주장했다. 한 문장에서 헤르츨은 무겁기 짝이 없는 사회 현실과 그것을 바꾸지 못하도록 방해하는 자유주의자들의 역시 둔중한 정치 스타일을 한꺼번에 규정하면서, 자신이 펼치는 환상의 정치의 동력에 대해 이렇게 설파했다. "위대한 일에는 확고한 근거가 필요 없다. 사과를 떨어뜨리지 않으려면 테이블 위에 놓아두어야 하지만, 지구는 공중에 떠 있다. 따라서 나는 아마 아무런 확고한 받침점 없이도 유대인 국가의 기반을 마련하고 안정시킬 수 있을 것이다. 비밀은 운동에 있다. 따라서 나는 어딘가에서는 반드시 비행 물체를 날려 보낼 수 있으리라고 믿는다. 중력은 운동을 통해 극복된다."[95] 따라서 시오니즘은 정당이나 어떤 규정된 전체의 일부가 아니라 운동, "움직이고 있는 유대 민족"이 될 것이다.[96]

이 역동적인 정치 개념에서 추론된 실질적인 결과는 유대인들의 머리가 아니라 가슴에 호소하겠다는 헤르츨의 결단이었다. 유대인을 속박하는 사회적 중력의 힘을 깨뜨리는 에너지를 일깨우기 위해 상징을 고안해내야 했다. 냉정하고 계산적인 자선가 히르시 남작Baron Hirsch에게 헤르츨은 정치에서 비합리성이 우선한다는 증거로 독일 통합의 전례를 제시했다. "나를 믿으시오. 전 민족의 정치학—특히 전 세계에 흩어져 있는 경우에는—은 공중에 높이 떠 있는 무게 없는 것이 있어야 만들어질 수 있습니다. 독일 제국이 어디에서 생겨났는지 아십니까? 꿈에서, 노래와 환상과 검정과 빨강과 금빛 리본에서 만들어졌습니다. (…) 비스마르크가 한 일은 그저 그 환상이 심어놓은 나무를 흔들어놓은 것뿐입니다."[97] 유대인의 생존 자체가 환상의 힘, 즉 그들의 종교, 그들을 2000년 동안 지탱해온 환상에 대한 찬가다. 이제 그들은 새롭고 현대적인 상징 시스템, 즉 국가, 그들 자신의 사회질서, 무엇보다도 깃발을 가져야 한다. "깃발이 있으면 우리는 사람들을 원하는 곳 어디로나, 심지어 약속의 땅으로도 이끌 수 있다." 깃발은 "아마 사람들이 그렇게 훈련되기만 한다면 그것을 위해 단체로 죽을 태세가 되는 유일한 것"이다.[98]

죽을 의지란 헤르츨이 자신의 역동적인 정치에 필수적인 것이라고 본 '무게 없는 것' 가운데 하나다. 여기서 그는 또다시 비스마르크를 스승이자 모델로 끌어들였다. 비스마르크는 1848년 통합의 꿈에 대한 대답으로서 헤아릴 수 없이 깊은 민중의 영혼에서 솟아오른 진동, 삶 그 자체처럼 신비스럽고 부정될 수 없는 그것'을 가지고 무슨 일을 해야 하는지 알았기 때문이다. 헤르츨은 정치의 심리적 동력과 그 합리적 목표를 명확하게 분리했다. 그가 보기에 비스마르크 또한 그렇게 했다. 비스마르크는 민중과 고위 귀족들이 온갖 노래와 연설의 목표를 위한 자잘한 희생에는 감동하지 않는다는 사실을 이해했다. 따라서 그는 그들에게 위대한 희생을 요구했고, 그들을 전쟁으로 몰아넣었다. 독일 민족은 평화 속에서는 잠에 빠지고 게을러졌지만 전쟁에서는 기쁘게 통합을 향해 달려갔다.[99]

헤르츨이 생각하는 정치 운동의 개념에서는 목표의 내용이 아니라 행동의 형태가 결정적인 요인이었다. 그가 생각하는 국가 이념은 이와 유사한 심리적 추상주의를 반영한다. 거기에 유대적인 것은 전혀 없었다. 모든 국가는 똑같이 '아름답다'고 그는 결론지었다. 그 이유는 그것들이 가진 개별적인 장점 때문이 아니라 모든 국가가 그 국민에게 불러일으키는 심리적 덕목 때문이다. 모든 국가는 '개인들의 최고의 어떤 것(자질)으로, 즉 충성심, 열정, 희생의 기쁨과 이상을 위해 기꺼이 죽으려는 태도로 구성되어 있기' 때문이다.[100] 국가는 사회적 무기력을 극복하기 위해 집단적 에너지를 조직하는 수단일 뿐이다. 국가가 한 사회에서 불러일으키는 기사도적이고 희생적인 덕성은 예전에 영광의 꿈을 꾸던 헤르츨이 한 개인으로서 자기 자신에게서 높이 평가했던 것들과 동일하다.

헤르츨의 국가 개념은 대중에 대한 그의 해묵은 공포를 희망으로 바꾸는 데 도움이 되었다. 이제까지는 자유주의자이자 유대인으로서 그는 대중—무정부주의자, 민족주의자, 반유대주의자—을 자유주의적 질서에 대한 위협 세력으로 여겨왔다. 그때 그의 관심은 이교도 대중을 안정시키거나 회피하는 쪽이었지만, 이제는 유대인 대중을 활성화하는 것이 목표가 되었다. 아마 그토록 오랫동안 대중을 '장악하지 않고' 관찰만 해왔기 때문에 유대인들을 마주하자 그들을 조작하는 자의식적인 감각이 더욱 예리해졌을 것이다. 현학적인 지성적 엘리트주의자는 유대인 정치로 활동 무대를 옮기면서 일종의 포퓰리스트가 되었다. 하지만 그는 여전히 유보적인 태도를 보였고 자신이 이끄는 대중과 거리를 두었다. 뤼거가 본능적으로 행한 것을 헤르츨은 계획에 의해 달성했다.

헤르츨의 시오니즘의 원래 전략에서 대중은 두 가지 기능을 수행한다. 한편으로 그들은 엑소더스의 기동타격대가 되고 약속의 땅에 정착하게 될 것이다. 다른 한편으로 그들은 부유한 유럽 유대인들을 강요하여 시오니스트 해결책을 지원하도록 만들 몽둥이가 될 것이다. 즉 그들은 새로운 국가의 운반자인 게토의 유대인, 무기로서의 게토 유대인이다. 헤르츨은 이 가운데 첫째 항목인 이들을 동원하는 문제에 관해서는 공개적으로 발언했다. 그에 못지않게 핵심적인 둘째 항목, 즉 새로운 정치에서의 새 조성에 대해서는 일기장에만 털어놓았다.

가장 먼저 쓰였으면서 가장 훌륭한 정치 팸플릿인 『유대 국가Der Judenstaat』에서 헤르츨은 대중을 지휘하는 최선의 방법을 솔직하게 모색했다. 헤르츨은 비종교적인 사람이었지만 유대인 자선가와 식민지 건설자들이 내세운 개인들의 자기 이익에 대한 호소와 재정적 동기 유발로 개척자들을 끌어들이려는 시도를 비판하고, 유대인은 메카와 루르드를 순례자로서의 모델로 삼아야 한다고 설득했다. '믿고자 하는 가장 깊은 필요성'이 열망의 목표나 중심으로 설정될 때 대중은 가장 잘 인도될 수 있다. 유대인의 경우, 신에게 복종하고 인도되고자 하는 욕망은 '자유로운 고향 땅'에 대한 예로부터의 소원이었다.[101] 헤르츨은 현대의 세속적 지도자였으므로, 고전적인 종교적 열망을 건드리기는 했지만 그것에 전적으로 의존하지는 않았다. 처음에는 유대인의 고향을 팔레스타인에 건설하고 싶은 마음도 없었다. 비록 그가 로트실트에게 말했듯이, 팔레스타인은 "그 이름만으로도 하나의 프로그램이 될 것이고 (…) 하층 대중에게 강한 매력을 지닐 것"이기는 했지만 말이다. 그러나 대부분의 유대인은 "더 이상 동양인이 아니고, 다른 풍토에 더 익숙해져 있었다."[102]

따라서 헤르츨은 자신의 정치적 종합예술 작품에 태곳적부터의 희망이 주는 매혹뿐만 아니라 본질적으로 현대적인 매력을 추가했다. 현대 유럽의 유대인들에게 일곱 시간 노동이라는 구호를 주된 유인책으로 제시한 것이다. 시온은 사회주의 인터내셔널보다 여유 시간을 한 시간 더 줄 것이다! 심지어 유대인 국가의 깃발도 헤르츨이 현대적 사회 정의가 발휘할 흡인력에 부여한 가치를 반영하게 된다. 하양 바탕 위에 일곱 개의 금빛별이 우리 노동일의 황금 같은 일곱 시간을 나타낼 것이다. "노동의 상징 아래에서 유대인들은 약

속의 땅으로 간다." 다윗의 별이나 그 밖의 유대적인 상징에 대해서는 아무 말도 없었다.[103]

헤르츨은 대중에 대한 호소에서, 그보다 앞서 쇠네러와 뤼거가 했던 것과 같은 방식으로 고전적 요소와 미래적 요소를 혼합했다. 세 지도자 모두 사회 정의라는 명분을 지지했고, 그것을 자유주의의 실패에 대한 자신들의 비판의 핵심으로 설정했다. 세 사람 모두 이 현대적 열망을 고풍스러운 공동체적 전통에 결부시켰다. 쇠네러는 독일 부족의 전통에, 뤼거는 중세 가톨릭의 사회적 질서에, 헤르츨은 디아스포라 이전의 이스라엘 왕국에 결부시킨 것이다. 세 사람 모두 각자의 이데올로기 속에서 '전진'과 '후진'을, 기억과 희망을 연결시켰고, 그럼으로써 불만족스러운 현재가 산업자본주의의 희생자인 추종자들, 수공업자와 야채 상인, 게토 거주자들과 행상인들을 삼켜버리기 전에 그 현재를 포위해버렸다.

헤르츨이 자신의 구원 임무의 대상일 뿐만 아니라 주된 동력의 원천이라 여기고 관심을 가진 대상은 하층계급 유대인이었지만, 우선은 부유하고 영향력 있는 유대인들에게 지원을 구했다. 유대인 사회에서 자신의 행동을 정당화할 명분으로서 그는 이교도 세계에서 유대인들이 내세우는 명분과 동일한 결론을 제시했다. 즉 "현재와 같은 세계에서는 (…) 힘이 정의에 우선한다"는 것이다.[104] 유대인 사회의 지도적인 자선가—히르시 남작, 로트실트 가문—에게 협력을 청하는 것은 헤르츨이 볼 때 1895~1896년에 그가 직면한 힘의 문제를 해결하기 위한 논리적인 첫 단계였다. 프러시아가 거둔 성공의 환상이 또다시 그의 눈앞에서 춤을 추었다. "나는 히르시에게 갔고 로트실트에게

● 시오니즘 운동이 실제로 채택한 깃발은 하양 바탕에 푸른 줄 두 개와 다윗의 별이 그 사이에 그려진 깃발이었다. 이는 고대의 기도 수건인 탈리스tallith를 변형시킨 디자인이다.

갔다. 마치 몰트케가 덴마크에서 프러시아로 간 것처럼 말이다."[105] 그는 히르시와 "모든 유대인 거물을 모자 하나 안에 모으기"를 원했다. 자신의 엑소더스를 정치적으로 조직할 기관인 유대인 협회Jewish Society의 운영위원회에 그들을 집어넣고 싶었던 것이다. 한편으로 헤르츨은 자신이 "로트실트와 유대인 거물들에게 역사적 임무를 부여하고 있다"고 느꼈다고 솔직하게 털어놓았다. 다른 한편으로는 그들이 협력하기를 거부한다면 그는 그들을 때려눕힐 작정이었다. 1895년과 1896년, 열에 들뜬 그의 영혼에서는 폭력 보복의 환상이 희망과 함께 날뛰고 있었다. 설령 헤르츨이 새로운 조성의 정치가 은연중에 조장하는 폭력에 실제로는 호소하지 않았을지라도, 로트실트와의 관계에 대해 설명할 때 그는 마음속에 그렇게 하고 싶은 유혹이, 감언이설과 공갈협박의 기묘한 혼합물이 있었음을 분명히 드러냈다. 그는 가족회의에서 이렇게 말하곤 했다. "나는 모든 선한 자원자를 환영하고—우리는 단합해야 한다—나쁜 자들을 쳐부술 것이다." 헤르츨은 로트실트 등이 나쁜 자에 속하는 것으로 판명되면 '분노의 폭풍'을 터뜨려 거리 시위를 벌이겠다고 위협했다. 그들이 협력한다면 로트실트의 재산을 구해주겠지만 '그 반대가 될' 수도 있다.[106] 만약 히르시가 자신이 보낸 비밀 서한을 공개해 자신을 배신한다면 그는 "그 때문에라도 그를 때려눕힐 것이며, 그를 반대하는 광기를 풀어놓고 팸플릿을 써서 그를 파멸시킬 것"이라고(때가 되면 그에게 이렇게 말하겠다고) 헤르츨은 말했다.[107] 심지어 헤르츨은 자신의 정치적 열정을 두루뭉술하게 표현한 『유대 국가』에서도 '유대인 운동에 반대하여 싸우려고 시도하는' 부유한 유대인들을 향해 "우리를 괴롭히는 다른 모든 사람에게 대항할 때와 같이 우리는 그런 투쟁을 가차 없이 완강하게 시행할 것"이라며 삼엄하게 경고했다.*

적대하는 엘리트들에 대한 대중적 원한의 수문을 열어놓겠다는 위협 외에도 개종 시기의 헤르츨이 반유대주의 지도자들과 공유한 정치적 특성이 한 가지 더 있었다. 즉 유도된 위기가 갖는 잠재력에 대한 믿음이 그것이다. 1893년에 그는 반유대주의에 대항하는 방어 협회Society for Defense against Anti-Semitism가 내는 잡지의 합리적이고 '교훈적인' 접근 방식에 대해 거부했다. 잡지란 '행동으로 보여주는 위협'을 담고 있을 때에만 효과적일 수 있다는 것이 거부 이유였다.[108] 1895년이면 그는 "천 명의 온건한 사도보다 가공스러운 위력을 지닌 폭탄을 발명하는 한 사람이 평화를 위해 더 많은 일을 할 수 있다"며 스스로의 확신을 다짐했다.[109] 한 친구가 엑소더스를 위해 유대인을 조직하려는 시도가 새로운 학대를 유발할지도 모른다며 반대했지만, 헤르츨은 그들이 자신의 폭탄이 되어주리라고 느꼈다. "바로 이 우려는 내가 기본적인 요점에서 얼마나 옳은지를 보여준다. 내가 이것을 시급한 문제로 제기할 수만 있다면 그것이 바로 내가 처리해버릴 유일하게 유효한—가공스러운 수단을 제외하면 유일한—권력 수단일 것이다."[110] 그러므로 유대인을 유럽에 묶어두고 있던 족쇄를 풀어놓는 과정에서, 그가 최근에 들어서야 타인들에게서 발견하고 두려워하게 된 대중적 비합리성은 그 또한 자신의 명분을 위해 활용할 수 있는 가능성일 뿐만 아니라 아주 유망한 것으로 보일 때도 있었다. 제대로 촉발되기만 한다면 가장 뒤떨어진 유대인도 "계몽된" 상류계급 동포의 저항감을 깨뜨리는 수단이 될 수 있었다. 설사 그것이 민족 학살 유발이라는 간접적인 방식을 통하더라도 말이다. 헤르츨이 그런 생각을 거의 하

● 이 경우 헤르츨이 구체적으로 제시한 가치 없는 수단이란 유대인 중산계급을 조직해 합동은행을 설립한다는 계획이었다. 이 위협은 비록 헤르츨이 그 사건에 대해 알고 있었다는 증거가 없지만, 로트쉴트 가문에 대항하여 조직된 페레르 형제의 크레디 모빌레에 은행을 떠올리게 한다. 이 방법 외에도 그는 유대인과 반유대주의자들에게서 공공 기금을 모아 유대인 금권 지배에 맞서 싸우려고 했다. Cf. Theodor Herzl, *Der Judenstaat*(제9판, Vienna, 1933), p. 64.

지는 않았겠지만, 와해되는 자유주의 유럽에서 유대인을 구원한다는 새로 발견한 임무가 주는 열정 속에서 그런 생각이 떠오르더라도 더 이상 그 때문에 경악하게 되지는 않았다.

만약 동화된 유대인 사회의 지도자들이 협력했더라면 그의 과업이 상당히 쉬워졌겠지만, 그들은 헤르츨이 자유주의자 유대인들의 꿈에 제기한 도전에 대해 그 어떤 이교도보다도 더 심하게 원망하고 저항했다. 따라서 그들은 당연히 그가 품은 공격적 환상의 과녁이 되었다. 새로운 조성으로 진행되는 정치에서의 개척자는 모두 자신들이 출현한 자유주의적 매트릭스에 반대하는 반란자이므로, 자신들이 절대로 타협하지 않을 명분에 가장 가까이 있는 자유주의자를 각자의 특별한 원수로 삼는다. 쇠네러에게는 게르만 민족주의 자유주의자들이 독일인 가운데 가장 심한 배신자이며 자유주의자 가운데 가장 위험한 족속이었다. 뤼거에게는 무기력하지만 기반은 든든한 자유주의 가톨릭교도가 가톨릭-사회주의적 쇄신을 가장 강하게 가로막는 장애물이었다. 헤르츨에게서도 마찬가지였다. '계몽된' 자유주의자 유대인들은 한편으로는 그 자신도 속했던 지적·사회적 계급이었지만, 또 한편으로는 유대인으로서 그들 자신의 문제를 인정하기를 맹목적으로 거부했다. 자유주의, 그것이 바로 적이었다! 세 지도자는 각각 그 세 공동체의 대중을 조직하기를 원했지만, 그곳의 지도자 집단 내에서는 자유주의가 계속 살아 있다는 사실이 그 세 공동체가 추구하는 새로운 정치에서 가장 큰 문제였다. 쇠네러는 무엇보다도 먼저 게르만계 자유주의자를 무너뜨려야 했고, 뤼거는 가톨릭 자유주의자를 무너뜨려야 했다. 마찬가지로 헤르츨은 제일 먼저 유대인 자유주의자들과 싸웠다. 하지만 각 경우에, 새로운 급진파는 일단 오스트리아가 아니라 각각의 공동체 내에서 국제적으로 인정받는 권위 있는 인물을 내세워 자유주의 지도자를 끌어내리려고 했다. 쇠네러는 비스마르크의 지원을 받고자 했다. 뤼거는 교황의 도움을 청했다. 헤르츨은 히르시와 파리의 로트실트에게 갔다. 세 사람 모두 실패했다. 세 사람 모두 자유주의자들이 공동체 속에 여전히 남아 있을 뿐만 아니라 자신들이 호소했던 최고의 외적 권위의 지지도 받지 못한 상태에서 새로운 공동체를 조직했다.

헤르츨과 그의 적들 사이의 차이는 공동체 외부에 있는 최고 권위자를 존경하고 그에게 의존했다는 데 있었다. 부분적으로는 전략적인 의존이기도 했다. 유대인 문제를 민족적인 것으로 만든다는 것은 그것을 국제적 차원에서 해결한다는 의미를 담고 있다.[111] 기억하겠지만, 헤르츨은 기자일 때에도 바데니 장관에게서 '대사처럼' 대우받기를 원했으며, 이제는 스스로 그런 인물이 된 것처럼 행세했다. 그는 유럽의 지배자들을 자기편으로 끌어들이기 위해 교묘하고 끈질기게, 온갖 연줄을 꾸준히 활용했다. 그는 차르와 교황, 독일 황제, 술탄과 교섭하려 했지만, 마지막 두 사람에게는 접근하지 못했다.[112]

뤼거가 오스트리아 귀족 및 바티칸과의 관계에서 그랬던 것처럼, 헤르츨이 공작들과 맺은 관계는 그의 적인 중산계급 상류층의 동화주의자를 포위하는 양면 작전의 한쪽 팔이 되어주었다. 다른 쪽 팔은 게토와 동유럽 유대인 사회였다. 히르시 남작이 죽은 날인 1896년 4월 21일의 날짜가 기록된 일기에서 헤르츨은 전략적으로 중대한 변화를 구상했다. "이상한 날이다. 히르시는 죽고 나는 공작들과 관계를 맺었다. 유대인 문제에서 새로운 장이 시작된다."[113] 다음 날 헤르츨은 동전의 양면, 즉 빈민 대중과의 관계에서 거둔 탁월한 성공에 대해 기록했다. 히르시는 부자였기 때문에 빈민들과의 관계에서 성공을 거두지 못했다. "나는 같은 문제에 다르게 대처했다. 그리고 내 방식이 더 낫고 더 큰 위력을 지닌다고 믿는다. 돈이 아니라 사상으로 그 문제에 접근했기 때문이다."[114] 자선慈善은 이제 정치에 굴복해야 하고, 소소한 이민 시도는 유대인을 위한 독립 국가 설립에 복속되어야 한다. 헤르츨은 이렇게 썼다. "유대인은 히르시를 잃었다. 하지만 그들에게는 내가 있다."**115** 왕은 죽었다. 왕 만세.

헤르츨은 왕이 되지는 않았지만, 청년 시절부터 자신의 특징이던 냉철하고 귀족적인 태도를 제왕의 수준으로 가꾸어나갔다. 우월감의 표시인 오만한 분위기에, 대중적 효과를 발휘하는 온갖 연기적 차원을 털끝 하나 어긋나지 않게 꼼꼼하게 가다듬는 지도자 앞에서 동조자들은 최면에 걸린 듯했고 적들은 분노했다. 스스로 유대인의 비스마르크라고 느꼈던 그는 추종자들의 눈에는 곧 다윗 왕이었다. 민족국가에 대한 현대적 전망이 고대의 종교적 꿈을 충족시킴에 따라 그의 노련한 서유럽식 태도는 동유럽의 게토 유대인들의 마음에서 다윗 왕이나 모세의 전형을 상기시켰고 그런 인상을 강화했다.

바젤에서 열린 1차 시오니스트 총회(1897년 8월)는 하층계급으로부터 최대한의 반응을 끌어냈다. 헤르츨이 상류계급적인 형식을 갖추려고 광신에 가까울 정도로 신경 쓴 결과였다. 그는 원래 예약했던 맥주홀이 장엄한 무대가 되기에 부족하다는 이유로 마지막 순간에 바젤의 우아한 시립 카지노로 회의장을 바꾸었다. 그는 모든 대의원에게 정장을 입고 개회식에 참석하라고 강권했다. 그는 막스 노어다우Max Nordau에게 옷을 바꿔 입으라고 강요하면서 이렇게 말했다. "민중은 이 회의를 가장 훌륭하고 가장 엄숙한 행사로 여기는 데 익숙해져야 한다."**116**

현대적 미장센에 쏟은 그의 꼼꼼한 정성이 발휘한 효과는 야시Jassy 게토에서 온 늙은 장로인 의장이 개회사를 하고 두서없는 회고사를 한 뒤 절정에 이르렀다. 그는 자리에서 천천히 일어나 연단으로 걸어갔다. 시오니스트 작가인 벤아미Ben Ami는 그의 침착한 태도가 준 효과에 대해 이렇게 회상했다.

그는 더 이상 우아한 빈의 헤르츨 박사가 아니었다. 그는 무덤에서 일어나서, 전설에서처럼 장엄하고 아름다운 모습으로 우리 눈앞에 나타난 다윗 왕의 고귀한 후예였다. 모든 사람은 마치 역사적 기적이 일어난 듯한 감동을 받았다. 또 사실 여기서 벌어지고 있는 일이 정말 기적이 아니었던가? 15분 동안 폭풍우 같은 환희의 외침과 박수와 열광적으로 흔들리는 깃발의 소용돌이로 (회의장이) 뒤흔들렸다. 우리 민족의 2000년간의 꿈이 달성되려는 듯했다. 마치 메시아, 다윗의 아들이 우리 앞에 서 있는 것 같았다. 더할 나위 없이 강한 욕망이 나를 사로잡아 이 폭풍우 치는 환희의 바다를 뚫고 외치게 만들었다. "예히 하멜레크! 왕 만세."[117]

이 사람이 정말로 "더 이상 우아한 빈의 헤르츨 박사가 아니"었을까? 전혀 그렇지 않다. 그는 여전히 슈니츨러가 한때 지독히도 부러워했고 이제는 알키비아데스와 카이사르, 디즈레일리영국의 정치가로 빅토리아 시대의 번영기를 지도해 전형적인 2대 정당제에 의한 의회정치를 실현했다와 라살레독일의 사회주의자로 노동운동 지도자로 활약했다의 노선을 이은 카리스마적인 정치가로 등장한 그 멋쟁이였다. 뒤떨어진 유대인에 대해 헤르츨이 느꼈던 경멸과 진정한 동정심의 혼합, 바로 그것이 그가 발휘하는 호소력에 도움이 되었다. 대중은 그의 연인이자 거울이었다. 그가 소피아의 시나고그유대교의 예배당에서 실수로 제단에 등을 돌리자, 회중의 한 사람이 이렇게 소리쳤다. "당신은 제단에 등을 돌리고 서도 됩니다. 당신이 토라Tora 가르침, 지시, 율법이라는 의미의 단어. 유대교의 율법적, 윤리적 기반이 되는 문서로 양피지 두루마리의 형태로 전한다보다 더 신성하니까요!" 소피아 정거장에서 그는 '총통' '하일' '이스라엘의 주'라는 외침으로 환영받았다.[118] 친구도 적도, 프로이트나 슈테판 츠바이크Stefan Zweig, 카를 크라우스Karl Kraus처럼 가장 교양 있고 유럽화된 유대인들도 그의 고결하고—거의 성직자에 가까운— 제왕적인 개성의 영향력을 감지했다.[119] 열광자들뿐만 아니라 냉소하는 이들도 사용했던 '유대인의 왕'이라는 호칭은 헤르츨이 빚어낸 정치적 효과와 현대의 대중정치가 갖는 고풍적인 성격의 진실을 말해준다.[120] 또다시 정치에 대한 호프만슈탈의 공식이 떠오른다. "정치는 마술이다. 심연에서 그 힘을 깨워 일으킬 줄 아는 사람, 대중은 그를 따를 것이다."[121]

'부활한' 구세주 왕으로서 헤르츨이 카리스마적 위력을 지닌다고 해서 우리가 그의 목표와 방법에 스며 있는 현대의 중산계급적 요소를 간과해서는 안 될 것이다. 그가 팸플릿 『유대 국가』에서 구상한 유대 국가에서 유대적 성격은 흔적도 없다. 거기에는 공통의 언어가 없을 것이고, 있다 하더라도 결코 히브리어는 아니다. "어쨌든 우리는 서로에게 히브리어로 말할 수는 없다. 우리 가운데 그 언어로 기차표를 달라는 말을 할 만큼 히브리어를 많이 아는 사람이 있는가? 그 언어에는 기차라는 단어가 있지도 않다."[122] 새 국가는 '언어적 연방체'가 될 것이고, 그 속에서 구성원은 각기 서로 좋아하는 언어, "우리가 강제로 축출된 나라, 즉 각자의 조국의 언어로 말할 것이다." 다만 '불구가 되고 억압된 게토의 언어'이며, '강도당한 죄수들의 언어'인 이디시어Yiddish 고지 독일어에 히브리어와 슬라브어 등이 섞여 만들어진 동유럽 거주 유대인들이 쓰는 언어는 포기된다. 교양 있는 국제주의자의 낙원에 그런 굴욕의 표지가 살아남아서는 안 된다.[123] 종교 역시 자기 위치를 지켜야 한다. 성직자들의 '신정주의적 의고체'는 살아나지 않을 것이다. "신앙이 우리를 한데 묶고 과학은 우리를 자유롭게 한다." 성직자는 존경을 받겠지만, 자유로운 사유에 바쳐진 국가에서 말썽을 일으키면 안 되므로 군대가 병영에 한정되듯이 사원에만 한정된다.[124]

헤르츨이 구상하는 약속의 땅은 그 모든 특징을 검토해보면 사실은 유대인 유토피아가 아니라 자유주의 유토피아였다. 유럽에서 실현될 수 없는 동화라는 꿈이 시온에서 실현될 것이고, 헤르츨이 유년 시절부터 꿈꿔온 귀족

신분과 명예를 유대인이 갖게 될 것이다. "유대인 아이Judenjungen가 청년 유대인junge Juden이 될 수 있도록." 헤르츨은 이 말로써 유대 국가의 목표와 기능을 간명하게 선언했다. 그렇게 되면 여러 세기에 걸친 억압 속에서 유대인들에게 계속해서 요구되었던 일, 소위 유대적 특징을 극복하는 일이 가능해질 것이다. 새로운 사회는 평등한 사회가 아니라 계층화된다. 하지만 그것은 젊은이들의 노동 여단旅團을 통해 '완전한 군대식' 노선으로 조직되고, 선불과 연금과 매력적인 생활 여건 및 노동 여건을 통해 일반 노동자들이 규율 바르고 정의롭게 존엄성을 유지하도록 양성될 수 있는 계층 사회일 것이다. 그곳에는 아이들이 다니는 '우애 있고 밝고 건강한 학교'가 있으며, 이들은 노동자 교육을 계속하고 젊은이들을 위한 노동 서비스를 담당한다.[125] 법률, 노동, 교육―모두 유럽의 자유주의 세계관의 근본을 이루는 것들―은 쇠퇴하는 유럽을 그냥 내버려둔 채, 이제껏처럼 그것이 가져다주는 축복에서 유대인들을 배제하거나 배척해왔던 제약 없이 다시 등장할 것이다. 헤르츨의 시온은 현대 자유주의 유럽의 문화를 환생시켰다.

당대의 오스트리아 자유주의에 대한 헤르츨의 끈질긴 충성심은 그의 프로그램에 넘치도록 들어 있는 친영파적 요소에도 반영되어 있다. 새로운 유대인은 운동가와 신사가 될 것이다. "젊은이(빈민까지도)는 크리켓, 테니스 등의 영국식 경기를 배운다." 헤르츨은 호프만슈탈이나 그의 친구들처럼 영국식 기숙학교를 모방할 생각을, 적어도 일시적으로는 한 적이 있다. '산속에 있는 리세lycées 프랑스의 대학 진학자를 위한 중등학교'가 그것이다.[126] 엑소더스를 완수하고 유대 국가를 건설할 두 기관에 헤르츨은 영국식 이름을 붙였다. 유대인 협회Jewish Society란 유대인을 정치적으로 인도할 법인체이며, 운동을 조직하고 원시적 정부로서 유대인들을 대표하며, 궁극적으로는 국가 창립의 담당자 역할을 할 것이다. "유대인 협회는 유대인들의 새로운 모세다." 이 기관은 영국을 중심으로 하고 대표적인 영국 유대인들로 구성되는, 집단적인 영국식 모세다.[127] 경제 분야에서 이와 유사한 기관인 유대인 회사Jewish Company 영국의 동인도 회사the East India Company와 같은 방식의 명명법는 기업을 대리하는 역할 및 이주자들을 위한 재정 관리자 역할을 하게 된다. 헤르츨은 그것을, "그러니까 유대식 차터 회사a Jewish Chartered Company를, 부분적으로는 거대한 영토 확장 회사를 모델로 하여" 구상했다. 그 본점은 런던에 둘 예정이었다. "왜냐하면 회사는 현재 반유대주의가 아닌 정권의 보호 하에 있어야 하기 때문이다."[128] 장래의 유대인 사회의 질서를 위해 그는 정치적으로 효율적이고 책임성 있는 귀족 제도인 영국식 이상형과 같은 것을 계속 염두에 두었다. 그가 견지하는 원칙은 항상 "정치는 하향식이어야 한다"는 것이었지만, 그가 생각하는 계급은 폐쇄적이지 않고 오스트리아 귀족 제도처럼 유동적인 것이어야 한다. 새 국가에서는 "위쪽으로 빨아올리는 강력한 흡인력"이 길러져야 한다. "모든 위대한 인간은 우리 중 귀족이 될 수 있어야 한다"고 헤르츨은 썼다.[129] 따라서 그 자신은 아마 미처 깨닫지 못했겠지만, 헤르츨이 구상하는 자기 나라는 과거 영국 휘그당에 영감을 준 모델인 베네치아의 요소를 다분히 지닌 '귀족제 공화국'이 되었다.[130]

영국이나 오스트리아에서나 대부분의 유대인 지도자가 자신을 거부하자 헤르츨은 대중 쪽으로 돌아섰다. 결국 성공하지 못했지만, 그런 지도자 한 명과의 만남을 앞두고 있던 어느 날 그는 친구에게 이렇게 말했다. "이스트엔드East End 19세기와 20세기 초반까지 공장이 주로 모여 있던 런던 동부의 하층민 거주지를 조직해주게."[131] 1896년에 헤르츨은 그곳에서 열광적인 반응을 얻었다. 그는 '귀족제 공화국'을 조직하는 편을 선호했지만, 영국의 유대인 지도자들에게서도 신통한 지원을 얻지 못하자 '민주적 군주제'로 나아가는 과정을 밟지 않을 수 없었다. 헤르츨은 엘리트층을 포기하면 자신의 힘은 더 커지고 자신의 메시아적 역할이 더 높아진다는 것을 알고 있었다. 그는 게토 유대인들이 보여주는 사랑은 그들이 자신의 본성을 모르기 때문이라고 보았다. 하지만 그것은 그에게 광휘를 부여했고, 자신의 임무 수행을 위해 필수적인 후광을 제공했다. 런던 노동자들에게 한 연설에서 그는 이렇게 말했다.

나는 나에 대한 전설이 커지는 것을 보고 들었습니다. 사람들은 감상적입니다. 대중은 명료하게 보지 않습니다. 어슴푸레한 빛이 내 주위에서 부풀어 오르고 있으며, 그것은 나를 태우고 앞으로 나아가게 해줄 구름이 되겠지요. 아마 내가 일기에 기록하는 일 가운데 가장 흥미 있는 것은 나에 관한 전설이 어떻게 커지는가 하는 일이겠지요. (…) 나는 그들(대중)의 신뢰와 사랑에 더욱더 잘 어울리는 사람이 될 결심을 굳게 하고 있습니다.[132]

마치 그가 평생 간절히 들어가고 싶어했던 귀족계급에 최하층 유대인들까지도 받아들이고 싶어한다는 사실을 먼저 그 자신에게, 그다음으로는 자신의 종족에게 증명이라도 하듯, 헤르츨은 이스트엔드 유대인들의 시오니스트 조직을 '팔레스타인 기사단The Knights of Palestine'이라 부르자고 제안했다.[133] 유대인 게토 거주자들은 기독교의 평신도 기사단이 가진 낭만적, 봉건적 역할을 집단적으로 떠맡음으로써 동화주의자들의 낙원을 조직하게 되었다. 자유주의 이후 대중정치의 탄생에서 귀족 환상이 이보다 더 선명한 역할을 맡은 사례는 찾아보기 힘들 것이다.

로제나우의 기사와 아름다운 카를처럼 헤르츨은 공동체적 미래를 향한 갈망을 충족시키기 위해 경애하는 과거의 원천을 건드림으로써 자신의 추종자들을 와해되는 자유주의 세계에서 이끌고 나왔다. 헤르츨이 이교도 사회에서 새로운 조성의 정치가 낳을 결과가 유대인에게 가할 위험에서 그들을 구해내기 위해 바로 그 새로운 조성의 정치를 지지해야 했지만, 그렇다고 해서 적들과 공유했던 그의 유사성이 사라지지는 않는다. 그들은 각각 나름대로의 방식으로 오스트리아 자유주의 문화, 합리주의 이전의 사회질서의 기억을 여전히 소중하게 간직하고 있는 주민들의 마음은 만족시킬 수 있었지만 그들의 영혼을 배고프게 만든 문화의 반항적인 자식이었다.

04

프로이트의 『꿈의 해석』에
나오는 정치와 부친 살해

최고 권력을 내 뜻대로 할 수 없
다면 나는 지옥을, 아케론 강물
을 휘저어놓겠다.

베 르 길 리 우 스

오이디푸스 이야기에서 인간 조건을 이해하는 열쇠를 찾아낸 수수께끼 해결자는 장난을 좋아하는 사람이기도 했다. 마흔다섯의 나이로 드디어 조교수직에 임명되자, 그때까지도 무명이던 프로이트 박사는 이 소식을 한 친구에게 알리면서 짐짓 신문 기사 같은 투로 말했다.

대중의 열광은 어마어마하다. 축하와 화환이 계속 쏟아져 들어오고 있다. 황제 폐하께서 갑자기 성性의 역할을 인정하기라도 한 것일까. 아니면 『꿈의 해석』이 각료 회의에서 인정되었다든가, 히스테리에 대한 정신분석 치료 요법의 필요성이 의회에서 3분의 2 이상의 다수결로 지지되기라도 한 것일까?[1]

아주 빈 사람다운 유쾌한 환상이다. 정치권력이 에로스와 꿈 앞에 무릎을 꿇는다니.

"농담 속에 문제점이 숨겨져 있다." 장난기 어린 위의 발언이 있기 2년 전 출판된 『꿈의 해석Die Traumdeutung』에서 프로이트는 꿈의 문제를 이해하는 제1원리를 천명했다. 그것은 '꿈은 소원의 실현이다'라는 원리였다. 위의 글을 쓴 1902년에 그는 이 원리가 농담에도 똑같이 해당된다는 것을 증명하기 위한 증거 자료를 모으고 있었다. 그는 이렇게 덧붙였다. "때로 농담은 문제의 해결책까지 밝혀주기도 한다."[2]

임명되는 순간 프로이트는 그저 목표를 달성했다는 만족감에 겨워 다리

뻗고 앉아 있지는 않았다. 그는 오히려 자유롭게 환상을 펼쳐 상상 속에서 더 넓은 낙원을 만들어냈다. 자신의 비정통적인 에로스의 과학을 지지하기 위해 질서정연하게 단합한 의회가 제안할 정책을 장난스럽게 설계하기도 했다. 그가 상상한 의회, 그러니까 3분의 2의 다수결로 히스테리의 심리치료 요법의 필요성을 선언하기 위해 소집된 의회란 물론 당시 정치 현실과는 정확히 반대였다. 1902년의 오스트리아 의회 자체가 정치적 히스테리의 심연에 빠져 있었고, (3분의 2는커녕) 무슨 법안이든 제정하기 위해 필요한 단순 과반수조차 얻을 수 없었다.

정치의 마비 증상이 1902년에 프로이트의 가장 큰 관심사였다고 볼 필요는 없다. 그의 걱정거리는 그보다 더 구체적이면서 덜 구체적이기도 했다. 즉 정치 시스템 전반과 그에 포함되는 학계의 요인들 및 그들의 작업 결과와 어떤 관계를 맺어야 하는가가 그의 마음을 갉아먹고 있었다. 이 점에서 그의 농담은 정치권력을 무릎 꿇리고 싶다는 소원의 실현이었다. "농담 속에 문제뿐만 아니라 해결책도 들어 있다." 프로이트의 장난에서는 정치권력이 전도되거나 해체되는 것이 아니라, 오히려 기적적인 조화를 이루며 그의 이론의 타당성을 다함께 인정한다는 점에서 통일되어 있다. 이렇게 해서 프로이트는 환상 속에서 정치에 대한 승리를 축하했다. 정치란 그가 젊은 시절 가장 큰 기대를 품었으며 성인이 된 후에는 그 때문에 가장 시달렸던 인간사의 한 측면이었다.

신임 교수가 즐겁게 자신의 승리를 알린 바로 그 편지에서는 의혹과 죄책감의 뉘앙스도 느껴진다. 프로이트는 자신의 입장을 강하게 내세웠더라면 이 교수직을 좀더 빨리 얻었을 수도 있었을 거라고 생각했다. 그는 친구인 빌헬름 플리스Wilhelm Fliess에게 이렇게 말했다. "4년씩이나 나는 그것에 대해 한마디도 하지 않았다." 『꿈의 해석』을 완성한 뒤에야 그는 자신의 상관들에게

'적절한 조처를 취하기'로 결심했다. 그러나 그렇게 하는 과정에서 그는 도덕적 딜레마에 맞닥뜨렸다. 즉 권력자의 비위를 맞추기를 거부하는 '나의 엄격한 도덕관에 위배된다'는 문제였다. 자신은 학계에서 마땅히 인정받을 만한 자격이 있다고 여기고 그것을 얻기 위해 상급자들을 설득하는 상식적인 방법을 택했지만, 그는 자신이 얻은 성공이 죄책감에 물들어 있음을 알았다. 그가 볼 때 교수직에 오르는 것에는 일장일단이 있었다. 한편으로는 자신의 상식이 승리했지만, 다른 한편으로 보면 그것은 가증스러운 권력에 대한 굴복이었다. "나는 새로운 세계가 돈에 의해 지배되는 것과 똑같이 낡은 세계는 권력에 의해 지배된다는 것을 알게 되었다. 나는 처음으로 권력에 허리를 굽혔다."[3]

따라서 프로이트의 장난스러운 환상 속에서는 그의 교수직 임명이 정치적 승리로 승격되었지만, 그의 의식은 그것을 도덕적 범죄로 끌어내렸다. 이처럼 오랫동안 고대해오던 직업적 성공의 순간에 환상과 의식이 보인 상반된 반응의 배후에는 오스트리아의 사회−정치 현실과 프로이트 사이의 평생에 걸친 투쟁, 즉 과학자이며 유대인으로서, 또 시민이자 아들로서의 투쟁이 놓여 있다. 『꿈의 해석』에서 프로이트는 이 투쟁을 내적·외적으로 가장 완전하고 개인적인 발언으로 만들었으며, 그와 동시에 인간 경험에 대한 세기적 해석을 만들어냄으로써 그 투쟁을 뛰어넘는다. 이것과 비교하면 정치도 정신적 힘의 덧없는 표현 형태 하나에 불과한 것으로 축소되어버린다. 나는 그 책에서 정신분석학의 기원에 있는 반反정치적 요소를 조명해줄 재료 몇 가지를 끌어내고자 한다.

1

『꿈의 해석』은 그 저자의 이성과 감정에서 특별한 위치를 차지했다. 프로이
트는 그것을 자신의 업적 전체의 주춧돌이 되는 가장 중요한 과학적 작업이
며, 개인적으로는 자기 자신이 고통스러운 삶을 새롭게 마주할 수 있는 힘의
근원을 명료하게 파악하게 해준 저작으로 여겼다. 이 저작의 구조 자체가 이
러한 이중적인 성격을 반영한다. 그 표면적인 조직을 보면 과학 논문이라는
기능이 주가 되어 있다. 각 장과 절이 꿈과 그 해석의 한 측면씩을 체계적으
로 해설하는 방식이다. 이러한 과학적 구조에 프로이트는 공공연하게 개인적
인 내용을 종속시키고, 꿈과 그것을 구성하는 기억을 그저 "꿈-해석의 규칙
을 예시하는 재료"로서만 지칭했다.[4] 하지만 좀더 면밀하게 들여다보면 이 저
작이 지닌 두 번째의 더 깊은 구조가 드러난다. 그 구조는 저자가 꾼 하나의
꿈에서 시작해 다음 꿈으로 이어지면서 개인 역사의 불완전하지만 자율적인
하위 플롯을 구성한다. 성 아우구스티누스가 『고백록』을 『신국』 속에 엮어 넣
는다거나, 루소가 『고백록』을 『인간 불평등 기원론』의 부수적인 플롯으로 통
합시킨다고 상상해보라. 프로이트가 『꿈의 해석』의 구조를 엮어나가는 과정
이 바로 그런 식이다. 과학 논문 스타일의 눈에 보이는 구조에서 그는 독자
들을 위쪽으로, 체계적인 장들을 따라 인도해 심리학적 분석의 더 복잡한 영
역으로 이끌고 간다. 눈에 보이지 않는 개인적인 서술에서는 독자를 아래쪽
으로, 중요한 꿈들을 차례로 이으면서 그 자신의 파묻힌 자아의 지하층 후미
진 곳으로 끌고 간다.

역사가라면 틀림없이 두 번째 모색인 '잃어버린 시간을 찾아서'에 특별한
흥미를 느낄 것이다. 꿈이 소개되는 순서를 그저 따라가기만 해도 우리는 심
리고고학적 발굴의 지층으로 세 가지가 있음을 알게 된다. 전문적, 정치적,

개인적 지층이 그것이다. 이 지층들은 각각 프로이트의 생애에서의 단계와 느슨하게 대응되는데, 『꿈의 해석』에서는 그 단계들이 역순으로 소개된다. 전문적 지층은 대략 그의 현재에 해당된다. 정치적 지층은 유년 시절과 어린 시절이며, 시간적으로나 정신적 공간 면에서나 가장 깊은 곳에 있는 개인적 지층은 갓난아기 때로 거슬러 올라가 그때의 경험이 아직 살아 있는 무의식 속으로 들어간다.● 그리하여 프로이트의 꿈은 그것을 따라 한 단계씩 본능의 영역으로 들어가게 해주는 아리아드네의 실꾸리 역할을 한다.

분명하게 구분되는 지층으로 배열된 꿈에서 등장하는 요소들은 프로이트 가 1890년대에 맛본 지독한 위기의 원인이기도 했다. 직업에 대해 말하자면, 경력 초반부터 그를 괴롭혀온 좌절감이 1895년경에는 거의 절망적인 고통 의 원인이 되어 있었다. 프로이트는 과학연구자가 되고 싶었지만 가난 때문 에 의사 개업을 해야 했다. 사실 그는 1885년 파리에서 연구할 연구원 장학 금을 쉽게 따냈으며, 강의와 연구의 임상 자료를 얻을 수 있는 대학 병원에 잠시 동안 취직한 적도 있다. 하지만 그가 1886년 이후 10년 동안 근무한 빈 소아 병원은 특권은 물론 연구할 기회도 거의 주지 않았다. 그 병원을 강의 를 겸하는 대학 병원으로 승격시키고자 했던 노력은 실패했다. 하지만 프로 이트가 겪어야 했던 가장 심한 분노는 교수직을 얻지 못한 일이었다. 그의 오 랜 대기 상태—당시 의과대학 교수가 되기 위한 대기 연한은 보통 8년이었지 만 그에게는 모두 17년이 걸렸다—는 그에게 지적 고립과 직업적 좌절, 그리

● 물론 꿈의 순서는 그 꿈들이 실제로 꾸어진 시간적 순서나 프로이트가 자가 분석을 행한 순 서도 아니다. 그 시간 순서를 다룬 연구로서 가장 토대가 되는 것은 Didier Anzieu, L'Auto-analyse(Paris, 1959)이다. 또 자기가 꾼 꿈을 프로이트가 『꿈의 해석』에서 포괄적으로 분석하는 것도 아니다. 그보다는 그 꿈들을 자신의 경험을 재구성해 자신의 삶과 자신이 연구하는 새로운 과학의 정당성을 입증해주는 유의미한 개인 역사를 만들어나가는 재료로 활용한다.

고 학계에서의 실패라는 사회적 불편함을 안겨주었다.[5]

그런데 프로이트의 직업적 좌절이 놓여 있던 더 넓은 맥락을 보면, 당시 현실에서는 거의 한순간도 정치적 위기가 끊이지 않고 끓어오르고 있었다. 19세기의 마지막 5년 동안, 오스트리아-헝가리 제국은 어떤 시인이 주장했듯이, '괴물들의 실험실이 되어버린 모형세계', 즉 유럽의 사회적, 정치적 해체의 실험실 노릇을 해주는 것 같았다.[6] 합스부르크 제국은 내부에서 솔기가 터져나가고 있었고, 유럽의 국제관계도 마찬가지였다. 수직적으로는 민족적 노선에서, 수평적으로는 계급적이고 이데올로기적 노선에서 해체가 진행되고 있었다. 1890년대 이전에는 자유주의 대 보수주의라는 고전적인 정치 세력 간의 경쟁이 중심에 있었다. 하지만 이제는 사회의 낮은 계층이 힘을 길러 구엘리트의 위력에 도전해왔다. 노동계급으로부터 사회주의가 솟아났고, 하층 중산계급과 농민들에게서 악질적인 민족주의와 기독교 사회주의가 발생했다. 1895년의 선거에서 빈이 카를 뤼거의 반유대주의에 함락된 것은 유대인이든 이교도이든 자유주의 문화의 신봉자들에게는 지독한 타격이었다. 그들은 인종적 편견과 민족적 증오심의 힘을 이성의 빛과 법률의 지배로 물리쳤다고 생각해왔는데, 이제 '진보의 세기'가 마지막 숨을 몰아쉬고 있는 이때 그것들이 가공할 위력으로 다시 등장한 것이다.[•][7]

지그문트 프로이트는 가족적 배경으로나 신념으로나, 민족적 친화감으로 보나 새로운 세력에게 가장 크게 위협받는 그룹인 빈 유대인 사회에 속했다. 정치적인 사람은(성향은) 아니었지만—아니, 더 정확히 말해 '이제는' 아니었지만— 프로이트는 오스트리아와 외국에서, 특히 드레퓌스 사건이 발생한 프랑스에서 신우익의 세력이 상승하는 과정을 근심스럽게 지켜보았다. 그는 카

● 이 책 50~53쪽, 226~228쪽 및 3장의 여러 곳을 볼 것.

를 뤼거를 혐오했고, 드레퓌스를 지지한 소설가 에밀 졸라는 그의 정치적 영웅이었다.[8]

굳이 어떤 정치적 입장을 갖지 않더라도 프로이트는 되살아나는 반유대주의 채찍의 위력을 얼마든지 느낄 수 있었다. 그것은 그가 이미 상처 입은 부위인 직업 문제를 건드렸다. 1897년의 위기가 있은 뒤에는 의학계의 교수진에 유대인을 임용하기가 더 힘들어졌다. 프로이트는 임용 대기 중인 또 다른 유대인 동료에게 한 고위 공무원이 보인 반응을 관료적 용어로, 냉소적인 말투로 에둘러 전했다. "현 상황으로 보건대, 지금으로서는 각하(문화상)께서 (…) 종파적인 고려를 (무시)할 위치에 있지 않으시다는 것은 의심할 바 없는 사실이다……."[9]

직업적, 정치적인 좌절에 대한 반응으로 프로이트는 물러나서 사회적, 지적 은둔 상태에 들어갔다. 그는 실제로 사회적 사다리를 내려갔다. 즉 그가 1880년대에 획득한 상류 중산계층이자 학계의 인텔리이던 지위에서 평범한 유대인 의사와 사업가가 속하는 단순한 계층으로 내려간 것이다. 그 계층원들은 그의 과학적 탐구를 지원하거나 증진시킬 수는 없지만 그에게 위협이 되거나 그를 좌절시키지도 않았다. 1897년에 프로이트는 아무런 의심 없이 한 인간으로 받아들여지고 아무런 문제 없이 과학자로 존경받을 수 있는 편안한 피난처를 찾아 유대인 우호 단체인 브내이 브리스B'nai B'rith 유대인 문화교육 촉진협회에 가입했다.[10]

하지만 프로이트의 외적 생활이 훼손될수록 그의 사상은 날개를 달고 더욱더 높이 날아올랐다. 그는 정신적 현상을 당시 과학이 깊이 파묻어둔 해부학적 토대로부터 분리시키기 시작했다. 신경증의 성적인 병인론病因論 같은 그의 발상이 보이는 성찰의 과감성 때문에 그의 직업적 승진을 지지해주어야 할 바로 그 사람들이 그를 점점 더 소외시켰다. 프로이트의 지적 독창성과 직업상의 고립은 서로 상승 작용을 일으켰다.

프로이트가 1890년대에 겪은 위기의 세 번째 차원은 아버지의 죽음을 중심으로 하는 개인적인 것이었다. 그의 평가에 따르면 아버지의 죽음은 '한 인간의 생애에서 가장 중요한 사건, 가장 비통한 상실'이었다. 이 발언이 일반 사람들에게는 얼마나 타당할지 모르지만, 프로이트에게는 사실이었다. 아버지가 죽은 1896년은 그 죽음으로 인해 다른 어려움이 더욱 커질 수밖에 없는 시기였다. 프로이트의 꿈과 그에 대한 분석은 아버지의 죽음에 관련된 그의 정신적 위기가 직업적 실패와 정치적 죄책감으로 인한 위기로 전개된 것임을 명백히 보여준다. 아버지의 유령을 내려놓기 위해 프로이트는 햄릿처럼 덴마크라는 나라에서 부패한 부분을 제거함으로써 정치의 우선성을 확인하거나(시민적 과제), 아니면 그것을 심리적 범주로 축소시킴으로써 정치를 중립화해야 했다(지적 과제).

2

이제 『꿈의 해석』으로 돌아가서 프로이트의 이러한 삼중의 위기와 그의 과학적 저작이 어떻게 관련되는지를 보기로 하자. 실질적으로는 이 책 본문의 첫 장인 2장에서 프로이트는 꿈이 소원의 실현이라는 기본적인 분석 원리를 개진한다. 그는 이 원리를 개진하기 위해 자신이 꾼 꿈 가운데 '이르마의 주사 꿈'이라는 것을 모델로 삼아 광범위한 분석을 진행한다는 사적인 방법을 택했다. 그것이 가진 수많은 차원을 잘 알고 있으면서도 프로이트는 여기서 이르마 꿈을 좀 좁게, 직업적 좌절과 자기 의심이라는 자신이 지고 있는 지옥의 첫 번째 순환 고리를 기준으로 해석한다.[11] 그의 독자들에게서 저항감이 가장 덜한 것이 이 순환 고리다. 그 책의 4장에서 프로이트는 첫째 원리를 계속 다듬고 재규정하여 다음과 같이 표현한다. "꿈은 억압된 소원의 은폐된 실현이다." 또다시 그는 이를 입증할 목적으로 자기 자신의 꿈인 '노란 수염을 기른 아저씨의 꿈'을 선택한다. 순진하고 무의미한 표면으로만 본다면 이 꿈은 아무 내용도 없다. 하지만 그것을 분석하자 정치 때문에 직업적 야망이 뒤틀린 데서 비롯되는 예상치 못했던 도덕적 결과가 프로이트에게 보였다. 그의 꿈 소원은 권력자가 자신의 직업적 좌절을 제거해주었으면 하는 것이었다. 그가 설명한 것처럼 그 꿈은 '장관의 지위에 오르기'를 원하는 정치적 소원을 담고 있다. 장관이 되면 경쟁자를 배제하고 자신을 교수에 임명할 수 있을 테니까 말이다.[12] 그 꿈은 유대인이 아닌 사람이 되거나, 유대인 중에서도 경쟁자를 제거할 권력을 갖고 싶다는 은폐된 소원도 노출시킨다. 여기서 정치적 야망은 직업적 실현의 수단으로 작용했다. 혹은 프로이트의 심리고고학적인 발굴 기준에 따라 분석적으로 판단한다면 정치적 소원이 직업적 소원 아래쪽에, 더 깊은 현실로서 놓여 있는 것이다.

잠재적인 정치적 소원을 담고 있는 '아저씨 꿈'을 지배하는 원리임이 발견된 왜곡의 원리를 설명하기 위해 프로이트는 정치적 유추를 도입했으며, 이는 적절한 판단이었다. 그는 꿈꾸는 자의 정신에서 꿈으로 나타난 사고dream-thought는 '권력자가 싫어할 진실을 말해주어야 하는 정치 문제 필자'와 동일한 문제 상황에 처해 있다고 주장한다. 검열이 심할 때 그 필자는 '(상대방을) 불쾌하게 만들 수 있는 자신의 발언을 뭔가 순진무구해 보이는 위장 뒤에 숨겨야' 한다. 프로이트는 현실에 통치자와 민중이라는 두 개의 사회적 권력이 있는 것과 똑같이 정신에도 두 개의 힘이 있다고 주장한다. "이 힘 가운데 하나는 꿈으로 표현된 소원dream-wish을 구성하며, 다른 힘은 이 꿈 소원에 검열을 가하고 그 검열 작용을 통해 소원을 표현하는 과정에 왜곡이 일어나도록 강제한다." 이러한 사회적 모델은 프로이트가 우리에게 "의식의 '본질적 성격'의 모습을 아주 결정적으로" 보여주는 유추의 기능을 한다.[13]

아저씨 꿈을 해명할 때와 마찬가지로 유추를 선정하는 문제에서도 우리는 1890년대의 정치 현실이 교수직이라는 이슈를 통해 프로이트의 정신생활에 침투해 들어온 양상을 볼 수 있다. 이르마 꿈을 분석하면서 프로이트는 개인적인 직업적 무기력감만을 독자들에게 보여주는데, 그것은 꿈의 명시적인 내용에서 쉽게 추론될 수 있다. 아저씨 꿈에서 그는 명시적으로 드러나 있는 내용의 불투명한 표면을 뚫고 들어가서 잠재적 형태로 들어 있는 정치적 내용을 발견했다. 아저씨 꿈의 배경을 열거하면서 프로이트는 자신의 임용을 가로막은 '종파적 고려'가 "나 자신에게 새로운 소식은 아니었지만 체념하는 기분이 더 심해지지 않을 수 없다"고 말했다.[14] 그는 아저씨 꿈의 분석이 우리에게 무엇을 알려주는지 분명하게 밝히지 않았다. 그것이 전하려는 메시지가 깨어 있는 동안은 정치적 체념의 태도를 기르라는 것인지, 꿈에서 재천명된 것처럼 반유대주의로부터 해방되고자 하는 소원인지도 분명하지 않다. 또 그나마도 '2차적 힘'의 위력, 즉 사회 현실을 대변하고 있는 검열 때문에 유대인의 운명을 해방시키고자 하는 꿈꾼 자의 소원이 왜곡되어, 유대인 친구와 동료들에 대한 명예훼손적인 공격으로 변해버리는 것이다.

광범위하게 분석된 세 번째 꿈(식물학 논문의 꿈)에서는 프로이트의 아버지가 두 가지 일화의 회상을 통해 무대에 등장한다. 그 일화는 아버지의 성격에 대해 전혀 좋은 이야기를 해주지 않는다. 한 일화에서 아버지는 어린 아들에게 책을 한 권 주면서 없애버리라고 한다. "교육적 견지에서 읽을 만한 책이 아니다!" 다른 일화에서는 아버지가 사춘기 아들에게 지나치게 비싼 책을 샀다고 꾸짖었다.[15] 아버지인 야코프 프로이트는 이처럼 미래의 과학자인 어린 지그문트를 좌절시키는 반지성적인 인물이라는 신통찮은 역으로 꿈의 책에 처음 등장한다. 이 역할은 좀 전에는 정치세계가 맡았던 것이다.

어린 시절에서 이 일화를 발견한 프로이트는 자신의 과학적 해설에 나오는 다음 문제, 즉 유아 시절의 경험이 꿈 생활에서 차지하는 중요성이라는 문제의 윤곽을 넌지시 알려주었다. 아이러니하게도 프로이트가 『꿈의 해석』에서 다루는 중요한 정치적 재료인 기억과 꿈의 대부분이 집중되어 있는 것은 '꿈의 원천으로서의 유아기 자료'라는 제목이 달린 5장이다. 그 자신의 '병적 야심'의 근원을 추적하다가[16] 프로이트는 어린 시절과 소년기 초반에 대한 기억의 문을 연 것이다. 그렇게 하자 정치라는 홍수가 밀려들어왔다.

인간의 행동이 그 어떤 보편적 행동 양식에 지배된다 하더라도, 어린 시절의 경험을 형성하는 것은 특정한 문화의 영향이다. 프로이트가 자신을 분석하는 과정에서 밝혀낸 영향 요인은 1860년대 오스트리아에서 새롭게 승리를 거둔 자유주의의 경험이었다. 그는 자기 아버지가 1867년에 새로운 자유주의 내각이 들어섰을 때 열광하던 기억을 되살렸다. "우리는 그들을 축하하기 위해 집에 불을 밝혔다." '현재의 우울한 기분에서 시민 내각의 시절에 가졌던 즐거운 희망으로' 거슬러 올라감에 따라 프로이트는 '모든 근면한 유대인 학생들이 장관들의 인적 사항 자료를 배낭에 넣어 다녔'던 일을 회상했다. 프라터에 있던 한 떠돌이 시인은 젊은 지그문트에게 그가 언젠가 내각 장관이 되리라고—부모는 기뻐했으리라고 짐작할 수 있다—예언했다.[17] 사실 김나지움 시절이 끝날 때까지도 프로이트는 정치적 경력으로 통하는 왕도인 법학을 공부할 계획—그의 아버지의 가치관을 감안하면 그는 틀림없이 이를 권유했을 것—이었다. 그의 야심은 그가 우상처럼 숭배했던 학교 친구인 하인리히 브라운 때문에 더욱 강화되었다. 당시 전투적 게르만계 민주당원이던 브라운은 나중에 중부 유럽에서 가장 유명한 사회주의 지식인 가운데 한 명이 되었다.[18]

그같이 명쾌하고 확신에 가득 찬 세기 중반의 자유주의라는 여건에서 프로이트는 평생 지니게 될 정치적 가치관을 얻었다. 낙후한 중부 유럽을 정복한 나폴레옹 당파에 대한 지지, 왕족과 귀족에 대한 경멸(김나지움의 상급생이던 1873년에 프로이트는 자부심 넘치게 황제에게 모자를 벗어 예를 표하기를 거부했다), 영국, 특히 위대한 청교도인 올리버 크롬웰에 대한 영원한 찬양, 무엇보다도 종교, 특히 로마에 대한 적대감이 그것이다. 프로이트가 보기에 크롬웰은 성의 해방자였고, 그는 크롬웰의 이름을 따서 둘째 아들의 이름을 지었다.

꿈의 분석과 그 낙관적 정치적 희망에 대한 회고를 통해 소년 시절의 자유주의에 대한 열광을 재발견한 뒤, 프로이트는 갑자기 그의 로마 신경증Rome neurosis이라고 부를 수밖에 없는 어떤 것을 『꿈의 해석』의 독자들에게 소개한다.

최고의 교양 수준을 갖춘 그의 세대 오스트리아인들이 대부분 그렇듯이, 프로이트도 고전 문화에 심취해 있었다. 그는 심층 심리학자의 작업과 고고학자의 작업 사이에 유사성이 있음을 발견하자, 고대적인 것에 대한 온건한 관심이 불타오르는 열정으로 만개했다. 그는 원시 신화와 종교 분야의 재료를 풍성하게 담고 있는 야코프 부르크하르트의 신간 『그리스 문화사History of Greek Culture』를 게걸스럽게 읽어치웠다. 그는 트로이를 발견함으로써 어린 시절의 소원을 성취한 하인리히 슐리만의 전기를 부러운 마음으로 읽었다. 프로이트는 나중에 그것으로 유명해지는 고대 유물 수집을 시작했으며, 얼마 안 가서 베르크가세에 있는 그의 진료실은 그것들로 장식된다. 또 그는 빈의 전문가 엘리트 가운데 한 사람인 고고학 교수 에마누엘 뢰비Emanuel Löwy와 새로이 친교—은둔해 지내던 당시로서는 특히 드문 일—를 맺었다. "그는 나를 새벽 세 시까지 잠 못 이루게 만든다네. 로마에 대해 이야기해주거든."**19** 그는 감사한다는 말투로 플리스에게 이렇게 편지했다.

처음에는 긴장을 풀기 위해 손댄 취미였지만, 로마에 대한 관심은 곧 신경증 같은 징후로 나아갔다. 그는 로마에 가고 싶어 미칠 지경이 되었다. 1898년에 꿈의 책 작업을 시작했지만, 그는 로마 지형도를 들여다보는 것 외에 다른 일은 아무것도 할 수 없었다. "로마에 대한 갈망은 갈수록 더 고통스러워졌다."[20]

프로이트는 1895년에서 1898년 사이에 이탈리아 여행을 다섯번 갔지만 로마에는 한 번도 가지 못했다. 뭔지 모를 거리낌 때문에 발이 묶인 것이다. 그러는 동안 로마는 문자 그대로 그의 꿈의 도시가 되었다. 『꿈의 해석』에서 프로이트는 로마 꿈을 네 가지 이야기하는데, 그 넷 모두 끝내 실현되지 않는 구원이나 실현을 각각 다른 형태로 제안한다.[21] 심지어 이런 꿈이 나타내는 명백한 내용도 세계에 대해 말하는 것들이다. 프로이트는 꿈에 나타나는 가톨릭 로마의 이미지를 유대적인 이념 및 상황과 한데 합친다. 꿈 하나에서 로마는 '멀리 보이는 약속의 땅'으로 나타나며 프로이트와 로마의 관계는 모세와 이스라엘과의 관계와 동일한 것으로 암시된다. 프로이트 자신이 그렇게 말하지 않지만, 이 광경은 금지된 소망을 표현하는 것으로 보인다. 즉 그것은 이교도 세계에 동화되고자 하는 갈망의 표현이지만, 이 갈망은 깨어 있을 때의 강한 의식─꿈의 검열관도─에서는 거부된다. 그는 또 로마를 보헤미아의 유명한 온천장이자 쾌락과 휴식과 치료의 도시인 카를스바트, 한마디로 말해 지상의 오락recreation(re-creation, 재창조)의 도시, 부활의 도시와 동일시한다. 프로이트는 이 꿈의 분석에서 자기 자신을 그가 아주 좋아한 어떤 이디시 이야기에 나오는 가난하고 온순한 유대인 인물에 비교한다. 그 작은 유대인은 카를스바트에 갈 기차 삯이 없었기 때문에 정거장에 설 때마다 기차 차장에게 얻어맞았다. 하지만 그는 굴하지 않고 "고통의 길via dolorosa"(이 표현[via doloros]은 프로이트의 것)을 계속한다. 그리하여 그 어린 유대인─그리스도─프로이트가 고통의 길을 지나 카를스바트─로마에 도착하는 상황은 곧

이스라엘-로마를 멀리서 바라보는 모세-프로이트의 고결한 환상의 미천하지만 닮은꼴이다. 세 번째 꿈은 그리스도교적 주제를 강화하지만 그것을 고대적이고 이교도적인 로마의 주제에 겹쳐놓는다. 기차 창문으로부터 프로이트는 한때 교황청이자 로마 황제들의 무덤이던 티베르 강변의 산탄젤로 성 Castel Sant'Angelo을 본다. 안타깝게도 기차는 그가 신성한 천사Sat'Angelo의 다리를 건너 이교와 그리스도교 구원이 모두 묻힌 집인 그 성에 닿기 전에 멀어진다.

프로이트는 『꿈의 해석』에서 이런 꿈들을 완전히 분석하지는 않는다. 로마에 가고 싶은 소망이 '내 꿈에서 수많은 열정적 소원의 의상이자 상징이 되었음'을 인정하면서도 그가 완전히 해명하는 것은 그중 한 가지뿐이다. 그는 이를 밝히는 힌트를 한니발에서 얻는다. '한니발처럼 나는 로마를 보지 못할 운명이었다.'**22** 이 생각 덕분에 프로이트는 어린 시절의 한 장면을 떠올리게 되고, 그 기억에서 자신의 로마 신경증의 근원을 일부분 발견한다. 그 장면에서 정치적 의무와 오이디푸스적 공격성이 한 점에서 만난다.

지그문트가 열 살 혹은 열두 살이었을 때(1866~1868), 그의 아버지는 자유주의가 승리해 유대인의 운명이 얼마나 나아졌는지를 알려주려고 했다. 그는 아들에게 예전에 자신이 어떤 반유대주의자 불한당에게 공개적으로 굴욕을 당하던 이야기를 해주었다. 프로이트가 날카롭게 지적했듯이, 그 불한당은 '그리스도교도'였다. 프로이트는 질문을 던지다가 자기 아버지가 그 모욕에 대해 항의도, 저항도 하지 않았음을 알게 되었다. 어린 지그문트는 자기 아버지의 '비영웅적 행동' 때문에 불쾌해졌다. 그는 자신이 놓인 상황을 또 다른 상황, "내 감정에 더 잘 맞는 상황, 즉 한니발의 아버지가 (…) 그의 아들에게 집의 제단 앞에서 로마인들에게 복수를 하겠다고 맹세하도록 시킨 장면"에 대비시켰다.**23**

"로마인들에게 복수를 하다." 이것은 서약이자 기획이었다. 또 투영이라는 점에서 보면 그것은 정치적 문제이자 효孝의 문제였다. 프로이트와 동시대인으로서 위대한 창조성을 발휘한 빈 사람들 대부분에게서 아버지에 대한 세대 간의 반항은 아버지가 지녔던 자유주의 신조에 대한 거부라는 특정한 역사적 형태로 나타났다. 그리하여 구스타프 말러와 후고 폰 호프만슈탈은 모두 바로크적인 가톨릭 전통으로 돌아섰다. 프로이트는 적어도 의식적으로는 그렇게 하지 않았다. 그는 아버지가 지지는 했지만 방어하지는 못했던 자유주의 신조를 실현함으로써 아버지를 극복하는 방식으로 자신의 오이디푸스적 지위를 규정했다. '셈족 장군'인 프로이트-한니발이 허약한 아버지를 위해 로마에, 즉 '가톨릭교회의 조직'을 상징하는 로마와 그것을 후원하는 합스부르크 체제에 복수할 것이다.[24]

물론 우리는 1860년대에 소년 시절을 보낸 프로이트가 보는 로마—금지적이고 적대적이고 관료주의적인 로마—가 1890년대에 어른이 된 프로이트가 꾸는 꿈과 갈망에 나오는 로마와 판이한 것임을 금세 알아차릴 수 있다. 전자는 증오의 대상이며 정복되어야 할 적이지만, 후자는 욕망의 대상이며 사랑으로 대해야 할 대상이다. 프로이트는 두 로마 사이의 관계나 차이에 대해 직접적으로는 아무런 말도 하지 않는다. 하지만 독일의 한 고전 저술가가 제

● 합스부르크 제국이 더 넓은 의미에서 프로이트가 소년 시절 기독교에 대해 지녔던 전투적 태도에 관계된다는 사실은 그가 한니발을 나폴레옹과 동일시한 데서도 암시된다. "두 사람 모두 알프스를 넘었다." 또 나폴레옹의 장군인 마세나를 숭배한 것도 마찬가지다. 어린 지그문트는 루이 아돌프 티에르가 쓴 『통령제와 제국의 역사History of the Consulate & the Empire』에서 마세나에 대해 알게 되었다. 그 책은 "내가 읽기를 배운 뒤 처음 갖게 된 책 중 하나였다." 프로이트는 마세나가 유대인이라고 잘못 알고 있었고, 프로이트와 같은 날짜에 100년 전에 태어난 사람이었는데, 한니발을 만나기 전에는 그가 "단연코 제일 좋아하는 사람"이었다. 마세나는 이탈리아의 가톨릭 세력과 싸웠을 뿐만 아니라 빈을 점령했고, 레오폴트슈타트에 본부를 차렸다.(이곳은 나중에 프로이트가 자라난 유대인 구역이 되었다.)

기한 질문을 회상하는 장면에서 힌트가 제시된다. "서재에서 로마로 갈 계획을 짠 뒤 흥분에 겨워 성큼성큼 걸어다닌 두 사람 가운데 (…) 누구의 흥분이 더 컸을까. 빙켈만인가, 아니면 한니발인가?" 프로이트는 망설이지 않고 자신을 한니발과 동일시하며 실패의 발자국을 따라간다. "한니발처럼 나는 로마를 보지 못할 운명이었다."[25] 여기서 프로이트는 과학자이자 아들로서 느끼는 정치적 죄책감 문제에 관련된 한 가지 중요한 진실을, 자기 자신은 아니더라도 우리에게는 숨기고 있다. 그의 성인 시절의 꿈과 갈망 속의 로마는 분명히 사랑의 대상이니 말이다.[26] 그것은 한니발의 로마가 아니라 18세기의 위대한 고고학자이자 예술사가인 요한 요아힘 빙켈만Johann Joachim Winckelmann의 로마였다. 그는 유럽 문화의 어머니로서 로마를 열렬하게 사랑했다. 개신교도인 빙켈만은 교황청의 사서로서 로마에 들어가 고전적 고대에 대한 열정을 추구하기 위해 종교적 거리낌을 극복하고 가톨릭교를 포용했다. 그는 자신의 학문을 위해, 로마를 향한 지적知的 사랑을 위해 자신의 의식을 정복했다.●

● "내게 온 제안에 귀를 열게 만들 수 있는 것은 오로지 학문에 대한 사랑뿐이다." 빙켈만은 이렇게 썼다. Carl Justi, *Winckelmann und seine Zeitgenossen* (제5판, Cologne, 1956), 1, p. 371에 인용됨. 이 고전적 전기의 초판은 프로이트가 김나지움에 다닐 때 출판되었다. 제2판은 1898년에 출판되었는데, 이때 고고학에 대한 프로이트의 관심은 절정에 달해 있었고, 로마 꿈을 포함하는 꿈의 해석 작업을 재개했을 때였다. 유스티가 쓴 전기는 빙켈만의 생애와 지적 자세가 프로이트와 놀랄 만큼 유사함을 보여준다. 가난, 낮은 사회적 신분에 대한 예리한 자각, 지적으로 우호적인 분위기나 적절한 직업적 인정을 얻지 못한 점, 동성애적 분위기와 아주 친근한 점, 정치적 독재에 대한 증오, 조직 종교에 대한 적대감, 마흔 살에 시작된 창조성의 위기가 새롭고 혁명적인 종류의 '첫 작품'을 낳게 되었다는 점 등이 그러하다. 이런 특징 대부분이 1805년에 괴테가 쓴 통찰력 있는 논문인 「빙켈만」에 뚜렷이 나타난다. *Goethes Werke*, ed. Eduard von der Hellen (Stuttgart, 1922), XV, pp. 65~93에 수록됨. 헤르더는 어딘가 낭만적인 논문인 "Denkmal Johann Winckelmann", *Herders Sämtliche Werke*, ed. Bernhard Suphan (Berlin, 1892), VIII, pp. 437~483에서 빙켈만을 편견과 통치자의 어리석음이 판치던 시대에 살았던 고결하고 스토아적인 학문의 영웅으로 평가한다. 프로이트는 괴테의 글보다는 헤르더의 평가를 더 지지했을 것이다. 프로이트가 독일 고전에 아주 뛰어나게 숙달해 있었지만, 그가 실제로 이런 책들을 다 읽었는지는 확신할 수 없다. 하지만 그의 분석에서 한니발-빙켈만의 대비가 핵심적인 역할을 했다는 사실이 빙켈만의 인품과 목표 및 프로이트와의 친밀함을 암시하는 것은 분명하다.

빙켈만인가, 한니발인가? 과학자인가, 정치가인가? 프로이트는 예전에, 고등학교에서 직업 진로를 변경한 1873년에도 그런 선택 앞에 놓인 적이 있었다. 어머니 자연에 대한 괴테의 에로틱한 묘사에 숨이 막힌 젊은 프로이트는 대학에서 법학이 아니라 과학을 공부하고, 그럼으로써 과학자 빙켈만, 자신처럼 '유연한' 과학자인 빙켈만의 발걸음을 따르겠다고 결정했다. 그렇게 함으로써 그는 한니발의 정치적 임무를 포기한 것이다.

프로이트가 말했듯이, 1890년대에는 "반유대주의 운동이 우리 감정생활에 미치는 영향력이 점점 더 커져 그 같은 어린 시절의 생각과 감정을 교정하는 데 도움이 되었다."[27] 한니발과 그의 아버지의 유령이 일어나서 '로마에 대한 복수'를 다시 외친다. 그들은 빙켈만의 로마, 쾌락의 로마, 모성과 동화와 실현의 로마로 가는 프로이트의 여정을 막았다. 과학은 정치를 패배시키고 아버지의 유령을 때려눕혀야 할 것이다.

3

프로이트가 이 목표를 달성한 것은 '혁명적 꿈A Revolutionary Dream'이라 부른 것의 도움 덕분이었다. 이 꿈의 묘사와 분석은 어린 시절에 품었던 소원이 꿈의 의미를 결정하는 근본 요인이라는 프로이트의 원리를 입증하는 데서 중심에 자리잡고 있다.[28]

프로이트가 '혁명적 꿈'을 꾼 것은 정치가 아주 무겁게 대기를 압박하고 있던 시절인 1898년 8월이었다. 특히 대학에서 심했던 체코인과 게르만인 사이의 폭력의 겨울이 지나간 뒤, 언어권리language rights 주로 식민지의 언어 사용과 교육에 대한 권리라는 난감한 문제는 여전히 해결되지 않은 채였다. 의회는 아직 마비 상태였다. 게르만계 정당들은 정부가 체코인에게 유리한 언어권리의 지시를 철회할 때까지 의사 진행 방해 전략을 철회하지 않겠다고 고집했다. 6월에는 갈리치아에서 격렬한 반유대주의 소요가 일어났다. 이런 어려움 외에도 이중 제국의 양쪽 절반인 오스트리아와 헝가리 간의 경제적, 재정적 관계 조정에 관한 1867년 합의를 갱신해야 하는, 시급하지만 도무지 해결되지 않는 문제가 있었다.

1898년 3월 7일 이후 오스트리아의 총리이던 프란츠 툰Franz Thun 백작은 여름 내내 대부분의 시간을 오스트리아와 헝가리 내각 간의 예비적 합의를 위한 협상에 쏟고 있었다. 이것은 의회 내 게르만계와 헝가리계 민족주의자들 모두가 저항할 것이라는 예상을 무릅쓰고 진행되는 협상이었다. 툰 자신은 최고의 거족이었고, 거대 지주였으며, 보헤미아 고위 귀족 정당의 수장이었다. 간단히 말해 그는 구식 계보에 속하는 봉건적 정치 관료였다.* 게르만계와의 타협을 성사시키는 것이 목표인데도 툰 백작은 그들의 공격적인 태도에 자극받아 그들을 반대하는 거친 조처를 취해버렸고, 순식간에 그들의 진심어린 증오의 과녁이 되었다.[29] '혁명적 꿈'에 등장한 프로이트의 주적主敵이 바로 이 인물이었다.

참으로 아이러니한 일이지만 이러한 마비와 혼란의 해인 1898년은 또한 프란츠 요제프의 즉위 50주년을 기념하는 해이기도 했다. 황제가 1848년의 혁명으로 권좌에 올랐으므로, 그 소요 또한 대중의 기억에서 되살아났고 프로이트에게도 인식되었다.[30]

'혁명적 꿈'을 꾼 날 프로이트는 가족과 함께 휴가를 보내러 아우제로 떠나

● 프란츠 툰(1847년생)은 이 책 2~3장에서 언급된 교육과 대학 개혁을 도입한 문화부 장관인 레오 툰 백작(1811년생)의 조카다.

던 중이었다.³¹ 빈의 베스트반호프에서 기차를 기다리고 있던 그는 툰 백작이 플랫폼으로 성큼성큼 걸어 들어오는 것을 보았다. 프로이트는 백작이 이슐에 있는 황제의 여름 휴가지로 가는 중일 것이라 추측했고, 그 추측은 맞았다. 이슐에서는 오스트리아-헝가리 예비 경제 합의—소위 이슐 조약이라는 것—가 작성되고 있었다. 정치에서나 행동거지에 모두 툰 백작은 '머리부터 발끝까지 봉건 영주'였다. "키가 크고 호리호리하며 옷차림은 극히 세련되고 우아했으며, 보헤미아인이라기보다는 영국인 같은 인상이었다"고 그의 부하 한 사람은 회상했다. "그의 눈에는 항상 외알 안경이 끼워져 있었다."³² 이제 백작은 개찰구를 지나면서 귀족적 위풍을 과시했다. 기차표도 없으면서, 그는 검표원을 한 손으로 물리쳐버리고 호화로운 컴파트먼트에 올라탔다. 총리의 오만한 행동에 귀족에 대한 프로이트의 분노가 터질 듯이 부풀어 올랐다. 그는 자신도 모르는 사이에 모차르트의 「피가로의 결혼」에 나오는 불온한 아리아, '백작께서 춤추고 싶다면 노래를 불러드리지'를 휘파람으로 불고 있었다.

기차에서 꾼 꿈에는 이 우연한 만남과 그것이 불러일으킨 감정이 각인되어 있다. 거기에는 프로이트의 현재 정치적 감정이 과거의 정치적 경험 및 역사에서 나온 장면 및 이미지들과 한데 겹쳐져 있었다. 꿈이 시작되면 프로이트가 대학의 학생 집회에 있는 장면이 나오며, 툰 백작(혹은 그의 보수파 전임자인 타페 백작)이 게르만 민족주의자들을 얕잡아 말하고 있었다. 경멸하는 듯한 태도로 그 귀족은 게르만 민족주의자를 상징하는 꽃을 후줄근하게 생긴 식물인 머위(독일어로는 후플라티히Huf-lat-tich)라고 깎아내렸고, 프로이트는 이 단어를 언어적 연상법을 통해 허세flatulence와 연결지었다. 간단히 말해 연설자는 게르만계 학생의 투쟁정신이 허풍이라는 뜻을 암시한 것이다. 프로이트는 스스로 놀라면서도 분개하여 일어나 총리의 경멸적인 발언에 반발했다.

그 장면을 분석하면서 그는 자신을 1848년의 대학 혁명을 발발시키는 데 일익을 담당했으며, 혁명을 더 넓은 정치 무대로 혁명을 옮겨놓은 의학도인 아돌프 피시호프Adolf Fischhof와 동일시했다.● 프로이트의 꿈에는 또 한 명의 유대인 의학도-정치인이 등장했다. 바로 예전의 동학이었던 빅토어 아들러다. 1898년에 아들러는 오스트리아 사회민주당의 지도자가 되어 있었다. '혁명적 꿈'을 분석하면서 프로이트는 1870년대에 자신도 그들과 함께 속해 있던 독일 민족주의자 학생 단체에서 자신이 아들러에게 도전했던 일을 떠올렸다.**33** 그는 아들러에게 부러움과 경쟁심을 강하게 품고 있었다. 피시호프와 아들러는 유대인 의사가 동시에 정치 지도자도 될 수 있다는 산 증거였다. 프로이트는 자신의 직업 선택에 대해 해명하면서, 이 목표는 이뤄질 수 없는 일이라고 부정한 바 있다.●●**34** 프로이트는 오랫동안 억눌러온 자신의 정치적 소원을 꿈으로 표출하고 그 꿈을 분석해 그의 정치적 역할에 대한 젊은 시절의 꿈이 옳았음을 입증한 인물들을 발굴해냈다. 하지만 그는 독자를 위해, 사실은 그 자신을 위해, 퍼즐 단편을 전부 다 짜 맞추지 않고 남겨두었다.

꿈의 시나리오에서 총리에게 분노를 터뜨린 뒤 프로이트는 갑자기 정치적 무대를 떠난다. 그는 대학의 회의장으로 물러나는데, 이는 학계를 통한 후퇴를 의미한다. 길거리로 피신한 그는 시내를 벗어나 어딘가 '백작이 있지 않을 만한 곳'으로 가려고 애썼다. 따라서 마지막 장면은 현실에서 모든 일이 시작된 장소인 기차역이었다. 그곳에서 프로이트는 한 장님과 함께 플랫폼에 있

● 프로이트처럼 피시호프도 모라비아 태생의 가난한 유대인이었다. 1848년 이전에는 그의 종족이 학계에서 택할 수 있는 다른 길이 전혀 없었기 때문에 그도 의사가 되었다. 혁명이 일어났을 때 피시호프는 나중에 프로이트가 의사로서 차지하게 되는 직책인 빈 제국 일반 병원의 인턴 Skundararzt으로 있었다. Cf. Richard Charmatz, *Adolf Fischhof*(Stuttgart, 1910), pp. 14, 17~31.
●● 프로이트는 1873년에 법학을 그만두기로 한 결정에 대해 이렇게 썼다. "공직자의 경력은 확실히 의학계의 인물에게는 열려 있지 않다."

었다. 꿈을 분석했을 때 그는 그 장님이 죽어가는 자기 아버지임을 알게 되었다. 프로이트는 주위를 살피면서 검표원이 다른 쪽을 볼 때 허약한 노인을 위해 소변기를 대준다. 꿈은 이렇게 끝난다.

이 장면으로 꿈은 정치적 충동과 정치적 죄책감을 해체한다는 과업을 완수했다. 프로이트는 강력한 권력자인 툰 백작을 플랫폼에서 마주쳐 그를 혁명 이전 시대의 피가로로 간주하고 백작에게 불온한 곡조를 불러주고 싶다는 전복적인 소망을 품었다. 이러한 백일몽을 지배하고 있는 것은 정치적 무능력과 원한이라는 그의 현 상황이었다. 꿈에서 그는 백작에게 도전함으로써 젊은 시절에 가담했던 반권위주의적인 정치활동에 대한 열정의 고삐를 풀어놓았으며, 그것은 또한 그의 아버지에게 아직 갚지 못한 빚이기도 했다.

현대의 독자들은 '혁명적 꿈'과 그 대낮의 전주곡을 동시대인들에게 소개하는 행동에 담긴 대담성—반쯤은 신경질이며 반쯤은 용감함—을 잊기 쉽다. 어쨌든 툰 백작은 1899년 9월 초순에 프로이트가 이 책 원고의 마지막 페이지를 인쇄소에 넘겼을 때도 여전히 정부의 수장이었으니까. 정치에 보낸 그의 최후의 폭발적 작별 의식인 '혁명적 꿈'에서 프로이트는 이 분야를 자유주의적-과학적인 다윗이 아주 현실적인 정치계의 골리앗, 현직 내각 총리에게 보내는 도전으로 간주했다. 하지만 플랫폼과 꿈에서 작은 유대인 의사와 홀쭉한 귀족의 만남은 두 경우 모두 돈키호테의 결투 같은 양상이었고, 영웅적이면서도 우스꽝스러웠다. 그 만남에서 프로이트는 분석을 통해 자신의 시민적 용기보다는 오히려 '오래전부터 깨어 있는 동안에는 억눌려져온 어리석은 과대망상증'을 발견했을 뿐이었다.[35] 기묘한 만남, 프로이트 대 툰의 만남은 그 과대망상증을 표면으로 불러냈다.

꿈이든, 그에 대한 프로이트의 독해이든 어떤 것도 특정한 정치적 입장에 대해, 심지어는 툰 백작의 입장에 대해서도 긍정이나 거부에 안주하지 않는다. 프로이트는 꿈에서 백작을 보았을 때 자신의 이데올로기적 진실은 귀족적 권위(툰-타페)와 사회주의의 권위(더 나이 들고 더 용감한 형인) 아들러를 둘 다 거부하는 것임을 암시했다. 꿈으로 나타난 사고가 살아 있는 백작을 죽어가는 아버지로 바꿔놓은 플랫폼에서의 마지막 장면에서 '정치적' 문제는 해체된다. 정치로부터의 도피, 대학을 통해 과학적, 의학적 직업으로 달아나는 도피가 여기서 변호되는 것이다. 프로이트는 결국 프라터의 예언자가 말한 대로 '장관^{Minister}'이 되었다. 하지만 그것은 정치적 의미에서의 장관이 아니라 의학적인 의미에서이고, 죽어가는 아버지를 관리하는^{ministering} 이가 된 것이다. 장군인 한니발이 아니라 과학자인 빙켈만이다.

'혁명적 꿈'에 대한 프로이트의 해석은 무엇인가? 놀랍게도 그는 그 시나리오에 아주 현저하고 명백히 드러나 있는 정치로부터의 도피라는 내용을 무시했다. 대신 그는 분석의 초점을 플랫폼에서 있었던 마지막 장면에 맞추었다. 그가 보기에 '혁명적 꿈' 전체가 기본적인 의미를 얻는 것은 그 장면으로부터다. 프로이트는 어린 시절에 있었던 두 가지 일화, 아버지가 소변 때문에 자신을 꾸짖었던 일화를 상기했다. 그 가운데 하나에서 그는 드디어 그의 '병적 야심'의 개인적, 어린 시절의 근원을 찾아냈다. 그 이전에는 그것이 유년 시절에서는 정치적 문제로 해석되었고 성인기에는 직업적인 문제로 해석되었다. 그 일화에서 어린 지그문트는 '예절의 규범을 무시'하고, 부모가 있는 앞에서 오줌을 누었다. 둔감한 아버지는 저주처럼 그를 따라다니게 된 예언으로 꾸짖었다. "이 애는 아무짝에도 쓸모없는 사람이 될 거다." '혁명적 꿈'의 마지막 장면에서 어른이 된 프로이트 박사는 이 상황을 뒤집어놓는다. 용변 태도 때문에 약한 아들을 꾸짖은 강한 아버지 대신, 강한 아들이 약한 아버지의 용변을 도와주는 것이다. 프로이트는 이렇게 언급한다. "보세요, 나는 뭔가가 되었다구요, 라고 말하고 싶었다는 듯이 말이다." 지적인 유의 복수가 로마나 툰 백작이 아니라 아버지에게 행해졌다. 아버지가 플랫폼에서 총리를 대체하면서 부친 살해가 정치를 대체하는 것이다.

이것은 동시에 무언가 또 다른 것을 의미하지 않는가? 이것이 정치 자체에 대한 복수는 아닌가? 프로이트는 아버지에 대한 승리와 정치에 대한 승리를 연결한 주석에서 이 점을 명백하게 주장한다.

불경죄와 고위 권력자에 대한 경멸을 담은 이 꿈의 반항적인 내용 전체는 아버지에 대한 반항으로 거슬러 올라간다. 군주는 국부國父로 일컬어진다. 아버지는 가장 연로하고 우선적인 존재이며 아이들에게는 유일한 권력자다. 인류 문명의 역사에서 다른 사회적 권위는 그의 전제적 권력으로부터 발달해 나왔다.[36]

프로이트는 이 구절로 그의 성숙기의 정치 이론을 희미하게 예시한다. 그 이론의 중심 원리란 모든 정치는 아버지와 아들 사이의 일차적 갈등으로 환원될 수 있다는 것이다.[37] 경이롭게도 '혁명적 꿈'의 시나리오에 바로 이 결론이 담겨 있다. 정치적 만남에서 학계로의 도피를 거쳐 툰 백작을 대체한 아버지에 대한 정복으로 나아가는 것이다. 부친 살해가 권력 살해를 대체하고 정신분석이 역사를 극복한다. 정치는 반反정치적 심리학에 의해 중립화된다.

"지식이 (너희를) 자유롭게 하리라." 오스트리아 자유주의의 위대한 구호는 이렇게 외친다. 프로이트가 아버지에게 진 빚을 갚은 방식은 1848년의 아돌프 피시호프나 1898년의 빅토어 아들러처럼 혁명가 의사가 되는 방식이 아니었다. 프로이트는 과학적 해방자가 되어 빚을 갚게 될 것이다. 그는 한니발의 서약을 자신의 반정치적 발견에 의해 해소했다. 즉 인간 행동을 결정하는 데서 유년기 경험이 차지하는 가장 중요한 위치의 발견이 그것이다. 이 발견으로 로마로 통하는 새 길이 열렸다.

4

프로이트는 "혁명적 꿈"에서 거둔 정치 및 아버지에 대한 승리에서 떠넘겨진 과제 두 가지를 더 완수하지 않으면 로마에 갈 수 없었다. 그는 아버지의 유령을 일종의 적당한 발할라북유럽 및 서유럽 신화에 나오는 궁전으로 '전사의 큰 집' 혹은 '기쁨의 집'이라는 뜻 같은 곳으로 보내야 했고, 그의 개인적 체험을 과학적인 발견으로 보편화시켜야 했다. 그는 첫 번째 과제를 '헝가리의 꿈'으로, 두 번째 과제를 테베의 (오이디푸스) 신화로 해결했다.

프로이트가 헝가리의 꿈을 꾼 때는 1898년 10월이 조금 지난 뒤였음이 틀림없다. 그때 툰 백작은 제국의 양쪽 절반인 오스트리아와 헝가리를 한데 묶어두는 문제를 두고 여전히 씨름하고 있었다. 툰 백작이 주도한 협상의 결실인 이슐 조약에 양쪽 정부가 합의하자 헝가리 민족주의자들이 반발했다. 게르만계가 빈 의회 내에서 했던 수법을 모방해 헝가리 민족주의자들도 그들 의회 내에서 의사 진행 방해라는 수단에 호소했고, 2월에는 그 합의문에 조인한 내각을 무너뜨렸다.[38] 프로이트가 꿈에서 아버지에게 평화의 창조자라는 중요한 역할을 맡긴 것은 이러한 상황에서였다. 그는 그 꿈을 다음과 같이 전한다.

아버지는 돌아가신 뒤에 마자르인 사이에서 정치적 역할을 발휘했으며, 그들을 정치적으로 단합시켰다. 여기서 나는 작고 흐릿한 그림을 하나 본다.

의사당 내에서처럼 한 떼의 군중이 모여 있다. 한 사람이 의자 한두 개 위에 올라서 있고 다른 사람들은 그 주위를 둘러싸고 있다. 나는 아버지가 돌아가셨을 때의 모습이 가리발디와 아주 비슷해 보였던 것이 기억났고, 약속이 지켜진 데 대해 기쁘게 생각했다.**39**

(상상 속에서) 약속이 정말 지켜진 것이다! 프로이트의 아버지는 혼자 힘으로 합스부르크에 반대하는 게르만계 오스트리아 자유주의자의 전통적인 두 동맹자인 이탈리아와 헝가리의 민족주의자를 단합시킨 것이다. (꿈에서) 가리발디가 된 아버지 야코프 프로이트는 근대의 한니발이고 역시 로마를 빼앗지 못한(1867년에 교황으로부터) 포퓰리스트 정치가 영웅이었다. 헝가리 지도자가 된 야코프 프로이트는 또한 장관이 되어 헝가리 문제를 해결하는데, 현실에서 툰 백작은 그 문제 때문에 곧 실각하게 된다.

화해 불가능한 헝가리인들을 화해시킨 의회 지도자인 아버지 야코프 프로이트는 이리하여 지그문트의 어린 시절에 저지른 실패를 보상한다. 프로이트는 이 꿈에 자기 아버지를 비난하는 요소들도 들어 있지만, 자기가 죽은 뒤 자기 자녀들에게 그 할아버지가 '위대하고 당당한' 모습으로 비쳤으면 하는 소망도 함께 있음을 발견한 것이다. 프로이트는 아버지를 신격화하는 것이 곧 정치적인 문제라는 사실에 대해서는 아무런 말도 하지 않는다. 하지만 이 꿈의 실제 내용이 그 점을 충분히 명료하게 말해준다. 성공적인 아버지 가리발디-프로이트는 헝가리에서 자기 아들의 정치적 모색을 불필요하게끔 만들고 1868년에 진 빚을 해소한 것이다.

로마로 가는 길을 여는 프로이트의 두 번째 과제는 혁명적 꿈에서 발견한 부친 살해 충동의 경험에서 이론적 결론을 도출해야 하는 직업적인 과제였다. 그는 하나의 신화적 원형, 즉 오이디푸스 신화를 규명하여 "부모가 죽기를 바라는 소망이 가장 이른 어린 시절로 거슬러 올라간다"는 발견에 형태를 부여함으로써 이 과제를 완수했다.[40] 그가 오이디푸스 신화를 활용한 방법은 그 신화에 들어 있는 성적 차원을 끄집어내는 것이었다. 그렇게 하는 과정에서 그는 꿈의 해석을 계속 진행시켜, 개인적인 영아기의 경험으로부터 전체적으로 한 단계 더 나아가서 정치적 만남을 밝혀내기 위해 그가 추적해온 곳으로, 인류 전체의 유년 시절로 나아갔다. 신화의 지층은 꿈의 해석에서 가장 깊은 곳에 있다. 그곳에서 개인적인 무의식 경험은 원시적 인간의 보편적인 원형적 체험 속에 놓여 있는 것이다. 여기에서 개인 역사는 무역사적인 집단 역사와 만난다.

우리가 여기서 오이디푸스 전설이 프로이트의 사상이나 『꿈의 해석』의 구조에 대해 갖는 의미를 다룰 수는 없다. 다만 프로이트가 오이디푸스를 다룬 특이한 방식이 정치를 중화시키는 문제와 관련 있다고 주장할 뿐이다. 프로이트는 오이디푸스가 왕이라는 사실에는 아무런 관심도 갖지 않는다. 니체 및 다른 현대 철학자들이 그랬듯이 프로이트도 오이디푸스의 모색을 도덕적이고 지적인 것으로 보았다. 즉 운명에서 도망치고 자기 인식을 달성하는 것이다. 반면 그리스인들에게는 그렇지 않았다. 소포클레스의 희곡인 『오이디푸스 왕Oedipus Rex』은 공화국이라는 무대가 없다면, 즉 그 제왕적인 주인공이 테베에서 재앙을 물리친다는 정치적 임무의식에서 행동하는 사람이 아니라면 구상할 수 없는 작품이다. 오이디푸스의 죄책감은 개인적인 것이지만, 죄를 찾아내고 자기 자신을 처벌하려는 노력은 공적인 문제이며 공화국의 질서를 재건할 책임에서 나온 것이다. 그에 비해 프로이트의 오이디푸스는 왕이 아니라 자신의 정체성과 그 의미를 모색하는 사색가다. 정치를 해체해 개인의 정신적 범주로 들어감으로써 그는 개인적 질서를 재건하지만 공적인 질서에는 손대지 않는다. 프로이트 박사는 헝가리 꿈에서 죽은 아버지의 유령을 왕으로까지 승격시켰지만, 여전히 정치라는 재앙으로 괴로워하는 테베는 그 냥 내버려두었다.

그러면 한니발-프로이트나 피가로-프로이트, 혁명적 꿈에 나온 백작에 대한 도전자 프로이트에서는 남은 것이 아무것도 없는가? 이에 대한 대답은 제목이 있는 페이지에 적힌 라틴어 구절에 암시되어 있다. "최고 권력을 내 뜻대로 할 수 없다면 나는 지옥을, 아케론 강물을 휘저어놓겠다Flectere si nequeo superos, Acheronta movebo." 베르길리우스의 『아이네이스Aeneis』에서 따온 이 말은 셈족의 여인인 디도를 로마 제국을 세운 아이네이스로부터 지켜주는 수호신인 유노가 한 말이다. 아이네이스와 디도의 결혼 허락("최고 권력을 내 뜻대로 하는 것")을 유피테르에게서 얻어내지 못한 유노는 지옥에서 분노의 신인 알렉토를 불러와서 들끓는 관능의 열병과 전투적 공격성을 아이네이스의 진영에 풀어놓았다. 베르길리우스는 알렉토의 무시무시한 모습을 묘사한다. 그것은 고르곤이나 남근처럼 생겼으며 '살아 몸을 비트는 검은 뱀'이 잔뜩 달려 있는 양성적 괴물이다.[41] 프로이트는 꿈의 탐구가 지니는 전체적인 중요성을 강조하고자 하는 자기 저서의 중요한 대목에서 유노의 말을 다시 인용한다. 이 인용을 되풀이한 뒤 그는 이렇게 말한다. "꿈의 해석은 마음의 무의식적 활동을 알기 위한 왕도다." 그리고 주석에서 이렇게 덧붙인다. "이 구절(전설)은 억압된 본능적 충동의 효과를 묘사하기 위한 것이다."[42]

전복적 함의를 담은 저서에서 지옥을 휘저어놓겠다는 유노의 위협을 구호로 활용한 사람이 프로이트가 처음은 아니었다. 이 노선을 따라가다보면 우리는 정치로 되돌아가게 되는데, 이번에는 사회주의자인 페르디난트 라살레Ferdinand Lassalle를 만나게 된다.[43] 라살레의 가장 뛰어난 팸플릿 가운데 하나인 『이탈리아 전쟁과 프러시아의 과제The Italian War & the Task of Prussia』(1859)의 표지에는 이 'Flectere si nequeo superos, Acheronta movebo'라는 구절이 실려 있다. 프로이트는 1899년 7월 17일 플리스에게 보낸 편지에서, 『꿈의 해석』을 위한 구호로 이 구절을 골랐다고 말했다. 같은 편지이기는 하지만 윗부분과 관계가 없는 문장에서 그는 여름 휴가 동안 읽으려고 라살레의 글을 가지고 간다고 말했다.[44] 프로이트는 『아이네이스』를 잘 알고 있었으므로, 라살레의 책을 읽고 나서야 그 저서의 표지 페이지를 장식한 구절을 알게 된 것은 아니다.[45] 하지만 프로이트가 젊은 시절의 정치적 선택과 1890년대 당시의 정치적 불안에 대해 쏟은 집중적 관심이 라살레의 팸플릿과 강하게 상응한다는 사실을 생각하면 프로이트가 그 팸플릿을 읽었을 가능성은 아주 높다. 『이탈리아 전쟁과 프러시아의 과제』에는 우리가 『꿈의 해석』에서 발견한 여러 주제와 태도가 담겨 있다. 즉 로마 가톨릭과 합스부르크 제국을 반동의 소굴로 보는 증오심, 가리발디와 헝가리인을 자유주의의 주인공으로 간주해 연대시키는 태도, 꿈에서 툰 백작과 만난 프로이트처럼 게르만계가 귀족적 오스트리아에 대해 갖는 민족적 반발심을 옹호하는 점 등이 그것이다.[46] 지적 전략이라는 면에서도 유사성이 있다. 라살레 역시 억압된 힘을 다루었는데, 그에게 그것은 민중의 혁명적 힘이었다. 그가 팸플릿의 구호로 베르길리우스의 문장을 고른 것도 이런 까닭에서였다. 그 구절에서 라살레는 유노 스타일로 프러시아의 '고위 권력자들'을 설득해 이탈리아 국민과 연대하여 합스부르크 국가에 대항하는 민족 통합 전쟁에 독일 국민[게르만인들]을 끌어내려고 애썼다. 하지만 그의 설득 배후에는 위협이 숨겨져 있었다. 프러시아가 행동하지 않는다면 그 통치자들은 비탄스럽게도 여론의 힘이 [실제로] 어떤 지층에 놓여 있는지 알게 되리라는 것이다. 이리하여 라살레는 민족 혁명의 잠재력을 가지고, 정치적 아케론을 들쑤시는 방법으로 '저 위쪽에 있는 자들'을 위협했다.[47] 프로이트는 라살레의 이야기를 이용해, 억압된 힘의 복귀를 통한 전복이라는 힌트를 정치 영역으로부터 정신의 영역으로 가져가는 것이 어렵지 않다고 느꼈을 것이다.

프로이트가 꾼 꿈의 내용이 다른 증거에서는 암시에만 그치는 관계들을 확증해주는 일이 자주 있다. 라살레의 꿈에서[48] 프로이트는 사실상 정신분석학이 정치학에 비해 우월함을 축하했는데, 이 우위는 라살레의 모토를 사용한 방식에서도 암시된다. 꿈꾸는 프로이트에게서 라살레는 또 다른 유대계 독일인 정치 지도자인 에두아르트 라스커Eduard Lasker와 함께 성이 가진 결정적인 위력을 상징하는 존재로 작용한다. 그다운 방식이지만, 프로이트는 이 꿈을 해석할 때 그 메시지를 전달하는 물질적 운반자 두 사람이 모두 정치인이라는 사실을 무시한다. 그가 그들을 중요시하는 것은 오로지 그들이 '재능 있는 인물'이기 때문이다. 둘 모두 '한 여성 때문에 슬픔에 빠진' 사람이며, 그럼으로써 '성으로 인해 초래된' 피해—라스커는 신체적인 피해를, 라살레는 신경증적인 피해—를 입은 사례다. 프로이트는 그 꿈에서 여자 때문에 슬픔에 빠지는 또 한 명의 '재능 있는 남자'인 그 자신의 두려움에 대한 일종의 경고를 확인했다. 꿈에서 프로이트는 그 자신의 성적 유혹이 발휘하는 힘을 신경증에 대한 임상적 이해를 통해 정복한다. 반면 두 유대인 정치가들은 그로 인해 무너져버린다. 성은 정치보다 강력하지만 과학은 성을 통제할 수 있다고 그 꿈은 말하는 듯하다.●

프로이트의 '억압된 본능적 충동'의 아케론은 라살레의 분노한 민중의 아케론처럼 정치적 권력자들에게는 분명히 전복적인 함의를 지닌다. 『꿈의 해석』의 마지막 페이지에서 프로이트는 그런 발견이 불러일으킬 수 있는 공포감을 완화시키려 애쓴다. 다시 한번 그는 로마 이야기를 예로 들었다.

● 이 꿈은 그 내용을 명시적으로 말해주는 단어에서 따온 'Autodidasker'라는 명칭으로 불린다.

나는 로마 황제가 황제를 살해하는 꿈을 꾸었다는 이유로 백성 한 명을 처형시켰다면 황제가 잘못이라고 생각한다. (…) 사악한 사람이라면 실제로 행할 만한 일을 유덕한 사람은 꿈꾸는 것으로 만족해야 한다는 플라톤의 금언을 유념해야 옳지 않겠는가? 그러므로 나는 꿈을 무죄 방면하는 편이 가장 좋다고 생각한다.[49]

유노의 위협을 경고로 느낄 만한 '저 윗분들'에게 위안을 주는 메시지가 담겨 있는 이 말을 할 권리를 프로이트는 획득한 바 있다. 꿈의 분석을 통해 그 자신의 정치적 과거를 발굴해냄으로써 그는 자신의 정치적 임무와 충동을 아버지와 동일시하고, 그것들을 아버지의 유령이 가진 속성이라고 치부해버림으로써 극복했다.

또 한니발이 한 서약의 주문도 깨졌다. 그의 이론적 저작과 자기 분석은 『꿈의 해석』에서 완수되었고, 프로이트는 아버지가 죽은 지 거의 5년 만인 1901년에, 영원의 도시에 실제로 입성했다. 그것은 '로마인들에게 보복하기 위해'서가 아니라 지적 순례자이자 정신의 고고학자로서, 빙켈만의 발걸음을 따른 길이었다. 그는 이렇게 썼다. "내게는 압도적인 경험이었고, 당신도 알다시피 오랫동안 간직한 소원의 실현이었다. (또한) 약간 실망스럽기도 했다." 프로이트는 세 가지 로마에 대한 자신의 각각 상이한 반응을 이렇게 묘사했다. 세 번째인 근대 로마는 "희망적이고 좋아할 만하다." 두 번째인 가톨릭 로마는 "구원이라는 거짓말"을 하고 있어서 "마음이 불편해지고, 나 자신의 비참함과 그 존재 사실을 나도 알고 있는 타인들의 비참함에 대해 생각을 멈출 수 없게" 만들었다. 그에게 깊은 열정을 불러일으킨 것은 첫 번째인 고대 로마뿐이다. "나는 미네르바 신전의 온통 훼손된 소박한 폐허도 충분히 숭배했을 것이다."[50]

프로이트는 폐허가 된 미네르바를 숭배하고자 하는 자신의 자발적인 충동이 어떤 의미를 갖는지 생각했을까? 프로이트가 책 표지에 모셔다놓은 알렉토, 유노가 불러온 지옥의 분노의 신처럼 미네르바 역시 양성적인 여신이다. 하지만 유노의 남근같이 생긴 여성은 도시의 건설자들에 반대해 공포를 풀어놓은 데 반해, 이 처녀 여신은 시민적 질서의 수호자였고, 그녀의 창과 뱀 달린 방패, 고르곤 머리가 달린 방패는 폴리스의 적을 물리치는 데 사용되었다. 프로이트가 로마 신전을 방문한 지 얼마 지나지 않은 때인 1902년에, 오랜 기다림 끝에 미네르바의 조각상이 합리적 정책에 대한 자유주의의 신념의 상징인 빈의 의사당 건물 정면에 세워졌다. 미네르바의 지혜는 인간을 유피테르와, 필연성의 구조와 권력의 현실과 화해시킬 수 있는 특별한 종류의 지혜였다.

이 장 첫머리에 나온 편지에서 프로이트는 자신의 교수직 임용을 비꼬는 말투로, 정치적 승리의 캐리커처로 축하했다. 지금은 우리도 그의 유머가 겉으로 보이는 인상보다 뭔가 더 깊이 쓰라린 맛이 있음을 알 수 있다. 그 임용은 개인적이고 직업적인 승리였지만 높은 도덕적인 대가를 지불한 것이었다. 왜냐하면 프로이트는 자신의 양심을 거스르고 오스트리아에서 "보호"라고 알려진 것, 즉 사회적으로 유력한 개인의 도움 덕분에 간신히 발탁될 수 있었으니 말이다.●

사실 그것은 내 책임이었다. 로마에서 돌아왔을 때, 삶에 대한 열정은 좀더 커졌고 순교에 대한 열정은 줄어들었다. (…) 그래서 나는 나의 엄격한 죄책

● 프로이트의 임용을 위한 노력이 진행되는 과정에서 그의 운명과 오스트리아 현대 예술의 정치가 함께 얽혀든 방식에 대해서는 이 책 372~374쪽을 볼 것.

감을 포기하고 필요한 조처를 취하기로 결심했다. (…) 구원받으려면 어느 방향이든 찾아보아야 한다. 내가 선택한 구원은 교수라는 직함이었다.

프로이트가 자신의 로마 신경증을 극복할 수 있게 해주고, 미네르바의 신전 폐허에 무릎을 꿇을 수 있으며, 학계에서의 지위를 공고하게 만들어준 이 탁월하고 외롭고 고통스러운 정신분석학적 발견은 최고 수준의 반정치적인 승리였다. 그 자신의 정치적 과거와 현재를 아버지와 아들 간의 원초적 갈등과 관련하여 부수적인 것으로 축소시킴으로써 프로이트는 궤도에서 벗어나 통제 불가능하게 된 정치세계를 감내할 수 있게 해주는 인간과 사회에 대한 탈역사적 이론을 동료 자유주의자들에게 제공한 것이다.

05

구스타프 클림트
회화와 자유주의적 자아의 위기

시대에는 그 시대의 예술을, 예
술에는 자유를.

빈 분리파

사회적으로는 움츠러들고 직업적으로는 좌절감에 빠진 지그문트 프로이트가 자신의 세기적 저작인 『꿈의 해석』을 쓰고 있던 1895년에서 1900년 사이의 몇 해 동안, 구스타프 클림트는 예술 분야의 개척자로서 프로이트와 별반 다르지 않은 기획에 몰두하고 있었다. 프로이트가 결정적으로 중요한 몇 해 동안 무명의 인물로서 거의 혼자서 작업한 것과 달리, 클림트는 생각이 비슷한 예술적 이단자 무리의 우두머리 노릇을 했고, 그들에게는 금세 강력한 사회적, 재정적 지원이 쏟아졌다. 하지만 명성과 운이 따랐다는 면에서는 처지가 달랐다 해도 클림트와 프로이트는 공통점을 많이 지니고 있었다. 두 사람 모두 개인적으로 중년의 위기를 겪으면서 각자 직업에서의 작업 방향을 근본적으로 새롭게 조정하게 되었다. 두 사람 모두 그들이 자라난 환경인 물리주의적 사실주의physicalist realism를 단호하게 거부했다. 두 사람 모두 그들이 선택한 분야—각각 심리학과 예술—를 그것들이 놓여 있던 생물학적·해부학적 토대에서 풀어놓았다. 실체론적인 현실 개념의 폐허에서 해방되어 출구를 찾고 있던 두 사람은 모두 자기 자신 속으로 뛰어들어 내면의 여행을 떠났다. 본능의 세계에 대한 자신들의 탐구 결과를 대중에게 보여주었을 때 그들은 정도가 달랐지만 각각 두 구역으로부터 나오는 저항에 맞닥뜨렸다. 자유주의-합리주의자인 학계의 정통 그룹과 반유대주의자로부터의 저항이었다. 이 적대감에 직면한 프로이트와 클림트는 대중의 무대에서 물러나, 작지만 충실한 지인 그룹으로 활동을 한정시키면서 그들이 정복한 새로운 영토를 보호했다.

내가 클림트의 문제를 따져보게 된 이유는 단지 이 화가의 생애와 관심이 프로이트의 것과 대칭을 이루기 때문만은 아니다. 그보다는, 클림트가 프로이트의 정신분석학을 낳은 모태이기도 한 당시의 사회-문화적 상황을 아주 잘 조명하고 있기 때문이다. 그 역시 하인츠 코후트Heinz Kohut가 "자아의 교체"라 부른 것을 절박하게 요구하는 역사적 이행기와 맞섰다. 집단적 오이디푸스적 반란과 새로운 자아에 대한 자기애적 모색이 모호하게 뒤섞인 것을 특징으로 하는 문화의 위기를 겪었다는 점에서 클림트는 그가 속한 계급과 세대의 여느 지식인들과 다를 바 없었다. 클림트가 지도자로 알려져 있는 현대 회화에서의 분리파 운동The Secession movement─오스트리아에서의 아르누보 운동─은 삶의 새로운 방향성에 대한 혼란스러운 추구를 시각적 형태로 나타낸 것이었다.

1

구스타프 클림트는 링슈트라세의 부르주아 문화를 섬기면서 명성을 얻었다. 그는 곧 자유주의적인 교육받은 중산계급과 동일시되지만, 그러나 사회적 출신 성분은 그보다 낮았다. 조각공인 그의 아버지는 구스타프와 두 동생을 화가-장인匠人이 되어 자기 뒤를 잇도록 길렀다. 클림트는 카밀로 지테처럼 집에서 도제 수업을 받는 전통적 방식으로 교육을 시작했지만 그 뒤에는 더 현대적인 공식 직업교육 과정에 들어갔다. 열네 살 때 그는 응용미술학교에 입학했는데, 이 학교는 최근(1868)에 새로운 지배 집단의 역사주의적 정신에 따라 미술·산업 박물관Museum of Art & Industry의 교육적 지점으로 설립된 곳이었다. 그곳에서 어린 클림트는 절충주의적 시대가 요구하는 기교적 완숙의 경지와 예술 및 디자인 역사에 대한 폭넓은 지식을 습득했다.

클림트는 링슈트라세의 위대한 기념비적 건물들이 완공을 앞둔 마지막 단계에 들어서던 바로 그 무렵 학교를 졸업하고 건축장식가로 나섰다. 그는 그곳의 거대한 건물 가운데 마지막 두 곳인 부르크 극장과 예술사박물관에 역사화를 그리는 것으로 자신의 다재다능한 재능을 활용할 기회를 얻었다. 1886년에서 1888년 사이에 작업한 첫 번째 건물에서 클림트와 그의 동생, 그리고 파트너인 프란츠 마치Franz Matsch(1861~1942)는 디오니소스 축제에서 현대에 이르는 연극 장면들을 그린 천정화로 대계단실(그림 33)을 장식했다. 그 그림 패널들은 자유주의의 아버지들이 연극적 세계관과 역사적 세계관을 얼마나 단단하게 종합했는지를 보여준다. 각 벽화는 극장과 사회의 통합을 찬양하며, 시리즈 전체는 빈 문화의 풍요로운 절충주의가 과거의 연극들을 흡수해들이는 의기양양한 모습을 표현하고 있다. 그리하여 셰익스피어 연극 무대를 그린 화폭 하나는 그저 무대에 있는 배우들만이 아니라 연극에 반영된 당시의 청중도 묘사하고 있다. 클림트는 자신이 화가로서 봉사하는 문화에 대해 느끼는 일체감을 이 그림에 기록했다. 그는 파트너 및 동생과 자기 자신을 모두 엘리자베스 시대 청중의 일원으로 그려넣었다.(그림 34를 보면 클림트가 커다란 러프를 달고 오른쪽 둥근 기둥 앞에 서 있다.) 예전의 화가들이 그들 자신을 종교라는 기독교 연극의 목격자로 그렸던 데 비해, 클림트는 자기 자신을 연극이라는 빈의 종교 행사에 참여하는 성체 배례자로 역사화시킨 것이다.

그는 연극의 또 다른 열성 신도들도 그려넣었는데, 이는 결과적으로 그 자신에게 이익이 되었다. 시의회는 1887년에 클림트와 마치에게 새 극장 신축을 위해 허물기 전에 구舊부르크 극장을 그림으로 남겨달라고 주문했다(그림 35). 이 그림에서는 무대만이 아니라 후원자들도 불멸의 존재로 나타나야 했다. 무

그림 33 부르크 극장 대계단실, 1886~1888.

그림 34 셰익스피어 연극, 천장화, 구스타프 클림트, 1886~1888.

대에서 객석을 바라보는 방향을 잡은 클림트는 이 광대한 빈 엘리트들의 집단 초상화 속에 100명이 넘는 개인 초상화를 집어넣었다. 그 속에는 황제의 애인인 카테리나 슈라트원래 부르크 극장의 여배우였다, 유명한 외과의사인 테오도어 빌로트, 미래의 시장인 카를 뤼거 등이 있었다.● 이 그림으로 클림트는 1890년에 선망의 대상인 황제 대상을 탔고, 덕분에 그의 명성은 혜성처럼 치솟았다.[1]

　1891년에는 링슈트라세의 주요 주문 가운데 두 번째 작업이 이어졌다. 새로 지은 예술사박물관의 중앙 로비에 클림트는 예술의 각 시대를 나타내는 여성 인물 시리즈를 그렸다. 그림 36은 그리스 문화를 대표하는 아테나의 그림이다. 그녀는 부드럽고 사실주의적이며 삼차원적으로 조형되어 있다. 날개 달린 니케와 창을 손에 쥐고 있는 그녀는 무도회에 가기 위해 옷을 입어보는 젊은 빈 숙녀 같은 자세를 취하고 있다. 아테나 및 다른 인물들의 배경은 건

● 클림트의 파트너는 그림에 그려지도록 선정된 인물들이 저마다 특별하게 배치해달라고 얼마나 야단했는지 회상했다. 부르크 극장의 후원자로서 불멸의 존재가 되는 것은 사회적 지위라는 관점에서 볼 때 대단한 의미였다.

그림 35 구舊부르크 극장 객석, 빈, 구스타프 클림트, 1888.

그림 36 아테나 여신, 스판드렐 그림, 구스타프 클림트, 1890~1891.

축학적으로든 디자인적으로든 그림 속의 시대에 걸맞은 관례적 기법으로 그려져 있다. 여기서 박물관의 실증주의적 역사적 정신이 거의 사진 수준으로 성공적으로 구현되어 있다. 아직 서른 살도 안 된 클림트는 빈의 대표적 화가이자 건축장식가가 되는 길을 훌륭하게 걸어가고 있었다.

그러나 링슈트라세 그림으로 클림트가 명성을 얻은 바로 그 무렵, 그가 표현하고 있던 가치의 담지자인 사회 계층의 기반은 잠식되어가고 있었다. 우리는 앞에서, 자유주의 헤게모니에 대한 도전이 1873년의 경제 공황에서 시작되어 어떤 식으로 점점 더 강력해졌는지 살펴보았다. 그와 동시에 자유주의 사회 자체 내에서도 자유주의 오스트리아의 무능력에 대한 절망이나 혐오감의 신음 소리와 뒤섞여 개혁을 호소하는 외침이 울려나오고 있었다. 1870년대에는 집단적인 오이디푸스적 반란이 폭넓게 터져나와 오스트리아 중산계급 전체로 확산되었다. 반란자들 스스로가 고른 공통의 이름인 '젊은이Die Jungen'라는 명칭이 여러 분야로 꼬리를 물고 퍼져나갔다. '젊은이'는 1870년대 후반 입헌당Constitutional party의 신좌익이라는 형태로, 정치에서 제일 먼저 나타났다. '청년 빈Jung-Wien'은 1890년대경 19세기 문학의 도덕주의적 태도에 도전하고 사회학적 진실과 심리학적—특히 성적인—개방성을 선호한 문학 운동이었다. 슈니츨러의 플레이보이와 호프만슈탈의 탐미주의자는 모두 그 아버지들의 세계관에 대한 아들들의 신뢰가 무너진 결과물이었다.

1890년대 중반에는 전통에 대한 반란이 드디어 예술과 건축으로까지 퍼졌다. 대표적인 예술인협회Künstlergenossenschaft 내에서 '젊은이'—이 용어가 다시 쓰인다—들은 지배적인 학계의 굴레를 조직적으로 깨뜨리고 회화에 대한 개방적이고 실험적인 태도를 지지했다. 말할 필요도 없지만, 빈의 젊은 사람들은 프랑스 인상파와 벨기에 자연주의자, 영국의 라파엘전파前派와 독일의 유겐트슈틸 등 예술적 선진국을 바라보며 영감을 구했다. 그들의 유일한 공통 기반은 현대 인간의 진짜 얼굴을 찾기 위해 그 아버지들의 고전적인 사실주의 전통을 거부하는 데 있었다.

구스타프 클림트 자신은 구식 학파의 젊은 거장이었지만 일찌감치 시각예술에서 '젊은이'들이 일으킨 반란의 지도자가 되었다. 1897년에 그는 그들을 기존 예술인협회에서 이끌고 나와 분리파를 결성했다. 이 새로운 화가 연대가 내세우는 이데올로기의 개발에 화가뿐만 아니라 문학인과 좌파 자유주의 정치인도 같은 비중으로 가담했다는 것이 바로 빈 문화 상황의 전형적인 특징이었다. 그 이데올로기는 화가가 세계를 보고 그것을 표현하는 방식을 변형시키는 데 공헌했다.

분리파 신조 가운데 제일 먼저 눈에 띈 두드러진 면모는 아버지들과의 단

절을 주장하는 것이었다. 카를 마르크스는 사람들이 혁명을 일으킬 찰나에
는 마치 사라진 과거를 복구하려는 듯이 행동함으로써 그들 자신을 강화한
다고 주장한 바 있다. 분리파는 그들 자신을 단순히 '거부당한 자들의 살롱
salon des réfusés'이 아니라 새로운 로마식의 분리된 평민들secessio plebis로 규정
했다. 그곳에서 평민들은 귀족들의 잘못된 통치를 단호하게 거부하면서 공
화국으로부터 물러나고 있는 것이다.[•] 그와 동시에 분리파는 자신들이 펴내
는 잡지를 『성스러운 봄Ver Sacrum』이라 부르면서 그것이 지닌 재생 기능을 선
언했다. 그 제목은 국가가 위험에 빠졌을 때 젊은이를 희생 제물로 바치던 고
대 로마의 제례에서 유래했다. 로마에서는 원로들이 자녀를 신성한 임무에
담보로 내놓아 사회를 구했지만, 빈에서는 젊은이들이 그들 자신을 담보로
잡혀 문화를 원로들로부터 구해낸다.²

제1회 분리파 전시회를 위해 클림트는 세대 반란을 선언하는 포스터를 만
들었다. 그는 아테네의 청년들을 구해내기 위해 야수 미노타우로스를 죽인
테세우스의 신화를 표현 도구로 택했다(그림 37).^{••} 클림트가 이 주제를 직접
적이 아닌, 무대에서 상연되는 연극 장면으로 표현한 것에 주목해야 한다.

• 분리파의 로마식 이데올로기는 막스 부르크하르트Max Burckhard(1854~1912)에 의해 확립
되었다. 그는 니체주의자이고 정치적으로는 진보주의자이며, 고위층 행정법안 개혁가로서, 1890년
에 법적-정치적 경력을 포기하고 부르크 극장장이 되었다. 분리파의 『성스러운 봄』의 공동 편집장
이 되자마자 그는 이 자리를 잃었다. 그는 정치, 문학, 시각예술 등 모든 면에서 '젊은이'들과 연대했
다. '젊은이' 전반에 대해 알려면 Carl E. Schorske, 'Generational Tension & Cultural Change:
Reflections on the Case of Vienna', *Daedalus* (1978년 가을호), pp. 111~122를 볼 것.
•• 프로이트는 황소가 아버지의 원형을 상징할 수도 있다고 주장했다. "제우스는 원래 황소였던
것 같다. 페르시아인들이 시작한 숭고화 과정이 일어나기 전에 우리 자신의 아버지의 신은 황소로
숭배되었다." 플리스에게 보낸 프로이트의 편지, 1901년 7월 4일자, Sigmund Freud, *The Origins
of Psycho-analysis: Letters to Wilhelm Fless, Drafts & Notes: 1887~1902*, ed. Marie
Bonaparte, Anna Freud, Ernst Kriss, tr. Eric Mosbacher & James Strachey (New York,
1954), p. 333.

그림 37 제1회 분리파 전시회 포스터, 구스타프 클림트, 1897.

마치 분리파 연극의 제1막인 것처럼 말이다. 폴리스를 수호하는 지혜로운 처녀 여신 아테나, 오스트리아 의회가 그 상징으로 선택한 아테나는 클림트의 그림에서 예술의 해방을 후원하는 존재로 활용되었다. 정치에서 문화로, 행동의 여정은 이렇게 나아간다. 박물관의 스판드렐spandrel 또는 spandril: 인접한 두 아치 사이의 삼각형 모양의 빈 부분에 그려진 클림트의 아테나(그림 36)에서 이 여신은 신체를 갖고 있을뿐더러 실체감도 있다. 이제 그녀는 이차원적인 형체다. 이 차원은 클림트가 추상을 진술하기 위해 새로 발견한 방식이다. 그녀는 연극의 이념을 후원한다. 아직 실현되지 않았기에 그것은 육체에서 이탈된 것으로, 우의적으로, 무대 위에서 상연되는 방식으로 처리되었다.

분리파의 중심 목표 가운데 두 번째 것은 현대 인간에 대한 진실을 발언하는 것이었다. 혹은 건축가 오토 바그너가 말했듯이 '현대인의 진정한 용모를 보여주는 것'이었다.[●] 한편으로 이것은 부르주아 인간의 현대적이고 실용적인 정체를 가려온 차폐막인 역사주의와 문화유산에 대한 비판적 공격을 포함하고 있다. 이에 따라 클림트 자신도 그곳에서 작업해온 링슈트라세 빈은 성스러운 봄의 지면에서 '포템킨 도시Potemkin city 전시용으로 급조한 위장 시설'로 낙인찍혔다. 하지만 현대 인간을 은폐한 역사주의의 가면을 뚫고 들어가면 무엇이 보일까? 클림트가 『성스러운 봄』 창간호에 그려준 이데올로기적 소묘(그림 38)에서 제기한 문제가 바로 그것이다. '누다 베리타스Nuda veritas(벌거벗은 진실)'는 두 번째 아테나처럼 이차원적인 그림, 구체적으로 실현된 것이 아니라 하나의 개념이다. 발치에서 자라나는 청춘의 상징으로 재생의 희망을 표현하는 그녀는 현대인에게 텅 빈 거울을 갖다 댄다. 화가는 그 거울에서 무엇을 볼 것인가? 세계의 거울speculum mundi인가? 진실의 불타오르는 빛의

● 이 책 138~140쪽, 150~153쪽을 볼 것.

그림 38 「누다 베리타스」, 구스타프 클림트, 1898.

반사경인가? 아니면 혹시 나르키수스의 거울인가? 이제 우리가 클림트와 함께 추적해야 하는 것은 이 질문이다.

원래의 분리파가 내세운 목표를 전부 열거하려면 앞서 말한 오이디푸스적 반란과 정치성 질문 외에 한 가지 이념을 더해야 한다. 그것은 예술이 현대 인간에게 현대의 무거운 삶으로부터 도피해 휴식을 취하는 요양소가 되어주어야 한다는 것이다. 분리파 전시관은 이 이념에 따라 구상되었다.[3] 그것을 지은 건축가인 요제프 올브리히가 품었던 중심 발상은 "예술 애호가에게 조용하고 우아한 피신처를 제공해줄 예술의 신전을 세우는 것"이었다. 19세기의 박물관이 대개 르네상스와 귀족적 메세나의 부르주아적 모방이며 궁궐을 모델로 삼아 세워진 데 반해, 분리파의 건축물은 이교도의 신전에서 영감을 얻었다. "신성하고 정숙하며 희고 빛나는 벽이 있어야 한다. (그것들은) 미완성으로 남은 세게스타Segesta 시칠리의 고대 도시. 제1차 포에니 전쟁에서 한니발에게 가담했다가 로마에 정복당했다의 성소 앞에 혼자 섰을 때 나를 꿰뚫고 지나갔던 것 같은 전율…… 순수한 존엄성의 표현일 것이다."[4] 분리파 전시관 현관과 계단실에서 느껴지는 특징은 거의 무덤 같은 엄숙함이다(그림 39). 입구는 예술의 신전으로 들어가는 계단실로 인도한다. 하지만 실내 공간 자체는 예술가들에게 일임되었다. 마치 클림트의 「누다 베리타스」에 나오는 텅 빈 거울과도 같다. 현대 예술과 디자인을 전시하려면 공간을 어떻게 운영해야 좋을지 누가 미리 알 수 있을까? 분리파 미술관의 공간은 가변형 공간 분할법의 개척자였다. 한 비평가가 관찰했듯이 전시 공간은 변동 가능해야 한다. 왜냐하면 그런 변동성이 바로 "서두르고, 부산스러우며 정신없는 현대적 삶의 본성, 잠시 걸음을 멈추고 신들의 영혼을 내적으로 관조하며 대화를 나눌 한순간을 얻기 위해 그 다중적인 거울 이미지를 예술 속에서 추구하려는 삶"의 본성이기 때문이다.[5]

전시관 현관 위에는 분리파의 목표가 선언되어 있다.●

시대에는 그 시대의 예술을,
예술에는 자유를.

하지만 그것이 주장하는 구체적인 의미가 무엇인지 아는 사람은 아무도 없었다. 문화적 쇄신과 개인적 내면 성찰, 현대적 정체성과 현대성으로부터의 요양소, 진실과 쾌락, 분리파 선언에 들어 있는 요소들은 상충되는 여러 가능성을 암시하는데, 그것들의 공통점은 오직 한 가지 의미뿐이다. 즉 그들 모두가 19세기의 확실성을 거부한다는 점이다.

● 화가들은 우호적인 예술비평가인 루트비히 헤베시Ludwig Hevesi(1842~1910)에게 요청해 목록을 뽑고, 그 목록 가운데서 구호를 골랐다. Ludwig Hevesi, *Acht Jahre Secession*(Vienna, 1906), p. 70, 각주를 볼 것.

그림 39 분리파 회관, 요제프 올브리히, 1898.

2

분리파를 창립해 자신의 작업에 대한 확고한 사회적 지원을 얻게 된 클림 트는 1897년에 참으로 왕성한 창조적 에너지를 펼쳐냈다. 우리의 미적 감수 성으로는 그저 도상학적이고 스타일적인 혼란의 잡탕이라고밖에는 감지할 수 없는 것이 사실은 새로운 메시지와 새로운 언어를 동시에 모색하는 활발 한 실험적 탐구였다. 하지만 이런 혼란스러운 화법에도 불구하고 클림트가 「누다 베리타스」의 거울에서 현대인의 얼굴을 찾으려 애쓰면서 본능적 삶의 탐구라는 방향으로 나아가고 있다는 것은 곧 명백해졌다.

"현대적 사고를 바탕으로 고대적 시를 쓰자."● 호프만슈탈의 한 친구는 자 기 세대의 작업을 이렇게 표현했다. 또 실제로 고대 그리스에서 가져온 신화 와 상징은 고전주의 전통에서는 승화되거나 억압되던 본능적 삶을 적나라하 게 드러내는 강력한 수단이 되었다. 앞서 우리는 호프만슈탈이 키츠의 '그리 스 항아리에 바치는 송가'를 뒤집어놓음으로써 고전의 길을 거쳐 디오니소스 적 활력에 도달하는 것을 보았다. 키츠가 에로스적 삶을 미 속에 포착하여 고정시킨 데 반해 호프만슈탈은 '고대 항아리 그림에 부치는 목가'에서 여주 인공을 항아리 그림에서 본 이미지에 흘려 언제라도 관능에 굴복할 태세가 된 모습으로 묘사했다. 호프만슈탈은 미의 진실에서 더 나아가 예술 속에 응 고되어 있던 생생한 본능적 삶을 다시 일깨운 것이다. 뱀 같은 머리를 한 세 명의 분노의 신이 분리파 전시관의 입구를 장식하고 있는 것은 바로 이러한 경향의 증언이다.

● "Sur des pensers nouveaux faisons des vers antiques," Helmut A. Fiechtner, *Hugo von Hofmannsthal. Die Gestalt des Dichters im Spiegel der Freunde*(Vienna, 1949), p. 52.

클림트 역시 고전 시대 이전의 그리스 상징을 써서 예술에서 승화 능력을 박탈하는 과정에 착수했다. 그는 링슈트라세의 예술보호자 가운데 한 명인 니콜라우스 둠바Nikolaus Dumba의 음악 살롱에 걸기 위해 첨예하게 대조적인 두 가지 방식으로 음악의 기능을 표현한 그림 두 폭을 그렸다. 하나는 역사적이고 사회적인 기능이며 다른 하나는 신화적이고 심리학적인 기능이었다. 첫 번째 그림에는 피아노 앞에 앉은 슈베르트가 있고(그림 40), 두 번째 그림에는 키테라kithera 그리스의 악기 종류를 든 그리스 여사제가 있다(그림 41). 방 양쪽 벽에 걸린 이 두 그림에서 비더마이어 시대의 경쾌함과 디오니소스적 불안정이 대립하고 있다. 피아노 앞의 「슈베르트」 그림이 표현하고 있는 것은 질서정연하고 안정감 있는 사회적 존재의 심미적 정점으로서의 음악인 하우스무지크Hausmusik다. 전체 장면은 따뜻한 촛불 빛에 잠겨 있고, 그 불빛은 형체들의 윤곽을 부드럽게 만들어 사회적 조화 속으로 녹아들게 한다. 시간적이고 형식적인 구성 면에서 그것은 클림트의 부르크 극장 천장화의 노선을 충실하게 따르는 역사화 장르의 그림이다. 하지만 이제 그러한 예전 작품들이 지녔던 명료한 실체성과 사실주의적으로 (실제 모습 그대로) 재현하고자 하는 실증주의적 책임감은 착실하게 말살되었다. 클림트는 인상주의적 기법을 작업에 끌고들어와 역사적 재구성 대신 향수어린 분위기를 불러낸다. 그는 사랑스러운 꿈, 빛나지만 비실체적인, 편안한 사회에 봉사했던 순진무구하고 위안을 주는 예술을 그린다. 감상자는 슈베르트의 노래인 「음악에An die Musik」를 떠올리게 된다. 그 노래에서 시인은 '자신을 더 나은 세계로 데려가 준 데' 대해 '숭고한 예술'에 감사한다. 클림트와 그의 부르주아 동시대인들에게서, 한때 증오의 대상이던 메테르니히 시대는 이제 슈베르트의 우아하고 단순한 시대, 사라진 비더마이어식 낙원으로 회상되는 것이다.

또 다른 그림 「음악」(그림 41)은 이념적으로, 또 기법적으로도 이와 얼마나

그림 40 「피아노 앞의 슈베르트」, 구스타프 클림트, 1899.

그림 41 「음악」, 구스타프 클림트, 1898.

다른가. 인상주의적으로 해체된 「피아노 앞의 슈베르트」에서의 공간과 대조적으로, 클림트는 이 화폭을 사실주의적으로 표현된 상징, 고고학적 유물이라고 해도 통합 만한 상징으로 채운다. 예술의 개념과 그것을 운반하는 상징은 합리주의의 세기말적 위기에서 중요한 부분을 담당한 두 인물, 즉 쇼펜하우어와 니체에게 클림트가 진 빚을 가리킨다.[6] 음악은 은폐된 본능과 신비스러운 우주적 힘을 조화로 변모시키는 힘을 가진 그리스 비극의 뮤즈의 모습으로 나타난다. 이 상징들은 니체가 『비극의 탄생』에서 사용했던 것들이다. 여가수가 들고 있는 악기는 아폴로의 것인 키테라다. 하지만 그녀가 부르는 노래의 재료는 디오니소스적인 것이다. 그녀 뒤에 있는 단단한 석조 무덤 위에는 두 명의 인물이 앉아 있다. 한 명은 디오니소스의 동반자, 니체가 '자연의 성적 전능성의 상징'이며 '신들의 고통의 동반자'라고 부른 실레누스다.[7] 다른 한 명은 자식을 잡아먹는 어머니이자 동물과 인간이 한 몸으로 변형된 존재, 공포와 여성적 아름다움의 화신인 스핑크스다. 실레누스와 스핑크스는 매장되어 있던 본능적 힘을 대표하는 듯하며, 그 힘은 아폴론적 어둠의 마법사가 시간의 무덤에서 부르는 노래에 의해 불려나온다. 이리하여 부드럽게 빛나는 슈베르트의 사라진 역사적 낙원에, 본능적 에너지의 원형적 상징물, 문명의 석관의 무거운 뚜껑을 통해 예술이 신비스럽게 침투하는 그런 에너지의 상징이 대조적으로 마주서게 된 것이다.

같은 해인 1898년에 클림트는 현대 인간을 찾으려는 자신의 노력이 기필코 그 석관을 깨뜨려 열게 될 것임을 알려주는 또 다른 그림을 그렸다. 그것은 또 다른 아테나인데, 클림트가 이 처녀 여신을 그린 것들 중에서 세 번째이자 가장 충실한(완전한) 그림이다. 그는 예술사박물관의 첫 번째 아테나 그림을 역사 속 예술의 수호여신의 전신상으로 그렸다(그림 36). 그다음에 그녀는 분리파의 영웅인 테세우스가 교화되면서 일으키는 오이디푸스적 반란의 상징적 옹호자로서 좀더 추상적(따라서 이차원적)으로 표현된다(그림 37). 세 번째이자 새로운 판본(도판 1)에서 아테나는 모호하며 표정 없이, 그러나 수수께끼 같은 힘을 지닌 모습으로 우리 앞에 나타난다. 아테나의 성격 외에도 더 많은 것이 바뀌었다. 그림 왼편 아래쪽, 아테나의 손에는 이제 더 이상 날개 달린 승리의 신인 니케가 있지 않다. 그 자리에는 누다 베리타스가 현대 인간에게 거울을 들이대며 서 있다. 하지만 누다 베리타스 역시 바뀌었다. 예전에는 이차원적인 여자 모습이던 그녀가 이제 섹시하며 불타는 듯이 빨간 머리칼과 음모까지 드러낸 굴곡 있는 몸매로 그려져 있다.[8] 이제는 누다 베리타스가 아니라 베라 누디타스^{진짜 누드}다! 여기가 바로 구식 문화로부터 신식 문화가 등장하는 결정적인 전환점이다. 클림트는 고대의 도상학을 완전히 전복적인 방식으로 뒤틀어버린다. 처녀 여신인 아테나는 수정 구슬 위에 현대 인간에게 거울을 들이대는 관능적인 존재를 올려놓고 있으니 더 이상 민족적 폴리스와 질서정연한 지혜의 상징이 아니다. 현대식 사고가 정말로 고대 시를 감싸고 있던 고치를 깨뜨리고 나오고 있는 것이다!

고전 문화와 고고학적 발굴에 열렬한 관심을 보였던 프로이트처럼 클림트도 본능적인 삶, 특히 에로틱한 삶의 발굴지로 건너가는 은유적인 다리 역할을 고전적 상징에 맡긴다. 과거의 극장을 그리던 사회화가이던 사람이 여성을 그리는 심리화가가 되었다. 1898년 이후로는 거의 10년이 지나도록 「피아노 앞의 슈베르트」처럼 천사 같고 달콤하게 여성적인 유형의 그림들은 그려지지 않는다. 클림트는 여성을 관능적인 존재로 보았고, 쾌락과 고통, 삶과 죽음의 숨은 힘을 철저히 개발했다. 끝없이 그려댄 소묘에서 클림트는 여성성의 느낌을 포착하려고 애썼다. 그림 42는 황홀이라는 것의 모습을 포착하고 기록하려는 그의 수많은 노력 가운데 하나일 뿐이다. 『성스러운 봄』 창간호에 실은 소묘 「생선 피」에서 클림트는 여성적 관능성의 좀더 능동적인 측면을 그렸다(그림 43). 그림 속의 기쁨에 넘친 인물들은 흘러가고 있는 물 같은 소재에 자신들을 자유롭게 내맡기고, 그것에 실려 아래쪽으로 막힘없이, 빠르게 흘러내려 가게 한다. 곧 클림트의 주된 관심사가 될 어떤 요소가 여기에 등장한다. 그것은 다른 아르누보 화가들과의 공통점이기도 한 여성의 머리칼이다. 이 그림에 그려진 흘러내리는 듯한 머리 타래는 앙상한 신체와 강력하게 돌진하는 물의 선적인 느낌을 중화시킨다. 클림트의 여성은 액화된 세계를 편안하게 여긴다. 남성이라면 그런 곳에서 인어들에게 유혹당한 수부들처럼 금방 익사할 것이다.

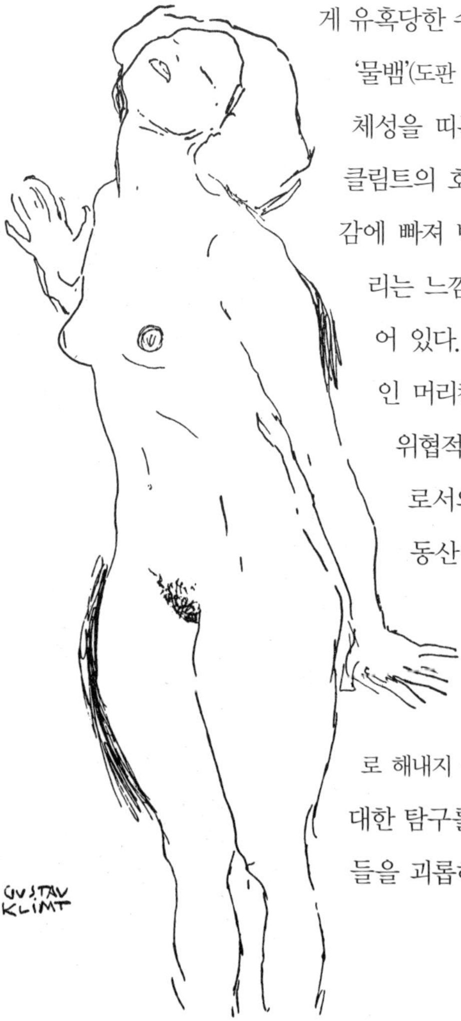

'물뱀'(도판 2)에 표현된 여성의 관능성은 새로운 구체성을 띠는 동시에 좀더 위협적인 요소가 된다. 클림트의 호색적인 유녀遊女들은 깊은 관능적 만족감에 빠져 반쯤 잠든 듯한 상태에 있으며, 끈적거리는 느낌을 주는 주위 환경과 완전히 일체화되어 있다. 그들은 실제로 물뱀이다. 단단하게 꼬인 머리칼은 부드러운 살결이나 관능적인 손과 위협적인 대조를 보인다. 클림트가 그린 뱀으로서의 여성이 남성을 위압하는 것은 에덴동산에서의 유혹 때문이라기보다는 육욕적인 축복을 누릴 무한한 능력을 가진 듯 보이는 그들을 마주했을 때 남성이 갖게 되는 능력 부족의 느낌(제대로 해내지 못한다는 느낌) 때문이다. 에로틱한 것에 대한 탐구를 하면서 클림트는 잘난 체하는 아버지들을 괴롭혀온 죄라는 도덕적 감각을 없애버렸다.

그림 42 무제("감각적 여자"), 구스타프 클림트, 연대미상.

그림 43 「생선 피」, 구스타프 클림트, 1898.

하지만 수많은 민감한 아들을 괴롭혀온 성에 대한 공포가 그 자리를 차지했다. 여성은 스핑크스처럼 남성을 위협한다. 클림트의 가장 훌륭한 그림 가운데 몇 점은 전통적으로 거세 주제의 전도順倒된 위장 형태인 참수를 그린 것이다. 그가 그린 「유디트Judith」(도판 3)는 사랑의 가면 뒤에서 홀로페르네스 살해를 막 해치우고, 모성母性과도 비슷한 관능성으로 빛나고 있다. 세기말의 가장 인기 있는 남근적 여성형인 살로메를 다룰 때, 클림트는 구부린 손가락

도판 1 구스타프 클림트, 「팔라스 아테나」, 1898.

도판 2 구스타프 클림트, 「물뱀 2」, 1904~1907.

도판 3　구스타프 클림트, 「유디트」, 1901.

도판 4 구스타프 클림트, 「마르가레테 스턴보로 비트겐슈타인의 초상화」, 1905.

도판 5 구스타프 클림트, 「프리차 리들러의 초상화」, 1906.

도판 6 구스타프 클림트, 「아델레 블로흐 바우어의 초상화」, 1907.

도판 7 구스타프 클림트, 「다나에」, 1907~1908.

도판 8　구스타프 클림트, 「키스」, 1907~1908.

도판 9 구스타프 클림트, 「죽음과 삶」, 1916.

도판 10 아널드 쇤베르크, 「붉은 응시」, 1910.

도판 11 오스카어 코코슈카, 쿤스트샤우 포스터, 1908.

rot fischlein/ fischlein rot,
stech dich mit dem drei-
schneidigen messer tot
reiß dich mit meinen fingern
entzwei/
daß dem stummen kreisen
ein ende sei/

rot fischlein/ fischlein rot/
mein messerlein ist rot/
meine fingerlein sind rot/
in der schale sinkt ein
fischlein tot/

und ich fiel nieder und
träumte/ viele taschen hat
das schicksal/ ich warte bei
einem peruanischen steiner-
nen baum/ seine vielfingri-
gen blätterarme greifen wie
geängstigte arme und finger
dünner/ gelber figuren/ die
sich in dem sternblumigen
gebüsch unmerklich wie
blinde rühren/ ohne daß ein
heller/ verziehender streifen
in der dunklen luft von
fallenden sternblumen die
stummen tiere lockt/ blut-
raserinnen/ die zu vieren
und fünfen aus den grünen/
atmenden seewäldern/wo es
still regnet/ wegschleichen/
wellen schlagen über die
wälder hinweg und gehen
durch die wurzellosen/ rot-
blumigen/ unzähligen luft-
zweige/ die wie haare im
meerwasser saugend tau-
chen/ dort heraus winden
sich die grünen wogen/ und
das schreckliche meer der
untiefen und menschen-
fressenden fische/ faßt die
überfüllte galeere /oben an
den masten schwingen
käfige mit kleinen blauen
vögeln/ zieht an den eiser-
nen ketten und tanzt mit
ihr hinein in die teifune, wo
wassersäulen wie geister-
schlangen auf dem brüllen-
den meer gehen/ ich höre

도판 12 오스카어 코코슈카, 『꿈꾸는 소년』 삽화, 1908.

도판 13 오스카어 코코슈카, 『살인자, 여성들의 소망』 포스터, 1909.

도판 14 오스카어 코코슈카, 「헤르바르트 발덴의 초상화」, 1910.

도판 15 오스카어 코코슈카, 「한스 티에체 부부 초상화」, 1909.

도판 16 오스카어 코코슈카, 「템페스트」, 1914.

도판 17 오스카어 코코슈카, 「아돌프 로스의 초상화」, 1909.

과 앙상한 얼굴을 육체의 따뜻한 윤곽선과 무시무시하게 대조시켰다(그림 44).

"시대에는 그 시대의 예술을, 예술에는 자유를"이라며 분리파의 구호는 자랑스럽게 선언되었다. 클림트는 현대 인간에게 거울을 들이대면서도 쾌락을 부여하는 에로스의 이미지를 추구하지만, 오히려 도덕주의적 문화의 구속으로부터 관능성을 해방시키려는 시도에 뒤따르는 심리학적 문제들을 노출시켰다. 에로스를 탐험하며 즐거워하던 남자는 '촉수를 가진 여자'에게 휘감겨버렸다. 새로운 자유는 불안의 악몽으로 변하고 있었다.

3

시인 페터 알텐베르크Peter Altenberg(1859~1919)는 이렇게 썼다. "구스타프 클림트, 당신은 환상의 화가이면서 현대 철학자이고, 전체적으로 말하면 현대적인 시인이오. 당신은 그림을 그리다가 갑자기 동화처럼 현대 인간으로 변신하는데, 아마 일상에서 당신은 현대적 인간이 아니겠지요."9 클림트는 알텐베르크의 찬사에 분명히 기뻐했을 것이다. 화가로서 그가

그림 44 「살로메」, 구스타프 클림트, 1909.

행한 폭넓은 실험은 더 큰 임무와 결부되어 있었다. 클림트는 개인적인 경험
으로든 문화적으로든 물어보아야 할 것, 문제가 있는 것을 제기하고 따지는
사람이었다. 그는 프로이트처럼 자기 내면의 심연을 탐색함으로써 수수께끼
의 해답을 구했으며, 자기 자신을 공개함으로써 그렇게 얻은 대답을 다른 사
람들에게 알기 쉽게 전달했다. 그가 관능적 해방에 대한 유쾌한 탐험으로
시작했던 것은 직업적으로는—아마 개인적 심리 면에서도—거의 재앙이 되
어버렸다. 하지만 그 과정에서 클림트는 환상의 세계에서 일종의 메타 심리
학자 같은 존재가 되었다.

1890년대의 클림트에게는 현실의 본성 그 자체가 문젯거리였다. 그는 그것
을 물리적 세계에서 찾아야 할지, 아니면 형이상학적 세계에서 찾아야 할지,
육체에서, 아니면 정신에서 찾아야 할지 알 수 없었다. 이런 전통적 범주들
은 명료하고 독자적인 의미를 잃어가고 있었다. 그런 범주 사이의 경계가 불
확실해지는 것이 자유주의적 자아가 직면한 위기의 핵심이 되었다. 클림트의
끊임없이 변동하는—자연주의적으로 굳건한 형체로부터 인상주의적으로 유
동적인 것을 거쳐 추상적이고 기하학적으로 정적인 것으로— 공간과 실체의
표현에서 우리는 확실한 좌표도 없이 세계에서 방향을 더듬어나가는 모습을
본다.

마침 안성맞춤으로, 빈 대학이 클림트에게 가장 폭넓은 의미에서 인간 조건
에 대한 그의 시각을 화폭에 표현할 기회를 주었다. 1894년에 문화부는● 운
영위원회와 논의한 뒤 클림트를 초대해 대학 신관 회의장에 천장화를 그려
달라고 주문했다. 당시 클림트는 링슈트라세의 장식미술가 가운데 젊은 거

● 여기서 나는 이 부처의 '문화와 교육을 위한 관리부서Ministerium für Kultus und Unterricht'
라는 공식 명칭을 간략하게 줄였다. 이 부처는 종교, 교육, 문화 정책을 담당했다.

장으로서 막 명성을 높이고 있었다. 대학 신관은 링슈트라세 최후기의 기념비적인 여러 기획 가운데 하나였다. 하지만 그 주문의 작업을 완료했을 무렵 (1898~1904) 클림트는 분리파 운동 및 새로운 진실을 찾으려는 그 자신의 추구에 깊이 몰입한 상태가 된다. 대학이 주문한 프로젝트에서 자신의 새로운 시각을 그리는 과정에서 그는 구식 합리주의자와 신식 반유대주의자의 분노를 한 몸에 받았다.[10] 그로 인해 벌어진 투쟁에서 화가, 대중, 정치인 모두가 빈에서의 현대 예술의 기능에 대해 왕성한 토론을 벌였다. 그 투쟁의 결과로 분리파 급진주의의 한계는 그야말로 명명백백히 드러나버렸다. 또 클림트 개인도 이 투쟁에서 패함으로써 고대적 방식의 전복자라는 그의 역할이 종말을 고했으며, 그의 그림에서는 궁극적으로 새롭고 추상적인 단계가 열린다.

클림트가 볼 때 대학 그림을 주문한 학계 인물들이 구상한 주제는 계몽주의의 최고 전통을 따르는 것이었다. '어둠에 대한 빛의 승리'가 그것이다. 원래 계획에 따르면 클림트의 파트너인 프란츠 마치가 이 주제로 중심 화폭을 그리고, 그 주위에 네 학과를 대표할 그림 네 폭을 배치하고, 클림트는 그 가운데 세 폭인 「철학」, 「의학」, 「법학」을 그리기로 되어 있었다. 1898년에 예비 논의 과정에서 그가 그린 원래 도안에 대해 약간의 이견은 있었지만 교수위원회와 문화부는 클림트에게 자유선택권을 주었다. 1900년에 그는 첫 그림인 「철학」을 그렸고, 1901년에는 「의학」을 그렸다.

두 그림 모두 빛이 어둠을 쉽게 정복하는 내용은 아니었다. 「철학」(그림 45)에서 클림트는 스스로를 여전히 연극 문화의 자식으로 나타냈다. 그는 마치 우리가 극장의 피트에서, 바로크식 전통의 테아트룸 문디theatrum mundi(세계의 극장)에서 바라보고 있는 듯한 시점으로 세계를 보여주었다. 하지만 바로크식 테아트룸 문디는 하늘과 땅과 지옥으로 층위가 나뉘어 있었던 반면, 이제는 땅 자체가 사라지고 다른 두 영역이 한데 섞인 것처럼 보이는 지경이 되었

그림 45 「철학」, 천장화. 구스타프 클림트, 1900.

다. 고통받는 인간들의 뒤엉킨 몸뚱이는 끈적끈적한 허공에서 정처 없이 떠다니며 부유한다. 흙탕물 같은 우주에—별들은 저 멀리 뒤쪽에 있다—무겁고 졸린 듯한 스핑크스가 아무것도 보지 않은 채 웅크리고 있는데, 그녀 자신도 그저 원자화된 공간이 응축된 것일 뿐이다. 단지 그림 맨 밑에 있는 얼굴만이 밝게 빛나면서 의식을 지닌 정신의 존재임을 암시한다. 카탈로그에 지혜Das Wissen라고 적혀 있는[11] 이 인물은 객석에 등을 돌리고 있는 프롬터처럼 발치 조명의 빛을 받는 위치에 자리잡고 우리에게, 청중에게 우주적 연극이 시작된다는 신호를 내리는 듯하다.

클림트의 우주관은 쇼펜하우어적이다. 즉 의지로서의 세계, 무의미한 출산, 사랑과 죽음의 끝없는 윤회에 묶인 맹목적 에너지라는 것이다. 피터 버고Peter Vergo는 클림트가 바그너를 통해 쇼펜하우어에 대한 지식을 얻었다고 주장하는데, 특히 널리 읽힌 바그너의 논문 「베토벤」에 압축적으로 요약되어 있는 그 철학자의 사상을 읽었다는 것이다. 그리고 그 도상학 및 「철학」의 메시지는 「라인의 황금Das Rheingold」으로부터 영향을 받았다는 것이다.[12] 클림트가 활동한 사회적, 지적 서클에서는 서로 관계가 깊은 바그너, 쇼펜하우어, 니체라는 인물들이 모두 찬미되었으므로, 그들 가운데 누구라도 그의 우주관의 연원이 될 수 있다. 버고는 「철학」의 중심인물이 바그너의 (지혜의 여신인) 에르다에게서 온 것일 가능성을 밝혀냈다.* 에르다의 위치와 예언자 같은 자세는 그런 해석을 뒷받침한다. 하지만 바그너의 에르다는 따뜻하고 슬픔에 잠긴 지상의 어머니인 데 반해, 클림트의 지혜는 냉정하고 완강하다. 또 클림트나 그의 부유한 후원자들도 그랬지만, 그녀가 정치적 의식으로

---

* 버고는 에르다가 「라인의 황금」에서 처음 나타나는 장면의 연기 지시와 그녀가 하는 발언의 실제 내용이 클림트의 색채와 구성에 얼마나 가까운지를 입증한다. 이 장의 주석 12를 볼 것.

가득 찬 바그너와 그의 우주적 주인공들처럼 황금의 저주 때문에 우려하는 것 같지는 않다. 클림트의 철학적 여사제는 으스스하게 빛나는 눈에서 그와는 다른 태도를 드러낸다. 야성적이면서도 차가운 지혜, 의지의 세계를 긍정하는 지혜가 그 눈에서 엿보이는 것이다. 내가 보기에 이 부분의 묘사는 바그너가 읽은 쇼펜하우어의 실존적 형이상학이라기보다는 니체의 철학을 가리키는 듯하다. 우리는 클림트가 니체의 『비극의 탄생』을 1898년에 그린 「음악」에 어떻게 인용했는지 앞서 보았다. 이제 그의 철학 인물은 어둡고 광시적인 언어로 차라투스트라의 '한밤중의 권주가'를 읊는 것이다.

아, 인간이여! 귀 기울이라!
깊은 한밤중은 무엇을 말하고 있는가?
난 잠들었다. 잠자고 있었다……
깊은 꿈에서 깨어나서 알게 되었노라.
세계는 깊다고,
대낮이 알았던 것보다 더 깊다고……
세계는 깊다.
낮이 생각했던 것보다 더 깊다.
세계의 슬픔은 깊다……
욕망은…… 고통보다 더 깊다.
슬픔이 말한다, 사라져라, 죽어라!
하지만 욕망은 영원하고 싶어하지,
깊고도 깊은 영원성을 원한다네!●

이것은 나중에 클림트가 숭배하게 될 구스타프 말러가 1896년에 완성한 철학적 교향곡 3번의 중심 대본으로 쓴 바로 그 노래다. 사실 말러가 작곡한 이 훌륭한 노래는 또 다른 유의 접근법을 통해 그 지적 세대의 고통스럽고 심리화된 세계관을 클림트의 「철학」의 감상자들에게 들려준다. 이 세계관은 욕망을 긍정하면서 동시에 그 욕망이 선언하는 자아와 세계의 한계가 해체되는 죽음에 가까운 고통을 감수한다.●●13

니체가 『차라투스트라는 이렇게 말했다』의 휘황찬란한 종결부에서 깊은 밤의 노래를 해설한 것도 클림트 그림의 의미를 조명해주기 위한 일처럼 읽힌다. 거꾸로, 클림트 그림에서 덩굴 잎사귀를 머리칼에 꽂고 황홀경에 빠져 있는 여사제는 니체의 깊은 밤의 가수를 그린 삽화로 쓰일 수도 있긴 하다. '이 술 취한 여사제'는 빛나게 위로 치켜 뜬 눈에서 짐작할 수 있듯이 "정신이 아주 초롱초롱해졌다."●●● 니체의 시인처럼 클림트의 지혜도 삶의 신비스러

● O Mensch! Gib acht: / Was sprichte die tiefe Mitternacht? / "Ich schlief, ich schlief——/ Aus tiefen Traum bin ich erwacht ; — / Die Welt ist Tief, / Und tiefer als der Tag gedacht. / Tief ist ihr Weh —/ Lust—tiefer noch als Herzeleid; / Weh spricht: Vergeh! / Doch alle Lust will Ewigkeit—/ —will tiefe, tiefe Ewigkeit!" Als sprach Zarathustra, Part III의 끝부분, "Das andere Tanzlied"에서 발췌.

●● 말러가 클림트에게 직접적인 철학적 영향을 미친 증거는 없다. 화가는 아마 1902년까지는 말러를 몰랐을 것이다. 말러는 그해에 클림트가 어렸을 때부터 알고 지낸 알마 말러와 결혼했다. 하지만 1897년에 말러가 오페라 단장으로 임명되었을 때부터 그들이 왕래한 사회적·지적 서클은 서로 겹치며, 그런 서클은 바그너와 니체의 사상으로 흠뻑 젖어 있었다. 두 사람 모두 주커칸들 교수의 집을 자주 방문했으며, 둘 다 교수의 친구인 니체주의 변호사인 막스 부르크하르트, 부르크 극장장이자 『성스러운 봄』의 편집장을 잘 알고 있었다. 말러가 마침내 궁정 오페라단에서 사퇴를 강요당하고 빈을 떠나 미국으로 떠나게 되었을 때 클림트는 다른 말러 열성 애호가들과 함께 기차역에 나가 작곡가에게 작별을 고했다. Cf. Alma Mahler-Wefel, *Mein Leben*(Frankfurt am Mein, 1965), pp. 18, 22~6; Berta Szeps Zuckerkandle, *My Life and History*, tr. John Sommerfield (London, 1938), pp. 143~4; Kurt Blaukopf, *Gustav Mahler*, tr. Inge Goodwin (New York & Washington, 1973), p. 218.

●●● 클림트는 원래 우의적 인물인 '지혜'를 실루엣으로, 마치 로댕의 「생각하는 사람」처럼 생각에 잠겨 앉아 있는 여성이라는 전통 양식으로 구상했다. 1899년에야 그는 니체적인 한밤중의 가수가 도전적으로 정면을 보이며 일어서는 모습으로 바꾸었다. Cf. Christin M. Nebehay, *Klimt: Dokumentation*(Vienna, 1968), pp. 214~16, Figs. 311~315.

운 전체성을 긍정하기 위해 고통을―더 나아가 욕망 그 자체를― 꿈속으로 흡수해들인다. "그대는 한 가지 욕망을 긍정하는가? 아, 친구여, (그러면) 그대는 모든 고통을 긍정한 것이다." 클림트의 부유하는 존재의 사슬에서처럼 "모든 것은 (…) 서로 연결되고, 서로 뒤얽혀 있으며 서로에게 매혹되어 있다. (…) 그러므로 그대는 세계를 사랑하게 될 것이다."•

그렇다고 대학의 교수들이 그 세계를 보았다거나 사랑한 것은 아니다. 그들은 '어둠에 대한 빛의 승리'의 의미와 그것이 그들의 홀에서 어떻게 표현될지에 대해 클림트와는 좀 다르게 생각했다. 클림트의 그림은 학자 집단의 말초신경을 건드렸다. 그의 형이상학적 '누다 베리타스'는 그와 그 세대에 속한 소수의 다른 지식인들을 이성과 권리의 주류가 설정한 한계 밖으로 끌고 나갔다. 여든일곱 명의 교수위원회가 이 그림에 반대하는 청원에 서명했으며, 그것을 거부하도록 문화부에 요청했다. 기름에 불이 붙은 것이다. 클림트의 예술은 이데올로기적 이슈가 되어갔고 얼마 안 가서 정치적 이슈가 된다.

대학의 그림 때문에 발생한 위기는 그것이 클림트의 작품 발전 과정에 미친 영향이라는 관점에서 보면 예술사적 의미가 있다. 그러나 일반 역사가의 관점에서 볼 때, 예술적 명분은 좀더 넓은 문제를 제기하는 창문을 열어준다. 그것은 새로운 세기가 밝아옴에 따라 문화와 정치 사이의 미묘한 관계가 어떻게 되는가 하는 문제다. 「철학」에 대한 반응의 강도라든가, 클림트의

• Friedrich Nietzsche, *Also Sprach zarathustra*, Part IV, "Das trunkene Lied," Section 10.

반대자와 옹호자들이 각각 취한 입장들은 오스트리아 엘리트층 내에서 합리주의의 위기가 얼마나 깊이 침투했는지를 보여준다. 이 책의 제1장에서 상호 보완적 관계로 규정된 바 있는 오스트리아 자유주의 문화를 구성하는 두 성분—법의 문화와 우아함의 문화—의 옹호자들은 이제 적대적인 진영에서 서로를 마주보게 되었다. 황제 정부는 조금 뒤에서 검토할 정치적 이유에서 새로운 분리파 예술을 지지해왔지만, 곧 구식의 윤리적 문화와 신식의 심미적 문화를 주장하는 진영 사이에서 십자포화를 맞게 되었다. 정치적 이슈가 문화적으로 다뤄지면 문화적 이슈도 정치적인 것이 된다. 클림트의 그림과 그것이 취한 전환점의 의미를 이해하기 위해 나는 우선 대학 그림을 둘러싼 위기에서 문화와 정치가 수렴하는 지점을 찾아보고, 이 연극의 주인공 세 인물의 입장을 통해 그것을 면밀하게 살펴보려 한다. 그 세 명은 모두 학계의 인물이며 예전에는 빈 대학의 동료 교수였다. 정통 자유주의 철학자로서 클림트에게 반대하는 교수진을 이끈 프리드리히 요들Friedrich Jodl 1849~1914, 새로운 예술사의 발전을 이끈 개척자이자 문화적 상대주의의 입장에 서서 즉각 클림트 및 현대 예술과 연대한 프란츠 비코프Franz Wickhoff 1853~1909, 예전에는 고전학 교수였지만 이제 문화상이 된 빌헬름 폰 하르텔Wilhelm von Hartel 1839~1907이 그들이다. 하르텔은 의회의 마비 상태를 맞아 행정 칙령에 의해 계몽적 정책을 시행하려 한 최초의 내각인 에르네스트 폰 쾨르버Ernest von Koerber 1850~1919의 내각에서 장관을 지냈다. 하르텔이 클림트에게서 정치적 의미를 발견하자, 클림트에게서도 정치가 실존적인, 궁극적으로는 심미적인 의미를 지니게 되었다.

반대하는 교수들이 제출한 첫 번째 청원문을 보면 그들이 클림트의 「철학」에 담겨 있는 쇼펜하우어적 세계관을 명백하게 확인하지는 못했지만 그 의미는 이해하고 있음을 알 수 있다. 그들은 클림트가 '불명료한 형태를 통해 불명료한 이념'을 표현한다고 고발했다. 비평가들이 쓴 놀라운 형용사인 '불명료한'이라는 단어는 우리가 그림에서 본 경계의 액화液化라는 문제를 잘 암시한다. 그들도 클림트가 자신의 '우울한 환상'에 어울리도록 분위기를 조성하기 위해 색채를 구사한 대가적인 기교를 존중하지만, 그런 장점이 그림 배후에 있는 이념의 지리멸렬함을 드러내는 형태의 혼란과 상징의 혼돈을 보상해주지는 못한다는 것이다. 그들은 클림트가 지적인 이해력의 부족 때문에 미학적 실패작을 만들었다고 주장했다.[15]

총장은 빌헬름 폰 노이만Wilhelm von Neumann이라는 신학자였는데, 그는 반대하는 교수들을 지지하는 편에 서서 논란의 핵심을 지적했다. 그는 지금은 철학도 엄밀한 과학을 진리의 모델로 여기는 시대인데, 그것이 흐릿하고 환상적인 구조로 표현된다면 온당치 못하다고 지적했다.[16] 과학적 작업을 통해 자연에 통달한다는 이념이 자연 속에서의 불확실하고 신비스러운 투쟁이라는 클림트의 이미지에 의해 간단히 위배되었다는 것이다. 전통주의자들이 원했던 것은 사실 라파엘의 「아테네 학당」과 비슷한 그림이었다. 고대의 학식 높은 인물들—플라톤, 아리스토텔레스, 유클리드 등등—이 사물의 본성에 관해 차분하게 토론하는 그런 장소 말이다. 어떤 교수는 여러 시대의 철학자들이 숲속에 모여 대화하고 휴식하며 학생들을 가르치는 광경을 그릴 것을 제안했다.[17] 이런 제안이 하나의 사회적 이미지를 중심으로 삼고 있음에 주목해야 한다. 학식 있는 인물들이 사회에서 각자의 역할을 다 하면서 자연과 인간 생활을 장악하는 법을 전파한다는 이미지가 그것이다. 클림트의 「철학」은 바로 그런 사회적 이미지의 허를 찔렀다. 그의 우주에서는 전능하지만 수수께끼 같은 자연과 그 속에 붙잡힌 인간의 내면적 무기력감 앞에 서면 사회적으로 지지되는 장악의 구조는 흔적도 없이 사라진다.

교수들을 동원해 반대운동을 벌였다며 클림트 지지자들로부터 비난의 대상이 된 인물은 총장이었지만, 그들의 주요 대변인은 철학자 프리드리히 요들이었다.[18] 요들이라는 인물과 그가 따른 논쟁 노선을 보면 변화를 겪고 있는 고전적 자유주의 문화에서 클림트가 점하는 의미가 밝혀진다. 이론적 철학자인 요들은 영미 계통의 경험주의와 공리주의를 옹호해, 오스트리아 자유주의들에게 금방 동화되어버린 이 세계관을 윤리학 분야에 적용했다.[19] 그의 유명한 저작인 『윤리학사History of Ethics』는 종교적 환상의 고치를 깨고 나온 인문주의적 윤리학의 등장을 축하했다. 미국의 존 듀이와 어딘가 비슷하게, 요들은 사회적, 정치적 명분에 관한 다양한 진보적 입장을 철학적으로 대변한 인물로서 대중으로부터 명성을 얻었다. 1894년에 그는 과학적 도덕성을 종교적 도그마에서 해방시키기 위해 설립된 미국 윤리적 문화운동에서 영감을 얻어 다른 사람들과 힘을 합쳐 빈 윤리학회를 설립했다. 그는 여성해방과 시민 자유권을 옹호했고, 상류계급과 하층계급 사이의 유감스러운 문화적 격차를 줄이기 위한 노력의 하나로 성인교육연합Volksbildungsverein을 주도했다.[20] 간단히 말해, 요들은 모든 차원에서 세기가 바뀌는 시점의 자유주의적 합리주의의 진보주의자 단계를 대표한다고 볼 수 있다. 그러나 그러한 합리주의자의 본성 바로 그것 때문에 그는 "거의 아무도 이해하지 못할 어둡고 불분명한 상징물"이 대학 구내를 장식하는 것을 받아들일 수 없었다. 그 그림이 묘사하기로 되어 있는 철학은 어쨌든 이성의 문제다. 평론가 카를 크라우스도 요들을 공개적으로 지지하면서 이와 비슷한 입장을 취했다. 클림트는 철학을 전혀 알지 못하며, 그것을 표현하기 위해 어떤 우의적인 소재를 택할지는 그의 후원자인 교수들에게 맡겼어야 했다는 것이다.[21]

요들과 같은 자유의 수호자는 클림트 사건 때문에 누드에 반대하고 예술적 자유를 반대하는 전통적이고 종교적인 사고의 소유자들과 한 두름에 묶이게 되니 난감했을 것이다. 하지만 요들이나 합리주의적 설득을 굳건히 옹호하던 다른 사람들도 클림트의 에로틱하고 기질적인 현실 표현 때문에 결국 원래는 적대시하던 검열을 좋아하는 성직자들의 진영으로 밀려들어갔다. 따라서 민망스럽기 짝이 없게도 그들과 연대하는 사태를 피하기 위해 요들은 이 이슈를 철학적 내용의 문제가 아니라 미학적 품질의 문제로 바꾸려고 애썼다. "우리가 싸우는 대상은 누드 미술도, 자유 예술도 아니며, 추한 미술이다"라고 그는 『노이에 프라이에 프레세』지에서 밝혔다.[22]

이 발언의 원래 의도는 이 문제를 순수하게 미학적 판단으로 한정시키려는 뜻이었지만 학계의 주류에 속한 클림트 옹호자들은 오히려 그 발언에서 반격의 기회를 포착했다. 예술사가인 프란츠 비코프가 주도하는 열 명의 교수로 이뤄진 그룹은 문화부에 반대 청원을 제출하고, 교수진은 미적인 문제에 관해 판단할 전문성이 없다고 주장했다.[23] "추함이 무엇인가?" 요들이 내던진 결투용 장갑을 주워들며 비코프가 선택한 이슈는 바로 이것이었다.

프란츠 비코프 자신도 대단히 권위 있는 전문가였지만, 그는 클림트의 명분을 옹호하기 위해 그 이상의 것을 끌어왔다. 비코프는 알로이스 리글^Alois Riegl 1858~1905과 함께 예술에서의 혁신에 대한 이해를 조성하는 데 특히 알맞은 새로운 예술사관을 개발하고 있었다. 분리파가 1898년에 그 전시관에 새긴 구호—'시대에는 그 시대의 예술을, 예술에는 자유를'—는 새로 등장하던 비코프의 빈 예술사 학파에도 충실히 적용될 수 있었다. 클림트와 분리파가 보자르 학파의 전통과 링슈트라세 문화의 고전적 사실주의를 거부했을 때, 비코프와 리글 역시 1890년대에 고전적 미학의 주도권을 공격했다. 세기 중반에 활동하던 선배들은 그리스적 모델을 기준으로 삼아 로마 제국 후기와 초기 기독교 시대의 미술을 퇴폐적인 것이라며 무시했지만, 신진 학자들은 그러한 미술이 새로운 문화적 가치를 근거로 하여 생겨났으며, 그 가치에 의해 정당화될 수 있는 독창적인 예술임을 발견했다. 그들이 보기에 "퇴폐적"인 것이란 대상에 있는 성질이 아니라 감상자의 눈 속에 있었다. 리글은 그전의 르네상스 시대에 대한 취향에 대조적으로 바로크를, 신고전주의에 대조적으로 비더마이어 시대를 복권시켰다. 형식적 완벽성이라는 구식 기준은 일소되었고, 그와 관련된 미적 진보와 쇠퇴라는 이념도 함께 사라졌다. 일반 역사에서와 마찬가지로 예술사에서도 새로운 빈 학파에서 중요한 것은, 랑케의 말을 빌리자면, 신의 눈으로 보면 모든 시대가 동등하다는 사실이었다. 모든 시대가 만들어낸 고유한 형태를 감식하기 위해 우리는 리글이 사회의 '예술 의도Kunstwollen'라 부른 것, 즉 모든 문화에서 예술이 지닌 의도와 목적을 파악해야 한다. 이것은 진보와 후퇴가 아니라 영원한 변화를 만들어낸다. 그것은 어떤 선험적 미학의 단일한 표준을 넘어 예술에서의 다수성을 인정하는 것이다.

비코프와 리글은 이리하여 자유주의 후기의 비목적론적인 흐름flux이라는 감각을 예술사에 도입했다. 그 감각은 세기말 문화에서 아주 흔하게 발견되었으며, 바로 클림트의 「철학」에서도 아주 명료하게 감지되었다. 그들의 추종자 가운데 가장 유명한 어떤 사람이 말했듯이, 그들의 저서는 "절대주의 미학에 대한 심리학적–역사주의적 예술 개념의 승리"를 나타냈다.[24] 그것은 과거와 현재의 예술에서 "새로운 감수성을 풍부하게" 드러냈으며, 계몽주의 미학이 차단했던 시각의 다양성을 보였다. 비코프가 클림트를 옹호하려고 등장했을 때, 그가 이 현대 화가의 대리전을 치르기 위해 무슨 방법을 쓰려 했는지 짐작한 사람이 과연 몇이나 있었을지 궁금해진다. 비코프는 클림트 반대자들이 클림트를 비난하기 위해 내세운 라파엘의 바로 그 그림인 「아테네 학당」을 과거에 자신이 해석했을 때 택했던 분석적 방법을 동원한 것이다.[25]

"추함이란 무엇인가?" 이런 제목으로 클림트를 다룬 철학협회 강연에서,

비코프는 추함이라는 생각은 깊은 생물학적-사회학적 기원을 가지며, 그것이 클림트의 적대자들에게서 여전히 작동하고 있다고 주장했다.**26** 원시적 인간은 인간 종種의 지속에 해롭다고 여겨지는 형태를 추함으로 간주했다. 역사적 인간이 이 관련성을 약화시킨 것은 틀림없다. 지배 계급과 민중이 단일한 윤리적이고 종교적 이념의 조합을 계속 공유하는 한, 화가와 후원자는 함께 전진하며 자연에 대한 새로운 개념과 미에 대한 새로운 표준도 함께 진화한다. 하지만 최근 들어 인문학과 골동학적 연구는 고전 예술이 반드시 우월하지는 않더라도 더 중요한 것이라는 느낌을 대중에게 심어주었다. 그리하여 과거지향적 대중과 항상 진보하려는 예술가 사이에 대립이 생겨나는 것이다. 비코프는 현대에 들어서는 항상 학식 있는 인물들의 지도를 받은 교육받은 계급—특권적이지만 '정신적으로는 이류인 사람들'—이 미를 과거의 작품과 동일시했다고 말한다. 그 때문에 그들은 화가들이 만들어낸 새롭고 직접적인 자연관을 추하다고 인식하게 되었다. 비코프는 그처럼 비대해진 역사적 경건성이 이제 종말에 다가가고 있다고 주장한다. 지금 시대는 그 고유한 감각의 삶을 갖고 있으며, 예술적 천재들은 그것을 시적-육체적 형태로 표현한다. 그는 자신의 철학 강연을 듣는 청중에게 현대 예술을 추하다고 보는 이들은 현대의 진실을 직시하지 못하는 자들이라고 암시했다. 비코프는 클림트의 「철학」에 대한 웅변적인 해석을 끝으로 강연을 마무리했다. 그는 '지혜'를 별도로 지목해, 클림트가 그려낸 억압적이고 현실감각을 잃은 세계에서 '저녁 하늘의 별처럼' 위안을 주는 빛을 발산하는 인물로 해석했다.

요들과 비코프가 대표한 두 문화—구식 윤리와 신식 미학—사이의 논쟁이 1900년 봄과 여름 동안 연단과 언론에서 휘몰아치긴 했지만 그 이슈가 최종적으로 결정된 것은 정치 영역에서였다. 사실 클림트의 그림이 지니는 의미를 제대로 파악하려면 더 넓은 정치적 맥락으로 나아가야 한다. 예술은 오스트리아의 대중 생활에서 항상 중요한 구성 요소였지만 1900년이라는 해에는 국가 정책에서 특별히 더 결정적인 위치를 차지했다. 참으로 아이러니하게도, 현대적 대의제 정부가 와해되고 있던 바로 그 시점에 현대 예술이 공식적인 애호의 대상이 된 것이다. 왜 그랬을까?

1897년에서 1900년까지, 민족성 문제는 행정과 교육 부문에서의 언어권리에 대한 갈등과 함께 정부를 사실상 마비시켰다. 체코인과 독일인이 차례로 의회 내에서 의사 진행 방해 공작을 벌였기 때문에 결국 정당 대표들로 내각을 구성할 수 없게 되었다. 1867년에 시민 내각을 수립함으로써 헌정憲政 시대를 연 군주제는 1900년에는 그 내각을 해산시키고 관료들로 구성된 내각으로 대체했다. 오스트리아 자유주의는 이리하여 계몽절대주의와 관료통치제라는 18세기 전통으로 뒷걸음질쳤다. 1900년의 관료 내각을 구성하는 임무는 유능하고 상상력 풍부한 공무원인 에르네스트 폰 쾨르버 박사에게 맡겨졌다. 그는 화해 능력을 절망적으로 상실한 오스트리아의 정치적 실체를 극복하고, 필요하다면 언제까지라도 칙령에 의거해 통치할 작정을 하고 있었다. 쾨르버는 거시적으로는 이원적인 현대화 캠페인을 벌여 정치적 긴장을 포위하겠다는 전략을 세웠다. 한쪽 캠페인은 경제 영역에서, 다른 쪽은 문화 영역에서 벌일 예정이었다. 그는 그 두 영역에서라면 모든 민족에 공통되고 최우선적인 관심을 찾을 수 있으리라고 믿었다. "물질적이고 문화적인 이슈가 제국의 문을 두드리고 있다. 행정부가 그것들을 그냥 무시해버릴 수는 없다. 왜냐하면 정치적 문제와 민족성 문제가 아직 해결되지 않았기 때문이다." 쾨르버는 의회의 개회 연설에서 이렇게 말했다. 그는 "국가는 전력을 다해 문화와 경제에 봉사할 것"이라고 서약하고, 사회적 봉사라는 참신한 정신을 주입해 "관료를 현대적 도구로 변모시키며" 관료제를 다시 활성화시키는 작업에 착수했다.[27] 쾨르버는 자신의 공격의 양극을 지휘하는 책임자로 빈 대학의 탁월한 전직 교수 두 명을 선정했다. 위대한 경제학자인 오이겐 뵘바베르크Eugen Boehm-Bawerk는 재정부 장관이 되어 진보적 세금제도 개발과 경제 정책을 개혁할 책임을 맡았다. 대표적인 고전 학자이자 민족 문제로 인한 위험성이 큰 교육 분야에서 공정한 행정가로 존경받던 빌헬름 리터 폰 하르텔은 문화부를 맡았다. 1900년에서 1904년까지의 4년 동안 쾨르버의 내각은 경제적, 문화적 발달을 통해 오스트리아를 구원하려는 노력을 경주했다.[28]

이 초민족적 정책이라는 틀 안에서 보면 정부가 국가적 차원에서 분리파 운동을 격려한 것은 충분히 이해될 만하다. 그 운동의 예술가들은 관료들과 빈의 상류, 중산계급만큼이나 진정으로 국제주의적인 사람들이었다. 민족주의자 집단이 각기 별도의 민속 예술을 개발하던 시기에 분리파는 반대 방향으로 가고 있었다. 의도적으로 오스트리아를 유럽적인 추세에 개방함으로써 그들은 제국의 전통적 보편주의를 현대적 정신 속에서 다시 긍정했다. 분리파의 한 대변인은 이 운동에 자신이 헌신한 목적을 "제국을 구성하는 여러 민족의 잡다한 특성들을 새롭고 자랑스러운 통일체로 묶어줄 예술 형태인 순수한 오스트리아 문화를 보호하기 위해서"라고 설명했다. 이 대변인은 다른 곳에서 이 목적을 예술 민중Kunstvolk이라 불렀다.[29] 문화부 장관은 쾨르버 내각이 성립되기 전인 1899년에 이미 오스트리아 문화의 이익을 대변하는 하나의 집단인 예술위원회를 창설하면서 정부가 세운 가정을 이와 놀랄 만큼 유사한 용어로 밝혔다. 그는 민족성 갈등을 극복하게 해주는 예술의 잠재력을 지적했다. "모든 발전의 뿌리는 민족적 토양에 있지만, 예술 작품은 공통의 언어를 쓰며 고귀한 경쟁에 돌입함으로써 상호 이해와 호혜적 존경을 달성하게 된다."[30] 국가가 어떤 특정한 경향성을 선호하지는 않을 것이며 예술은 그것이 속한 집단과 상관없이 각기 고유한 법칙에 따라 발전해야 한다고 선언하면서도, 장관은 현대 예술에 특별한 배려를 보였다. 그는 새로운 위원회가 "국내 예술에서 불고 있는 신선한 미풍을 (…) 유지하고 그것에 새로운 자원을 가져다주도록" 하라고 재촉했다. 그리하여 다른 유럽 정부가 여전히 현대 예술로부터 뒷걸음질치고 있을 때 케케묵은 합스부르크 왕국은 그것을 적극적으로 양성한 것이다.

빌헬름 폰 하르텔은 학자적인 신념과 개인적인 인맥의 측면에서, 또 기질적으로도 새로운 예술 정책을 개발하기에 적합한 사람이었다.[*] 돈 한 푼 없는 학생이었을 때 그는 폴란드의 권력자 귀족 가문의 계승자인 카를 란코론스키[Karl Lanckoronski]의 가정교사 노릇을 했는데, 란코론스키는 훗날 대예술품 수집가가 되었고, 영향력을 발휘해 옛 스승의 직업적·행정적 경력을 증진시켜주었다. 고전학 교수가 된 하르텔은 진보와 퇴폐라는 이념을 넘어서는 새 역사학을 만들기 위한 투쟁에서 비코프 교수와 함께 작업했다. 1895년에 하르텔과 비코프는 지금도 여러 학과에 걸치는 학제적 연구를 개척한 고전으로 인정되는 연구 작업을 공동으로 진행했다. 그것은 초기 기독교 경전의 채색삽화본을 주석한 「빈 창세기[Die Wiener Genesis]」다. 하르텔이 그리스어 성서 텍스트를 편집했고 비코프는 그 로마 삽화본의 분석을 담당해, 이제까지 그리스 그림의 퇴폐적인 메아리로 간주되어오던 것이 사실은 고전적 스타일과 표현 양식이 새로 등장하는 로마-기독교적 가치 체계에 반응해 찬란하게 변

● 하르텔의 경력은 교양 있는 자유주의 관료의 모델이다. 리넨 직조공의 아들인 그는 자신의 학구적 능력과 기지, 귀족의 후원이 한데 합쳐진 덕분에 교육부 관료가 되었고 직무 귀족계급에 편입되었다. 1896년에서 1899년까지 그는 대학과 2차 교육 기관을 담당하는 부서장이었다. 그는 대학 교육을 여성에게 개방하고, 민족주의자 학생 소요를 참을성 있게 다루는 데 결정적인 역할을 했다. 다른 수많은 진보주의적 자유주의자처럼 하르텔은 열렬한 바그너 숭배자였지만, 반유대주의는 용납하지 않았다. 의회 내에서 반유대주의의 공격에 맞서 그는 아르투어 슈니츨러에게 문학상을 줌으로써 슈니츨러를 옹호했다. 그는 안경을 쓰고 학구적인 인상을 풍겼지만, 중요 직위의 인물과 지식인들이 여전히 자유롭게 만나고 사교하는 장소인 '이차 사회'의 살롱에서는 재치로 유명했다. Cf. A. Engelbrecht, "Wilhelm Ritter von Hartel," *Biographisches Jahrbuch für die Altertumswissenschft*, XXXI (1908), 75~1-7.

모하고 적응하는 형태였음을 보여주었다.[31]

하르텔은 자신의 연구에서 '예술의 신성불가침의 이상과 스타일이라는 개념'을[32] 극복하는 데 몰두하는 한편, 문화 정책 수립자로서는 현대적 운동에 기꺼이 국가의 지지를 실어주었다. 그는 예술위원회의 자문을 받아 대표적인 분리파 예술가를 끌어와 국가 정책을 수립하는 데 활용할 수 있었다. 클림트를 '지구상에 출현한 예술가 가운데 가장 위대한 사람'으로 숭배하던 건축가인 오토 바그너,[33] 탁월한 사업 능력을 지닌 화가인 카를 몰Karl Moll은 위원회의 심의 과정에서 활발하게 움직였다.[34] 현대 화가들은 그림 주문과 건축 주문을 따냈고 교직에 임용되었다. 오스트리아의 주요 공공건물뿐만 아니라 우표나 화폐 도안도 분리파가 맡았다.[•][35] 하지만 하르텔이 가장 소중히 여겼으며 처음 구상 단계에서부터 분리파에 의해 활발하게 추진된 예술 기획은 현대 미술관의 창설이었다. 그것은 1902년 6월 황제의 비준을 받았고, 1903년 4월에 개관했다. 그동안 하르텔은 구매와 기증이라는 방법을 통해 국가의 현대 컬렉션을 위한 예술 작품을 적극적으로 수집했다. 클림트의 대학 그림이 승인된 것은 이와 같은 정책적 맥락에서였다.

클림트와 정부의 의도를 생각하면 안타까운 일이지만, 분리파에 대한 공식적 후원이 만장일치로 이뤄진 것은 결코 아니다. 새로운 예술의 언어는 분

• 오토 바그너의 우정저축은행 본점과 슈타인호프 병원 내의 교회는 아마 1889년에 에펠 탑이 세워진 이후 유럽 국가가 지은 가장 급진적으로 현대적인 기념비적 건물일 것이다. 콜로만 모제 Koloman Moser는 1908년에서 1913년까지의 우표 시리즈를 도안했다. 알프레트 롤러Alfred Roller는 구스타프 말러 휘하의 궁정 오페라단의 무대 디자이너가 되었다. 분리파—특히 정력적인 오토 바그너—는 걸핏하면 경연에서 패하거나 국가 공직을 맡지 못했다고 불평했지만, 대중의 폭넓은 부문이 그들의 예술에 대해 지닌 적대감을 감안할 때 사실은 놀랄 만큼 좋은 대접을 받은 것이다. 1899년 이후 분리파의 주요 거점이 된 교육 기관은 예술과 수공업 학교였다. 건축가인 요제프 호프만, 화가인 콜로만 모제, 알프레트 롤러, 펠리키안 폰 미르바흐Felician von Myrbach(교장), 조각가인 아르투어 슈트라저Arthur Strasser—모두 분리파—가 교수로 임명되었다.

열된 나라에 퍼져 있던 적대감을 누그러뜨리기는커녕 불길에 기름을 부었다. 그 불길은 대학 강연장에서 언론으로 퍼져나갔고, 곧 정치 무대에도 옮겨 붙었다. 정부가 클림트의 첫 번째 천장화에 배어 있는 전복적 반文화의 냄새를 맡은 교수들을 다루는 것과 가톨릭 보수파 및 신우익의 반대를 상대하는 것은 완전히 다른 문제였다. 전자의 경우, 폰 하르텔과 그의 예술위원회는 그냥 그들의 청원을 무시해버렸다.³⁶ 「철학」에 반대하는 속물 언론의 소동 가운데 가장 귀에 거슬리는 완강한 음조는 뤼거 시장이 이끄는 기독교 사회당의 기관지인 『도이체스 폴크스블라트Deutsches Volksblatt』의 소리였는데, 그것은 반유대주의를 외치고 있었다. 『도이체스 폴크스블라트』는 클림트와 비코프가 모두 이교도인데도 그들을 유대인과 동일시할 방도를 찾아냈다. 즉 철학협회와 관련시킨 것이다. 그 협회는 비코프를 초청해 클림트를 옹호하는 강연을 하게 했을 뿐만 아니라 그의 옹호론을 '길고 미친 듯한 박수'로 환영했다. 그런 '부도덕한' 예술에 대한 아첨은 놀랄 일도 아니었다고 『도이체스 폴크스블라트』지의 기자는 꼬집었다. 왜냐하면 그 자유주의 행동가들의 거점의 "회원 자격은 노란 마분지로 되어 있으니 말이다. (…) 애석하게도 예전의 더 좋았던 시절에 유대인과 기독교도를 구분해주던 삼각형 표지는 없지만……."³⁷

자신의 작품에 대한 공격에 굴하지 않고, 또 교수진의 항의를 조용하지만 확고하게 거부하는 폰 하르텔 남작의 태도로 힘을 얻은 클림트는 계속해서 「철학」의 형제 작품을 완성해나갔다. 「의학」은 1901년 3월 15일, 분리파 회관에서 처음으로 전시되었다(그림 46). 또다시 클림트는 과학적 진보의 문화를 생소하고 충격적인 장면과 대조시켰다. 그가 보여주는 의학의 활동 분야는 운명의 흐름 속에 수동적으로 빠져 있는, 본능적으로 반쯤은 항복한 인간들, 반쯤은 아직 꿈속에서 헤매는 듯한 인간들이 주마등처럼 스쳐 지나가는 영상으로 소개되었다. 이 삶의 강물 속 한가운데에 죽음이 거처하며, 살

그림 46. 「의학」, 천장화, 구스타프 클림트, 1901.

아 있는 자들의 뒤엉킨 몸뚱이 사이를 그의 검은 베일이 강력하게 휘감아 돌고 있다. 「철학」에서와 마찬가지로 이 그림에도 제일 앞쪽에 감상자와 클림트의 실존적 테아트룸 문디 사이를 중개하는 여사제 같은 인물이 있다. 자부심 넘치고 키가 크며 강인한 여성으로 그려진 히기에이아_{그리스 신화에서 의학의 신}인 아스클레피오스의 딸로 위생을 담당는 클림트의 중기(1897~1901)를 특징짓는 남녀 양성적 여성수호자의 마지막 유형이다. 그 이전의 다른 인물들처럼—세 종류의 아테나 가운데 둘인 누다 베리타스, 지혜—히기에이아도 감상자를 정면에서 오만하게, 마치 자기 등 뒤에 있는 실존적 영상을 인식하라고 우리에게 강요하려는 듯이 마주 본다. 히기에이아가 관장하고 있는 공중에 매달린 생명체들의 광경에서 두드러지는 특징은 개별 형체들의 신중하게 다듬어진 실체감과 그들 사이의 무형적인 공간적 관계 사이의 대비. 인물들은 제멋대로 떠다니며, 때로 뒤엉켰다가 또다시 떨어져서 떠돌아다니곤 하지만, 거의 언제나 서로를 감지하지 못한다. 신체들이 가끔 합쳐지기도 하지만 그들 사이에 교감은 없다. 그리하여 개인의 관능성과 고통에 대한 심리적-육체적 경험은 모든 형이상학적, 혹은 사회적 토대에서 이탈하여 추상화된다. 인류는 공간 속에서 길을 잃었다.[38]

클림트는 의학이라는 학문을 그것을 실행하는 사람들이 보는 모습으로 묘사할 생각이 없었다. 이 화가가 의사에게서 중요한 두 가지 기능인 예방과 치료를 무시했다고 『메디치니셰 보헨슈리프트Medizinische Wochenschrift』지의 서평자가 불평할 만도 하다.[39] 그의 히기에이아는 그저 신성한 자세로 그리스 전통이 자신에게 준 상징을 통해 우리의 생물학적 삶의 모호성을 선언할 뿐이다. 그리스 전설에서 히기에이아는 특히 다의적多義的인 존재다. 그런 만큼 그녀는 생물 가운데 가장 다의적인 존재인 뱀과 결부된다. 히기에이아는 죽음의 땅인 텔루리아 늪지에서 남동생인 아스클레피우스와 함께 뱀에게서 태어났다. 그 뱀은 다의적인 생물이고 남근의 상징이며 양성적인 연상을 띠고, 땅과 바다, 남자와 여자, 삶과 죽음의 경계를 해체하는 자다. 이 성격은 세기 말의 동성애적 자각 및 양성 동체에 대한 관심과 잘 부합된다. 그것은 한편 으로는 관능성의 해방을 표현하는 것이면서 다른 한편으로는 성불능에 대한 남성들의 공포감을 의미한다. 자아의 해체가 성적인 결합, 아니면 죄의식과 죽음의 어느 쪽에 결부되든 뱀은 그 머리를 이미 쳐들었다. 클림트는 이 상 징을 아테나에게서는 방어적으로, 누다 베리타스에게서는 공격적으로, 물뱀 에게서는 유혹적으로 활용한 바 있다. 이제 그는 다중적 의미의 여신인 히기 에이아에게서 그것을 철학적으로 활용한다. 뱀이 인간 모습으로 변신한 존재 본인인 히기에이아가 뱀에게 레테의 잔을 건네주어 그 원초적인 액체를 마시 게 한다.[40] 그리하여 클림트는 삶과 죽음의 통합, 본능적 활력과 개인적 해체 의 상호 침투를 선언한다.

그런 상징적인 발언은 합리적으로 이해되지는 않더라도 그 의미가 감지될 수 있는데, 클림트의 동시대인들이 보인 반응도 바로 그런 식이었다. 히기에이 아가 공격적인 반발을 불러일으키기는 했지만, 클림트의 가장 적대적인 비평 가들은 뱀의 의미, 그리고 히기에이아와 뱀의 단호한 행동이 의미하는 바를 전혀 이해하지 못했다. 그들의 분노는 그것보다는 오히려 배경에 그려진 형체 들의 '불순함'을 과녁으로 삼아 표출되었다. 위대한 전통에서 누드란 그 표현 을 이상화함으로써 적법성을 얻는다. 클림트의 그림에서 분노의 진원지가 된 것은 자연주의적이고 구체적으로 그려진 인체와 자세 및 몸짓이었다. 특히 관 습적인 감수성을 격분시킨 것은 두 인물인데, 그림 왼쪽에 골반을 앞으로 내 민 자세로 공중에 떠 있는 여성의 누드와 오른쪽 위에 있는 임산부였다.[41]

「철학」에서 으르렁거렸던 천둥이 「의학」에서는 격렬한 폭풍으로 변해 터져 나왔고, 클림트 한 개인과 화가로서의 자의식에 결정적인 영향을 미쳤다.[42]

그의 작품을 공격하는 사람들 중에는 교수들만이 아니라 강력한 정치가들도 있었다. 검사들은 '공공 도덕의 위반'이라는 이유로 「의학」의 소묘가 실린 잡지 『성스러운 봄』을 압수하라고 지시했다. 분리파의 의장이 법적으로 적절하게 조처한 덕분에 검열관의 금지 처분은 철회되었지만, 대기 중에는 여전히 분노가 무겁게 드리워져 있었다.[43]

동시에 구우익과 신우익의 하원의원들은 뤼거 시장과 힘을 합쳐 집단적으로 폰 하르텔 장관에게 압력을 가해 의회에서 이 일을 해명하라고 요구했다. 공식 질의서에서 그들은 장관에게 「의학」을 구입함으로써 대다수 민중의 심미적 감각을 거스르는 특정 화파를 공식적으로 인정할 의도가 있었는지 물었다. 그리하여 현대 예술을 활용해 정치적 균열을 치유하려던 쾨르버 정부의 정책은 그 균열을 오히려 더 깊게 만들기 시작했다. 폰 하르텔은 개인적으로 신예술을 열렬히 지지했던 까닭에 처음에는 비평가들에게 보내는 도전적인 어조로 답변의 초안을 작성했다. 거기서 그는 분리파가 오스트리아 예술을 쇄신하고 국제적 입지를 되찾게 해줄 존재라고 찬양했다. "그런 운동에 반대한다는 것은 현대 예술 정책의 책임을 완전히 이해하지 못한 실패의 증거일 것이다. 그것을 지원하는 것을 나는 우리의 최고 임무 가운데 하나라고 본다."[44]

하지만 의사당에 막상 들어갔을 때 장관은 정치적 신중성을 발휘해 직설적인 화법을 누그러뜨렸다. 그는 자신의 입지를 좀더 중립적인 위치로 설정했다. 즉 어떤 예술 사조에 그것을 인정한다는 공식적인 입장을 찍어주는 것은 문화부 장관이 행사할 수 있는 권력 밖의 일이다. 그는 의회에서 예술 운동은 '물질적, 지적인 삶 전체의 지속적이고 진보적인 발전'으로부터 발생하는 것이라고 말했다. 그것은 정부에 의해 만들어질 수도, 깨뜨려질 수도 없다. 그것은 자유 속에서만 번성할 수 있고, 예술적 감수성을 지닌 대중의 지원으로만 살아남을 수 있다.[45] 하르텔은 이렇게 분리파에게 국가의 특별한 후원이 주어질 여지를 부정했다.

장관이 클림트의 「의학」을 거부하라는 압력에 굴복하지는 않았지만 그 대정부 질의서는 클림트에 대한 정부의 태도에서 하나의 전환점이 되었다. 대학 천장화의 문제를 처리하는 과정에서 정치적 자산이 되어주리라 기대되던 현대 예술은 대학 천장화의 문제로 인해 정치적 부담으로 변했고, 신중한 어조로 바뀐 하르텔의 발언은 이 점을 분명히 했다.

그 이후 공식적으로 소원해지는 태도를 보이는 징후들이 빠른 속도로 이어졌다. 클림트가 순수미술 아카데미의 교수직에 선출되었을 때 문화부는 예상 밖으로 그의 임명을 인준해주지 않았다.[46] 동시에 대학에서는 클림트의 주적主敵인 프리드리히 요들이 빈 공대의 미학 담당 교수직에 새롭게 임명되었다. 요들의 취임 연설은 마치 클림트와 분리파에 대한 승리의 외침처럼 들렸다. 그는 주관주의와 미케네, 또는 다른 원시적 형태를 활용한다는 이유로 현대 예술 사조들을 공격했다. 그는 예술에 객관적 정신을 복구시키기 위해 과학적 비판주의가 요구된다고 선언했다. 끝으로 요들은 평론가와 화가 모두에게 과거만이 올바른 학교임을 재확인시켰다.[47]

한편 정부의 분리파 지원 정책 덕분에 아주 동떨어진 영역에서 어떤 사람의 학계 경력이 긍정적인 방향의 결과를 얻었다. 지그문트 프로이트 말이다. 우리가 아는 한, 프로이트는 다른 현대 회화에 대해 그러했듯이 클림트와 그의 투쟁에 대해서도 무관심했지만, 그가 드디어 교수직에 임명된 것은 폰 하르텔이 신예술에 바친 열정 덕분이었다. 오랫동안 유보되었던 프로이트의 임명에 관한 이야기는 여기서 제대로 설명하기에 매우 복잡하다.[•48] 그렇게 하

● 그 이야기는 프로이트의 지적 발전 과정에 속하는 내용이므로, 이 책의 4장을 볼 것.

면 이야기의 흐름이 클림트에로부터 한참 벗어나게 되고, 1901년 가을에 프로이트가 마지못해 자신의 취직을 위해 활용하기로 결심한 지적─관료적 엘리트 집단 내의 빽빽한 사적 인맥의 덤불에서 헤매게 될 것이다. 하지만 그 덤불 속을 잠깐 훑어보기만 해도 정치와 문화가 한 점에서 만나는 빈의 '제2의 사회'에서 인생과 경력들이 어떤 식으로 뒤얽히는지 알기에는 충분하다.

빈 대학의 의과 교수진이 처음으로 프로이트를 교수직에 추천한 1897년 이후 4년 동안, 그의 승진 안건은 문화부 내에서 잠들어 있었다. 그 안건이 왜 지체되는지 아무런 설명도 없었고, 그 뒤로도 이유는 제시되지 않았다. 1901년 가을에 프로이트는 교수진 후원자들을 설득해 이 안건을 다시 심의하도록 했다. 또 프로이트 자신은 문화부를 찾아갔다. 그곳에서 그는 예전 스승인 지그문트 엑스너Sigmund Exner와 상담했는데, 엑스너는 폰 하르텔 밑에서 관료로 일하고 있었다. (아직 교수였을 때 엑스너는 클림트의 「철학」에 반대해 요들이 낸 교수단 청원서의 공동 후원자였다.) 엑스너와 상담하고 난 뒤에는 프로이트도 장관에게 조금은 개인적으로 교섭해야만 그의 취직 문제가 처리되리라는 사정을 납득했다. 프로이트가 제일 먼저 도움을 청한 사람은 그가 15년 동안 진료해온 환자인 엘리제 곰페르츠Elise Gomperz였다. 그녀는 유명한 자유주의 고전학자인 테오도어 곰페르츠Theodor Gomperz의 아내였고, 곰페르츠는 하르텔의 대학 동료였다.[49] 1879년에 아직 학생이었을 때 프로이트는 곰페르츠가 편집하던 존 스튜어트 밀의 독일어판 저작 선집에 수록할 밀의 「여성의 속박The Subjection of Women」 및 다른 논문들을 번역해준 적이 있었다.[50] 곰페르츠 자신은 프로이트의 취직을 위한 중재에 개입하지 않았다. 그의 아내가 개인적으로 장관에게 부탁했지만 전혀 소용없었다.[51]

그다음에 프로이트는 다른 '수호여신', 즉 연줄이 좋은 자신의 아테나 여신을 발견했다. 마리 페르스텔Marie Ferstel 남작부인이 그 여신이었는데, 그녀는 새 대학을 지은 건축가인 하인리히 페르스텔의 며느리였고 남편은 외교관이었다. 남작부인은 자신의 심리분석가를 위해 친구를 통해 하르텔에게 접근했고, 자신의 부탁을 좀더 달콤한 것으로 만들기 위해 하르텔이 가장 좋아하는 기획인 곧 개관할 예정의 현대 미술관에 그림 한 점을 기증하겠다는 약속을 했다. 그녀가 염두에 두었던 그림은 아르놀트 뵈클린의 작품이었다. 세기 중반에 활동한 이 화가는 본능적 삶과 죽음의 주제를 다룬 그림을 그렸기 때문에, 전통주의자에게서는 고전적 사실주의자로 인정받았고 분리파에게서는 현대성의 개척자로 존경받았다. 따라서 클림트의 대학 그림을 놓고 지극히 날카롭게 벌어진 균열을 자신의 그림으로 매만져줄 수 있었던 뵈클린은 1901년에서 1902년에 하르텔에게 꼭 필요한 화가였다. 애석하게도 남작부인은 뵈클린 그림의 주인인 부유한 숙모로부터 그 그림을 얻어내는 데 실패했다. 하지만 하르텔은 프로이트의 취직을 위해 이미 행동에 나섰다. 남작부인 편에서는 뵈클린 대신 에밀 오를릭의 그림을 보냈는데, 그는 분리파 화가 가운데서 조금 보수적인 편이었다.[52] 장관은 황제가 프로이트의 임명을 승인하면 그 소식을 제일 먼저 부인에게 알려주겠다고 약속했고, 마침내 약속을 지켰다. 프로이트는 다음과 같이 전한다. 1902년 3월의 어느 날, 페르스텔 남작부인이 그의 진료실에 오더니 "장관이 보낸 특급 우편을 흔들어댔다." 편지에는 좋은 소식이 들어 있었다.

학계 정치의 순환 고리 하나가 완결되었다. 하르텔 역시 대학 그림을 둘러싼 정치로 심하게 시달린 터였기 때문에 클림트를 예술아카데미의 교수로 임명할 수 없었다. 하지만 현대 예술에 대한 그의 애호는 현대 미술관에 그림을 준다는 약속에 분발해 프로이트를 선망하던 교수직에 임명되도록 손을 쓸 만큼 여전히 강력했다. 프로이트가 가장 친한 친구에게 이렇게 편지한 것을 보면 그가 현대 회화와 그 정치에 대해 겉으로는 무관심해 보였지만 하르텔의 새로운 신중성을 이해하고 있었는지도 모른다. "만약 뵈클린의 그 그림이 (남작부인의) 숙모가 아니라 그녀 자신의 것이었더라면 (…) 나는 아마 석 달 전에 임명되었으리라고 믿는다네."[53] 빈 엘리트의 세계는 좁았다. 장관의 기분이 어떤지 금방 회자될 정도였다. 클림트에게는 가혹한 타격을 가했던 정치적 운수의 바람이 프로이트에게는 순풍이 되었다.

5

한편 공적인 불명예와 직업상의 거절이라는 경험은 클림트에게 엄청난 충격이었다. 그의 반응이 얼마나 심각했는가 하는 증거가 문헌 기록에는 없지만—클림트는 말이 거의 없는 성품이었다—그림에 나타났다. 1901년 이후 그의 그림에서는 분노와 은둔이라는, 정면으로 대립되는 두 가지 감정적 반응이 표출되는데, 그것은 모두 상처받고 약해진 자아의 징후였다. 투쟁과 도피 사이에서 흔들린 고통스러운 4년 동안 클림트는 이 각각의 반응에 대해 별도의 시각적 언어를 개발했다. 전기적 증거를 분명하게 제시하면서 그의 심리가 어떻게 변해갔는지를 추적하기에는 그의 사생활에 대해 우리가 아는 것이 거의 없다. 본격적인 위기가 발생했을 때 그의 나이가 사십대였다는 것도 공적인 불운에 사적이고 개인적인 요소를 더해주었을 것이다. 우리가 말할 수 있는 것은 그의 그림이 암시하는 내용뿐이다. 즉 클림트가 '자아 교체'를 겪었다는 사실 말이다. 이렇게 판단하는 근거는 그가 전기前期의 유기체적 스타일을 해체하고 분노와 우의적 공격의 예술을 창조했다는 사실에 있다. 이는 또 그다음에 오는 은둔과 유토피아적 추상화의 예술에 자리를 내주었다. 외면적으로 그가 공적 권력과 공식적으로 관계를 단절하게 만든 계기는 논쟁의 초점이 된 자신의 대학 그림을 문화부로부터 다시 사들이겠다고 1905년에 요청한 일이었다.[54] 하지만 그림으로 본다면 비평가들에 대한 그의 반격은 「의학」에 관련된 위기의 여파로서 1901년에 이미 시작되었다. 대학 천장화 가운데 세 번째이자 마지막 그림인 「법학」에서 클림트는 분노를 가장 격렬하게 표출했다.

첫 두 그림에 대한 논란이 벌어지는 동안 「법학」은 1898년에 제출한 초벌 그림인 유화 스케치 이상으로 진척되지 않았다. 1901년에 이 그림을 시작했을 때 클림트는 이 작품에 자신의 모든 분노와 상처받은 느낌을 쏟아부을 태세가 되어 있었다. 그 주제—오스트리아의 자유주의 문화에서 가장 존경받는 특징인 법학 그 자체—는 전복적인 발언을 하려고 부글부글 끓고 있는 그의 의지에 아주 적합했다. 이 그림은 프로이트가 본능의 세계에 대한 자신의 계시를 『꿈의 해석』에 쏟아부은 것과 비슷한 반정치적인 정신을 떠올리게 한다. 클림트도 프로이트가 2년 전에 펴낸 『꿈의 해석』 표지에 실은 위협적인 '아이네이스' 전설을 「법학」에서 얼마든지 사용할 수 있었다. "고위 권력을 굴복시킬 수 없다면 나는 지옥을 휘저어놓겠다"고 말이다. 1890년대 후반에 비슷한 상황에 처했던 프로이트처럼 클림트는 사회의 권력자들 때문에 겪은 좌절의 경험—학문적, 정치적, 관료적인 좌절—을 가져다가 개인적인 자기 계시를 거쳐 사회−심리적 통찰력으로 다져 넣었다.

클림트가 1901년에 「법학」 작업을 시작했을 때,[55] 그 앞에는 1898년 5월에 예술위원회에 제출했던 구성 연습(그림 47)이 놓여 있었다. 그 스케치는 정신적으로나 스타일 면에서 자매 작품인 「철학」 및 「의학」과 달랐다. 「철학」의 여사제와 「의학」의 히기에이아가 엄숙하고 정적인 자세를 취한 신비스럽고 예언력을 지닌 존재인 데 비해, 정의正義는 처음에는 능동적이고 살아 있는 모습으로 구상되었다. 정의는 아래쪽에 어두운 색으로 그려져 있는 문어같이 생

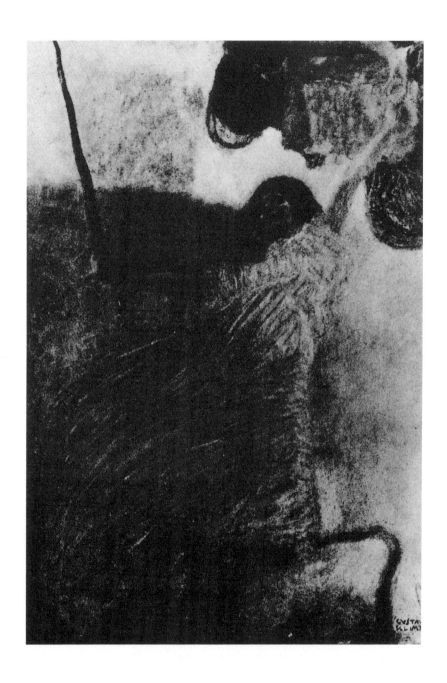

그림 47 「법학」, 구도 습작, 구스타프 클림트, 1897~1898.

긴 악과 범죄의 위협을 물리치기 위해 공중에 검을 휘두른다. 클림트는 이 버전의 스케치에서 분명히 정의를 이상화하여, 휘슬러Whistler 1834~1903. 미국 출신 의 화가의 흰옷 입은 여성 그림「The White Girl」처럼 투명하고 활기 찬 붓질로 처리했다. 공간적 앙비앙스ambiance 주변 환경, 또는 공간을 구성하기 위한 부수적인 첨가 물목들도 「철학」이나 「의학」의 것과 다르다. 예전 두 그림의 무겁고 끈적거리는 분위기 대신 「법학」에서는 밝고 투명한 분위기가 감돈다. 그러므로 원래 클림트가 본 정의는 철학과 의학의 모호성에서 해방된 것이었다. 이 지점에서 출발한 그는 스타일 및 기법 면에서 니콜라스 둠바의 음악실에 있는 두 그림인 「음악」 및 「피아노 앞의 슈베르트」와 동일한 콘트라스트를 택했다. 자연주의적이고 실체론적인 수단을 써서 심리적-형이상학적 실재를 표현했던 곳에서 그는 덧없어 보이고 인상주의적인 수단을 써서 이상理想을 전시했다. 그러므로 우리는 1898년에는 클림트가 본 법학이 슈베르트의 하우스무지크와 동일한 이상의 영역에 속하는 것이었다고 결론지어도 될 것이다. 이는 아직도 법학 문화에 충실한 아들로서 적절한 선택이었다.

대학 논쟁을 겪은 뒤인 1901년에 「법학」 작업을 재개하면서 클림트는 구상을 대폭 바꾸었다. 그의 시각이 얼마나 크게 바뀌었는지를 평가하려면 「법학」의 새 버전(그림 48)을 「철학」과 「의학」뿐만 아니라 과거에 그렸던 「법학」의 초기 스케치(그림 47)와 견주면서 감상해야 한다. 무대는 미풍이 살랑거리던 첫 번째 버전의 하늘을 떠나 바람도 통하지 않는 지옥으로 이동했다. 이제 중심인물은 하늘로 날아오르는 정의가 아니라 절망에 빠진 법률의 희생자다. 새 이미지를 구상하는 과정에서 클림트는 그림의 주문자들이 1898년 버전을 개선시키기 위해 내놓은 세 가지 제안을 받아들여 그림을 수정했다. 하지만 그 제안들은 아주 뒤틀린 방식으로 수용되어, 결과적으로는 수정된 부분마다 법이 더욱 공포스럽게 묘사되었다. 주문자들이 요구한 사항들은 우

그림 48 「법학」, 천장화, 구스타프 클림트, 1903~1907.

선 "중심인물의 성격을 명료하게 규정할 것", 다음으로 "그림의 톤을 훨씬 더 차분하게 할 것", 마지막으로 "그림의 하단부에서 두드러져 보이는 공백을 적절하게 손질할 것"이었다. 첫 번째 요청에 관해서는, 버전 1에서 정의를 그렸던 영묘한 인상주의적 방식은 사라지고 대신 법률의 촉수에 잡혀 있는 남자를 그린 아주 구체적인 사실주의가 들어섰다. 두 번째 요청에 대해, 클림트는 버전 1의 신선하고 들뜬 듯한 하늘을 사회라는 처형실에 감도는 정적이고 끈적거리는 '고요함'으로 바꾸었다. 마지막 지적인 '두드러져 보이는 공백'은 이제 무자비한 징벌로 희생자를 집어삼키는 법률의 무시무시한 광경들로 채워졌다. 그리하여 화가는 주문자가 요구한 세 항목 모두를 문자 그대로 준수하면서도, 그들이 주장하는 가치를 과거 그 어느 때보다도 더 공격적으로 조롱한 것이다.

이미 완성된 두 그림과의 공통점이기도 한데, 클림트는 「법학」에서도 과거와의 연결을 끊어버렸다. 그는 공간을 변형시키고 구조를 뒤집으며 도상학을 급진적으로 바꾸었다. 「철학」과 「의학」의 허구적 공간은 여전히 뒤쪽으로 물러나는 수직적인 세 층을 가진 프로시니엄proscenium 무대보통 좌, 우, 그리고 후면은 막혀 있고 관객석을 향한 쪽만 뚫려 있는 무대 형태. 사실주의극(리얼리즘극)을 공연하는 전형적인 무대가 바로 프로시니엄 무대다처럼 느껴진다. 감상자는 발치 조명의 청중 쪽 방향에서 보는 시점에 서 있다. 은유적 인물인 지혜와 히기에이아는 두 번째 층인 앞쪽의 하단 무대에 서서 관객과 우주적 연극 사이를 중재하고 있다. 연극 자체는 세 번째이자 가장 깊은 공간 층을 차지하고 전체를 장악한다. 「법학」에서 전체 공간은 통일되고 단일한 후퇴 원근법으로 조망되지만 또한 측면에서 이등분되어 아래쪽과 위쪽 세계로 나뉜다. 버전 1에서는 초점이 하늘에 맞춰져 있었지만, 버전 2에서는 지옥, 지하, 나아가 물밑세계에 맞춰진다. 우리와 멀리 떨어진 위쪽 세계에 법학의 은유적 존재인 진리와 정의와 법률이 서 있다. 그들은 도상학적으로 히기에이아와 철학적 여사제의 자매이자 동격이다. 하지만 여사제나 히기에이아와 달리 그들은 우리를 그들이 속한 차원의 신비 가까이 데려가는 중재자의 역할을 수행하지 않는다. 그들은 오히려 자기들만의 고귀한 둥지로 물러남으로써, 우리를 이름 없는 희생자의 운명을 맛보도록 공포의 영역에 내버려두고 가버린다. 따라서 그림의 질서정연한 윗부분에 표현되어 있는 것은 법률의 행세뿐이다. 그것은 사회의 공식적인 세계, 장방형 모자이크 무늬로 장식된 석조 원기둥과 벽으로 이뤄진 인위적인 환경이다. 판관들은 그곳에서 몸뚱이 없는 두상으로, 건조하고 작은 얼굴을 가진 모습으로 존재한다. 세 명의 우의적 존재 역시 양식화된 기하학적 옷자락을 늘어뜨린, 아름답지만 피가 흐르지 않는 수동적인 존재다.

그러나 법의 현실은 양식화된 규칙성과 정적인 예절바름이 있는 위쪽 영역이 아니라 아래쪽의 진공 같은 공간, 정의가 수행되는 공간에 있다. 여기에 기록되는 것은 범죄가 아니라 처벌뿐이다.[*] 처벌은 끈적거리는 지옥에서 꾸는 에로틱한 악몽과도 같이 성적이고 심리적인 것이 된다. 풍부한 암시를 담고 있는 이 도상화는 고전적이고 현대적인 이미지와 이념에 생각을 집중시킨다. "자궁은 최후의 심판이 내려지는 장소다"라고 블레이크는 말했다. 이 그림에서 클림트가 초점을 맞추고 있는 장면은 거세 공포에 의해 지배되고 있다. 남자 희생자—수동적이며 절망에 빠져 있고 무능한—는 육욕의 덫, 그를 둘러싸고 있는 자궁 모양의 폴립에 잡혀 있다. 처형을 관장하는 복수의 여신들은 "세기말의 팜파탈"인 동시에 그리스의 메이나드바쿠스의 시녀인 광란하는

---

[*] 클림트를 적대시한 수많은 평론가 가운데 한 사람인 카를 크라우스는 "자신의 생각의 창백한 주형에 화려한 색깔을 이미 칠해버린 이 화가는 '법학을 그리려 했지만 법학이 아니라 형법의 상징을 그렸다'고 비꼬는 듯이 주장했다. 이렇게 크라우스는 클림트의 그림의 진실은 포착했지만 그 비판적 의도는 완전히 놓쳐버린 것이다. *Die Fackel*, No. 147, 1903년 11월 21일, 10.

여자들이다. 그들의 앙상한 윤곽과 유혹적인 머리 타래는 아마 네덜란드의 아르누보·화가인 얀 토롭의 여성 인물에서 힌트를 얻었을 것이다.[56] 하지만 클림트는 그들에게 고전의 메이나드가 가진 잔인하고 고르곤 같은 성격을 부여했다. 위쪽에 있는 이상화된 형체가 아니라 이 뱀 같은 복수의 여신들이 진정한 '법률의 관리'들이다. 지옥의 막막한 허공에서 묵직하게 구불거리는 머리 타래가 그들 주위를 뺑 둘러싸고 끔찍한 성적 환상으로 그들을 옥죈다.

위쪽에 있는 정의의 세 여신과 아래쪽에 있는 본능적 분노의 세 여신으로 이등분된 클림트의 법률세계는 아이스킬로스의 『오레스테이아』가 취한 강력한 해결책을 떠올리게 한다. 거기서 아테나는 벤데타 법vendetta law 피의 복수과 모계적인 복수의 법을 누르고 이성적인 법과 가부장 권력이라는 제우스의 지배 체제를 확립한다. 아테나가 사회화된 정의의 법정인 아레오파구스Areopagus를 개최할 때, 그녀는 복수의 여신들에게 그 법정의 후원자가 되어달라고 권하고 자기 신전에 통합시킴으로써 그들의 힘을 진압한다. 이렇게 해서 이성과 문명은 본능과 야만성에 대한 승리를 축하하는 것이다.[57] 클림트는 이 고전적 상징을 뒤집고 복수의 여신들에게 그들이 원래 지녔던 권능을 되돌려주며, 법은 폭력과 잔인성을 장악한 것이 아니라 오직 은폐하고 합법화했을 뿐임을 보여주었다. 아이스킬로스식으로 표현하자면, 분노하고 고뇌하는 클림트는 아테나가 '밤의 딸들'을 가두어둔 '깊고 깊은 지하 제일의 어둠의 궁륭'에서 그들을 다시 불러낸 것이다. 본능적 힘이 정치보다 더 강함을 긍정하고 나자 클림트는 더 이상 프로이트처럼 '미네르바 신전의 토막 나고 초라한 폐허를 숭배'할 수 없었다. 클림트는 아테나에게 수많은 역할을 맡겼고 수없이 자주 그렸지만, 그녀의 고유 영역인 정의의 무대에는 전혀 등장시키지 않는다. 여신이 없으니 억압된 것들의 복귀가 더욱 눈에 띈다. 그리하여 자신의 연작 가운데 원래 '어둠에 대한 빛의 승리'를 찬미하려는 의도로 계획된 마지막 그림에서 클림트는 어둠의 우월성을 확실하게 선언했고, 복수의 여신이라는 상징을 통해 법과 질서의 정치적 세계 근저에 놓여 있는 본능의 힘을 폭로하고 발굴하면서 "지옥을 휘저어놓았다." 아이스킬로스의 작품에서는 아테나가 정의를 본능 위에 올려놓았던 반면 클림트는 그녀의 작업을 해체했다.

클림트의 「법학」은 공격적인 폭로이면서 진심어린 외침이라는 성격도 담고 있다. 고통받는 개체를 강조한 고발 양식 그 자체가 공적인 에토스ethos에서 사적인 파토스pathos로의 무게중심 이동을 내포하고 있다. 클림트의 그림에 나오는 늙어가는 법의 희생자에게는 니체적인 '아모르 파티amor fati(운명에 대한 사랑, "네 운명을 사랑하라")'는 없다. 그저 허약함의 표시, 원망의 흔적이 있을 뿐이다. 클림트의 대학 그림들 가운데 중심인물이 남자인 것은 이 「법학」뿐이다. 하지만 그 남자는 예전에 클림트가 그린 은유적 남성인 제1회 분리파 포스터의 테세우스, 화가의 오이디푸스적 반항의 상징적 주인공(그림 37)과는 완전히 다르다. 거기서는 정력적인 젊은이가 전통의 미노타우로스를 칼로 찌른다. 이제 늙어가는 희생자는 오이디푸스적 범죄에 특히 적절한 처벌인 거세, 영락하여 성불능이 된다는 처벌로 고통받고 있다. 클림트가 여기서 표현하는 것이 고통과 분노뿐만 아니라 허약해진 자아의 또 다른 특징인 죄책감이기도 하다고 추측할 수 있다. 학계와 정치계에 있는 클림트의 적들이 간파했듯이, 아버지들에 대한 그의 분노가 곧 성적인 방탕함으로 나타나지 않았던가? 그의 죄가 성애의 해방을 지지하는 반란 때문이라면 복수의 여신들이 내리는 성적 처벌이라는 클림트의 환상은 썩 그럴듯하다.● 그러므로 이

● 그리스 신화에서 분노의 여신들은 그 기원에서부터 성적 폭력에 결부된다. 그들은 아버지인 타이탄 우라노스가 거세되었을 때 뿌려진 정액에서 생겨났다.

도상화는 클림트가 평론가들의 공격에 시달리고, 또 반격을 가하는 동안에도, 본능적 삶을 법의 문화로부터 해방시키는 자라는 자신의 예술적 임무를 거부한 것이 어떤 점에서는 마음속 깊은 곳에서 죄책감이 되어 있었음을 시사한다. 그의 반항 자체가 무능함의 분위기로 얼룩져 있는 것이다.

1901년에서 1903년 사이에 그린 다른 그림들도 「법학」을 지배하고 있는 반항적 분위기를 표현하고 있다. 「의학」 이후 그린 단품 그림 여러 점에서 클림트가 선택한 두 인물이 도덕주의적 진영을 무척 화나게 만들었다. 그는 일부러 충격을 주려는 의도에서 그 인물들의 솔직한 관능성을 더욱 확대했다. 「금붕어」라는 제목의 그림 하나(그림 49)는 뻔뻔스럽게도 감상자에게 자신의 풍만한 엉덩이를 과시하는 누드를 보여준다. 클림트는 이 그림의 제목을 '내 평론가들에게'라고 붙이려 했지만, 결국은 친구들이 말리는 바람에 그만두었다.[58] 다른 그림인 「기대」는 「의학」에서 대중적으로 큰 논란을 불러일으켰던 임산부를 더 완성된 모습으로 제시한다. 클림트는 출산 직전에 몸이 가장 무거워지는 몇 주 동안 감수성이 극히 예민해진 여성을 주제로 그렸다. 이 두 폭의 그림을 놓고 화가와 문화부 사이의 긴장은 더욱 고조되었다. 1903년에 폰 하르텔 남작은 내켜 하지 않는 클림트를 설득해 「기대」를 전시하지 말라고 말렸다.[59] 그러지 않으면 그의 대학 벽화가 받아들여지지 않을 위험에 처할 수도 있었다. 또 문화부는 독일에서 열리는 오스트리아 미술 전시회에 「금붕어」를 전시하는 것도 막으려고 애썼다.[60] 그러다가 그들은 클림트의 「법학」을 1904년의 세인트루이스 만국박람회에서 오스트리아 전시관의 중심 작품으로 전시하는 것도 거부했다.[61] 화가 및 그의 친구들의 자기주장과 관료들의 신중함 사이의 골은 점점 더 깊어지고 있었다.

그림 49
「금붕어」, 구스타프 클림트, 1901~1902.

6

도전적인 분위기의 「법학」을 아직 그리던 중인 1902년에 클림트는 자신의 예술적 발전에 똑같이 중요한 또 다른 대규모 벽화 기획에 참여하게 되었다. 그것은 베토벤과 실러Schiller의 「환희의 송가」에 작곡한 그의 교향곡 9번을 찬양하는 대규모 프리즈frieze 처마와 대들보 사이의 벨트 같은 부분, 혹은 벨트 모양의 조각였다. 「법학」이 클림트의 나르시시즘적인 분노를 가장 대담하게 표출했다면, 베토벤 프리즈는 그 반대편 극이었다. 그것은 나르시시즘적인 회귀와 유토피아적 행복감의 선언이었다. 여기서의 투쟁은 도피와 유사해졌다. 정치가 패배와 고통을 야기했다면 예술은 도피와 위안을 주었다. 스타일 면에서나 이념적으로나 베토벤 프리즈는 클림트의 예술에서 하나의 전환점이 되었다.

이 작품은 라이프치히 출신의 화가 막스 클링거Max Klinger(1857~1920)가 제작한 현대적인 베토벤 조각상이 높은 찬사를 받으며 빈에서 개막되는 행사를 계기로 제작되었다(그림 50). 분리파 화가들은 자신들의 전시관 전체를 클링거의 조각을 축성하기 위한 신전으로 변모시키기로 결정했다. 이것은 분명히 예전에도 주목받았던 분리파의 성향이 도달한 절정이었다. 즉 예술을 현대 생활로부터의 피난처를 제공하는 종교의 대용품으로 삼으려는 것이었다. 베토벤 전시에서 클링거는 베토벤을 생명을 쪼아 먹는 맹금을 물리치는 미적 프로메테우스로 드높였으며, 분리파의 주요 화가들은 모두 시간과 노력을 들여 클링거를 찬양했다. 집단적 나르시시즘이라는 것이 실제로 가능하다면 이것이 바로 그러한 사례였다. 화가들(분리파)이 예술가 영웅(베토벤)을 찬양하는 한 화가(클링거)를 찬양하는 것이다. 전시회 카탈로그에는 분리파의 '위대한 임무에 대한 갈망'을 언급한 부분이 있다. 자신들은 그 갈망 때문에 '우리 시대가 화가에게 해달라고 요구하는 것, 즉 실내 공간의 합목적적인 개발'

그림 50 「베토벤」, 막스 클링거, 1902.

이라는 과업을 수행한다는 것이다. 베토벤 전시는 실로 탐미주의화한 정신성의 종합예술 작품이었다.

건축가 요제프 호프만은 분리파 전시관의 융통성 있는 공간을 활용해 그것을 원시적인 분위기에 거친 질감을 가진 미궁 같은 신전으로 변모시켰다. 그의 실내 디자인은 진정한 최첨단 작업으로서, 새로운 야만주의를 예고했다(그림 51). 예술의 열성 신도가 여기저기 도자기 타일과 신원시주의적neo-primitive 조각상으로 장식된 엄숙한 분위기의 복도를 지나 계속 나아가면 앞마당에 닿으며, 그곳에서 베토벤이 보좌에 앉아 있는 신성한 성소sanctum sanctorum를 바라보게 된다. 『노이에 프라이에 프레세』 지는 이렇게 썼다. "온갖 방법에 의해 존경할 준비가 된 숭배자는 일종의 최면에 걸린 상태에서 그 [조각상] 앞에 도착하게 된다." 구스타프 말러는 이 전시회의 개막을 위해 특별히 압축적으로 편곡된 베토벤 교향곡 9번을 연주해 광채를 더해주었다.**62**

클림트는 역경을 이기는 예술의 힘을 보여주는 우화를 그린 세 폭짜리 프리즈를 출품했다. 프리즈의 주제는 클링거의 「베토벤」 주제와 비슷하지만, 클림트는 거기서 프로메테우스적인 요소를 전부 빼버렸다. 「행복의 염원」이라는 제목이 붙은 첫 번째 패널은 약한 자가 '잘 무장한 강자'에게 호소하는 모습을 보여준다(그림 52). 하지만 강자는 이제 클림트의 제1회 분리파 포스터에서처럼 미노타우로스를 죽인 공격적인 테세우스가 아니다. 기사는 승리의 왕관을 얻기 위해 두 여성 혼령의 격려를 받으면서 자궁처럼 생긴 탑에서 걸어 나온다. 두 번째 프리즈(그림 53)의 「적대적인 힘」은 중앙에 있는 날개 달린 원숭이 같은 괴물만 제외하고 모두 여성이다. 그들은 고통받는 자와 행복 사이에 서 있다. 여기에는 베토벤 교향곡 9번의 격렬한 터키풍 전쟁 음악에 어울릴 만한 영웅들의 만남이 없다. 카탈로그가 특별히 지목해서 단언하듯이, "인류의 염원과 소원이 그들(적대적 힘)을 넘어 멀리 날아간다." 이런 심리는 허약해진 자아가 환상 속에서 현실을 이기는 힘의 대체물을 구하려는 고전적인 자세다. 소원이 왕이고, 현실과의 직접 대면은 회피된다. 음악 위를 수평적으로 날아가는 소원의 모습을 볼 수 있다. 이들은 긴 가운을 입은 꿈꾸는 듯한 혼령들이며, 클림트가 그린 관능적인 물뱀의 승화된 자매들이다.

가장 흥미로운 마지막 프리즈는 성취를 나타낸다(그림 55). 여기에는 다음 구절이 쓰여 있다. "행복의 염원은 시를 통해 이뤄진다." 카탈로그는 예술이 여기서 "우리를 이상의 영역으로 인도하며, 우리는 그 속에서만 순수한 기쁨과 행복, 사랑을 찾을 수 있다"고 말한다. 클림트는 이 마지막 프리즈를 실러의 「환희의 송가」에 나오는 "전 세계에 이 키스를 보낸다"는 구절을 중심으로 구상했다. 실러와 베토벤에게서 이 키스는 정치적인 키스, 인류를 향한 우애의 키스였다. "백만의 사람들이여 포옹하라"라는● 것이 실러의 보편주의적 권고였다. 베토벤은 이 구절을 안단테 마에스토소Andante maestoso로, 지극히

그림 51 분리파의 베토벤 전시회 실내, 요제프 호프만, 1902.

그림 52 「베토벤」 프리즈, 제1패널, 구스타프 클림트, 1902.

그림 53 「베토벤」 프리즈, 제2패널, 구스타프 클림트, 1902.

강렬하고 위엄 있는 형제애적인 열정을 담은 남성 음역으로만 소개한다. 클림트가 볼 때 이 감성은 영웅적인 것이 아니라 순전히 에로틱한 것이었다. 더 놀라운 것은 키스와 포옹이 자궁 속에서 일어난다는 점이다. 나르시시즘적 전능성에 대한 환상의 전형적인 특징인 높은 '비상'은 자궁 속에서 일어나는 성애의 완성으로 끝난다. 또, 그렇게 날아 올라간 하늘에서도 여성의 머리칼은 클림트의 그림에서 우리가 익히 알게 된 위험한 방식으로 그녀 연인의 발목을 휘감는다. 아르카디아에서도 성은 덫을 놓는다.

클림트가 1901년에 맞닥뜨린 위기, 그리고 그 속에 함축된 예술과 정치의 분리라는 것의 의미를 충분히 평가하려면 「법학」의 희생자 처벌 장면과 「베토벤」 프리즈에 나오는 완성 장면이 함께 감상되어야 한다. 그것들은 각자에 대한 반대라는 입장에서 한 쌍을 이룬다는 관계에 놓이며, 각각의 작품은 그 이념에 적절한 스타일로 제작되었다. 두 작품 모두에서 중심이 되는 상징은 자궁 및 그것과 남성의 관계. 「법학」에서 법이 들어가 있던 자궁 모양의 폴립과 위협적인 촉수는 「베토벤」 프리즈의 세 번째 화폭에서는 자궁 모양이고 부드러운 덩굴손을 가진 나무인 시와 대비된다. 「법학」에 나오는 흡반이 「베토벤」 프리즈에서는 꽃으로 피어난다. 두 작품 모두의 중심인물은 남성이다. 첫 번째 그림에서 그것은 정의의 희생자, 육욕의 덫에 걸려 굴복한 늙은이였고, 두 번째 그림(그림 55)의 중심인물은 예술의 자궁 안에 있는 행복한 휴식처에서, 발기한 남근과 굉장히 비슷하게 생긴 원기둥 안에서 배우자와 함께 황홀경에 빠져 있는 젊은 남자, 예술의 승자다. 이 그림에 쓰인 두 가지 스타일로 인해 예전에도 관찰된 바 있는 차이, 즉 아직 실현되지 않은 이념을 처리하는 이차원적이고 선적인 방식과 현실을 나타내기 위한 조형적 자연주의

● "Seid umschlungen ihr Millionen."

그림 54 「베토벤」 프리즈, 제3패널 세부, 구스타프 클림트, 1902.

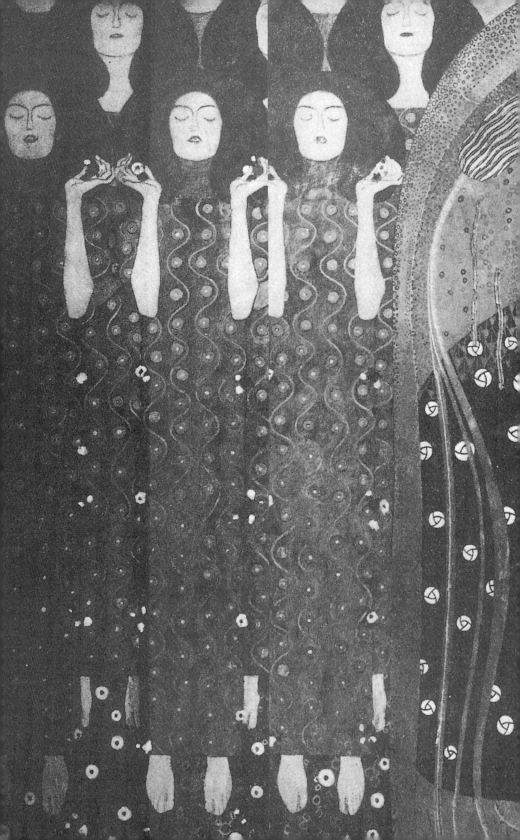

그림 55 「베토벤」 프리즈, 제3패널 세부, 구스타프 클림트, 1902.

인 삼차원적인 처리 방식 사이의 차이로 인해 새로운 수준의 대립이 생겨난다. 정치에서 남자의 운명을 감독하는 자인 복수의 여신들은 실체감 있고 통통한 지옥의 고양이로, 유기체적으로 표현되어 있다. 그들은 현실감이 있다. 이와 대조적으로 실러의 "전 세계에 키스를 보낸다"를 노래하는 천상의 합창단원들은 클림트가 이제껏 그린 것들 중에서도 가장 추상적인 이차원적 집단이다. 꽃이 흩뿌려진 그들의 의상이 물결치는 듯 진동하는 모습에서는 여성의 황홀경을 묘사하는 클림트의 더더욱 관능적인 기법의 메아리가 느껴진다. 하지만 그들의 양식화된 평면성을 보면 비잔티움 회화의 천사들 무리처럼 육체를 갖고 있지 않은 존재임을 짐작할 수 있다.[63] 공간 배치에서도 이런 대비가 이어진다. 복수의 여신들은 공간 속에 불규칙적이고 역동적으로 드러나 있는 반면, 예술의 천사들은 서열에 따라 정적으로 배열되어 있고, 전율조차도 운율에 맞고 선적인 리듬을 만들어낸다. 모든 차원에서 이 두 작품은 현실과 이상, 법과 권력의 영역과 예술과 우아함의 영역 사이의 상반된 관계를 극화한다. 처벌과 성취가 그러하듯이 성의 이중성이 두 영역 모두에 상징적인 연결 고리를 제공했다는 사실은 클림트의 해방적인 추구에 들어 있는 본능적인 내용과 그 공적인 운명으로 보아서는 있을 수 있는 일이다.

현대적 진실을 추구하는 과정에서 「법학」이 법의 문화에 대한 클림트의 비판적 도전의 최고봉인 것처럼, 「베토벤」 프리즈는 현대적 삶에서의 피난처라는 예술의 이상을 최대한으로 선언한 것이었다. 「베토벤」 프리즈에 나오는 몽상가의 유토피아, 그 삶의 역사적 구체성이 완전히 배제된 유토피아는 그것 자체가 자궁의 포로, 후퇴를 통한 성취다. 프로메테우스 전통의 오르페우스적 전복은 완성되었다. 클림트가 「음악」에서 진리의 이름으로 열어젖힌 무덤은 아름다움의 이름으로 다시 한번 그 존재를 주장했다.

7

대학과의 관계에서 빚어진 위기가 지나간 뒤 클림트는 철학적이고 우의적인 그림을 거의 완전히 포기했다. 「베토벤」 프리즈와 같은 예술의 신전으로의 후퇴는 좁은 엘리트 사회 속으로 물러나는 일종의 사회적 후퇴와 상응한다. 그 이전 단계에서—링슈트라세 역사주의의 가치의 수호자로서든 현대성에 대한 분리파의 철학적 탐색자로서든—클림트는 대중적인 예술가였다. 그는 적어도 잠재적으로는 사회 전체라고 생각한 것을 대상으로 자신이 믿는 진실을 발언했다. 그는 보편적인 메시지를 발언하기 위해 공공 당국으로부터 주문받기를 원했고 또 주문을 얻어냈다. 하지만 이제 그는 빈의 세련된 상류세계를 위한 화가이자 장식가라는 사적인 영역으로 움츠러들었다. 아마 클림트가 후기 15년 동안 이룬 최고의 업적은 여성 초상화 분야일 것이다. 그 여성들은 대부분 부유한 유대인 가문에 속한 사람들이었다. 여성 외에도 보기 좋은 풍경, 특히 잘 손질된 정원도 그의 후기 그림의 주제가 되었다. 아르누보 시기에 그의 스타일이 보여준 유기체적 역동성은 사라지고 그 대신 정적이고 투명한 장식주의가 들어섰다. 스타일뿐만 아니라 그의 자세에서도 초월이 참여를 대체했다.

1902년 이후에 일어난 클림트의 사회적, 개인적, 예술적 변화는 예이츠가 「비잔티움 항해Sailing to Byzantium」에서 불멸로 만든 온갖 특징을 담고 있다. 예이츠가 아일랜드 정치를 뒤로하고 떠난 것처럼 클림트도 하르텔 및 정부와 함께 작업하려던 모든 시도에서 손을 뗐다. 클림트는 1905년 4월에 드물게 한 인터뷰에서 대학 그림을 철회하겠다는 결정에 대해 설명하면서, "나는 벗어나고 싶다"고 외쳤다.● 클림트의 새로운 변화에서는 노화의 기미도 감지되었다. 이런 기미는 그가 큰 작품을 만들 때 성적 탐구를 포기하고—예외가 전혀 없지는 않았지만**—불투명한 상징적 발언을 선호하는 정도에 비례하여 나타난다. 모두가 '관능적 음악에 열중'하느라 '늙지 않는 지성의 기념비를 무시하는' 아일랜드("그것은 노인을 위한 나라가 아니다")를 떠난 예이츠처럼, 클림트는 '영원성의 기술'에 있는 일시적 활력을 초월하려고 노력했다. 클림트가 에로틱한 삶에 대한 관심을 포기한 것은 분명 아니었다. 하지만 그는 예이츠가 그러했듯이 에로스가 주는 고통과 축복 모두로 인한 압력을 누그러뜨릴 새로운 형태를 찾기 위해, 그리고 그가 한때 그토록 대담하게 해방시키려 분투했던 본능을 형식 속에 응결시키기 위해 비잔티움으로 향했다. 자연에서 양식화된 문화로, 육체—심리적인 경험의 직접적인 표현에서 형식적인 상징으로, 여정은 이렇게 이어졌다.[64]

클림트는 원래 여행을 좋아하는 편이 아니었지만, 1903년에 라벤나를 두 차례 방문했다가 그곳에서 산비탈레San Vitale 모자이크를 보았다.[65] 한편 분리파 동료들 가운데 가장 유능한 이들이 실내장식과 공예 쪽으로 전환해, 1899년 이후 모자이크와 금세공 실험을 해오고 있었다. 건축가이자 장식가인 요제프 호프만은 유기체적 선과 형태를 가진 아르누보의 꾸불꾸불한 곡선 위주의 추세를 장방형의 기하학적 형태로 대체하는 경향의 선두 주자였고, 이는 곧 빈 건축과 공예의 등록상표가 되었다. '빈 공방Wiener Werkstätte'—큰 성공을 거둔 분리파의 수공예 워크숍—에서는 1903년 이후 최고의 예술가들이 금속성이자 결정체 같은 형태를 바탕으로 하는 아르데코art deco 분야를 개척했다.[66]

● 인터뷰를 하면서 베르타 제프스-주커칸들은 클림트에게서 문화부가 자신을 인정하지 않고 난처하게 여긴다는 여러 징후를 보이는 바람에 압박감을 느꼈다는 사실을 속속들이 털어놓게 만들었다.
●● 특히 「다나에Danae」(1907)와 「살로메Salome」(1909)가 예외적이다.

클림트는 1904년에 호프만 및 빈 공방의 다른 예술가들과 함께 브뤼셀의 호화 저택인 스토클레 하우스_the Stoclet house_를 설계하면서 이 공예의 물결에 휩쓸렸다.[66] 클림트가 예전에 건물에 설치된 그림을 그릴 때 주로 구사했던 공간적 환상주의와의 단절은 「베토벤」 프리즈에서 이미 발을 내딛었지만, 스토클레 하우스의 식당에 설치할 프리즈에서는 그 단절이 논리적 극단으로까지 추구되었다. 그는 이제 풍성한 이차원적 장식으로 벽의 평면성을 부각시키면서, 벽을 진정한 벽으로 취급했다. 스토클레 프리즈에서 그는 비잔티움 양식의 거대한 생명의 나무를 구상했고, 그의 전유물인 에로틱한 의상 대신 비잔티움 종교화의 인물들이 입은 것 같은 양식화된 의상을 택했다.[68] 스토클레 프리즈는 「베토벤」 프리즈 제3화에 그려진 에로틱한 유토피아의 승화되고 초연해진 판본으로서, 부자들을 위한 훌륭한 장식 그림이었다.

클림트는 분리파의 응용예술가 진영에서 기하학과 아르데코를 향해 나아가는 더 광범위한 운동의 일원으로 활동하면서 소위 황금기에 들어섰지만, 금이나 금속성 색채와 형태를 다룰 때는 자신의 개인적인 과거와 다시 손을 잡기도 했다. 그의 아버지(이제는 사망한)와 형제 한 명이 금세공사였다. 곤경에 처한 시기에 이런 작업을 시작했다는 것은 곧 중년 남성의 자아 위기가 갖는 전형적인 특징이다.[69] 그리하여 클림트의 개인 역사가 분리파 동료들이 준 예술적 영향에 무게를 더해주어, 사회적 현실과 새로운 방식으로 관계를 맺을 필요가 가장 시급해진 시점에 추상화와 형식주의가 그 필요를 채워준 것이다.

프로이트와 니체처럼 고전적인 부르주아 관습에 대항하고 현대성을 추구하기 위해 매몰되어 있던 고전 그리스의 본능적 힘—디오니소스, 히기에이아, 복수의 여신들—을 깨워 일으켰던 화가는 이제 그리스 역사와 문화의 반대편 극단인 비잔티움으로 눈길을 돌렸다. 그곳에서 그는 판도라의 상자와 비슷한 시각적 언어 형태를 다시 발견했다. 본능과 사회적 변화가 가하는 위협은 비잔티움의 뻣뻣하고 비유기체적인 질서에 의해 격퇴될 수 있다. 클림트가 화가로서 선택한 새 방향을 표현하는 데 예이츠의 말이 또다시 도움이 된다.

한번 자연에서 나왔으니,

내 다시는 그 어떤 자연적인 모습도 아닌,

희랍 금세공인이 졸음에 겨운 황제를 깨워두기 위해

황금을 두드리고 금박을 입힌

그런 모습을 가지리.

아니면 황금 가지에 앉아

비잔티움의 고귀한 남녀들에게,

지나갔거나 지나가고 있는

혹은 장차 올 것을

노래해주는 모습이 되리라.

— 예이츠, 「비잔티움 항해」

1903년 이후 5년 동안 클림트는 빈에서 전시회를 열지 않았다. 그러나 그의 작업 욕구는 여전히 식지 않았으며, 1908년에는 재건된 환상의 산물을 대중에게 공개했다. 그는 동료들과 함께 순수미술가인 동시에 아름다운 삶의 스타일리스트로서 만들어낸 성과를 포괄적으로 전시하는 '쿤스트샤우 1908Kunstschau 1908'이라는 이름의 전시회에서 자신의 새 작품을 선보였다. 그 10년 전, 『성스러운 봄』의 창간호에서 헤르만 바르는 '움직임 없는 일상과 화석화된 비잔티움'에 대한 분리파의 전쟁을 선언한 바 있다.[70] '쿤스트샤우

그림 56 쿤스트샤우 전시관, 요제프 호프만, 1908.

1908'은 엘리트 계층 시각문화의 창조자들이 추상과 정적 질서로 나아가는 운동과 구별되는 자신들의 목표와 범위와 스타일을 얼마나 명료하게 규정했는지를 보여준다.

　요제프 호프만이 쿤스트샤우를 위해 설계한 전시관 자체가 10년간의 정치적 쇠퇴와 경제적 번영이 예술의 성격과 기능을 어떻게 변모시켰는지를 반영하고 있다(그림 56). 쿤스트샤우 전시관은 분리파 예술의 신전이 보여준 엄숙하고 탈역사적이며 입방체적인 근본주의 대신 마리아 테레지아 시대 양식의 우아한 별장으로 구상되었다. 전체 전시물—도자기, 정원 디자인, 책 디자인, 의상, 가구들—은 제아무리 간략하고 현대적으로 처리된 것이라 해도 아르누보 디자인의 유기체적 자연주의로부터 정적인 합리주의와 전통으로 복귀했음을 나타내는 신고전주의의 흔적을 담고 있었다. 쿤스트샤우 전시관의 현관에 걸린 명문이 여전히 분리파가 1898년에 내세웠던 호소, "시대에 그 시대의 예술을"이라는 구호의 메아리를 담고 있지만, 회화 부문의 카탈로그에 실린 모토는 이와는 아주 다른 분위기인 오스카 와일드의 글에서 따온 것이었다. "예술은 그 자신 외에 결코 다른 것을 표현하지 않는다."[71] 그렇다면 표현된 것은 '현대 인간의 얼굴'이 아니라 예술 그 자신의 얼굴이다. 그것은 어떤 얼굴일까?

전시회 개막식에서 모처럼만에 연설한 클림트 본인이 이제 자신의 세계를 제약하는 심미적 하위문화의 한계를 규정했다. 쿤스트샤우가 표방하는 것은 '예술가 공동체Künstlerschaft', 창작하고 그것을 향유하는 사람들의 이상적 공동체라고 그는 말했다. 클림트는 비통한 어조로 "대중 생활은 압도적으로 경제와 정치적 문제에 몰두해 있다"고 불평했다. 따라서 예술가가 "대중 예술의 과업을 수행한다"는 더 바람직한 경로를 통해 민중에게 닿을 수 없으니, "자신들에게 열려 있는 유일한 길"인 전시회라는 수단으로 물러날 수밖에 없다.[72] 여기서 또다시 우리는 전체 예술 민중 'Kunstvolk'를 창출해 오스트리아를 쇄신하겠다고 출발한 분리파와의 대비를 느낀다. 객관적으로도 한 번도 넓었던 적이 없는 그들의 사회적 소통 범위가 클림트 그룹의 마음속에서는 예술가—장식가와 고객들이라는 그룹으로 더 좁혀졌다. 이제 그들이 상대하는 세계는 미적 교육을 받은 엘리트들의 세계였다.

한 평론가는 쿤스트샤우를 '클림트가 두른 축제 의상'이라고 불렀다.[73] 여기서 예술가들은 「베토벤」 전시 때의 클링거 숭배와 거의 같은 수준으로 자신들의 지도자를 찬양했다. 호프만은 그의 건물 중앙부 가까이에 새틴 안감을 댄 보석상자같이 순결하고 우아한 방을 배치해 클림트의 그 이전 5년간의 작품을 돌아보는 회고전을 마련했다. 그 전시장에서 우리는 대학 위기 이후 그의 예술이 빠른 속도로 변해간 과정을 짚어볼 수 있다.

엘리트들을 위한 화가로서 다시 사회적 활동을 시작하면서 클림트가 재능의 방향을 초상화 쪽으로 돌린 것은 적절했다. 그가 그린 대상이 언제나 여성이었다는 사실은 주목할 만하다.(1903년 이전에 그린 익명의 인물화에서도 남자가 등장할 때는 거의 항상 얼굴이 돌려져 있었다.) 1904년에서 1908년 사이에 연속으로 그려진 세 폭의 초상화에서 클림트는 환경이 인물을 지배하는 정도를 점점 더 확대했다. 하지만 환경 자체—항상 환상적으로 표현된 실내—도 점점 더 변성되고 추상화되어, 디자인적 요소들은 이제 순수하게 장식적이거나 상징적으로 암시적인 기능을 수행하게 되었다. 분리파의 부유한 후원자의 딸이자 철학자 루트비히 비트겐슈타인의 누이인 마르가레테 스턴보로 비트겐슈타인의 초상화(도판 4)에서 인물의 얼굴과 손은 완벽해진 평정과 이상적인 세련됨을 보여준다. 하지만 거기에 개성은 거의 없다. 초상화 기법의 구식 전통에 따라 그려진 인물의 신체는 옷 속에서 완전히 사라져버린다. 옷 자체에는 1898년에 그려진 「피아노 앞의 슈베르트」 장면에서 본 바 있는 몽상적인 인상주의의 특성이 아직 있다. 그러나 배경은 완전히 새로운 방식으로 처리되어, 신비스럽고 양식화된 공간으로서 그 인물의 삶에 끼워진, 아름답기는 하지만 비실재적인(허위적인, 가공의, 실재하지 않는) 액자로 그려져 있다. 인물 자체는 공들여 다듬어지고 실체감을 띠지만, 이차원적 디자인의 구조물에 붙잡혀 있는 듯 보인다. 벽이 지닌 형식주의적 독창성 때문에 그곳에 있는 인간의 개성보다 환경의 자율성이 더 강하게 느껴진다.

프리차 리들러의 초상화에서는 환경의 양식화가 갖는 위력이 훨씬 더 커져 주인공에게까지 행사된다(도판 5). 모든 문학적 의미가 배제된 급진적인 기하학적 요소가 확고함과 안정성을 강조하지만, 이상하게 껍질로 둘러싸인 듯한 느낌이다. 리들러 부인 뒤에 있는 모자이크처럼 생긴 창문은 외계의 자연을 굴절시켜 디자인 속으로 끌고 들어오며, 그럼으로써 마치 머리장식처럼 인물의 얼굴을 둘러싼다.● 그녀는 이상적인 공중누각 속에 있는 모습으로 정교하게 세공되며, 양식화되기는 했지만 초연한 분위기로 귀족적 역사를 암시한다.

클림트의 탈사회적 초상화 기법이 최고도로 강력하게 발휘된 작품은 아델레 블로흐 바우어의 초상화다(도판 6). 블로흐 바우어 부인은 자연에서 완전히 잘라내어졌을 뿐만 아니라 사치스럽고 뻣뻣한 비잔티움식 주변 환경에 갇힌 듯 보인다. 집이 이 부인의 의상이 되고 동시에 부인은 집의 장식물이 된다. 의상과 주거는 하나의 디자인 연속체로 융합되며, 둘 다 그녀 신체를 이 차원적인 것으로 평면화한다. 인물의 민감한 얼굴과 푸른 혈관이 돋은 손만이 금빛 의상에 감싸여 있는 지극히 섬세한 영혼을 말해준다. 배경의 위계적이고 금속적인 속성과 세밀하게 그려진 만화경 같은 상징들―원, 소용돌이 모양, 장방형, 삼각형―을 보면 「법학」에 나오는 복수의 세 여신이 생각난다. 하지만 1901년에는 클림트가 그들이 쓰고 있는 아름다움의 가면을 본능적 진실이라는 부재하는 세계의 원근법의 시점에서 꿰뚫어본 데 비해, 여기서 그는 문명화한 아름다움의 변성된 표면을 타당한 것으로 받아들인다. 그리하여 클림트의 나르키수스적 분노가 사그라들자 그의 급진적인 문화적 임무도 죽어버렸다. 심리적 좌절과 형이상학적 질병에 시달리던 화가는 이제 평범한 무리들로부터 격리된 채 기하학적인 미의 주택에서 아름답고 초연하게

● 이 머리 장식의 효과가 벨라스케스가 그린 오스트리아의 마리아나 왕비의 초상화(1646)의 머리 장식이 주는 효과와 비슷하다는 점이 Alessandra Comini, *Gustav Klimt*(New York, 1975), p. 15에서 지적되었다.

살아가는 상류계급의 삶을 그리는 화가가 되었다.

클림트의 초상화들은 「베토벤」 프리즈에 그려진 심미적이고 에로틱한 유토피아의 사회적 닮은꼴이다. 사치와 향락에 빠진 고급 스타일이라는 것이 결국은 충족된 소원을 사회적으로 관례화된 방식에 따라 탐미적으로 긍정하는 것이 아니라면 달리 무엇이겠는가? 하지만 클림트의 사회적 후퇴와 심리적 은둔을 예술적 몰락과 동일시하면 잘못이다. 그와 반대로 교체된 그의 자아는 새로운 예술 형태를 고안해 이를 삶의 고통을 방어하기 위한 갑옷으로 활용했다. 새로운 클림트 그림의 두 가지 중심 특징은 추상화와 상징인데, 우리가 앞서 살펴본 초상화들에서 점점 더 뚜렷하게 나타난다. 추상화는 감정을 구체적인 외적 실재로부터 해방시켜, 스스로 만들어낸 형식의 영역으로, 자가 발견을 위해 설정된 이상적 환경에 풀어놓는다.[74] 하지만 더 크고, 완고하고 구조적인 이런 형식들 속에서 작고 가물거리는 입자들은 장식적 기능뿐만 아니라 상징적인 역할도 수행했다. 그리하여 블로흐 바우어 초상화에서 클림트는 예전처럼 그런 상태가 어떻게 느껴지는지를 직접 제시하지 않고서도 이런 입자들을 통해 상충하는 심리적 상황들을 추상적으로 암시할 수 있는 것이다. 신나게 돌돌 말린 소용돌이와 응축된 모자이크 세포 간의, 그리고 뭔가를 암시하는 듯한 눈의 형태와 음문처럼 쪼개진 타원형들 사이의 긴장감, 이 모든 공식화된 개별적 요소가 그렇게 병치되어 추상적인 틀 속에 꼼짝 못하게 응고된 채 유보되어 있는 폭발력의 존재를 암시한다. 비잔티움 예술에서처럼 유기체적 힘은 결정화된 단편들의 조합과 전체적으로 이차원적인 대칭성의 조합에 의해 중화된다.

클림트는 과거에도 가끔 그랬지만 후반기에 우의적 그림이나 인물화로 방향을 돌렸을 때, 자신이 선택한 대상에서 고뇌하는 요소를 약화시키거나 심지어는 치장하기까지 했다. 혹은 자신의 성취를 좀더 긍정적으로 단언하기 위해 심미적인 거리두기를 함으로써 그 작품들이 가진 고통의 잠재력을 중화시켰다. 그가 세 폭의 초상화(비트겐슈타인, 리들러, 블로흐 바우어 초상화)에서 거쳐온 것과 동일한 궤적, 장식적 자연주의에서 심미적 초월성에 이르는 궤적이 이념을 주제로 한 그림 세 점에서 발견될 수 있다. 「다나에」「키스」「죽음과 삶」이 그것이다. 각각의 이념화는 클림트가 예전에 철저하게 탐색했다고 알려진 주제와 관련되어 있기에 그의 후기 그림의 스타일과 실존적 자세 사이의 변화된 관계를 파악하는 데 도움을 줄 수 있다.

「다나에」(도판 7)에서 클림트는 다시 한번 그리스 신들을 불러내 현대 인간의 상황을 표현한다. 클림트의 이 마지막 그리스 여성은 선배들인 아테나, 니케, 히기에이아 혹은 복수의 여신들, 자웅동체적인 남근 같은 여성들과 아무런 공통점을 지니지 않는다. 클림트는 여성 공포증을 극복한 것 같다. 충족된 욕망의 외형이 「다나에」에서만큼 현란하게 표현된 적도 드물다. 그녀의 살은 제우스의 황금빛 사랑의 빗줄기에 물들어 벌꿀 같은 금빛으로 가득 차 있다. 클림트는 이제 더 이상 욕구불만 때문에 위협적이 된 여성이 아니라 감각이 충족되어 더없이 행복하게 웅크리고 있는 여성에게서 평화를 찾았다. 클림트는 다시 한번 두 가지 표현 매체를 대비시킨다. 다나에의 수동적인 열정을 표현하는 것은 자연주의 기법인 반면 행동을 지배하는 것은 상징주의다. 클림트는 신화에 나오는 황금빛 빗줄기를 크로모솜같이 생긴 생물학적 형상으로 그리고, 자신만의 상징물을 덧붙인다. 그것은 남성적 원리인 수직의 장방형으로, 타협의 여지 없이 각이 지고 죽음처럼 검은 색이다. 그것은 성교하는 에로스와 풍요가 이루는 조화 속에서 강력한 불협화음을 빚어내는 세부 묘사다.

「키스」(도판 8)는 클림트의 황금빛 스타일을 정점으로 끌어올린 그림이다. 쿤스트샤우에 전시되었던 클림트의 그림 가운데, 그리고 그 이후의 모든 그림 가운데서도 가장 높은 인기를 끈 이 그림은 사실주의 영역을 희생하고 상징주의를 확대함으로써 관능적 효과의 강렬함을 고조시킨다. 「베토벤」 프리즈의 세 번째 편인 「성취: 행복의 염원은 시를 통해 이뤄진다」(그림 55)에서는 다듬어진 누드의 육체로 에로틱한 효과를 전달했으며, 또 「다나에」에서는 더욱더 그러하다. 「키스」에서는 육체가 가려져 있지만 몸짓과 애무하는 듯한 선으로 관능적 효과가 더더욱 고조된다. 연인들이 무릎 꿇고 있는 꽃무늬 바탕에서, 또 의상에서도 장식적 요소는 상징으로도 쓰인다. 남자와 여자 두 사람 모두의 옷주름은 각각의 장식적 디자인 때문에 확실하게 구별된다. 「다나에」에 있는 유일한 장방형은 제우스의 남근 상징인데, 「키스」에 나오는 남성의 옷에는 그 형태가 넘칠 만큼 많다. 여성의 옷은 타원형의 꽃무늬 상징으로 활기가 가득하다. 이런 것들은 전통적 상징이 아니라 클림트의 무의식 속의 저장고에서 가져온 것이다. 이미 규정되어 있는 성적 상징의 두 분야가 떨고 있는 듯한 금빛 옷감을 공통의 바탕으로 삼아 상반되는 요소의 합일을 이뤄낸 것이다. 움직임의 예술과 문학적 암시에서 정적 추상화의 예술로 넘어간 클림트는 「키스」에서 조화롭기는 하지만 강력한 에로틱한 감정을 다시 한번 제시하기 위해 상징적 콜라주라는 간접적인 선언 방식을 택한 것이다.

클림트는 「죽음과 삶」(도판 9)에서 누다 베리타스가 현대 인간에게 거울을 들이댄 이후 계속 그의 관심사였던 철학적 주제를 다시 한번 집어들고 씨름한다.[75] 오른쪽에 모여 있는 다수의 인간 군상과 왼쪽에 홀로 있는 지배적 인물이 대비되는 「죽음과 삶」은 구조로 보나 주제 면에서나 「의학」과 닮았다 (그림 46). 「의학」에서 비몽사몽인 상태로 떠다니고 있는 임산부는 그림 왼쪽에 있었다. 뒤엉켜 흘러가면서 고통스러워하는 인간은 그 한복판에서 소란을 피우고 있는 죽음을 본다. 쿤스트샤우에 전시된 이 그림에서 군상으로부터 따로 떨어져 나와 있는 것은 죽음이다. 그는 더없는 행복 속에 잠겨 있는 건너편의 관능적인 인간들을 바라본다. 인간들은 이제 정지해 있다. 각양각색의 꽃으로 뒤덮여 잠들어 있는 것이다. 사랑은 인간 속에 있다. 죽음은 그 바깥에 있으며, 이질적인 힘이다. 클림트가 그린 모자이크의 밝고 경쾌하게 튀는 색깔은 구조적인 긴장감을 해소하고 기분 좋은 대비를 설정한다. 클림트는 대학 벽화에서 신비스러운 분위기의 깊이를 창조해냈지만 여기서는 오직 장식적 이차원성만 제공한다. 그 장식성은 그 자신이 나름대로의 현실 '적응' 원칙에 따라 도달한 유토피아적 순응성의 지표 그 자체다. 공포는 장식에 자리를 내주고 물러나며 실존적 진실이 폴리애나Pollyanna 엘러너 포터가 지은 미국 소설의 여주인공. 낙관적 인생관의 소유자의 대명사로서 심리학에서 다루는 인물긍정성 유형의 명칭의 낙관적 아름다움에 양보한다.

심리적–철학적 전복자로서 사회와 교류하려다가 상처받고 움츠러든 클림트는 1908년에는 이미 링슈트라세에서 처음 경력을 시작할 때처럼 화가–장식가의 역할로 돌아와 있었다. 하지만 그가 행한 의미의 연원으로서의 역사 및 표현의 올바른 양식인 육체적 사실주의로부터의 단절은 역사와 자연에 대한 기대가 배반당한 계급과 그에게 영원한 사실로 남았다. 그는 역사, 시간의 영역은 이미 지나쳐버려 돌아갈 수 없는 것이므로, 심미적 추상과 사회적 체념의 영역으로 들어가려고 분투했다. 하지만 흔히 그리스 신화를 도상학적 안내자로 삼는 분리파의 내면 항해voyage intérieur에서 클림트는 심리적 경험의 새로운 세계를 열어젖혔다. 클림트가 심미적 차원에서 빈 상류층 세계의 섬약한 둥지 속으로 물러나면서 포기한 탐험을 새로운 깊이까지 끌고 나가는 과제는 더 젊은 정신인 표현주의Expressionist 운동의 몫으로 남겨진다.

06

정원의 변형

예술은 예술이고 삶은 삶이지만,
예술적으로 살아가는 것, 이것이
삶의 예술이다.

페터 알텐베르크

"기존의 사회질서와 상대하는 것도 어렵지만 존재하지도 않는 질서를 세우는 것은 더 어렵다."[1] 후고 폰 호프만슈탈의 이 말은 유럽 정신이 만족스러운 유토피아를 기획할 능력을 잃어버린 20세기의 분위기를 전해준다. 더 이전, 프랑스 혁명의 뒤끝이었더라면, 대부분의 작가는 호프만슈탈의 판단을 뒤집어 말했을 것이다. 그들은 이상적 사회질서의 초안을 작성하기보다는 기존 사회질서와 싸우기가 더 힘들다고 느꼈을 것이다.

예술가가 자신의 가치가 무엇인지를 아는 한, 또 그런 것이 보편적인 가치는 아니더라도 자신의 사회에서 허가와 지원을 받는다는 것을 아는 한, 사회현실은 그가 자신의 문학 작품을 두드려 빚어내는 모루 역할을 하게 된다. 하지만 역사적인 사건들이 기대를 무너뜨리거나 예술가의 가치가 사회적 지지를 받지 못해 추상적인 것이 되면, 호프만슈탈이 말한 것과 같은 존재하지 않는 사회질서를 세우는 데서 겪는 어려움이 기존 사회와의 투쟁이라는 더 전통적인 문제보다 더욱더 중요해진다. 그렇게 되면 예술가의 역할이 재규정되지 않을 수 없다. 그는 그저 전통적으로 받아들여진 가치와 사회적 현실의 관계를 표현하면 되는 것이 아니라 그런 사회질서에 절망하는 인류를 위해 진실을 표현해야 하는 것이다. 이 장에서 내가 택한 주제는 문학의 이 기능이 사회질서와의 관계 속에서 출현하는 무대인 자유주의 오스트리아의 문화와 그 여건이다.

19세기에는 자주 있는 일이었지만, 유럽의 예술가들이 어렵사리 기존 질서와 맞서 싸우려 하는 곳마다 사회적 리얼리즘이 지배적인 문학 양식으로 등장했다. 사회의 본성과 움직임, 그것의 강점과 취약점에 대한 확고한 인식은 행복과 존엄성을 얻기 위해 사회와 씨름하는 데서의 필요 전제조건이었다. 저자의 비판적 입지에 따라 주인공은 스탕달의 줄리앙 소렐처럼 사회와의 생사를 건 투쟁에 몰입할 수도 있고, 에밀 졸라의 나나처럼 그것에 맞춰 모양이 만들어지고 그 속에 갇힐 수도 있다. 어느 경우이든 사회적 리얼리즘은 성격과 환경의 통합을 의미한다. 인간 조건에 관심을 가지면 사회의 상태가 이해된다. 사회 환경을 꼼꼼하게 묘사하면 인류의 상태가 상세히 해명된다. 에리히 아우어바흐Erich Auerbach가 지극히 구체적으로 입증했듯이, 등장인물과 장면, 개인과 당대 환경의 상호 침투는 리얼리즘의 등록상표다.[2] 저자가 사회 구조를 더욱 구체적이고 광범위하게 강조할수록 '사회적 리얼리즘'이라는 용어는 더욱더 적절해진다. 19세기에는 졸라에게서 보듯이 소설에서의 이 같은 경향이 마침내는 순수한 사회학적 심문inquest(원인 규명, 평결, 조사)의 성격과 비슷해진다.

문학 창작의 수준이 높은 다른 나라들에 비하면 19세기의 오스트리아는 이 사회적 리얼리즘 운동의 영향이 거의 미치지 않은 특이한 나라였다. 오스트리아 작가 가운데 이 학파로 분류될 수 있는 사람들의 명성은 대부분 오스트리아 국경을 넘지 못했다. 바로크적인 환상의 전통이 여전히 힘을 유지했고 오스트리아 중산계급이 귀족으로부터 독립하지 못한 탓에 사회적 리얼리즘이 강력하게 발전할 수 없었던 것이다. 하지만 오스트리아 문학은 변화 중에 있는 사회 구조와 문화적 가치의 관련이라는 문제를 걸러낼 다른 매체를 찾아냈다. 정원의 이미지가 바로 그런 매체였다. 고대 이후로 정원은 서구인들이 처한 일시적 상황을 평가하는 기준인 낙원의 거울이라는 역할을 해왔다. 정원은 오스트리아 문학의 결정적인 요점으로 등장하기 때문에, 우리가 문화와 사회 구조의 관계, 유토피아와 현실의 관계가 발전해나가는 단계를 표시할 때 도움이 된다. 좁은 울타리 안에서 정원은 구식 오스트리아 제국의 해체가 가까워지는 시기에 교육받은 중산계급의 세계관이 변화하는 모습을 포착하고 반영한다.

1

1857년에 아달베르트 슈티프터Adalbert Stifter는 소설 『늦여름Der Nachsommer』 국내에서는 『늦여름』이라는 제목으로 출간되었지만 단순히 늦은 여름이 아니라 이미 가을에 들어섰는데 잠시 철을 잊은 듯 더운 날씨가 이어지는 현상인 인디언 서머의 의미로 볼 수도 있다. 철을 잊었다는 의미가 '늦여름'에서는 제대로 부각되지 않는 듯하다을 출간했다. 일반적으로 오스트리아 리얼리즘의 걸작으로 꼽히는 그 소설은 그가 처한 시대의 사회-정치적 문제에 대한 답변으로 구상되었다. 하지만 이 책이 이런 문제들을 공개적으로 단언하는 것은 결코 아니다. 또 역사 속에서 사회의 움직임을 서술하는 것도 아니다. 극히 은유적이고 초연한 방식으로 그런 것을 암시할 뿐이다. 슈티프터는 사회가 걸린 병의 징후를 말하는 것이 아니라 그 병을 치료하는 데 곧바로 덤벼들었다. 그 치유법은 교양Bildung, 전체적인 인격 훈련이었다. 『늦여름』은 리얼리즘적인 요소로 구축된 유토피아적 교양소설Bildungsroman이다.

1805년에 태어난 슈티프터가 자신의 가치관과 세계관을 획득한 것은 1848년의 폭풍우가 몰아치기 전 평온한 시절이었다. 상대적으로 비정치적인 비더마이어 자유주의자, '절도 있고 독립적인 인간'인●3 그에게 혁명은 인간 본성에 대한 신뢰가 위태로워진 결정적인 경험이었다. 수많은 동시대인처럼 슈티프

● "ein Mann des Masses und der Freiheit."

터도 처음에는 혁명을 환영했지만, 질서가 무너지자 공포에 질려 움츠러들었다. 정치를 윤리학의 한 분과로 보는 그는 질서 파괴를 역사적이거나 사회적인 '세력들' 간의 충돌의 결과가 아니라 인간 열정의 재갈이 풀린 결과로 이해했다. 슈티프터는 고전적인 칸트주의 스타일로, 개인에게서든 국가에서든 모든 자유에 필수적이고 본질적인 것이 질서와 열정의 통제라고 보았다. "진정한 자유에는 가장 높은 수준의 자기 통제, 개인 욕망의 억제가 필요하다. (⋯) 따라서 자유의 유일한 적은 강한 욕망과 충동에 사로잡힌 모든 사람이다. 그들은 무슨 수를 써서라도 그 욕망과 충동을 달성하려 한다."[4] 형태로 보든 내용으로 보든 슈티프터의 정치적 분석은 장황한 도덕적 설교와 다를 바 없다. 강한 인간적 감정을 풀어놓은 낭만주의 시인들을 경멸하는 그는 정치적 급진파도 똑같이 두려워한다.

> 무모한 자들을 믿지 말라. 그들은 무한한 자유와 황금의 영원한 선물을 너희에게 약속한다. 그들은 대부분 자신의 감정의 힘에 오염된 자들이며, 감정에 내몰려 행동과 거대한 보상의 영토를 (자신들을 위해) 획득하려 애쓰는 자들이다. 그들은 목적을 달성하고 나면 저 낮은 곳으로 추락하여 그들을 믿었던 이들까지 함께 추락시킬 것이다.[5]

정치적 혼란은 개인적 열정의 산물이다, 그러므로 그 치료법은 개인적인 자기 규제여야 한다, 자유로운 제도를 유지할 수 있는 것은 도덕적인 개인들뿐이다, 라고 슈티프터는 주장했다. 인간은 자유를 누릴 수 있을 만큼 도덕적으로 성숙하지 못했기 때문에, 혁명은 그것이 실현하고자 했던 목적 그 자체인 자유를 파괴했다는 것이다. 이렇게 하여 슈티프터는 프리드리히 실러Friedrich Schiller와 빌헬름 폰 훔볼트Wilhelm von Humboldt와 같은 독일 인문주의의 전통적 언어로 기술된 혁명적 경험에서 교훈을 얻었다. 혁명 때문에 "자유의 이상이 앞으로 오랫동안 실현될 수 없을 정도로 파괴"되었지만 슈티프터는 절망하지 않는다. "도덕적으로 자유로운 사람이라면 누구나 정치적으로도 자유로울 수 있고 언제나 그럴 것이다. 지상의 권력이 모두 다른 권력을 자유롭게 만들어주지는 못한다. 그렇게 할 수 있는 것은 오직 한 가지 권력, 즉 교양뿐이다."[6]

슈티프터에게서 교양은 말로만 그치는 문제가 아니었다. 그는 1848년 이후 시민이자 예술가로서, 동료 인간들이 지적이고 도덕적으로 자유로운 존재가 되도록 그들에게 교양을 전파하는 일에 헌신했다. 혁명 전에 슈티프터는 여러 부유한 가문(메테르니히 가문도 포함된)의 가정교사로 일했지만 혁명 이후에는 공공 교육으로 방향을 돌렸다. 그는 레오 툰 백작이 1848년과 1849년에 주관한 학교 제도의 대개혁에* 공개 토론과 정책 기획에 대한 기고가로서 적극적으로 참여했으며, 그다음에는 장학관으로 일했다. 교육에 대한 그의 헌신은 자유주의적이었지만 그가 공부한 베네딕트 수도회 전통의 흔적이 남아 있었다. 슈티프터는 머리와 마음, 지식과 실천, 이성과 은총의 통일을 추구했다. 구식이고 정치적으로 보수적인 그의 인문주의가 교육 이론에 적용되자 모순적이게도 민주적인 결과물이 만들어졌다. 그에게서 국가 교육의 중심 과제—사실 어떤 영역에서든 가장 핵심적인 기능이다—는 대중 교육이었다. 슈티프터는 현대 사회에서 인간을 유식한 사람die Wissenden과 무식한 사람die Nichtwissenden으로 양분하는 추세가 점점 더 증가하는 것을 감지하고 비판했는데, 이런 추세는 지식인들 자신에게서 조장되고 있었다. 교육은 인간을 분리하는 것이 아니라 한데 뭉치게 해야 한다. 슈티프터는 대중에 대한

● 레오 툰과 대학 혁신에서 그가 수행한 역할에 대해서는 이 책 93~97쪽을 보라.

공포심이 있었는데, 그 때문에 오히려 초등 교육이 중등 교육이나 대학 교육보다 더 시급하게 중요하다는 민주적 결론을 내리게 되었다. '민중Volk'은 초등 교육 과정에서 지적으로뿐만 아니라 도덕적으로 훈련되어야 하고, 또 훈련될 수 있다. 개인적으로 충만한 삶과 사회적으로 쓸모 있는 삶은 같은 줄기에서 자라난다. 슈티프터는 1848년 6월 한 친구에게 이런 편지를 보냈다. "우리에게 필요한 것은 인품이다. 나는 바위처럼 굳건한 진실성과 (…) 그처럼 확고한 철저함이 (…) 오늘날에는 학문과 지식보다 더 큰 힘을 발휘하고 효과가 더 오래가리라고 믿는다."**7** 따라서 교육은 정신적 삶뿐만 아니라 인품을 포괄적으로 발전시키는 것이어야 한다.

물론 배움이라는 미덕the virtue of learning이 미덕을 배우는 것the learning of virtue만큼은 중요하지 않다. 교양Bildung이 반드시 사회적인 품위는 아니더라도 어떤 사회적 자산을 갖고 있는 사람에게 어울리는 후천적 고급문화를 가리키는 의미를 더 많이 함유하는 단어가 되었지만, 슈티프터에게는 여전히 아름답고 성실한 인품을 이루는 속성들의 풍요로운 복합체를 의미했다.

슈티프터가 소설 『늦여름』을 쓴 것은 베네딕트회의 세속적 경건성과 독일 인문주의, 비더마이어 시대의 관습의 복합물인 교양이라는 개념을 예시하고 전파하기 위해서였다. 대중 교육이라는 직업에 대한 헌신이 그의 정치적 관심에서 자라났듯이, 예술에 대한 그의 열성은 교육적 관심이 확장된 표현이었다. 슈티프터는 『늦여름』에서 자신이 설교적 의도를 지녔음을 명백하게 인정했다. "내가 이 작품을 쓴 것은 예외가 없지는 않겠지만 세계의 정치적 환경과 도덕적 삶, 그리고 문학예술을 전반적으로 지배하고 있는 도덕적 타락상 때문이었다. 나는 위대하고 단순하며 윤리적인 힘을 현세의 비참한 타락상에 대비시키고자 했다."**8**

부정적 방향의 의도—당대의 '비참한 타락상'과 싸우려는 의도—라는 점에서 슈티프터는 동시대의 위대한 프랑스인인 귀스타브 플로베르Gustave Flaubert 와 입장이 같다. 플로베르가 그의 통렬한 교양소설인『감정교육』을 쓴 것은 『늦여름』이 나온 지 고작 12년 뒤인 1869년이었다. 그러나 현대의 독자들은 이 두 작품이 사회역사적으로 100년 정도는 떨어져 있다고 느낄 것이다. 플로베르가 사회 현실과 맞서 투쟁하면서 택한 전략은 사회의 혼란스럽고 불안정한 움직임을 폭로할 뿐 아니라 이상주의 입장에서의 모든 저항을 그것이 타락시키는 양상을 보여주겠다는 것이었다. 주인공인 프레데릭 모로의 '교육' 은 환멸의 교육이다. 지적 지각知覺은 마음이 가진 것을 파괴한다. 경험 많은 오성悟性은 모든 이상이 무용지물임을 확인한다. 플로베르의 '리얼리즘'은 자신의 규범적 이상을 독자들에게 드러내지 않은 채 직접 사회를 묘사하는 방법으로 사회적 문제를 고발한다. 슈티프터의 전략은 그와 정반대다. 그는 묘사함으로써가 아니라 무시함으로써 당대 현실의 혼란상을 고발한다. 그는 금방 정체가 확인될 정도로 실제 모습에 가까운 사회적 재료를 가지고 질서 정연한 환경을 구축하며, 그 속에서는 내재하는 이상성이 주인공에게 서서히 확연하게 알려진다. 습관과 머리와 마음의 신중하고 너그러운 훈련에 의해 슈티프터의 주인공은 성숙한 인간으로 성장한다. 슈티프터의 '교양 있는 인간gebildeter Mensch'에게서 그렇듯이 그의 허구적 사회에서는 지성과 감수성, 진실과 선함이 플로베르 작품에서처럼 서로를 배척하지 않고 통합된다.

리얼리즘 소설은 성격과 환경의 통합을 둘러싸고 진행된다. 플로베르의 『감정교육』의 서두에서는 무모하고 몽상적인 아이인 프레데릭 모로에게서 나타나는 그 통합의 양상이 어렴풋이 그려진다. 막 출발할 찰나에 있는 센 강 증기선 한 척이 '엄청난 연기의 소용돌이'를 토해내는 동안 사람들이 서둘러, '숨도 못 쉴 정도로 급하게' 승선하면서 서로 부딪치고 있다. 사람들의 움직임은 화물과 온갖 방향으로 뻗어 있는 밧줄에 가로막힌다. "선원들은 누구의 물음에도 대답하지 않았다." 증기선이 출발하면서 그것이 대변하던 혼란스럽고 동적이며 상업적인 사회는 프레데릭 모로도 함께 휩쓸어갈 것이다. 그의 닻줄은 끊어지고 그는 자신을 추락시킬 환상과 사랑과 허울 좋은 예술과 부패한 정치의 세계에 몸을 담게 될 것이다. 절그렁거리는 소리로 시끄럽고 증기 기적이 울리는 증기선 위에서 그는 변화 중에 있는 움직이는 세계의 이러한 온갖 면모를 최초로 맞닥뜨리게 되는데, 이는 아주 적절한 설정이다. 짧고 속도감 있게 그려진 첫 두어 페이지에서 플로베르는 적응력 있고 낭만적인 프레데릭이 이미 현대 프랑스 환경의 강력하고도 미끌미끌한 촉수에 붙잡히고 그것의 틀 속에서 조련되고 있음을 보여준다.[9]

슈티프터도 플로베르 못지않게, 시대에 맞서 '위대하고 단순하며 윤리적인 힘'을 내세우기 위해 주인공과 환경을 통합했다. 『늦여름』의 1장에서 주인공인 하인리히 드렌도르프는 어린 시절에 받은 교육에 대한 자신의 긍정적인 반응을 이야기하는데, 슈티프터는 우월한 환경이 반영되도록 그 장의 제목을 '집(가족)'으로 정했다. 플로베르의 소설 서두에서와 같이 경제적 여건에 대한 서술이 나와 주인공이 성장할 사회적, 정신적 여건을 알려주는 기본 열쇠 역할을 한다. 동적이고 투기적이며 자본주의적인 사회를 상징하는 절그렁거리고 증기가 자욱한 플로베르의 센 강 증기선은 슈티프터의 소설에 나오는 하인리히의 아버지인 노老 드렌도르프의 차분한 가정이라는 환경과 대비된다. 이 가정에서는 구식의 상업적 기업과 강직한 가족생활이 엄숙하고 정의로운 가부장에 의해 행복하게 통합되어 있다. 플로베르의 증기선과는 정반대의 분위기다. 확고함, 안정성, 고요함, 질서정연함이 이곳 분위기의 특징이다. 사회적이고 물리적인 환경은 슈티프터의 주인공에게는 훌륭한 삶의 고치 같은 역할, 독자에게는 일종의 구체성을 띤 '복음의 준비' 역할을 해준다.

하인리히 드렌도르프는 묘비명에나 쓰일 만한 다음과 같은 말로 소설을 시작한다. "아버지는 상인이었다." 주거와 점포는 한 지붕 밑에 있었다. 점원들은 대가족의 일원으로서 주인의 식탁에서 함께 밥을 먹었다. 기업가로서의 노 드렌도르프의 행동을 지배하는 것은 가부장 윤리였다. 그 역도 똑같이 진실이었다. 드렌도르프가 준수하는 초기 자본주의적 윤리가 가부장적 권위를 실행하는 토대가 되었다. 그가 자신의 가족과 가정을 이끌어나가는 방식은 마치 수익과 검약과 단순성, 엄격한 개인적 책임의식이 경제활동에서의 주된 미덕이던 시절의 기업 운영 방식 같았다. 모든 사람은 가정 안에서 각자에게 지시된 임무를 맡았다. 시간과 공간은 모든 구성원이 특정한 기능을 수행할 수 있도록 엄밀하게 분류되고 조직되었다. 하인리히의 어머니는 온후한 성품의 선량한 사람이었으니 자녀들에게 더 자발적인 삶을 허용하고 싶어 했겠지만, "아버지에 대한 두려움 때문에" 가정의 주인이 부과하는 과제를 강요했다. 질서정연한 환경은 질서정연한 영혼을 기르는 열쇠였으며, 이 두 가지가 합쳐져 질서정연한 세계를 이룬다.

하인리히의 아버지는 자신의 인생관을 다음과 같은 원리로 요약했다. "모든 사물과 인간은 각기 하나의 존재밖에 될 수 없다. 하지만 철저하게 그 존재가 되어야 한다"는 것이다. 이 전문화의 원리를 토대로 하여 자녀들에게는 '엄밀한 정확성'의 정신이 되풀이해 가르쳐졌고, 그것은 개인적으로 성취된 삶으로 이어지는 성격 형성의 토대가 된다. 이 관점에서의 위대성이란 예외적이거나 비범함이 아니라 규칙적이고 완벽해지는 데 있었다.

아버지가 아들에게 거듭 가르치는 으뜸 덕목은 자제력과 자립성이었다. 비더마이어 시대라는 상황으로 이송된 부르주아의 고전적 덕성인 그것들을 슈티프터는 교양의 특징적인 핵심으로 여겼다. 로빈슨 크루소가 자기 아버지의 건전한 충고를 무시하다가 스스로가 말했듯이 '평생 동안의 비참함'을 통해 습득해야 했던 것이 바로 그 덕성이었다.[10]

드렌도르프는 아들로서의 헌신 때문에, 또 스스로도 기꺼이 아버지가 신봉한 가치를 받아들였지만, 그냥 자기 아버지의 자리에 들어서기만 한 것은 아니었다. 오히려 그는 더 포괄적인 자기 성취와 더 넓은 문화를 향한 준비를 스스로 갖추었다. 사실 슈티프터는 옛날식 부르주아들의 강직한 삶보다 더 나은 삶인 학문과 예술과 고급문화의 삶이 있다는 것을 보여주고 싶어했다. 하인리히는 자기 아버지를 능가하도록 장려되고 그렇게 훈련받았지만, 아버지로부터 물려받은 것의 거부가 아니라 그것을 토대삼아 그 위에 쌓아올림으로써 능가하려는 것이다.

『늦여름』은 19세기 중반의 오스트리아 부르주아 계급 안에서 세대가 엇갈리는 교차로에 위치한다. 아들들은 아버지로부터 세습 재산을 물려받을 것인가, 아니면 자기들만의 신세계를 창조할 것인가? 그런 질문이 존재한다는 사실 자체가 사회가 위기에 처했음을 암시한다. 1880년대까지는 그것이 화급한 이슈가 아니었으며, 그런 이슈가 되었을 때는 이미 고급문화의 본성과 기능에 대해서까지 의문이 제기되고 있었다. 온건한 방식이기는 했지만, 이 문제를 최초로 제기한 인물이 바로 슈티프터였다. 그는 유토피아적 요소와 현실적 요소가 여전히 만족스럽게 통합될 수 있다고 보는 시각에서 이 문제를 서술할 수 있었다.

드렌도르프 가족의 생활에서 지적 성장은 곧 사회적 신분 상승의 가능성을 의미했고, 교양은 부르주아적 덕성의 연장이었다. 노 드렌도르프는 공식교육을 받은 사람은 분명 아니지만, 지적 호기심이 대단했다. 그는 재산을 모을 때와 동일한 정신과 방식으로 문화를 습득했고, 이 소설의 저자는 그점에서 그를 존경한다. 따라서 드렌도르프는 혹시라도 사람들이 제본된 책의 금박 장식을 보고 허영심에서 나오는 과시라고 여길까봐, 책장 유리문을 초록색 천으로 가렸다. 형편이 나아져서 교외에 더 쾌적한 집을 구입하게 되자, 하인리히의 아버지는 고급문화를 추구하는 자신의 취향에 대한 엄격한 통제를 좀 느슨하게 풀어놓았다. 그는 커다란 서재를 만들었을 뿐만 아니라 (가족이 '낡고 음울한 시내 집'을 떠나게 되자 초록색 천은 망각 속에 묻혀버린 모양이다), 그림을 걸어두기 위한 방도 따로 마련했다. 19세기식 취미인 미술품 수집에 푹 빠진 그는 그림을 올려둔 채 연구하고 검토할 수 있도록 햇볕이 잘 드는 곳에 이젤을 세워두었다. 우리는 성 아우구스티누스의 공리公理인 "즐기기 위해서가 아니라 사용하기 위해"라는 말을 떠올리게 된다. 하인리히의 아버지는 예술을 기쁨의 근원이 아니라 과학과 아주 밀접한 것으로서 빛과 그늘에 대해, 휴식과 움직임에 대해 가르치는 교육적 수단으로 평가했다. 또한 그는 그림 컬렉션을 건전한 투자라는 관점에서도 소중히 여겼다. "그는 확실한 가치를 지닌 오래된 그림만 사들인다고 말했다. 그런 그림은 필요하면 언제라도 돈으로 바꿀 수 있다⋯⋯."**11**

도덕, 문화, 경제적 가치가 통합된 충만한 자의식의 소유자인 하인리히의 아버지는 창조주를 섬기는 문화적 속물의 충실하고도 완벽한 전형이었을 수도 있다. 하지만 슈티프터는 아버지를 그런 존재로 보지 않았다. 슈티프터는 그의 직계 후계자들과는 달리 산업사회 이전 부르주아들의 가치 복합체를 여전히 신뢰했고, 그들이 영위하는 훌륭한 삶의 사회적 토대가 얼마나 검소한지를 분명하게 밝히고 싶어했다. 다음 세대의 지식인들은 그것을 청교도적 억압성이라고 보게 되겠지만 슈티프터는 18세기의 도덕주의자들처럼 그것을 도덕성과 절제라고 여겼다. 그의 뒷사람들이 프티부르주아의 편협성이라고 볼 것을 그는 시민적 강직함이라고 여겼으며, 그들이 순응성이라고 할 것을 그는 견실함으로, 또 그들이 창백한 허약함이라고 할 것을 그는 명료성과 순수성이라고 보았다.

슈티프터가 드렌도르프 일가와 그것이 뿌리박고 있는 부르주아 사회 사이에 벌어진 균열을 그대로 내보인 것은 한 번뿐이다. 그 사건은 의미심장하게도 문화와 사회의 관계, 교양과 소유의 관계에 관련된 일이었다. 아버지가 붙여준 훌륭한 가정교사들의 지도로 재능을 꽃피운 하인리히는 과학자가 되도록 해달라고 청했다. 그 요청을 들어준 하인리히의 아버지는 '많은 사람'으로부터 날카로운 비판을 듣게 되었다. 그들은 그가 아들을 '시민사회에 쓸모 있는 자산이 되도록' 바쳤어야 했다고 주장했다. 그래야 그 아들이 '언젠가는 자신의 임무를 완수했음을 의식하면서 삶을 끝낼 수 있기' 때문이다. 하인리히의 아버지가 이 압력을 이겨낸 것은 과학이 쓸모 있는 업무임을 증명함으로써가 아니라 인간은 스스로를 위해 존재하는 것이지 사회를 위해 존재하는 것이 아니라는 원리를 천명함으로써였다. 그는 모든 사람은 신이 자신에게 내려준 내적 충동을 진정한 소명을 찾는 안내자로 삼고 따른다면 사회에 가장 잘 봉사할 수 있다는 신념으로 이 근본적인 개인주의를 지지했다. 이 일을 계기로 순수 과학을 탐구하려면 하인리히는 자신이 태어난 사회를 떠나고 자기 아버지의 문화를 넘어서야 함을 분명하게 깨달았다. 그의 요청을 지원해준 점에서 노 드렌도르프는 가부장으로서 지극히 모범적인 관대함을 보여줘, 그(하인리히)가 추구하는 부르주아적 독립성의 수준이 주류 부르주아적 규범이 될 수 있을 정도였다.[12]

슈티프터가 끼워넣은 이 일화는 줄거리에 별 부담을 주지 않지만(그의 미적지근한 산문은 그가 보여주는 인생들과 마찬가지로 항상 부드럽게 흘러간다) 그 의미가 중요하지 않은 것은 결코 아니다. 성인이 되었을 때 하인리히가 아버지와 반드시 결별해야 하는 것은 아니지만, 그렇다고 그가 성인이 된다는 것이 아버지의 직업으로 돌아간다는 뜻도 아니다. 아버지는 하인리히를 재정적으로 독립하도록 훈련시켰고, 뜻밖의 유산을 물려받은 덕분에 직업을 갖지 않고도 살 수 있을 경제적 토대가 다져졌다. 아들과 아버지를 계속 묶어두는 것은 혈연적인 존경심뿐이었다. 금리생활자이자 과학적 지식인으로서 하인리히는 구식의 상인계급적 환경을 건너뛰고 세기 중반의 오스트리아 중산계급 유토피아로 들어갈 준비가 되어 있었다.

하인리히는 "어렸을 때도 나는 사물의 실제 모습reality에 아주 친숙했다"고 말한다. 그가 과학자로 성장하는 과정을 보면 '사물'의 세부적인 사항에 대한 정확한 관찰로부터 자연의 포괄적인 묘사로 발전한다. 슈티프터가 묘사하는 과학적 연구는 본질적으로 분류학이었다. 저자가 이를 확연히 알아차리지는 못하지만, 드렌도르프 가정을 지배하던 까다롭기 그지없는 질서정연함의 정신이 하인리히의 연구에서 다시 등장했다. 그는 식물학과 광물학 표본을 수집했고, 각 표본을 본성에 따라 '엄격하고 정확하게' 묘사했으며 '더욱 복잡하고 질서정연한 묘사로 나아갔다.'[13] 수집과 치밀한 정리에 대한 프티부르주아적 열성이 이리하여 지적 영역으로 승격되고 자연의 이해에 적용되었다. 하인리히는 '극히 다양한 장소로부터 수많은 작은 사물의 수집을 통해 크고 숭고한 전체로' 자신을 확장할 수 있었다.[●14] 신이 거주하는 자연의 집은 검소하고 질서정연한 드렌도르프 가정의 이상적인 확대판처럼 보이기도 한다.

하인리히는 과학을 통해 도시의 좁은 환경을 넘어 더 넓은 영역으로 나아갔다. 그의 성장 여정의 둘째 단계는 유랑하는 박물학자로 시작되며, 신의 광대한 창조물이 지닌 아름다움을 처음으로 느끼게 되는 시골로 그를 데려간다. 그는 과학자로서 자연의 내적 구조를 연구했지만, 자연의 외적 형태를

● 전통적 오스트리아식 세계관에 들어 있는 유달리 철학적인 성격은 현실세계 속에 정신이 편재한다는 점을 강조하며, 독일 철학의 관념론이 주장하는 이원론에 반대한다. 이런 점은 *La réalité, royaume de Dieu, études sur l'originalité du théâtre viennois dans la première moitié du XIXe siècle*(Munich, 1965)에서 로저 바우어에 의해 탁월하게 조사되었다. 슈티프터가 이런 세계관을 받아들인 것은 그 세계관의 주요 지지자인 그의 베네딕트 수도회 출신 교사들에게서였다.

바라보다가 예술에 눈을 뜨게 된다.

매인 데 없는 자연학자로서의 삶 덕분에 하인리히에게는 교육의 세 번째이자 가장 중요한 단계가 마련된다. 그것은 시골의 신사로서의 완벽한 삶 속에서 이뤄지는 '자연'과 '문화'의 통합이었다. 『늦여름』은 모범적인 농촌의 장원 속에서 펼쳐지는 이 생활의 묘사에 대부분의 지면을 할애한다. 사실 그 장원인 로젠하우스Rosenhaus는 슈티프터의 사회적 이상의 핵심적 상징, 되찾은 낙원이다.

폭풍우가 곧 몰아치려 하자 하인리히는 피할 곳을 찾다가 로젠하우스를 발견한다(삶에서 혼란을 없애는 것이 슈티프터의 방식이므로, 그 폭풍우는 실제로는 결코 일어나지 않는다). 그는 검은 구름 아래의 언덕 높은 곳에서 빛나고 있는 이 집을 보고 마치 마법에 걸린 성에 가까이 가는 낭만주의의 방랑자처럼 그곳으로 다가간다. 이 집은 장미에 뒤덮여 있다. 그 장미는 "모두 한꺼번에 만개하자고 서로 약속이나 한 듯했다. 그 집을 가장 아름다운 색조의 의상과 향기로운 꽃내음의 구름으로 칭칭 휘감기 위해서 말이다."15 슈티프터든 그의 흠잡을 데 없이 지적인 주인공이든, 우리를 이 아름다움의 주문에 묶여 오래 머뭇거리게 내버려두지 않는다. 낭만주의 환상은 깨지는 것이 아니라 설명된다. 하인리히는 신속하고 냉정하게 마법적 효과의 본색을 꿰뚫어보고, 그것이 교묘한 원예술이라는 인간 근면함의 승리임을 밝혀낸다. 그 꽃의 그물은 꽃이 단단하고 빈틈없이 덩어리지도록 꼼꼼하게 덩굴줄기를 땋아 올리고 다양한 높이로 층을 이루도록 가꾸며 가지를 자르고 다듬은 산물이다. 순진무구한 자연의 힘이 과학적인 관리에 의해 조직되어 인간 정신이 만개하도록 아름다움의 장면을 창조해낸 것이다.

로젠하우스와 그곳의 이상적인 생활은 19세기 중반의 오스트리아가 본 교양의 지적 내용과 사회학적 자산에 관련된 많은 사실을 알려준다. 사회학적으로 보면 로젠하우스는 하인리히의 출신보다 더 높은 사회적 계층의 삶을 대표한다. 그 소유주인 프라이어 폰 리자흐—하인리히의 조언자이자 대리 아버지 같은 존재가 되는—는 교양 있는 귀족이긴 하나 세습 귀족은 아니다. 가난한 농민 가족에서 태어난 리자흐는 성장하면서 오스트리아 평민이 명성을 얻을 수 있는 가장 흔한 경로를 거쳐 명성을 획득했다. 군주제가 끝날 때까지 계속해서 사회적으로 높은 신분을 부여하는 경로이던 관료가 된 것이다.[•] 직업생활을 해나가면서 귀족 작위뿐만 아니라 주군의 우정까지도 얻었지만, 리자흐는 정치와 권력에 등을 돌렸다. 그는 시골에 장원을 구입하고 물러나서 자신의 이해력을 더욱 살찌우고, 배울 뜻이 있는 사람들에게는 완벽하고 조화롭게 살아가는 공식을 가르쳐주면서, 스스로 한정한 영토 안에서 명상하고 활동하는 삶을 영위했다. 리자흐와 로젠하우스의 이상은 그 어떤 '지배의 리비도'도 미치지 못하는 정신적 귀족의 이상이었으며, 그런 사람들은 부르주아의 과학적, 윤리적, 심미적 문화로 전통적인 농촌 귀족의 생활을 고양시킬 수 있는 것이다.

리자흐는 대니얼 디포Daniel Defoe와 같은 실용적 신중성과 요한 빙켈만의 고전적 숭고함을 혼합한 원리에 입각해 자신의 유토피아적 장원을 경영했다. 그는 자연과 문화를 하나의 연속체로 통합했다. 이 통합의 중심 상징물인 로젠하우스의 정원은 그저 단순히 미적 효과만을 목적으로 설계된 것이 아니다. 도시민들이 쓸모없는 잡초나 기껏해야 장식용 과일만 길러내는 덤불을

[•] 후고 폰 호프만슈탈은 마리아 테레지아 여제 때의 요제프 존넨펠스Josef Sonnenfels와, 프란츠 1세 때의 퀴베크Kübeck 남작이 슈티프터가 염두에 두었던 사회적 유형의 계몽된 관료 정치가의 원형이라고 지적했다. 그런 사람들은 모두 "위대한 고지에 도달했지만, 등산가는 아닌" 사람들로 여겨진다. "Stifters 'Nachsommer'", Hugo von Hoffmannsthal, *Selected Essays*, ed. Mary Gilbert(Oxford, 1955), pp. 58~59.

기르는 시골 별장의 정원과는 달리 리자흐의 정원은 꽃과 야채를 뒤섞어 가정적인 분위기와 쓸모를 만들어냈다.[16] 자연은 과학에 의해 완성되어 예술이 되었다. 잡초와 곤충이 쫓겨난 로젠하우스 정원은 깨끗하고도 깨끗하게 만개했다. 그러므로 리자흐의 장원은 쾌락을 추구하는 호모 루덴스homo ludens를 위해 만들어진 낙원이 결코 아니었다. '생산하는 자연nature naturante, 能産的 自然'은 아담이 에덴에서 완수해야 하는 임무인 '낙원을 치장하고 관리한다'는 신의 의도에 맞게 다듬어지고 완벽해졌다. 쓸모와 아름다움은 자연의 하사품을 활성화하겠다는 인간의 자의식과 절도 있는 노력의 산물이다.

로젠하우스의 주인은 정원을 인간의 교화에 더 유익한 자연의 아름다움을 끌어내는 곳으로 가꾸면서, 자신의 집은 인간 정신의 만개를 위한 무대로 설계했다. 로젠하우스는 질서 있고 정화된 삶과 감정의 조화로운 처리가 가능한 곳이다. 그곳의 정원이 문화에 의해 변형된 자연의 한 예라면, 실내는 자연에 의해 생명을 얻는 문화를 보여준다. 건물의 디자인과 장식에 그것을 떠받쳐주는 자연의 존재감이 물리적으로 융합되어 있다. 리자흐는 실내와 바깥을 사실 거의 일본식으로 상호 침투시켰다. 커다란 미닫이 창문을 열면 새와 꽃이 보이는 즐거운 경치가 눈에 들어온다. 실크 차양막을 통해 맑은 공기가 거실에서 순환하여 '마치 조용한 숲속에' 있는 듯했다. 계단실 위의 천정에 나 있는 거대한 천창을 통해 자연광이 들어와 그리스 조각상을 빛내주었다. 리자흐는 그 지역에서 나는 재목과 대리석(물론 최고급의 재료만)을 써서, 빙켈만이라면 '고귀한 단순성과 조용한 장엄함'이라고 불렀을 법한 분위기를 조성했다.

로젠하우스 문화에서 보이는 두 번째로 주목할 만한 특징은 그 주인이 과거에 바치는 열정이다. 로젠하우스를 꾸미기 위해 리자흐는 고가구와 예술품을 시간의 폭력으로부터 구조해오는 작업장을 운영했다. 복원과 회복에 바치는 리자흐의 열성은 창조나 발견에 대한 사랑보다 훨씬 더 컸다. 이상적인 삶은 자연스러움이 초래할 위험을 무릅쓸 여유가 없다. 이상적인 감정은 죽은 이들의 작품을 양식으로 삼아야 한다. 리자흐에게서 시간은 진보주의자들의 신념처럼 우리를 앞으로 전진시키는 것이 아니라 한순간에 휩쓸어버릴 수 있는 적이었다. 따라서 리자흐는 실용적인 면에서든 이상적인 면에서든 과거를 살아남게 하는 일에 헌신했다. 예술과 수공업, 예술과 기술의 경계는 거의 존재하지 않는다. 리자흐는 오래된 중고품에서 '과거와 사라진 전성기의 매력'을 찾아낸다. 그는 그것을 다시 포착하려고 한다. 우리는 "(오래된 가정용품과 가구를) 퇴락으로부터 붙잡아 와서 다시 조립하고 청소하고 윤을 내 가정에서 다시 사용하도록 복원할 수 있다."[17] 리자흐는(슈티프터 자신이 그랬듯이) 순수예술 작품도 동일하게 처리해, 그리스 조각상이나 고딕 교회 미술품에서 후세의 덧칠—특히 초프차이트 시대Zopfzeit(돼지 꼬리의 시대), 즉 변덕스러운 18세기의 것—을 지워내고 정신을 함양할 수 있는 작품을 정화하고 복원한다. 그는 정원에서 건강한 식물을 위해 병약한 식물을 뽑아낸다. 집과 문화 모두에서 그는 유지를 위한 열정을 보여주지만, 의미심장하게도, 성장을 위한 열정은 거기에 없다.

사라진 과거가 이뤄놓은 도덕적–심미적 성취에 대한 주인의 경건한 태도 덕분에 로젠하우스는 박물관 같은 곳이 되었다. 세기 중반의 교육받은 중산계급에서 교양이 행하는 기능과 본성은 바로 이러한 성격에 초점을 맞춘다. 부분적으로는 의식하고 있었지만, 또 부분적으로는 미처 깨닫지 못한 채, 슈티프터는 여기서 자신의 유토피아적 이상이 갖는 사회적 내용과 문제성 있는 성격을 드러냈다. 로젠하우스는 개인 박물관으로서 세 가지 면모를 보여준다. 프티부르주아의 알뜰함을 심미적 근면성으로 바꾸어놓은 것, 종교 대신 예술이 인생 최고 의미의 원천이라는 자리에 오르는 것, 사회적 유동성과 문화적 학식이 단일하고 보편적이며 윤리적인 문화가 갖는 민주적 이상을 파괴하려는 쪽으로 나아가는 추세가 그것이다.

이 세 특징 가운데 첫 번째 특징은 로젠하우스와 그 속에 담긴 내용을 유지하려는 리자흐의 열정에서 드러난다. 그는 부유한 주인이지만, 관리자로서 그가 보이는 열성은 노 드렌도르프가 보이는 끈질긴 질서정연함과 성격이 같다. 리자흐 자신이 작업장에서 가구 복원을 감독했다. 조각나무로 세공된 마룻바닥에 흠집을 내지 않도록 사람들은 펠트 실내화를 신어야 했다. 책 한 권이라도 케이스에서 빠져나와 있으면 안 된다. 이런 식으로, 로젠하우스의 고전적 순수성은 오직 프티부르주아적 청결성의 좀더 고상한 형태로만 나타난다. 교양 수준의 차이를 무시하고 말한다면, 이런 탐미주의자의 순수함은 은연중에 가정주부의 강박적 질서정연함과 유사해 보인다. 상인인 드렌도르프에게서 낭비와 쓸모없음이 갖는 의미는 신흥 귀족인 리자흐에게서 아름다운 것들의 남용과 과거의 보물의 상실이 지니는 의미와 동일하다. 재산과 예술 작품은 둘 다 힘겹게 획득된 것이므로, 인간들의 부주의함과 시간이 가하는 침식의 부담으로부터 보호받을 가치가 있다. 미적 문화를 획득한 유산자有産者는 창조자가 아니라 큐레이터가 되었다.

로젠하우스 그 자체가 하나의 예술 작품이며, 삶의 예술을 극화하기에 이상적인 무대다. 하인리히가 그 본성을 감식할 수 있었던 것은 이제까지 받은 교육 과정에서 구축한 지적-과학적 세계관과 도덕적 기반이 궁극적으로 예술로 표현되는 완벽한 정신적 삶에 들어갈 수 있도록 단련되었기 때문이었다. 그도 로젠하우스에서는 모든 요소가 저마다 독자적이며 자기주장을 하면서도 하나의 단일한, 조화로운 전체를 이룬다는 것을 금세 깨닫지는 못했다. 하인리히는 리자흐의 최고 소장품인 등신대의 그리스 조각상이 주는 감동을 마침내 느끼고 이해하게 되었을 때에야 배움의 과정을 마친다. 그 조각상은 로젠하우스가 나타내고 있는 통합하고 승화하며 절도 있게 만드는 예술의 기능을 상징한다. 그 조각상의 위험스러운 예속물인 나체 여성 형상까지도 휴식Ruhe의 표현이다. "모든 부분을 다측면적으로 짜맞춰 하나의 전체로 이루는 것…… 그 속에서 행동(하고자 하는 충동)이나 감정이 제아무리 강력하게 불타오른다 하더라도 (…) 질서를 부여하는 시각이 더 (우월하다)."[18] 인간의 심미적 힘이 그를 신의 창조성과 결합시킨다. 그것으로 인해 그는 움직이거나 열정에 빠져 있는 와중에도, 우리를 그토록 매혹시키는 절도와 질서를 인지한다. 예술은 종교가 과거에 그러했듯이, 마음만이 아니라 영혼에 세계를 제시하는 것이므로 교양의 최고 단계를 표현한다. 과학자는 사물세계의 이성적 구조를 이해할 수 있지만, 그것을 형태를 갖춘 감정으로 이해할 수 있는 이는 예술가뿐이다. 하인리히가 신의 우주를 심미적으로 감식할 수 있는 단계에 마침내 도달했을 때 그는 성인의 사랑의 세계에 들어갈 준비가 되었다. 그의 아버지는 올바른 윤리적 행동 규범으로 그의 감정을 훈련시켰고, 리자흐는 그것을 예술로써 계발하고 승화시켰다. 여기서도 예술은 한때 종교가 수행하던 과업인, 열정의 물꼬를 터주고 감정을 정련시키는 임무를 떠맡았다. 예술이라는 길을 통해 사랑—과 결혼—에 도달한 하인리히는 열정으로 인한 고통과 무질서를 감내해야 할 필요가 전혀 없었다.

리자흐는 질서 있는 삶을 구축하기 위해 로젠하우스의 원예술과 미학적 업무에 눈길을 돌렸다. 소설이 끝날 때쯤에야 우리는 로젠하우스에서 영위되는 리자흐의 이상적 생활 배후에는 예전의 무질서와 슬픔의 삶이 놓여 있음을 알게 된다. 그는 사랑의 열정의 폭풍으로 거의 파멸할 뻔했고, 공공 업무를 통해 정치세계에 질서를 부여하고자 했던 시도에서는 좌절감만 맛보았다. 리자흐가 로젠하우스에 쌓아올린 질서정연한 이상은 하나의 의도적인 예술 작품이며, 그 이상적인 문화는 슈티프터보다 더 현학적인 동시대인 샤를 보들레르의 금언 가운데 하나인 "예술은 무덤의 공포를 은폐하는 것 중 최고다"라는 말을 떠올리게 한다.[19]

리자흐가 예전에 겪은 직접적인 삶의 경험과 그가 추구하는 문화 사이의 관계뿐만 아니라 그의 문화가 담고 있는 내용도 진실로 '늦여름'이라 불릴 수 있다. 왜냐하면 그것은 모두 슈티프터가 그것들을 가지고 자신의 유토피아 문화를 구축해가는 와중에도 생명이 사라지고 있는 과거의 요소들로 구성되어 있기 때문이다. 단순하고 부르주아적인 비더마이어 윤리, 자족적이고 농촌 귀족적인 경제 단위, 정화된 그리스적·중세적인 예술의 이상, 사회의 우선적 단위로서의 가족이라는 개념이 그러한 과거적 요소들이다. 슈티프터는 리자흐의 늦여름이 마치 하인리히 드렌도르프의 봄인 것처럼 표현했다. 하지만 역사는 그의 주장을 인정하지 않았다. 사회적 은둔과 문화적 과거지향성 위에 세워진 교양이라는 슈티프터의 이상은 금세 무능함을 드러내서 19세기 후반의 사회를 위한 유토피아적 전망의 구실조차 하지 못한다.

그러나 슈티프터의 성공 여부를 판단할 공정한 기준은 그의 유토피아적 이상이 궁극적으로 생명력을 지녔는가 하는 데 있지 않다. 그보다는 슈티프터가 스스로 내세운 목표를 달성했는지 물어보기로 하자. 그 목표란 당시의 '비참한 타락에 맞서는 위대하고 단순하며 윤리적인 힘을 확립하는 일'이었다. 주인공의 교양—도덕, 과학, 예술적 교양의 차례로—의 발전 과정에 초점을 맞춰 관찰한다면 슈티프터가 완벽하게 윤리적이며 교양 있고 세련된 삶에서 개인적 성취를 이룬 모델을 제시한 것은 분명하다. 하지만 이 교양의 길과 사회 구조와의 관계로 눈을 돌려본다면 '단순하고 윤리적인 힘'은 쇠약해진, 아니 심각하게 문제가 있는 힘이 된다. 하인리히가 이상으로 나아가는 길은 한편으로는 사회의 유동성을 함축하고 있지만 다른 한편으로는 사회적 은둔을 의미한다. 하인리히는 사회적으로나 문화적으로 현대의 도시사회를 넘어 성장하기는커녕 그 사회의 모델도 되지 못한다. 그는 순진무구하기는 했으나 빈 부르주아적 배경에서 출발해 귀족적 삶의 방식을 향해 상승한다. 그가 자기 아버지와의 연대를 그대로 유지할 수 있었던 것은 더 높은 사회적 신분에 들어가면서도 자신의 부르주아적 도덕성을 그대로 지니고 있었기 때문이다. 그의 대리 아버지인 리자흐는 사회적 은둔 원리의 화신이며, 작가의 원래 의도는 그렇지 않았다 해도 우리가 볼 때는 슈티프터가 말하는 진정으로 순수한 고급문화가 바로 그런 원리라고 느껴진다. 리자흐는 정치와 열정이 지배하는 사회를 떠났기 때문이다. 그는 자신의 이상적인 시골 영지라는 질서정연한 영역에서 윤리와 과학과 예술의 통합을 성취할 수 있었으며, 이 세 가지 모두를 자신의 정원을 가꾸는 데 쏟아부었다. 뿐만 아니라 리얼리스트인 슈티프터가 유토피아에 필요한 것으로 제시한 사회적 전제조건 때문에 그것을 모델로 받아들일 수 있는 사람들의 범위는 급격히 제한된다. 슈티프터가 소설의 무수한 문장에서 밝혔듯이, 로젠하우스라는 아르카디아는 재산이 있는 사람에게만 개방되어 있다. 교양은 부富에 근거하고 있다. 예상치 않게 물려받은 유산과 신중한 생활 습관 덕분에 하인리히는 자기 아버지가 속한 일상적 노동의 세계로부터 유사귀족계급인 리자흐의 천국으로 통하는 사다리를 오를 수 있었다. 그곳에서는 고급 생활을 영위하기 위해 반드시 여가가 필요했으며, 노동은 자기완성의 수단일 뿐이다. 학술적 문화로 이뤄지는 고급 생활 자체가 엘리트, 즉 유산 엘리트 계층에만 어울린다. 무산자와 유산자 엘리트가 격리되는 사태를 슈티프터가 그토록 두려워하고 개탄했지만 말이다.

슈티프터가 한 일은 부지불식간에 교육받은 자와 교육받지 못한 자 사이의 간격이 더 넓어질 수밖에 없는 유토피아를 설정하는 데에만 그치지 않았다. 그의 사회적 리얼리즘은 자신의 유토피아적 의도를 넘어가서 황금 단지에 있는 균열선을 노출시켰다. 그 자신의 말에 따르면, 더 고급의 문화로 나아가기 위해서는 사회 구조의 균열이 더 깊어지는 대가를 치러야 한다는 것이다. 단순하고 강직한 드렌도르프 가정으로부터 로젠하우스의 세련된 분위기로 옮겨가면 주인과 예속민 사이의 관계는 더 나빠진다. 구식 부르주아인 노 드렌도르프의 가정에서는 노동과 임무의 윤리가 고용주와 노동자에게 똑같이 적용되었다. 양편 모두 가족 단위와 경제 단위가 통합된 속에서 상대방에게 봉사했다. 그러나 로젠하우스의 더 수준 높은 환경에 이르면, 주인은 본인 잘못 때문은 아니지만 하인 대부분을 불신하게 되고, 그들을 지적으로 경멸하며 모든 사회적 통합 노력을 가망 없는 것으로 본다. 드렌도르프의 가정에서는 고용인이 가족과 함께 식사하는데, 로젠하우스에서 주인은 혼자, 또는 사회적 신분이 동등한 이들과 식사한다. 한번은 리자흐가 하인들과 함께 식사한 적이 있다. 그렇게 하면 그들의 사기가 올라가고 자신들의 일을 더 좋아하게 될 것이라고 믿었기 때문이다. 하지만 그는 그 관행을 포기했다. "소위 교양 있는 자와 교양 없는 자들 간의 간극이 더 넓어졌기" 때문이다. 리자흐는 일단 주인과 하인의 '자연적인' 관계가 사라지고 나면 그것을 복원하려고 시도해봤자 노동자들이 자유를 잃을 뿐이라고 결론지었다.[20] 그의 불만이 무엇이었든 간에, 리자흐는 자신에게 고용된 사람 대부분을 경멸했다. 그는 정원사가 날씨에 맞춰 식물에 물을 주는 방법도 제대로 배우지 못한다고 보았고, 그들에게 직접 지시를 내리고 말을 듣지 않으면 해고하겠다고 위협하면서 작업을 통제했다. 가구 복원가들을 엄격한 가부장적 방식으로 다스렸고 그가 설정한 공예 기술의 수준이 지나치게 높다보니 리자흐의 고용인들은 이따금 대폭 교체된다.[21] 지금 생각해보면 그것은 당시 노동자들에게 과거의 수공업 방식이 생소했기 때문이었던 듯하다. 슈티프터에게서 노동자는 전반적으로 리자흐가 자신의 복원 작업에 필요하다고 보는 도덕적이고 기술적인 문화에 둔감한 사람들로 그려진다. 슈티프터는 이렇게 유산자가 자신들의 문화적 이상을 실현하기 위해 전진하면 할수록 사회 구조가 더 근본적으로 계층화되고 통합성이 더 떨어진다는 것을 보여주었다.

하인리히는 교양의 길을 거친 결과, 결실이 풍부한 개인적 삶을 영위할 인품과 알뜰함과 문화를 갖추게 되었다. 그러나 그것은 슈티프터가 자신이 그린 사회에게 제공하기로 작정한 것, 즉 그 시대에 맞고 사용 가능한 유토피아 모델을 제공해주지는 못했다. 『늦여름』은 예술과 과학과 윤리의 통합을 다시 천명하면서, 자기 수양을 목표로 삼아 세 가지 모두를 내면화시켰다. 그것은 당대의 사회적 행동의 무대를 떠나 이상화된 농촌 귀족적인 과거를 찾아 나섰다. 슈티프터는 사회적 은둔 및 궁극적으로 스스로가 갖고 있는 구원적 의도와는 양립 불가능한 문화적 엘리트주의를 함축하는 삶의 이상을 상상했다. 높은 교양과 침착하고 숭고한 인품의 소유자라는 그의 이상적 인간형이 다음 세대에서 실제로 하나의 사회적 유형으로 구현되는 한, 그 이상에 집착하는 사람들은 사회적 행동에 참여할 수 없다는 사실이 밝혀졌다. 고급문화를 누리는 사람은 슈티프터가 별로 낙관할 수 없는 현재에 질서를 복원하기 위해 사라지는 과거로부터 구해내고자 했던 심리적 안정성과 윤리적 책임성과 모든 사물의 상호 의존성에 대한 감각을 잃게 된다. 슈티프터는 맞서 싸우기가 그토록 어렵다고 느꼈던 강력한 사회 현실은 언젠가는 로젠하우스의 완강한 방어막을 뚫고 들어올 것이고 그가 그토록 매혹적이며 안정된 문장으로 스케치해놓은 문화적 이상을 훼손할 것이다.

2

오스트리아의 상류 중산계급이 19세기 중반에 누린 역사적 행운은 저절로 굴러들어온 성공과 억울한 실패의 기묘한 복합물이었다. 1848년 혁명에서 패배한 이후, 독일계 오스트리아 시민들은 경제적, 지적 영역에서 서서히 힘을 길렀지만 그들의 정치적 성장은 자체적인 역량 덕분이라기보다는 1860년과 1867년에 이탈리아와 프러시아에 의해 절대주의 체제가 패배한 탓이 더 크다. 지배자인 귀족계급을 완전히 대체하지도 못하고 그들과 성공적으로 융합하지도 못한 중산계급 상류층은 그들과 화해하는 방법을 특히 문화에서 찾았다. 우리는 앞의 2장에서 1860년 이후에 링슈트라세를 건설할 때 자유주의자들이 기념비적 건축물에 자신들의 세속적 반문화의 가치를 투사해, 종교적-귀족계급적 질서의 교회와 궁전을 갈아치우지는 못하더라도 그것과 경쟁시키던 것을 보았다. 의사당 건물과 시청사가 전제적 권력에 대한 법의 승리를 선언했다면 대학, 박물관, 극장, 무엇보다도 오페라 극장과 같은 일련의 건축물은 자유주의 오스트리아 교양의 이상Bildungsideal을 표현했다. 예전에는 저택에 갇혀 있던 문화가 슈티프터라면 진심으로 찬동했을 법한 방식으로 시장거리로 쏟아져 나오고 모든 이에게 개방되었다. 예술은 더 이상 귀족적 장엄함이나 교회적 허세의 표현으로만 쓰이지 않았다. 그것은 계몽된 시민들의 장식이자 공동체의 자산이 되었다. 그리하여 링슈트라세는 오스트리아가 전제주의와 종교를 입헌정치와 세속적 문화로 교체했다는 사실을 증명하는 육중한 증거물이 되었다.

자유주의 오스트리아의 공적인 에토스 영역에서 교양에 부여되는 높은 평점은 사적 영역에도 깊이 파고들었다. 과학적, 역사적 계몽은 진보로 나아가는 열쇠라는 사회적 효용성으로 인해 귀중하게 여겨졌다. 한편 예술도 이

성적 지식과 거의 같은 정도로 중요시되었다. 부르주아 가치 기준의 척도에서 예술이 왜 그렇게 높은 위치에 있는지는 그 지지자들에게도 분명치 않았다. 원래 예술은 사회적 지위와 밀접하게 연계되는 것이다. 표현예술—음악, 연극, 건축—이 가톨릭 귀족계급 전통에서 핵심적 위치를 차지하고 있던 오스트리아에서는 특히 그러했다. 족보 있는 귀족층으로 들어가는 길은 대부분의 사람에게 막혀 있지만, 정신적 귀족은 열성적이며 능력 있고 의사가 있는 사람에게는 열려 있었다. 박물관과 극장은 신참자를 낮은 출신 계급으로부터 구해낼 수 있는 문화를 모든 이에게 제공해줄 수 있었다. 학문적 문화는 슈티프터의 하인리히에게 그랬듯이 개인적 발전의 대로일 뿐만 아니라 하급의 생활 스타일과 고급 스타일을 이어주는 다리 구실도 했다. 사회학적으로, 문화의 민주화란 중산계급의 귀족화를 의미한다. 예술이 그토록 중심적인 사회 기능을 수행한다는 사실은 예술 자체의 발전에 극히 광범위한 영향을 미쳤다.

오스트리아의 경제가 성장한 결과, 더 많은 가정에 귀족적 생활 스타일을 추구할 기반이 마련되었다. 부유한 시민이나 성공한 관료들 가운데 많은 수는 슈티프터의 소설 속 인물인 프라이허 폰 리자흐처럼 귀족 작위를 얻었으며, 도시나 근교에 박물관 비슷한 저택인 변종 로젠하우스들을 다양하게 세우고, 그곳을 중심으로 활발한 사교생활을 누렸다. 신흥 엘리트의 살롱과 저녁 모임에서는 품위 있는 매너뿐만 아니라 지성적인 내용도 다듬어졌다. 그릴파르처Grillparzer 시대에서 호프만슈탈의 시대에 이르기까지 뒤로 갈수록 시인과 교수, 공연예술가들이 귀빈 대접, 사실은 남녀 주인이 낡아온 최고의 수확물 대접을 받게 되었다. 나폴레옹 3세 치하의 프랑스 제국에서는 아주 현저하게 나타났던 부르주아와 예술가들이 내세우는 가치의 균열도 프란츠 요제프의 제국에서는 살짝 암시되기만 할 뿐이었다. 전문 직업인—정치인과 경제인—이 지식인이나 예술가들과 자유롭게 어울릴 뿐만 아니라, 한 가정에서 두 종류의 인간이 다 배출되기도 했다. 따라서 엑스너 가문은 관료이기도 했고 교수이기도 했다. 토데스코 가문과 곰페르츠 가문에서는 은행가와 화가와 학자가 배출되었다. 신흥 부자와 인텔리 사이의 결혼을 통해 전자는 높은 문화적 지위를 얻었고 후자는 확실한 경제적 지원을 얻었다. (수염을 기르고 당당한 체구를 가진 철학자인 프란츠 브렌타노)가 부유한 유대인 여성인 이다 리벤에게 청혼을 하자 교양 계급의 몇몇 익살꾼은 "비잔틴 예수가 (…) 황금의 배경을 찾고 있구나"라고 말했다.[22] 이렇게 하여 자유주의가 주도권을 잡았던 짧은 시기에 교양과 부의 통합은 놀랄 만큼 구체적인 사회 현실이 되었다. 행동과 성찰, 정치와 경제, 과학과 예술, 이 모든 것이 현재 안정적인 생활을 누리며 자기들이 지지하는 인류의 미래를 확신하는 사회적 계층의 가치 체계 속에서 통합되었다. 새로운 도시계획에서, 살롱의 생활에서, 가족의 에토스에서, 모든 곳에서 희망에 찬 합리주의적 자유주의의 통합적 신조가 구체적으로 표현되었다.

우리의 가장 중요한 관심사인 예술은 이 문화에서 중심으로서의 비중을 더 크게 차지했다. 그것이 중산계급의 에토스에서 수행하는 기능이 모호하다는 점은 이미 슬쩍 언급한 바 있다. 슈티프터에게서 예술은 형이상학적 진리의 담지자이자 개인적 열정을 정련하는 곳이었다. 더 일상적이고 흔해빠진 자유주의 문화에서는 예술이 사회를 위한 이상의 표현이며 개인에게 품위를 부여하는 도구로 간주되었다. 예술의 이 두 가지 기능—사회적 기능과 개인적 기능—은 얼마 안 가서 근본적인 정치적, 사회적 변화 앞에서 갈라서게 되지만 그때는 이미 한 세대에 걸쳐 예술의 가치를 느끼는 감각이 상류 부르주아 계층의 자녀들에게 깊이 주입된 뒤였다.

19세기 중반에 엄숙한 정직성과 경제적 성공의 멋진 신세계를 만들어낸 아버지들은 이제 자기들 삶을 장식해줄 품위를 갈망했다.

아담이 땅을 파고 이브가 실을 자을 때,
그때 누가 신사였던가?

이것은 그 계급의 신참자^{arrivé} 전체에게 아이러니컬하게 해당되는 질문이
지만, 관능적 매력을 지닌 개인적 스타일, 가시적 우아함, 연극적·음악적 문
화가 사회적 신분의 확실한 표지 역할을 하는 수도 빈의 부르주아들에게는
특히 그러했다. 부르크 극장이나 오페라 극장에서의 공연이 세련된 대화의
주제가 되는 곳—영국에서라면 이런 대화의 주제는 주로 정치적 논평이었을
것이다—이었으니, 아버지들이 일찍부터 자녀에게 심미적 문화를 소개하는
것이 이상할 까닭이 없었다. 대략 1860년대부터 그 뒤의 두 세대 동안, 부유
한 가정의 자녀들은 새로운 링슈트라세의 박물관과 극장, 연주회장에서 자
랐다. 그들은 심미적 문화를 자기 아버지들처럼 삶의 장식물이나 신분의 표
시로서가 아니라 숨 쉬는 공기처럼 습득했다.

아버지들은 슈티프터의 하인리히 드렌도르프처럼 소명의식에 입각해 교
육받은 데 비해 자녀들은 고급문화를 그것 자체로 받아들이도록 양육되었
다. 빈의 지적 사교계에서 가장 부유한 가문 가운데 하나인 베르트하임슈타
인 가문의 두 자녀는 개인 교습을 받아 화가가 되었고, 이 멜랑콜리한 신경
증 환자들의 '예술가적 본성'은 대중적 관심의 대상이 되었다.²³ 그 딸이 전하
는 말에 따르면, 위대한 정신과 의사인 테오도어 마이네르트^{Theodor Meynert}
는 "마치 여러 세대에 걸쳐 전해진 그 모든 재능과 성향이 아버지에게서 잉
태되었고 (…) 이제 그 아들에게서 활발하게 터져나오기라도 하는 것처럼" 아
들에게 화가가 되라고 격려했다고 전한다.²⁴ 위대한 병리학자인 카를 폰 로키

탄스키Carl von Rokitansky는 네 아들이 각각 성악과 의학을 직업으로 택했음을 자랑하면서 아버지로서 영광의 꿈이 이뤄졌다고 느꼈다. "두 명은 고함지르고 두 명은 고친다네."**25**

오스트리아의 가정이 젊은이들에게 심어준 예술에 대한 열정은 김나지움과 대학에서 만난 동년배 그룹에서 더욱 강화되었다. 학창 시절에 형성된 문학 서클과 심미적 친교관계가 그 일원들의 인생 방향을 결정짓는 일이 흔했다.**26** 1890년쯤이면 그런 영향이 심미적 교양과 개인적 세련, 정신적 민감성을 지닌, 유럽 특유의 고급 부르주아 계층이 발달하는 데 더더욱 기여했다. 슈티프터 시절에는 '교육받은' 문화로서 습득되던 것이 그다음 세대에서는 살아 있는 정신적 바탕이 되었다. 유럽의 다른 지역에서는 탐미주의가 부르주아 문명에 대항하는 저항의 형태를 띠었지만 오스트리아에서는 그것이 바로 그 문화의 표현이 되었고, 윤리적·사회적 이상이 결코 우월한 비중을 차지하지 못하는 삶의 태도에 대한 긍정이 되었다.

영국이나 프랑스, 러시아에서 사회주의 리얼리스트라고 알려진 유형에 가장 가까운 사례를 오스트리아에서 고르라면 아마 페르디난트 폰 자르Ferdinand von Saar(1833~1906)를 지목할 수 있을 것이다. 그는 반세기가 넘는 시간 동안 비평가와 예술가로서 예술과 사회의 관계가 변화하는 모습을 목격했다. 관료 가문에서 태어난 그는 일찍이 베르트하임슈타인 가문의 그룹에 참여했고, 그들의 살롱에서 가장 귀한 대우를 받는 전속 시인 가운데 한 명으로 활동했다. 자르는 1860년대의 자유주의 엘리트들이 품은 전망을 공유했으며, 예술을 사회를 완벽하게 만들고 인간 존엄성을 실현하는 수단으로 삼았다.

그래, 예술이여! 그대의 강력한 장밋빛 날개를 활짝 펴라.
저 넓은 세계 전체를 밝게 돌아보라!

투박함과 조야함을 박멸하도록 도우라.

우리에게 자유와 인간의 존엄성을 가져다달라.
그것은 아직도 밤과 두려움 속에 갇혀 있나니!
그렇게 된다면 만인이 함께 찬양의 노래를 부르리라! ●**27**

오스트리아 화약和約에 반대하는 자유당의 투쟁을 지지한 자르는 교황권에 반대한 하인리히 4세의 역사적 투쟁을 격찬하는 연극 3부작을 썼다. 그는 입헌 정부를 세우려 한 안톤 폰 슈멜링Anton von Schmerling의 십자군 운동을 시로써 찬양했으며, 자유주의 정치와 지적 생활의 수많은 지도자의 송가를 불렀다.**28**

기대와는 달리, 예술이 제 몫을 하게 될 세계는 출현하지 않았다. 자르는 오히려 한편에서는 무자비한 사회적 상승이, 다른 한편에서는 사회적 비참함이 확대되는 현실을 충격과 경악 속에서 지켜보았다. 자르는 결코 사회주의자가 되지 않았지만, 1880년대 오스트리아 상황의 특징이던 사회 개혁의 필요성에 대한 인식을 발전시키는 데는 참여했다. 처음에는 개인적 관대함이 비참함을 완화시킬 수 있으리라는 도덕적 교훈(1873년에 쓴 단편 소설인 『채석공Die Steinklopher』)에 따라, 나중에는 이 문제가 해결될 수 없을 정도로 방대하다는 비관적 인식에 입각해 자르는 노동자의 비참한 운명을 노래와 이야기로 기록했다. 「새 근교」라는 시에서 그는 날림으로 지은 노동자 거주 구역과

● Ja! breite, Kunst, die mächt'gen Rosenschwingen / Hellrauschend über diese Erde aus!— / Und hilf Gemeinheit—Roheit zu bezwingen!— // Die Freiheit und den Menschenwert erringen, / Der jezt nich schmachtet tief in Nacht und Graus! / Dass alle Stimmen dir—ein Loblied singen! /

허약한 아이들의 모습을 기록했다. 이런 광경 앞에서 점점 더 커져갔던 자르의 사회적 비관주의는 전면적인 체념으로 바뀌었다.

> 내가 늙었다는 사실로 위안을 삼고,
> 내가 죽은 뒤에 홍수가 오겠지!
> 하는 생각에 오싹하며 위안을 느낀다.[29]

예술이 그 이상적 기능을 잃고 있는데도 심미적 교육이 확산되는 데서 자르는 작은 위안을 얻었다. 자신이 젊었을 때의 "세계는 속물로 이뤄져 있었지만, 오늘날 그것은 오로지 탐미주의자들로 가득 차 있다." 1886년에 쓴 「손자들Enkelkinder」이라는 시에서 자르는 모든 어린이를 예술가로 만들려는 교육 방식에 조소를 보냈다.

> 부모들이, 엄격한 감독 하에서
> 자기 아이들에게서 재능의 싹이
> 조금이라도 보인다면, 아무리 신통찮은 싹일지라도,
> 그것은 자랑스럽게 배양되고 길러진다.
> 고등학교와 아카데미는
> 떼거지로 몰려오는 신도들을 수용할 수도 없다.
> 훈장, 상, 여행 장학금이
> 그들을 모두 예술의 사당으로 인도한다.
> 그곳에서는 막 움이 트고 있는 라파엘들,
> 미켈란젤로들, 빙켈만들이,
> 남녀 할 것 없이 떼 지어 헤매고 있다.

그리고, 조각하고 글을 쓰면서.[30]

이 예술 교육이 도달할 종착점은 어디인가? 자르는 대답한다. "명예와 이익을 위해." 그것은 오직 사회적 신분 상승이라는 목적에 기여할 뿐이다.[31]

『운명Schicksale』이라는 제목으로 묶인 리얼리즘 계통의 작은 소설 세 편에서 그려지는 사회적 신분 상승은 출세한 자나 그의 출세를 위한 제물이 된 자에게 파멸을 불러일으킬 수 있다. 그는 계급 간 관계 변화에 수반되는 정신적 문제를 특별한 솜씨로 탐구했다.『부르다 중위Lieutenant Burda』는 부르주아 출신의 한 장교가 귀족 여자를 사랑하게 되어 자신의 구애가 성공하고 있다는 치명적인 환상을 펴나가는 이야기다.『젤리그만 히르시Seligmann Hirsch』는 부유하지만 조야한 유대인이 교양 있는 금리생활자의 아들에게 박대당하는 이야기다.『혈거민Die Troglodytin』은 가난한 농촌 소녀가 신분 탓에 순수한 사랑을 거부당한 뒤 룸펜프롤레타리아 계급이 빠져나오지 못하고 있는 도덕성의 늪에 도로 빠져드는 과정을 보여준다. 자르는 사회적 유동성이 낳는 도덕적, 심리적인 결과를 탐색하면서 모든 사회 계층을 자유롭게 다룬다.[32] 그의 리얼리즘은 자유주의 신조의 기본 공리에 의문을 제기한다. 즉 개인적 진보와 사회적 진보 사이의 총체적 관련성이라는 것, 슈티프터의 모델이 토대로 삼았던 관련성을 문제시하는 것이다.

1880년대에 사회 상황이 변하자 예술은 이에 타협하면서 신분을 표시하는 도구가 되었고, 부의 증대로 계급과 대중 사이의 간극은 더 깊어졌을 뿐이다. 이런 상황에서 자르는 1850년대에 품었던 희망, 그러니까 예술의 '강력한 장밋빛 날개'가 '투박함을 없애고' '자유와 인간의 존엄성'을 획득하도록 인류를 도와주리라는 희망을 잃었다. 사회는 더 이상 예술이 훌륭한 역할을 맡고 도덕이 승리하는 무대가 아니다. 사회는 정신적 좌절과 윤리적 절망의 터전이 되어버렸다. 예술은 음울한 진실을 기록하거나 현실로부터의 도피처로서 미의 신전이 되어주어야 한다. 자르는 두 대안 앞에 서서, 둘 모두를 인식하는 동시에 둘 모두를 신뢰하지 않았다. 그의 마음은 예술이 진보적이고 구원자적인 기능을 하면서 과학 및 윤리와 만날 수 있었던 슈티프터의 세계에 남아 있었다. 머리는 그를 이끌어 현대적 사회 상황의 상처를 기록하게 만들었다.

1891년에 자르는 자신 및 쇠퇴하는 자유주의-이상주의적 전통의 딜레마를 「콘트라스트Kontraste」라는 시에서 표현했다.**33** 시의 무대는 메시지 전달에 핵심적인 역할을 한다. 그곳은 '겨울에는 부가 그곳에 왕림하지만, 지금은 사람들이 모두 떠나 집들이 비어 있는' 한여름의 우아한 시내 거리다. 운 좋은 주민들이 시골 휴가지에서 쉬고 있는 동안 끓어오르는 듯한 정오의 태양 아래서 한 무리의 사람들이 포장도로 보수 작업을 하는 중이다. '달리 살아갈 방도가 없는' 사람들만이 그런 날에도 일하러 나온다. 귀스타브 쿠르베가 그린 석공들처럼, 노동자들은 얼굴이 없고 둔하며 거칠다. 땀을 비 오듯 흘리면서 감각도 무뎌진 채 일하다가, 마침내 그들은 주저앉아서 거친 점심 빵을 먹는다. 더 많이 지쳐 있던 사람들이 딱딱한 돌 위에서 잠에 빠져들었을 때, 갑자기 여성 합창단이 부르는 영광의 노랫소리가 들린다. 거리 위쪽에서 오페라 학교가 실러의 시로 베토벤이 작곡한 「환희의 송가」의 리허설을 시작한 것이다. "백만의 사람들이여, 포옹하라." 희망에 찬 혁명적 구절이 '열정적인 화음으로' 울린다. 하지만 그것은 그 아래에서 지쳐 잠든 이들의 귀에는 가닿지 못한다. "모든 인류는 형제이니." 가수들은 미적 완벽성에 도달하기 위해 노력한다. 오늘 연습을 하고 내일 또다시, 예술가들이 보상을 얻을 때까지, 즉 갈채를 받을 때까지 계속해서 되풀이하는 것이다. 그들이 전하는 구원의 메시지는 원래 그 시가 쓰인 대상이던 거리의 사람들이 아니라 연주회장의 청중을 위한 것이다.*

자르는 「콘트라스트」에서 자신이 얻은 교훈을 투박하지만 강력하게 표현했다. 예술의 세계는 여전히 인류가 형제임을 노래하고 있지만 사회 현실과의 접점을 잃었다. 대중은 굉장히 억압되어 있었던 까닭에 예술에 관심을 보일 수 없고, 상류계급은 예술을 자신들만의 즐거움으로 한정시켰다. 계급 사이의 소통은 모조리 단절되었다. 문학이 사회 구조의 문제와 점점 더 무관해진다는 사실에 괴로워한 자르는 슈티프터에게 바치는 비가悲歌에서 미적 이상의 죽음을 애도했다. "나는 내게 에덴을 열어준 시인의 기억을 존중한다. 아, 애석하게도 나는 그 에덴을 잃었다."**34** 이전에 슈티프터가 그랬듯이 자르도 자살했다.

3

1890년대에는 자르가 그린 것 같은 교양 과잉의 예술아동Enkelkinder들이 성년이 되었고 황금시대의 중심 이미지로서 정원을 다시 도입했다. 그들의 정원은 로젠하우스의 최종적 변형태였다. 다시 한번 예술이 완벽해진 인류의 최고 영광으로 봉사한다. 귀족주의 전통이 다시 한번 부르주아들에게 고양된 존재 양식에 대한 영감을 주는 역할을 한다. 그러나 신세대들에게서는 슈티프터가 말한 질서정연한 우주의 여러 측면인 예술과 과학의 통합, 문화와 자연의 통합이 생명력을 모조리 잃어버렸다. 슈티프터는 앞으로 완벽해질 사

---

* 우리는 클림트가 1902년에 작업한 「베토벤」 프리즈에서처럼 「환희의 송가」가 심미적-관능적 유토피아로 해석되는 단계에는 아직 도달하지 않았다. 하지만 자르는 그 방향으로 나아가는 발전 과정을 보여주었다. 이 책의 5장을 보라.

회의 모델로서 유토피아를 고안한 데 비해, 신세대 예술가들은 특권층이 비우호적인 현실에서 물러나 은둔할 수 있는 정원을 만들어낸 것이다. 슈티프터에게서 예술은 도덕적 정화와 부르주아적 근면성에 의해 획득되어야 하는 영광이며 노력에 대한 보상이었다. 그의 정신적 손자들은 예술을 향유할 대상인 유산으로 보았다. 고귀한 단순성은 고상함Vornehmheit으로 대체되었다. 윤리는 미학에, 법은 우아함에, 세계에 대한 지식은 인간 감정에 대한 지식에 우위를 내주었다. 쾌락주의적 자기 완벽성이 갈망의 중심이 되었고, 슈티프터의 '덕성의 정원'은 '나르시시즘의 정원'이 되었다.

출신으로든, 더 드문 경우이지만 입양에 의해서든, 이런 새 정원을 지은 예술가들은 재능 있는 부르주아를 수없이 배출한 하층 귀족계급과 부유한 상류 중산계급에 속한 사람들이었다. 1860년대 이후 그 계급의 상황은 엄청나게 바뀌었다. 1890년대에 이 계층의 경제적 지위는 그 어느 때보다도 더 큰 선망의 대상이었다. 그들은 번영하는 계급으로서 일부는 금리생활자, 일부는 전문직, 또 일부는 관료였다. 하지만 그들의 정치적 지위는 더 이상 경제적 명성에 부응하지 못했다. 과거에 자유주의자는 새로운 세력과 새로운 요구자들을 정치에 참여하도록 불러냈다. 슬라브 민족주의자, 사회주의자, 범게르만주의 반유대주의자, 기독교사회주의 반유대주의자들이 그들이다. 자유주의자는 이런 새로운 운동을 법적 질서 속에 통합하지도 않았고, 그들의 요구를 들어주지도 않았다. 이 상충하는 집단들이 추구하는 천국은 각기 달랐겠지만, 그들의 지옥은 동일했다. 즉 독일계 오스트리아 자유주의자 중산계급이 지배하는 세상이라는 것이다. 반자유주의 운동은 1890년대가 되면 투표함을 활용한다든가, 의사진행 방해를 활용하는 방법, 또는 대중 시위와 거리 소요를 활용하는 등의 방법을 동원해 국가를 마비시키고, 자유주의자를 고작 30년 동안 차지하고 있던 권좌에서 밀어냈다.

그리하여 자유주의 상류 부르주아의 지위는 정말 모순적인 것이 되었다. 재산은 늘어나는데 정치적 힘은 사라졌다. 그들이 제국의 전문직과 문화 분야에서 누리는 명성은 기본적으로 변함없었지만 정치적으로는 무능력해졌다. 따라서 빈의 중산계급 상층부는 그들이 그토록 충성스럽게 섬겼던 황제 자신보다도 더 심한, 통치하지만 지배하지는 못하는 존재가 된 것이다. 그들 속에서 우월감과 무능력감이 기묘하게 뒤섞였다. 새로운 미학 운동의 산물에는 이런 요소들의 모호한 복합물이 반영되어 있다.

물론 미학 운동이 오스트리아에서 처음 만들어진 것은 결코 아니며, 시에서든 그림에서든 그 운동의 오스트리아 주창자들은 서유럽의 선배들로부터 영감을 끌어왔다. 오스트리아인들은 보들레르나 폴 부르제Paul Bourget 1852~1935. 프랑스의 소설가, 평론가의 권태로운 관능성을 기꺼이 포착했지만,[35] 프랑스 데카당스의 타는 듯한, 스스로를 찢어발기는 듯한 관능성도, 도시 상황의 잔혹한 아름다움에 대한 그들의 통찰력도 달성하지 못했다. 영국의 라파엘 전파前派는 세기말 오스트리아의 아르누보 운동(분리파라는 이름의)을 촉발했지만 그들의 의사擬似중세적 영성靈性이나 강력한 사회개혁가적 충동은 오스트리아의 신도들에게 감명을 주지 않았다.● 간단하게 말하면, 오스트리아의 탐미주의자들은 프랑스에 있는 영혼의 동지들만큼 자기들 사회에서 소외되지도 않았고, 영국의 동지들만큼 그것에 참여하지도 않았다. 그들은 전자가 가졌던 통렬한 반反부르주아적 정신이나 후자가 가졌던 따뜻한 사회개선론적 추진력이 부족했다. 거리두기도 아니고 참여도 아닌 오스트리아 탐미주의자들은 그들의 계급으로부터 소외된 것이 아니라, 그들의 기대를 패퇴시키

● 건축가이자 장식가인 요제프 호프만은 젊은 시절 윌리엄 모리스의 대단한 숭배자였는데, 자신이 사회적 문제를 다룬 모리스의 글을 관심을 갖고 읽었지만 그와 동료들은 그런 문제는 예술가의 관심거리가 아니라 "정치가들이 해결해야 할 일"이라 여겼다고 내게 말했다.

고 그 가치를 거부한 사회로부터 그들 계급과 함께 소외되었다. 그에 따라 오스트리아 젊은이들의 미의 정원은 현실과 유토피아 사이에 기묘하게 걸쳐 있는 정원, 행복의 소유자들beati possidentes의 은둔처가 되어버렸다. 그것은 탐미주의 교양인들의 자기만족과 사회적 무용지물들이 갖는 자기 의혹 모두를 표현했다.

평생지기이던 두 사람—레오폴트 폰 안드리안 추 베르부르크Leopold von Andrian zu Werburg와 후고 폰 호프만슈탈—의 사례를 보면 새로운 탐미주의자의 모습을 알 수 있다. 그들이 쓴 글에 1890년대의 젊은 세대가 가진 가치와 정신적 문제가 구현되어 있을 뿐만 아니라 그들 자신이 사회적으로 자기들 세대의 대표자이기도 했다. 족보와 동의를 기준으로 분류할 때, 그들은 지배력을 잃고서도 계속해서 통치한 빈 엘리트 그룹에 속해 있었다. 두 사람 모두 슈티프터 소설의 대표적 등장인물의 손자가 될 자격이 있었다. 두 사람 모두 로젠하우스에서 태어나고 자랐다고 해도 과언이 아니었다.

정치에서 과학으로, 또 예술로. 이것이 안드리안—베르부르크 가문이 세 세대에 걸쳐 진화한 과정이었다. 시인의 종조부인 빅토어는 리자흐처럼 고위 국가 관료였다. 1840년대의 자유주의 귀족계급의 정치적 지도자였던 그는 영국을 모델로 한 오스트리아의 정치 개혁을 찬양했다. 『오스트리아와 그 미래Österreich und dessen Zukunft』라는 제목으로 발행되어 큰 영향력을 발휘했던 그의 팸플릿은[36] 오스트리아 귀족들에게 중산계급과 힘을 합쳐 관료제적 왕국에 대의제 정부를 세울 기반을 마련하자고 설득했다. 빅토어의 조카이자 시인의 아버지인 페르디난트는 자기 가족이 추구해온 실용 정치에서 눈을 돌려 사회 속의 인간에 대한 과학적 연구를 수행했다. 그는 오스트리아의 대표적인 인류학자가 되었으며, 자유주의 귀족—학자의 이상적인 유형이었다. 페르디난트는 빈 인류학회의 의장으로서, 갈수록 학문이 전문화되어가던 시대에 일반 과학과 인문주의적 교양을 보존하는 데 크게 기여했다. 이 세기 중반의 수많은 지식인이 그러했듯이 페르디난트는 과학의 진리를 보완하기 위해 예술의 은총에 도움을 요청했다. 단단한 몸집을 한 이 귀족은 유대인 작곡가인 자코모 마이어베어Giacomo Meyerbeer의 딸과 결혼했다. 어울리는 면이 별로 없는 한 쌍이었지만 이 커플은 1874년에 태어난 아들 레오폴트의 심미적 재능을 길러주자는 데는 합의할 수 있었다. 그들은 아들이 열세 살이 되자 나중에 유명한 문학학자가 되는 오스카어 발첼Oskar Walzel 박사를 가정교사로 초빙했다. 레오폴트가 자신의 운명적인 심미적 영혼의 동지이자 평생에 걸친 친구가 될 젊은 시인 호프만슈탈을 만난 것은 빈에 있는 발첼의 집에서였다.[37]

호프만슈탈의 사회적 족보도 명성 면에서 안드리안에 비해 거의 처지지 않았다. 그의 증조부인 이자크 뢰브Isaak Löw는 하인리히 드렌도르프의 아버지처럼 성공한 상인이었다. 이자크는 유대인이었지만 공직 근무 덕분에 1835년에 에들러 폰 호프만슈탈Edler von Hofmannsthal이라는 칭호를 얻게 되었다. 그 이후 그의 후손들은 세기말 오스트리아 사회의 가장 교양 있는 계층으로 올라가는 쿠르수스 오노룸cursus honorum 명예로운 관직의 연속, 즉 엘리트 코스을 빠른 속도로 밟아나갔다. 이자크의 아들은 선조들의 신앙을 포기하고 이탈리아 가톨릭 신자와 결혼했다. 또 그의 아들은 대학을 다니고 법학사 학위를 받았으며, 오스트리아 주요 은행의 수장이 되었다.[38] 헤르만 브로흐Hermann Broch는 미적 문화에 대한 이 은행가의 가치관이 그 아들이 시인으로서 지니는 세계관의 성격에 어떤 영향을 미쳤는지를 규명한 바 있다.[39] 후고의 아버지는 모차르트의 아버지와 달리 자기 아들의 직업이나 경력에 집중하지 않았다. 중요한 것은 그가 교양인이 되는 것이었다. 슈티프터 때 이후로 교양 그 자체의 의미도 바뀌었다. 그것은 인품을 길러주는 교육이라기보다는 미적 교육을 의미했다. 그러므로 시인의 아버지는 극장과 박물관에 데려간다든가 하는 방식으로 아들의 미적 학식과 시적 능력을 개발하기 위해 최선을 다했다. 직업적인 숙달이 아니라 감식의 즐거움을 위해, 능동적인 참여가 아니라 수동적인 풍요로움이 안드리안과 호프만슈탈 가문이 소속된 빈의 상류 그룹이 추구하던 교육의 목적이었다. 두 가문의 후계자라면 설령 둘 다 창작의 충동을 별로 강하게 느끼지 못했다 하더라도 삶의 예술과 예술의 삶을 동일시했으리라고 짐작할 수 있다. 슈티프터와 자르가 부과했던 형이상학적·사회적 기능은 사라진, 그런 미적 문화가 호프만슈탈과 안드리안이 속해 있던 작지만 고상한 환경의 정신적 등록상표가 되었다.

두 젊은 시인은 상급 문인과 하급 귀족들이 함께 만나는 마법에 걸린 서클에서 움직였다. 그들은 1890년대의 문학계 엘리트들과 함께 그리엔슈타이들 카페에서 만났다. 아르투어 슈니츨러, 페터 알텐베르크, 헤르만 바르, 그 밖의 작가들이 '청년 빈파Junge Wien'라 불리는 느슨한 조직의 혁신적 문학 그룹을 형성하고 있었다. 안드리안은 다른 서클에도 호프만슈탈을 소개했는데, 쇼텐김나지움 출신의 부유한 젊은 세대 귀족 인텔리들이 그 서클의 핵심이었던 것 같다. 이 서클의 구성원들은 엘리트 사회에서 각각 보장된 지위에 오르도록 되어 있었다. 한 명은 해군 장교, 두 사람은 소장파 외교관, 다른 사람은 미래의 지휘자, 또 다른 사람은 장래의 예술후원자가 된다.[40] 그들 모두 문화적으로나 사회적으로 강력한 신분의식으로 연결되어 있었다. 그들은 품위와 활동의 종합으로서 영국 신사라는 이상형에 강렬하게 매혹되었다. 그들은 승마와 테니스를 하면서 자부심을 느꼈고 자신들의 클럽을 영어로 '빈 제일 운동가' 클럽이라 불렀으며, 휴가지인 알타우제에서 각자 본성에 가장 잘 어울리는 미적 활동을 하면서 함께 영시를 읽기도 했다.[41]

"예술은 예술이고 삶은 삶이지만, 예술적으로 살아가는 것, 이것이 삶의 예술이다." 페터 알텐베르크가 자신의 잡지인 『쿤스트Kunst』에서 만들어낸 이 모토는[42] 호프만슈탈–안드리안 서클에도 충분히 적용될 수 있었을 것이다. 아름다움의 추구와 '평범한' 군중으로부터의 도피가 그들의 젊은이다운 임무였다. 사회적 역할을 완전히 거부하지는 않았지만 그들은 삶을 양식화된 연극, 델리키트한 감정과 세련된 감수성에 대한 탐구로 삼았다.

슈니츨러의 희곡인 『아나톨Anatol』에 붙인 서문에서 젊은 호프만슈탈은 로코코식 정원의 이미지를 통해 자기 세대가 가진 삶의 감각의 한 측면을 표현했다. 호프만슈탈은 슈티프터가 증오하던 초프차이트 시대에서 아름다움이 덕성이 아니라 자족적인 쾌락주의와 결합되는 유토피아를 불러냈다. 시인과 그 친구들은 "높은 난간과 공식적인 생나무 울타리"로 세계와 분리된 이곳에서 카날레토Canaletto 1697~1768. 본명은 Giovanni Antonio Canal. 베네치아 화가가 본 빈의 우아하고 장난스러운 분위기를 재창조한다. '반짝거리는 대리석으로 매끈하게 테두리를 두른' 조용한 풀장 근처에서 기병들이 섬세한 향수 냄새를 풍기는 숙녀들, '보랏빛 옷을 입은 주교들'과 예의바른 대화를 나눈다. 이 고전적인 쾌락의 정원에서 젊은 탐미주의자들은 자신이 쓴 희곡, '우리 정신의 희곡', '조숙하고 슬프고 부드러운 연극'을 상연하기 위해 무대를 '날아갈 듯 설치'한다. 그들의 연극은 삶의 대체물이며, 그 속에서 진지한 관심은 회피되거나 미화를 통해 일상화되어버린다. '예쁘장한 상투어들'이 '악행'을 이야기한다. 은밀하거나 반쯤만 지각된 감정이 이 너그러운 쾌락주의적 공동체의 세련된 관례에서 분출구를 찾는다.

일부는 듣고 있지만 전부 그렇지는 않다……
일부는 꿈꾸고 일부는 웃고 있다.
일부는 얼음을 먹고…… 다른 이들은

이런 것이 바로 젊은 시인이 슈니츨러의 강박적인 관능주의자 아나톨을 소개하기 위해 꾸며낸 우아한 정원의 장면이었다. 호프만슈탈의 서문과 그의 친구가 쓴 희곡 사이의 관계는 미를 진실을 가리는 차폐막으로, 예술을 윤리의 대체물로 삼던 세대의 탐미주의자와 플레이보이 사이의 관계, 감수성의 인간과 관능성의 인간 사이의 관계, 정신과 육체의 관계에 해당된다. 정원의 이미지—이번에는 호프만슈탈의 집 가까이 있는 벨베데레 정원을 모델로 한 이미지—는 교양 있는 무용지물들이 그들 손으로 만들지도 않았고 이해하려는 생각도 없는 세계로부터 차단된 채 살아갈 수 있는 인공적 보호구역이었다.

이 정원이 진정으로 유토피아인가? 그렇기도 하고 그렇지 않기도 하다. 그것은 유토피아처럼 만족스럽지 못한 현실과의 대비로 설정되었다. 하지만 유토피아적인 주택과 정원이 슈티프터에게서는 삶의 모델이었던 데 비해, 호프만슈탈에게서 그것은 삶으로부터의 도피처다. 호프만슈탈은 『티치아노의 죽음』(1892)이라는 소희곡에서 예술의 신도들이 그 스승의 은둔처인 정원에서 현실로부터 단절된 채 울타리 바깥의 어둡게 맥동치는 활력을 경멸하는 모습을 보여준다. 그는 자신의 세대를 다음과 같이 이해했다. "전체적으로 활력이 없다. 생명력이란 하나의 신비이기 때문이다. 더 강하고 더 오만불손한 자는 백일몽에서나 있고, 실제 생활에는 약한 자만 있다. (···) 지배하고 봉사할 수도 없고, 사랑을 줄 수도 받을 수도 없는 (···) 그는 산 자들 사이에서 유

● Manche hören zu, nicht alle······ / Manche träumen, manche lachen, / Manche essen Eis······ und manche / Sprechen sehr gallante Dinge······ /

령처럼 헤매고 있다."[44]

호프만슈탈은 삶을 미심쩍은 고급문화의 보호구역에 격리된 것으로 보았지만, 1890년대 초반에는 자신의 미적 유토피아를 현실에 투사할 가능성을 약간 발견했다. 그는 1895년에 리하르트 베어 호프만Richard Beer-Hofmann에게 보낸 편지에서 이 가능성을 저울질하고 있다. "나는 아직도 내가 자신의 세계를 (바깥)세계 그 자체 내에 세울 수 있는 위치에 있으리라고 믿는다. 우리는 낭만주의자들처럼 꿈의 세계에 살기에는 지나치게 비판적인 사람이다. (…) 문제는 항상 자신의 지평선 가장자리에 포템킨 마을을 건설하지만 그런 종류(의 마을)를 그 스스로가 믿을 수 있어야 한다는 점이다."[45] 하지만 설령 우리가 자신의 환상을 현실에 뒤집어씌우기 위한 확신과 통치 감각을 갖고 있을지라도, 그 결과물인 상상의 제국은 지속력이 없을 것이다. 그것은 "알렉산더 제국 같은 것, 그만큼 위대하고 또 모든 사람의 생각을 사로잡을 만한 온갖 사건이 일어나는 무대인 제국이다. (…) 그러다가 우리가 죽으면 그것은 함께 와해된다. 왜냐하면 그것은 오직 한 명의 왕을 위한 제국이기 때문이다."[46] 젊은 호프만슈탈이 기획한 덧없는 유토피아는 여전히 순수하게 개인적인 것, "이 단 한 명의 왕을 위한 것"이었다. 그 속에 공동체 이념은 하나도 없다. 사회적 현실도 여기에 영향을 주지 않는다. 호프만슈탈은 이에 따라 기꺼이 '삶이 슬쩍 지나가게 한다'는 것을 자신의 개인적 유토피아의 여건으로 규정했다.[47] 표류라는 것이 유토피아적 몽상의 실존적 측면이었다. 사실 표류하고 꿈꾸는 것은 내향성, 즉 자아와 그 본성과 그 한계에 대한 열중의 객관적, 주관적 측면이라고 봐도 좋을 것이다. 자기 수련을 강조하는 심미적 유토피아주의는 나르시시즘을 길러냈는데, 그 속에서는 유토피아주의나 사회주의 리얼리즘이나 똑같이 살아남기 힘들었다.

세기말의 정체성 위기를 다룬 소설의 고전인 『인식의 정원Der Garten der

Erkenntnis』을 쓴 사람은 호프만슈탈이 아니라 그의 친구인 안드리안이었다. 이 작품의 첫머리에는 '에고 나르키수스Ego Narcissus'라는 모토가 실려 있다. 우리는 고전적 나르키수스를 자신에게 매혹되고, 또 자신에게 성적 매력을 느끼는 존재, 자기 자신의 거울에 비친 이미지와 합일하려다가 물에 빠진 존재라고 기억한다. 나르키수스를 좋아했지만 거절당해 분개한 에로스가 '타자'와의 결합인 사랑을 퇴짜 놓도록 나르키수스에게 저주를 걸었다. 에로스와 세계에 대해 나르키수스가 범한 죄목에 대해 예언자 티레시아스는 다음과 같은 적절한 예언을 남겼다. 나르키수스는 자기 자신을 알게 되면 죽는다고. 이 신화적 모티프가 『인식의 정원』 전체에 깔려 있다. 자기 자신에 대한 관심, 타인을 사랑할 능력의 결여, 자기 내면의 자아와 바깥 세계를 구별하고 환상과 현실을 구별할 능력의 결여가 그 소설을 지배하는 분위기다. 전설 속의 나르키수스가 자신을 알게 되면 곧 죽게 되는 저주에 걸려 있다면, 세계를 오로지 자아의 투사로만 아는 것은 이 소설의 주인공, 그의 현대적 후계자인 에르빈이 걸려 있는 운명적인 저주다. 에르빈은 이 짧은 소설의 마지막 줄에서 '알지도 못한 채' 죽는다. '인식의 정원'은 사실 주인공의 프시케와 외연이 동일하다. 그것은 아주 작고 메마른 땅뙈기여서 선악의 열매를 맺지 못한다. 에르빈은 결코 세계에 도달하지 못했고, 그를 만들어낸 작가가 속한 교양인 계급처럼 그도 반쯤은 필연에 의해, 또 반은 선택에 의해 현실과 격리되어 있었다.

40년 전의 슈티프터가 하인리히 드렌도르프의 교양의 길을 따라갔을 때 그는 주인공이 맞닥뜨린 현실적 요소들의 윤곽을 극도로 선명하게 그려넣었다. 가정, 지형, 로젠하우스, 노동자, 예술, 역사 등 모든 것은 객관적 리얼리즘의 정신에 입각해 그 개인이 적응해야 하는 질서정연한 세계를 구성하는 요소로 처리되었다. 견실한 외부 세계는 개인의 적절한 성향을 지탱해줄 골격을 제공했다. 슈티프터에게서 유토피아적 차원은 본질적으로 세상의 내재적 질서가 순수하고 명료하게 환경으로 실현되는 정도에 달려 있었다. 이 질서가 일단 명백하게 세워지면 인간은 하인리히가 그랬듯이 그 속에서 완성에 이를 수 있었다. 슈티프터의 가설은 루소와 『에밀』의 가설과 다르지 않았다. 올바르게 질서지어진 세계는 올바르게 정돈된 영혼을 이해하는 열쇠이자 그것의 모델이 되었다.

안드리안의 『인식의 정원』은 제목과 달리 주인공의 구체적인 환경을 거의 다루지 않는다. 안드리안의 리얼리즘은 슈티프터의 것과는 정반대다. 그것의 관심 대상은 사회적, 물리적 현실의 외부 세계가 아니라 정신적 삶의 내면 상황이다. 사회적, 물리적 세계는 그저 주인공의 감정을 자극하는 매개나 상징물로서만 존재할 뿐이다. 에르빈과 하인리히는 둘 다 그들보다 더 우월한 세계로의 입장 허가와 연줄을 얻고자 한다. 둘 다 세계를 다측면적이고 복합적인 것으로 파악한다. 하지만 하인리히는 단계적으로 그것을 장악해나가며, 그것이 본질적으로 인간들이 노동을 통해 조화하지 못하는 것을 제거해나가는 요소들의 정태적 조화임을 이해하게 된다. 세계의 통일성은 부분들이 명료하게 표현될 때 얻어진다. 에르빈의 경우, 세계는 혼탁해졌다가 맹렬하게 흐르곤 하는 하나의 흐름이다. 그 흐름의 액체적 요소는 서로서로에게, 또 그 자신에게 섞여든다. 그 요소들의 통합은 좀처럼 붙잡히지 않는 흐름이다. 하인리히에게서 진실이란 명료성에 있다. 에르빈에게서는 진실이 '깊고, 어둡고, 다측면적인' 신비에 있다.[48] 에르빈은 이성적 자아, 외계 현실, 개인적 감정을 무차별적 연속체로 보기 때문에 세계로 나아가는 길을 찾을 수 없다. 주관적, 객관적 경험이 고통스럽고도 어지럽게 뒤섞여 있다. 호프만슈탈은 '나와 세계 사이의 관계가 갖는 유동적 의미를 안드리안보다 좀더 명확하게 표현했다. "인간, 사물, 꿈이라는 세 가지는 하나다."[49] 그런 범정신주의

pan-psychism는 슈티프터의 개별화되고 규정된 우주를 완전히 뒤집은 것이다. 하인리히의 아버지는 이렇게 말했다. "모든 사물과 인간은 각기 하나 이상의 존재가 될 수는 없다. 하지만 그는 철저하게 그 존재가 되어야 한다."

자아와 타자 사이의 경계가 유동적이라는 것은 '타자'에 대한 탐색이 무용지물이라는 선고를 받았음을 의미한다. 에르빈은 과학적 지식조차 자기 매혹의 소용돌이로 끌어들인다. 과학적 연구를 한 해 동안 한 뒤, "……자신이 세계 속에서 자신의 위치를 찾으려 해서는 안 된다는 것을 분명히 알게 되었다. 왜냐하면 그 자신이 세계이고, 세계와 똑같이 위대하며 고유하기 때문이다. (…) 하지만 그는 계속해서 연구했다. 혹시나 자신이 세계에 대해 안다면 자신의 이미지가 세계의 이미지에 돌이켜 비쳐지지 않을까 해서였다."[50] 에르빈의 희망은 실현되지 못했다. 그는 세계에서 격리되었으므로 세계를 거울로 쓸 수가 없었다. 세계와 융합되든 그것을 흡수하든, 그는 자기 자아가 위협받는다고 느꼈다. 오직 행사라든가 심미적 경험에서만 자아와 세계가 감정의 리드미컬한 통일체 속에서 연결되었다. 하지만 이 통일체에는 힘과 지속성이 모두 빠져 있었다. 모호하고 승화된 황홀경, '전율하는 영광으로 가득 찬 경지'에서 천국과 지옥이 함께 흘러가는 시적 언어를 듣고 오싹한 느낌을 받더라도 이해가 명료해지지 않았고, 본능이 충족되지도 않았다. 예민한 에르빈에게 인생은 '생소한 과제'로 시작되었지만, 참여라는 직접적이고 유의미한 경험을 하지 못하고 끝났다. 심미적 귀족은 여전히 생명력 없는 나르키수스였고, 마치 죽어가는 사람처럼 인생이 주지 못한 것, 즉 '타자'와의 접촉을 혹시 꿈이 가져다주지 않을까 하고 기대하고 있었다.

슈티프터와 안드리안은 자아와 세계의 관계를 다르게 규정했기 때문에 정원의 이미지를 근본적으로 상이한 목적으로 활용한다. 슈티프터에게서 정원은 자연과 문화의 결합을 상징했다. 그곳에서 인간은 과학과 예술을 통해 신의 작업을 완성한다. 그곳에서 그는 자연의 질병과 혼란을 청소하고 그 속에 들어 있던 쓸모와 아름다움을 융합하는 질서의 잠재력을 발현시키는 것이다. 안드리안의 생각에, 정원을 직접 가꾼다는 것은 물론 전혀 당치도 않은 일이었다. 인생에 노동 같은 것은 없다. 정원은 오로지 감수성을 자극하는 역할을 할 뿐이다. 그것은 기묘하게 혼합된 인생의 덧없는 향기, 스쳐 지나가는 아름다움의 경험을 상징한다. 정원은 하나만 있는 것즉 유일한 낙원인 에덴이 아니라 여러 개가 있다. 그것들은 스스로에게 매혹된 사람의 표시인 관능적인 사고와 사유된 감각을 더욱 강화한다. 자신들이 삶의 주류 바깥에 있다고 느끼며, 실재를 굴절하여 전달하는 매체인 예술을 통해 삶을 흐릿하게밖에는 감지하지 못하는 세대—"우리에게는 우리 운명보다 희곡 하나가 더 중요하니까"[51]—에게 정원은 아무런 의지 없이 인생을 떠내려가는 동안 어쩌다가 손에 잡힐 수도 있는 덧없는 아름다움의 상징이었다. 에르빈의 유일한 영혼의 동지인 그의 어머니는 비참여적 세대에게 정원이 갖는 심리적 기능을 이렇게 표현했다. "우리는 마치 이상한 하인들의 안내를 받아 이상한 성城들의 놀이동산을 거닐듯 우리 삶을 지나간다. 우리는 그들이 우리에게 보여준 아름다움을 간직하고 사랑하지만, 그들이 우리를 어디로 데리고 갈지, 또 얼마나 빨리 지나갈지는 그들에게 달려 있다."[52]

탐미주의적 태도 때문에 그들은 사회적 토대인 공통의 운명으로부터 더 심하게 단절되었고, 그럼으로써 세계에 대한 직접 경험이 아니라 대리 경험 쪽으로 기울어졌다. 수잔 랭어Suzanne Langer가 상기시켰듯이, 심미적 경험은 가상假像이지 실제로 있는 것은 아니다. 그것은 경험에서 나오는 감정에 형태를 부여하지만 경험 그 자체는 아니다. 삶을 대신한다는 사실 그 자체 때문에 예술은 우리와 삶을 분리시킨다. 예술이 다른 가치와 구분되어 그것 자체가 하나의 가치가 될 때, 그에 헌신하는 이들이 영원한 관중의 입장에 있다는 느낌을 받게 되고, 또 내향성이 조장되는 것도 그 때문이다. 안드리안의 에르빈은 직접적인 참여로는 삶의 비밀을 찾을 수 없었으므로 내면으로 방향을 돌려 "더 깊이, 더 간절하게 자신의 과거로 몸을 굽혔다." 과거 경험에 대한 그의 회상은 그저 감동적인 것이 아니라 "고양시키는 것, 이루 헤아릴 수 없이 귀중한 것"이 되었다. 마르셀 프루스트에게서처럼, 에르빈의 기억은 그의 삶이 되었다. 여기서도 내향화에는 비사회화가 따라온다. 에르빈에게서 인간 존재는 그들이 자신의 기억에 기여하는 정도만큼의 가치만 갖는다. 즉 "그가 그들의 삶을 살아본 경우에만 그들은 그를 감동시킨다."[53] 회상된 과거는 경험된 현재보다 더 중요해졌다. 따라서 나르키수스적 주인공은 미처 알아차리지 못한 사이에 참여의 삶으로부터 자아 속에 갇힌 존재로 이동했을 뿐만 아니라, 아직 영위되지 않은 삶으로부터 이미 영위된 삶으로 이동한 것이다. 에르빈 공작에게 죽음이 다가왔을 때 그는 젊은 나이였음에도 그것을 맞을 준비가 되어 있었다. 그것은 나르키수스에게와 같은 도덕적 징벌이 아니라 심리적 필연성으로 다가왔다.

4

호프만슈탈은 『인식의 정원』에 깊이 탄복했다.● 그렇지만 그는 안드리안처럼 새로운 나르키수스의 문제를 미결 상태로 방치할 수는 없었다. 그는 예술

● 1900년까지도 호프만슈탈은 『인식의 정원』을 모리스 마테를링크에게 보내고, 안드리안에게 창작활동을 재개하라고 강권했다. 이는 그 자신을 위한 행동이기도 했고, 또 "그렇게 해야 그것을 만든 [예술적] 능력이 완전히 (…) 먼지로 화하지 않을 테니" 말이다. (Hugo von Hofmannsthal, *Briefe, 1890~1901* [Vienna, 1937], I, 306~307.)

을 윤리로, 미적 문화를 사회로, 그가 속한 교양인 계급을 사회 집단에 유용하게 참여하도록 복귀시킬 방법을 찾으려고 노력했다. 안드리안은 자기 세대만을 위해 글을 썼지만 호프만슈탈은 그 세대의 문제를 전통과 정신과 사회에, 더 긴밀하고 더 깊게, 또 더 넓게 연결시켰다.

애당초 호프만슈탈은 안드리안의 『인식의 정원』을 저자가 알아차리지 못한 위험으로 가득 찬 지역에 건설된 것으로 보았다. 호프만슈탈은 친구에게 다음과 같은 편지를 썼다. "자네의 책은 마치 젊은 여신 페르세포네와 같네. 그녀는…… 목장에서 수선화를 꺾고 있다가 갑자기 불안에 사로잡히지. 알겠지, 하데스가 땅속에서 올라와 그녀를 납치해 어둠(의 나라)으로 데려간 것이 바로 그 목장에서였네."**54** 이 고전 우화에서 하데스는 어떤 현대적 힘을 대표했는가? 호프만슈탈은 자신이 제기한 문제의 답을 얻기 위해 때로는 개인적인 본능을, 혹은 위협적인 대중을 이리저리 더듬어보았다.

그러나 호프만슈탈이 가장 먼저 가졌던 관심사는 미적 태도가 낳는 도덕적 결과였다. 거기서 그다음에는 정신적, 사회적 관심사로 나아간 것이다. 안드리안의 『인식의 정원』과 동일한 문제를 운문으로 다루는 소희곡인 『바보와 죽음Der Tor und der Tod』(1893)에서 호프만슈탈은 자신의 세련된 감각을 추구하느라고 어머니와 친구와 연인을 파멸시키는 젊은 귀족을 고발한다. 안드리안이 미적 태도의 정신적 발전을 추구한 곳에서 호프만슈탈은 그곳에 함축된 도덕적 의미를 점검했다. 중세의 도덕극에서도 그렇지만, 이 작품에서 죽음은 위법을 처벌하기 위한 심판관으로서 바보에게 다가왔다. 이 측면에서 볼 때 호프만슈탈은 예술과 윤리 사이의 관련을 재확립하려고 애쓰는 전통주의자였다. 하지만 리처드 앨윈Richard Alewyn이 입증했듯이 죽음이라는 등장인물은 결코 이미 말라죽은 중세의 해골이 아니다. 그는 희곡에서 디오니소스적인 삶의 동지로서, 음악가로 등장한다. 그는 개인적 자기 수양의 과잉

속에 억압되어 있던 무의식적 본능의 표현이다.[55] 따라서 도덕성은 슈티프터에게서와 달리 생명력의 형상을 띠게 되며, 죽음이 음악으로 변하는 변증법적 통일체 속에서 나타난다.

『바보와 죽음』의 무대는 1820년대, 리자흐의 로젠하우스를 상기시키는 우아한 고전적 저택이다. 그 저택은 비더마이어 시대의 질서를 다시 불러오지만, 거기서 생명력은 모조리 빠져나간 상태다. 그 저택은 순수한 개인적 박물관, 주인공의 기억과 문화적 기념물을 보관하는 곳이기 때문이다. 그 주인공은 슈티프터의 리자흐와는 달리 한 번도 무엇에 열중해본 적이 없다. 구스타프 클림트는 둠바 음악 살롱을 위한 그림에서 비더마이어 시대에 대한 향수와 디오니소스적 본능성을 대비시켰지만, 호프만슈탈이 한 것처럼 미적 태도의 도덕적 함의를 의문시하지는 않았다.•

예술의 삶이 가지는 유아론唯我論과 세련된 고립의 껍질을 깨고 나가려 한 호프만슈탈의 시도는 따라서 두 가지 목적을 갖고 있다. 한편으로 그는 개인적 책임감이라는 전통적 도덕성을 다시 활성화시키려 했으며, 다른 한편으로는 심층 심리학과 본능의 긍정을 향해 돌진한다. 호프만슈탈이 자기 계급의 '감정의 문화Gefühlskultur'에 가한 도덕적, 심리적 비판에 우리는 사회학적 비판이라는 세 번째 차원을 더해야 한다. 젊었을 때도 호프만슈탈은 상류계급의 사회적 책임성이 공허해지는 데 대해 걱정하기 시작했다. 1892년에 쓴 그의 시 「인간의 자유Manche freilich……」는 자르가 「콘트라스트」에서 그간의 격리를 무척 유감스러워한 바 있는 교양인과 평민계층의 통합을 다시 단언했다. 분명한 것은 이 문제에 대한 호프만슈탈의 발언이 상위 계급과 하위 계급, 운 좋은 이와 불운한 자들 간의 연대라는 것이 있었음을 상기시키는

• 이 책 322~327쪽과 그림 40, 41을 볼 것.

형태를 띠고 있다는 점이다. 즉 그것이 얼마나 많이 느슨해졌는지를 암시하는 형태 말이다. 시인은 그것을 상호 의존성의 숨겨진 연대로, 갑판 위에 있는 이들의 삶에 그림자를 드리우는 갑판 밑 노 젓는 노예들의 이미지로 표현했다.

> 수많은 운명이 나와 한데 얽혀 있구나.
> 산다는 것이 그들 모두를 한데 묶어두었구나.
> 내 역할은
> 이 삶의 작은 불꽃, 혹은 좁다란 리라보다
> 더 크다.●

그리하여 호프만슈탈은 더 강력한 사회 참여 의지를 갖자고 제안했다.

호프만슈탈은 운문으로 된 『세계의 작은 극장Das kleine Welttheater』(1897)이라는 소희곡에서 약간 분명치 못한 점은 있지만 오해할 여지는 없는 용어로, 예술과 사회의 상호 관계가 나아갈 방향 전체를 자기 세대에 제시했다. 그는 바로크식 가면을 자신의 발언 형태로 선택했다. 아주 느슨한 관계로만 등장하는 수많은 인물 가운데 가장 중요한 자는 정원사다. 그는 예전에 왕이었지만, 자신이 가졌던 세속적 권력의 왕권을 내려놓고 꽃을 가꾼다. 정원사는 시적 통찰력을 지녔기 때문에, 왕으로서 예속민을 돌보는 것과 식물을 돌보는 것이 본질적으로 동일하다는 것을 알 수 있었다. 다만 식물을 돌보는 것

● Viele Geschicke weben neben dem meinen, / Durcheinander spielt sie alle das Dasein, / Und Mein Teil ist mehr als dieses Lebens / Schlanke Flamme oder schnale Leier. —Hugo von Hofmannsthal, *Poems & Verse Plays*, ed. Michael Hamburger (New York, 1961), pp. 34~35.

이 더 "근사하다"는 차이는 있다. 호프만슈탈은 『늦여름』에서 리자흐가 정치에서 좌절해 로젠하우스로 물러나고 만족하면서 사는 방식을 여기서 간략히 재현한다. 그가 좀더 일반적인 현상이지만 자발적인 것은 결코 아니었던 후퇴, 즉 오스트리아 상류 중산계급이 정치로부터 문화로 물러나는 현상을 비유하려던 것이었을까? 그렇게 판단할 근거는 무척 희박하다. 하지만 호프만슈탈은 왕권과 원예園藝가 상응한다는 원리를 명확히 단언했다. 그것은 정치 영역과 예술의 정원 사이, 시민적 질서와 심미적 질서 사이를 '어린아이같이 순진하고 위엄' 있게 매력적인 대등관계로 설정하는 원리다.

가면을 쓰고 지배하는 궁극적 인물인 정원사-군주에 대비되는 것이 광인이다. 그는 왕위의 상속자가 아니라 부의 상속자, "부자, 권력자의 최종 주자, 구제 불능의 인물이다." 어마어마한 사업가인 광인의 아버지는 자신처럼 오만한 정신을 가졌지만 책임감이라고는 조금도 없는 아들을 통제할 수 없었다. 호프만슈탈이 살던 사회에서 수많은 벼락부자의 아들들이 실제로 그랬듯이, 이 아들은 귀족과의 친교를 추구했고 원하는 것을 얻었으며, 세계를 매혹시켰고 자신의 재산을 탕진했으며 자기 자신을 낭비했다. 하지만 백수들 가운데 최상의 사례가 그렇듯이, 광인은 내면으로 돌아가서 고독을 추구했다. 여기서 우리는 나르키수스를 이제는 금리생활자 계층의 방탕자라는 모습으로 다시 만난다. 광인은 스스로 탑에 틀어박혀 바깥으로 나오지 않으면서 자신의 대담하고 탐욕스러운 정신을 내면의 영혼에 집중시키고 자기 안의 심연을 시로 탐색하려 했다. 그곳에서 그는 '무시무시하게 많은 미완성의' 힘을 발견했다. 행동의 세계에서 성찰의 세계로 이동한 부자 백수들의 자기중심적 태도 덕분에 그는 자기 내면에서 괴물 같은 본능적 힘을 찾아낸다. 이 힘을 통해 광인은 자기 외부에도 그와 유사한 미완성의 에너지가 있음을 깨닫게 되었다.[57] 정원사가 정치 영역과 아름다움의 정원 사이에 상응하는 질서가 있음을 알아낸 것처럼 광인은 내면의 본능과 외부의 살아 있는 힘 사이에 에너지가 상응한다는 것을 알아차렸다. 개체화가 진행되어 그것 자체를 초월하기 시작하며, 광인은 거울에 비친 자신, 아름다운 나르키수스의 영상을 영탄조로 부르면서 이렇게 선언한다. "나르키수스여, (자족적인 개인이라는) 환상은 그리 오래가지 못할 것이다. 나를 바깥세상으로 불러내는 음성이 점점 더 커진다."[58] 광인은 호프만슈탈의 몫이 될 임무, 즉 개인과 세계 사이에 역동적인 통일성을 창출하는 임무를 선언하는 것이다. 그 이전에 살았던 시인과 왕들의 추상적이고 정태적인 방식은 이제 더 이상 현대 사회와 현대정신, 그 어느 것에도 도움이 못 된다.

하지만 궁궐이 무엇이며 시가 무엇인가?
실재實在의 꿈같은 이미지가 아닌가!
어떤 지독한 추적자도 실재를 붙잡을 수는 없다.
전체 춤, 전체 라운드를, 실재를
주도한다는 것,
그대는 이 과업을 납득할 수 있는가?●

대담하지만 건전한 인간이라면 '이 과업의 의미를 납득할 수 있다. 디오니소스처럼 "전체 춤, 전체 라운드를 이끌겠다"고 결심하는 자는 광인뿐이다. 광인은 저 밑의 강물에, 원초적인 삶의 에너지이자 죽음이기도 한 강물의 급류에 뛰어들지 않도록 통제되어야 한다.

● Was aber sind Paläste und die Gedichte: / Traumhaftes Abbild des Wirklichen! / Das Wirkliche fängt kein Gewebe ein: / Den ganzen Reigen anzufuhren, / Den wirklichen, begreift ihr dieses Amt?, 앞의 책, pp. 262~263.

1897년이 되면 호프만슈탈은 정원사란 비현실적인 하나의 유물일 뿐이라고 확신하고, 망설이는 기색이 없진 않았지만 광인을 길들이는 데 몰두했다. 문제는 척박하지 않은 질서, 치명적이지 않은 에너지를 발견하고, 예술이 본능 및 사회와 맺는 연관성을 재확립할 질서를 찾아내야 한다는 데 있었다. 그는 하층계급으로 눈을 돌렸는데, 그 이유는 그곳에서 그런 문제를 발견했다는 것 외에도, 그들이 살아가는 태도가 더 강렬해 보였기 때문이었다. 지그문트 프로이트가 그랬듯이 호프만슈탈도 하층계급을 금지 없이, 본능에 따라 직접적으로 살아가는 존재로 보았다. 반쯤은 부러움을, 또 반쯤은 두려움을 품고 그는 제대로 규정된 바 없는 '민중'에게서 활력의 사회적 원천을 찾으려 했으며, 한편으로는 그들의 심리적 원천을 찾아 성性에 조심스럽게 접근했다. 『티치아노의 죽음』에서는 이 두 경향성 모두가 명백하게 드러나 있는데, 그 작품에서는 위대한 신인 팬Pan이 예술의 영감을 불어넣지만 예술가는 도시가 발산하는 자력에 이끌려 예술의 울타리를 떠난다. 그리하여 세기가 바뀔 무렵 호프만슈탈은 시에서 희곡으로, 나르키수스적인 유보 상태를 벗어나 거리로 옮겼다.

호프만슈탈이 사회적 비참함에 처음 눈을 뜬 곳이 고향인 빈이 아니라 1896년에 군대 복무를 하던 갈리치아에서였다는 것은 보호 속에서 형성된 그의 계급이 지닌 인식의 특징이었다. 빈에는 비참함이 없어서 그것을 깨닫지 못했던 게 결코 아닌데 말이다. 툴마치의 비참한 유대인 마을에 주둔했을 때 그는 한 친구에게 이렇게 편지했다. "나는 대부분의 사람이 사는 삶이란 게 어떤 것인지에 대한 (…) 내 생각을 바꾸는 중이라네. 그것은 우리 생각보다 더 기쁨이 없고 더 우울한 것이네. 훨씬 더 심하지……"[59] 그리고 '그토록 비참한 수많은 인간 존재의' 끔찍한 '광경…… 그들이 내는 악취와 목소리' 속에서 호프만슈탈은 연극 형식에 매혹되었다. 어둡고 축축한 막사에서 호프만수탈은 토머스 오트웨이Thomas Otway 1652~1685가 쓴 왕정복고 시대의 연극 Restoration drama으로 교황 음모를 다룬 『보존된 베네치아Venice Preserv'd』를 읽었는데, 이것이 그를 자극해 새로운 방향 전환을 유도했다. "아주 특이한 예술 형식이며, 그것을 창작한다면 그와 동시에 삶과 자신을 연결시킬 것이라는 생각이 드네. 또 동시에 그것으로부터 해방되기도 하겠지."[60] 호프만슈탈의 시인이자 시민으로서 호프만슈탈이 느끼는 가장 심원한 필요성이 바로 여기에 있었다.

8년 뒤 호프만슈탈은 오트웨이의 희곡을 설득력 있게 개작해 『구원받은 베네치아Das Gerettete Venedig』(1904)라는 희곡으로 출판했다. 이 진지한 사회심리학적 연극은 잘못된 통치의 결과로 제멋대로 날뛰게 된 정치적 퇴폐와 개인적 열정을 다룬다. 그러한 행동에 반란 군중의 혼탁하고 위협적인 힘이 더해진다. 전형적인 유형이라고 할 수도 있겠지만, 주인공은 낡은 권력과 그에 대해 분노한 도전자들 사이에서 동요하는, 망설이는 사람이다.[61] 그는 지극히 인간적인 인물이지만 그가 직면한 상황을 타개하기에는 무척이나 허약하다. 그가 가진 인간 이해는 고삐 풀린 열정이 날뛰는 사회정치적 위기에 그것을 어떻게 적용해야 할지를 모를 때는 무용지물이 된다.

시인은 자신이 창조한 주인공처럼 망설이고 동요한다. 그의 희곡은 현대성의 문제를 암시하지만, 호프만슈탈은 자신이 쓴 글 대부분이 그렇듯이 직업적인 사회적 리얼리즘이나 당대의 상황mise en scène을 모두 회피한다. 20세기 사상과 예술에서 수많은 오스트리아 개척자들—구스타프 클림트, 구스타프 말러, 오토 바그너, 지그문트 프로이트—처럼 그도 현대적 메시지를 전달하면서 전통적인 언어를 사용한다. 다음과 같은 안드리안의 구호가 그에게 영감을 준 것도 무리가 아니다. "현대적 사유 위에 고대의 시를 쓴다Sur des pensers nouveaux faisons des vers antiques."[62]

하지만 호프만슈탈은 슈티프터나 자르처럼 역사에 몰입하려들지는 않았다. 역사는 그 모범이 될 가치를 잃은 듯했다. 그는 베네치아를 무대로 설정했지만 무대장치와 의상을 역사적으로 '사실주의적으로' 만들려는 연출자와 불같이 싸웠다. 호프만슈탈은 "(1848년) 3월 이전의 오스트리아처럼 (…) 뿌리에서부터 썩어 있는 보수─반동적 시대"에 어울릴 만한 '분위기'를 풍기는 '암시적인' 의상을 요구했다. (그때는 자유주의가 첫 돌파구를 열기 전의 시대였다!) 무엇보다도 군중은 '아무쪼록' 베네치아인이 아니라 당대의 군중Gesindel처럼 '무시무시하고 위협적인' 군중이어야 한다.**63** 그렇다면 희곡에서든 상연된 형태에서든, 호프만슈탈은 당대 사회의 현실을 신중하고도 회피적으로 접근한 것이다. 그는 역사와 신화로 도피하고 싶지도 않았고, 현대 사회와 그 문제를 직접적으로 재현하고 싶지도 않았다. 사회의 해체를 다루는 이 무시무시한 연극에서 문자 그대로의 역사적 환경보다는 암시적인 환경을 사용함으로써 그는 비참한 갈리치아에 있을 때 안드리안에게 쓴 편지에서 자신이 연극이라는 문학적 형태로부터 찾아낸 약속을 실현한 것이다.

호프만슈탈은 참여와 거리두기의 결합을 연극에서 찾아낸 덕분에 현대 사회에서 시인이 담당하는 기능을 재규정할 수 있었다. 그가 걸어간 '명료함으로의 길'은 긴 여정이었다. 우선, 그는 안드리안이 교양소설에서 묘사한 무용성 개념과 함께 나르키수스의 쾌락의 정원에서 탈출했다. 그는 『작은 세계극장Das kleine Welttheater』에서 은유적으로 표현된 더더욱 위중한 위험을 밝혀냈다. 그것은 영혼을 만족시키는 정원사의 환상인 예술이 정치의 대체물이라는 주장과, 부자 광인이 내린 무모한 결론인 세계의 무형적인 비합리적 힘에 자기 파멸적으로 융합하는 것만이 삶에 대한 유일하게 참된 참여라는 주장이다. 호프만슈탈은 서서히 생명 없는 환상과 형체 없는 생명력, 정원사─군주와 광인을 종합해나갔다. 그 속에서 입법가나 심판관, 또는 동조자가 아니라 화해자로서의 시인이 등장했다.

1906년에 호프만슈탈은 시인의 역할을 새로이 명료하게 규정했다. "그는 자기 자신 속에서 여러 시대의 요소들을 한데 묶는 사람이다."[64] 그가 보기에 본질적으로 다자적多者的이고 분열된 사회와 문화에서 호프만슈탈은 관계 설정의 임무를 문학에 맡겼다. 시인은 현실의 다수성을 받아들여야 하며, 언어라는 마술적인 매체를 통해 현대인을 통합하고 응집시켜야 한다. 시인은 "영원한 사물과 현재의 사물들에 대한 열정적인 찬미자다. 안개 속에서 유령같이 지나가는 런던의 실업자 대열, 룩소르의 신전 폐허, 외딴 봄 숲의 철썩임, 괴물 같은 기계의 소음. 그에게 변화는 결코 어려운 일이 아니다. 모든 것은 동시적으로 그에게 현존한다."[65] 다른 사람들은 상충과 갈등을 보는 곳에서도 시인은 그 속에 숨겨진 연결 고리를 찾아내고 그것을 발전시켜 리듬과 음향을 통한 통일성을 끌어내야 한다.

호프만슈탈의 새로운 문학 개념에 유토피아주의가 끼어들 여지가 있었는가? 이제까지 우리가 검토해온 의미에서는 없다. 숙정肅靜된 현실이라는 슈티프터식 모델이나 자르식의 추상적 사회 이상도 없고, 새로 부활한 로코코식 쾌락의 정원도 없으며, 초기 호프만슈탈식의 포템킨 마을도 없다. 시인은 이제 현실을 있는 그대로, 한결같이 일관성이 결여된 상태 그대로 받아들이기 때문이다. 단호하게 해체되려는 문화와 사회의 성격이 건설적 환상에 끼어든다. 세련된 사회적 고립에서 몸을 일으키면서 호프만슈탈은 '현존 사회질서와 맞서 싸우기'를 배웠지만, 그렇게 하는 와중에 그는 '존재하지 않는 것을 세우기'가 점점 더 불가능해짐을 발견했다.

그럼에도 불구하고 호프만슈탈은 25년이 넘는 시간을 들여 집필한 『탑Der Turm』(1927)에서 다시 한번 유토피아로 가는 길을 가리키고자 분투했다. 나는 그가 '길을 가리킨다'고만 하고 있다. 호프만슈탈이 더 이상 유토피아를 현실에 투사하려고 하지는 않기 때문이다. 『탑』에서 묘사되는 행동은 『작은 세계 극장』에서의 행동을 더 깊은 차원에서 거의 완전히 뒤집는다. 주인공인 지기스문트 왕자는 처음에 광인처럼 자아 속에 갇힌 비이성적 죄수로 나온다. 그는 정의로운 세계에 대한 꿈을 통해 광인에서 정원사를 거쳐 왕이 되는 길로 나아가려고 노력한다. 본능적인 환상가로부터 시민적인 행동가로 나아가는 것이다. 그 과정에서 그는 활기가 있긴 하나 비합리적인 빈곤 대중과 협력한다. 호프만슈탈이 자신의 현대적 목적에 맞게 차용한 칼데론Pedro Calderon de la Barca 1600~1681. 스페인의 극작가, 성직자의 그리스도교 연극 「인생은 꿈이다Life Is a Dream」에서와 같이, 시인—왕자의 오이디푸스적 반란은 아버지—왕에 항거하는 정치적 반란과 동일시된다. 하지만 호프만슈탈에게서는 그 결과가 신성한 희극이 아니라 인간적 비극이다. 상호 존중의 언어를 통해 분열하는 요소들을 화합시키려는 노력은 실패한다. 현실의 오스트리아 제국에서처럼 사회적, 심리적 해체의 힘이 매우 강했던 것이다. 하지만 시인—왕자는 자신이 꿈과 현실이 융합된 나르키수스의 외로운 우물에서 길어낸 사랑의 메시지가 언젠가는 이해되리라고 확신하면서 죽는다. "설령 아무도 나를 모른다 해도 내가 여기에 있었음을 증언해주게."[66] 세계가 알지 못한 왕자. 그는 세계를 모르는 채 죽는 안드리안의 에르빈 공작과 반대 유형이다.

호프만슈탈은 예술의 기능을 자신의 계급이 끌고 들어갔던 쾌락주의적 고립으로부터 구해냈고, 예술이 가진 화해의 힘으로 사회를 구원하려고 노력했다. 하지만 사회 집단 사이에 생긴 불화는 이미 아주 멀리까지 나가 있었다. 사회는 비극이나 희극은 참아줄 수 있었지만 심미적 화해를 통한 구원까지 용납해주지는 않았다. 그러한 문화적 사실의 지적 결론을 만들어내는 일은 새로운 세대의 몫으로 남겨졌다.

07

정원에서의 폭발

코코슈카와 쇤베르크

예술은 자기 자신을 (그 운명에) 적응시키는 사람들이 아니라 그 것과 맞붙어 씨름을 벌이는 사람 들의 호소다.

아널드 쇤베르크

예술적 반란자였던 자신의 삶을 돌이켜보면서, 표현주의 화가 오스카어 코코슈카Oskar Kokoschka는 어린 시절의 일화 한 가지를 떠올렸다.[1] 코코슈카는 장인匠人 계층 출신으로, 전통적 농촌 마을이 별 특징 없이 그저 그런 도시 변두리로 막 편입되던 무렵 빈 외곽의 근교 지역에서 성장했다. 그가 살던 소박한 집 가까이에는 어린 소년이 놀던 갈리친베르크 공원이 있었다. 이 공원은 예전에는 한 귀족이 소유한 장원의 일부였다. 더 이상 멋쟁이 남자들, 그들과 함께 온 귀부인, 혹은 보랏빛 법의를 걸친 고위 성직자들만을 위한 사적인 보호구역이 아닌 이곳은 이제 빈 거리의 개구쟁이들이 대리석 조각상 사이에서 노는 곳이 되었다. 보불 전쟁에 참전했던 퇴역병 한 명이 관리인으로 일했다. 오스카어의 눈에 그는 분수 옆에 서 있는 헤라클레스 조각상과 아주 비슷해 보였다. "혼령들의 세계와 만날 만큼 높은 사회로 올라가기를 소원하는 희비극적인 인물들"로 가득 찬 빈의 주민들의 상상 속에서 우화 속의 인물들은 "궁궐의 영주들과 똑같이 높은 곳에서 살았다."•

코코슈카와 같은 개구쟁이뿐만 아니라 더 건전한 사람들도 이 정원에 자주 왔다. 오스카어는 어머니와 함께 놀러 온 두 어린 소녀와 친구가 되었지만, 교양 있는 분위기를 풍기는 그 어머니는 마음에 들지 않았다. 그녀는 프랑스 소설을 읽었고, 예절바른 태도를 취하라고 요구했으며, 다섯 시만 되면

• 코코슈카가 여기서 거론하는 것은 19세기의 인기 높은 극작가인 페르디난트 라이문트 Ferdinand Raimund의 동화적 리얼리즘이다. 이 책 510~514쪽을 참조하고, 카날레토가 그린 빈에서 호프만슈탈이 상상한 정원 이야기도 볼 것.

영국식 차를 내놓았다. 그 숙녀의 아버지는 고작 해야 커피를 마시는 빈의 선량한 부르주아에 불과했지만 그녀는 '나이 든 귀족'과 결혼했고 이제는 차를 마신다는 것을 알고 오스카어는 그녀를 비웃었다.

어머니는 싫었지만 딸들은 좋았다. 한 명은 착한 마음씨와 품위로 그를 감복시켰다. 또 다른 한 명은 옷이 흐트러질 정도로 신나게 그네를 타면서 그의 성적 감각을 일깨웠다. 로코코식 정원인 이곳에서 하층계급의 소년이 상류계급 소녀가 노출시킨 '돌연하고도 적나라한 사실'에 눈이 뜨인 것이다. 성적 본능이 멋들어진 문명의 얇은 껍질을 뚫고 나왔다. 코코슈카에게 성년이 된다는 것은 그의 선배들처럼 문화에 입문하는 것이 아니라 고통스러우면서도 기쁨에 찬 인간의 동물적 본성을 긍정한다는 의미였다.

학교에 다니면서 어린 오스카어는 같은 시대에 태어나서 현대라는 시대를 만들어낸 위대한 발명품 두 가지에 대해 배웠다. 그것은 인쇄와 화약이었다. 첫 번째 것이 낳은 결과가 바로 교과서라는 흉악한 물건이었으므로, 자기는 그것을 무시하고 곧바로 두 번째 발명품을 연구했다고 그는 말한다. 어느 날 오스카어는 직접 만든 화약을 가지고 친구들이 놀고 있는 공원으로 갔다. 그네가 달려 있는 나무 아래에는 거대한 개미집이 있었다. 그 밑에다 오스카어는 폭발물을 설치했다. 준비를 마쳤을 때, 저 가증스러운 티타임인 다섯 시가 되자 오스카어는 "세상에 횃불을 던졌다."

폭발은 폭발자의 기대를 훨씬 넘어서는 어마어마한 규모였다. 불타는 개미 도시가 천둥 같은 폭음과 함께 공중으로 날아올랐다. "정말 끔찍하게 아름답군!" 개미의 토막난 몸뚱이와 잘린 관절들이 몸부림치면서 잘 손질된 잔디밭으로 떨어졌다. 순진한 유혹자인 소녀는 의식을 잃고 그네 밑에 쓰러져 있었다.

문명의 힘이 승리했다. 그 어머니는 공원 관리인을 불렀고, 오스카어는

"에덴동산에서 축출되었다."

아담과 달리 어린 오스카어는, 현대인이고 하층계급이며 스스로의 뜻에 따라 움직이므로, 이 축출령을 최종적인 것으로 받아들이기를 거부했다. 늙은 관리인이 '가브리엘 대천사처럼' 공원 문을 가로막았지만 어린 반항자는 들어갈 길을 찾아낸다. 공원 뒤편에는 시립 쓰레기장이 있었는데, 가파른 벼랑이 있었지만 오스카어가 어렵지 않게 기어올라 공원 뒤편으로 숨어들어갈 만했다. 그는 벼랑을 기어올랐다. 하지만 재앙이 기다리고 있었다. 발을 헛디딘 것이다.

그다음에 일어난 일은 실제였거나, 아니면 표현주의적 환상의 산물이었을 것이다. 쓰레기장으로 도로 뛰어내린 오스카어는 썩어서 부풀어 오른 돼지 사체 위에 떨어졌다. 지독한 파리 떼가 그 시체에서 날아올라 무모한 소년을 쏘아댔다. 집에 돌아간 오스카어는 심한 염증으로 몸져누웠다.

고열로 침대에 누운 제2의 아담은 뇌리 속에서 표현주의자의 회화적 환상에 나오는 듯한 고통스러운 빛을 보았다. 파리 한 마리가 그의 혀뿌리에 들어가서 끊임없이 몸을 굴렸고 그 몸이 닿는 곳마다 구더기가 생겼다. 벽지가 초록색과 빨강의 뱅뱅 도는 태양으로 불타올랐다. 희생자는 자기 뇌가 녹아서 흉측한 회색빛 액체가 되어 사라진다고 느꼈다. 아널드 쇤베르크는 「붉은 응시Der rote Blick」(도판 10)에서 코코슈카가 묘사한 것과 같은 유의 심리적-육체적 고뇌 상태를 포착해냈다.

1

코코슈카의 이 실화는 표현주의 문화의 탄생에서 그가 차지하는 위치를 괴기스러울 정도로 정확하게 반영한다. 그가 자신의 분노와 추방의 무대로 정원을 택한 것은 특히 적절했다. '교양과 부Bildung und Besitz'를 지닌 빈 엘리트들은 1900년까지도 링슈트라세의 거대한 미에트팔라스트(임대 저택)에서의 거주를 자신들의 도시적 성격의 표현으로 자랑스럽게 내세웠다. 하지만 링슈트라세 개발이 완료되자 신흥 상류계급의 주거는 도시 외곽으로 옮겨갔다. 오토 바그너나 여느 원로 거장들과는 달리 최고 수준의 젊은 현대 건축가들은 거대해질 수밖에 없는 아파트 건물이 아니라 근교의 저택을 설계하게 되었다. 대표적인 지식인과 예술가 자신들도 일단 대중적 성공이 부유함이라는 장식으로 꾸며지면 빈의 근교 지역으로 물러났다. 호프만슈탈과 헤르만 바르, 오토 바그너, 구스타프 말러, 화가-디자이너인 카를 몰Karl Moll과 콜로만 모제Kolo Moser 등은 모두 신흥 근교의 주민들이었다.[2]

시인 호프만슈탈은 1906년에 이렇게 주장했다. 근교로의 방향 전환과 함께 '정원에서 더 고조된 기쁨'을 얻게 되었다고. 호프만슈탈은 비더마이어 시대에 대한 향수를 느끼면서 이렇게 썼다. "우리는 점차 할아버지들이 있었던 곳으로 돌아가고 있다. 정원의 구성 요소들이 이루는 조화를 느끼는 것이다." 이 시인-평론가는 단순성을 추구하는 새로운 정원이 '기하학적 미의 요소'를 통해 목표를 이룬다고 보았다.[3] 건축학 잡지와 주택-정원 잡지들은 그의 판단을 충분히 입증해주었다.[4] 새로운 정원 숭배는 정원을 자연의 세련된 적용으로 보는 영국식 낭만주의 전통을 거부하고, 그 대신 급진적 고전주의로 방향을 돌렸다. 정원은 건축으로, 집의 연장으로 구상되었다. 이데올로기적으로 이 경향은 자부심 강한 자수성가형 인간을 이상으로 여기는 분위기가 쇠퇴하고, 전前산업 시대의 사회적 모델을 선호하는 추세와 결부되어 있다. 그 모델은 18세기의 귀족이거나 비더마이어 시대의 시민이었다. 미적인 측면에서 보자면, 형식주의와 새로운 정원 숭배 현상이 아르누보로부터 아르데코로의, 유기체적이고 유동적인 형태에서 결정체 같은 기하학적인 형태로의 이행에 의해 강화되었다. 1890년대에는 '분리파'라는 명칭으로 새로운 본능적 진실을 찾는 역동적 탐구에 참여하던 예술가들이 이제는 자신들이 발견한 불안정한 보물에 등을 돌리고 엘리트들의 일상생활과 가정환경을 미화한다는, 더 소박하지만 소득이 많은 과제를 다루기 시작했다.● 젊은 코코슈카가 1904년에 응용미술학교에서 화가 수업을 시작할 무렵5 그에게는 이 변화를 이미 마치고 순수미술로부터 응용미술과 디자인으로 방향을 전환한 한무리의 스승들이 있었다. 영국식 사례(사회주의는 제외한)에서 영감을 얻은 미술과 공예 조합인 빈 공방에서 화가들은 탁월한 공방工房과 자신들이 만든 물건을 판매할 판매장을 만들었다. 제국의 1908년도 우표도 빈 공방 소속의 화가인 콜로만 모제의 도안이었다. 위험하지 않고 장식적인 단계에 머무는 새로운 예술이 거의 공식적으로 인가되었다고 해도 될 만한 지위에 올라선 것이다.●●

빈 탐미주의 운동의 신고전주의적, 아르데코적 단계는 1908년에 '쿤스트샤우 1908'이라는 단순한 제목을 붙인 대중 전시회를 열어 그 최고의 승리를 축하했다. 화가들은 순수미술과 응용미술을 통합한다는 원리에 따라 자신들의 작품과 공예품을 진열했다. 기능적인 물건이 박물관에 소장되었고, 극도로 진지한 그림과 조각도 장식적 역할로 축소되었다. 구스타프 클림트는

● 이 책의 5장, 특히 400~404쪽을 볼 것.
●● 모제가 디자인한 우표 시리즈는 프란츠 요제프 황제 즉위 60주년을 기념하여 발행되었다. 새로운 시리즈의 아르데코 스타일은 그 이전의 모든 오스트리아 우표의 비더마이어식 고전주의와 선명한 대조를 이룬다. 모제는 "황실 상무부의 위촉을 받은" 우표 디자인을 쿤스트샤우에서 전시했다. *Katalog der Kunstschau 1908*(Vienna, 1908), pp. 75~76을 볼 것. 아래쪽 가장자리에 모제의 이름이 있는 이 우표의 사진이 *Scott's Standard Postage Stamp Catalogue*(124판, New York, 1968), II, p. 54에 실려 있다.

쿤스트샤우의 의장으로서 개막 연설을 하면서 이 그룹이 지닌 확신을 다음과 같이 표명했다. "문화의 진보는 오직 예술적 목적이 삶 전체를 계속해서 채워나가는 데 있다."[6]

건축가인 요제프 호프만은 이 전시장을 마리아 테레지아 시대의 쾌락의 성 같은 성격을 지닌, 코코슈카의 갈리친베르크 공원에 있어도 좋을 만한 건물(그림 56)로 지었다. 호프만의 전시관 외부 파사드는 간결하고 현대적이지만 그 내부는 귀족들의 쾌락을 위한 별장처럼 친밀하고 우아하다. 미술과 공예 분야에 별도로 할당된 전시실이 안마당을 둘러싸고 모여 있어서, 마치 주거용 공간과 같은 분위기가 감돌았다. 전체 건물에는 빈이라는 도시가 특별히 기부한 정원이 붙어 있었다.[7] 쿤스트샤우 카탈로그의 필자는 자연과 정원의 기능에 대한 자신들의 생각을 전하기 위해 윌리엄 모리스를 인용했다.

크건 작건 정원은 질서정연하고 풍요롭게 보여야 한다. 정원은 외부 세계와 차단되어야 한다. 그것은 자연의 목적이나 우연한 사건을 결코 모방하지 말아야 하고, 다른 어디도 아닌 오로지 인간의 거주지에서만 볼 수 있는 어떤 것을 닮아야 한다.[8]

호프만은 정원에 극장도 추가했다. 1908년 여름에 빈의 엘리트들은 여기서 프리드리히 헤벨Friedrich Hebbel의 「제노베바Genoveva」와 오스카 와일드의 「인판타의 생일Birthday of the Infanta」의 노천 공연을 볼 수 있었다. 이 가운데 앞의 작품은 악마적인 열정으로 인한 고통 속에서 이뤄지는 신성한 정의의 인식을 찬미한다. 이는 과거에 클림트 그룹이 망설이면서도 자기들의 예술에서 해방시키려 했지만 지금은 포기한 종류의 열정이다. 벨라스케스 스타일의 의상을 입은 배우들이 연기한 와일드의 희곡은(그림 57) 생명에 대한 시각예

그림 57 오스카 와일드의 「인판타의 생일」, 쿤스트샤우 야외극장, 1908.

술가의 새로운 열정을 세련된 몸짓에 반영했다.

　오스트리아 문화에서 가장 중요한 것이 무엇이든, 그것은 결국 극장에서 표현되어야 한다. 호프만이 세운 미의 전시관에 딸린 형식적이고 양식화된 정원에서 상연된 이 두 편의 희곡을 통해 빈의 현대 시각문화의 가장 포괄적인 발언이 행해졌으니 아주 그럴싸하다.

2

　미적 인간homo aestheticus이라는 문화적 이상형에 결부된 것이 쿤스트샤우 그룹이 어린이 예술가에게 가진 특별한 관심이었다. 코코슈카가 전시회에 참여하게 된 것도 이 때문이었다. 즉 행실이 불량한 어린 예술가에게 탐미주의자의 기쁨의 정원에 뻐꾸기 알을 낳을 기회를 주자는 것이다. 어린 시절의 창조력을 키워나가려는 구자유주의자들의 간절한 열망은 표현주의적 폭발에서 코코슈카를 통해 자기모순적으로 분출되었다.

"아이들의 미술(아동 미술)"은 '쿤스트샤우 1908' 전시회에서 아주 중요한 자리를 점해 전시장의 첫 번째 전시실을 차지했다. 전시회를 조직한 프란츠 치체크Franz Cizek 교수는 코코슈카가 그림 선생이 되려고 공부하고 있던 응용미술학교의 교육부장이었다. 이 젊은이가 진로를 겸손하게 선택한 것에 주목할 필요가 있다. 코코슈카가 희망하는 것이 안정성은 덜하지만 특권은 더 많은 화가 경력이었다면 예술아카데미로 진학했어야 한다. 그는 그보다 낮은 길을 택했는데, 이는 그가 태어난 장인 계층에 더 잘 어울리는 것이었다.

분리파가 첫발을 내디딜 때부터 참여했던 치체크 교수는 심미적 해방의 이데올로기로 어린 시절을 조명한 사람으로, 오스트리아 조형예술 분야의 진보적 교육자 가운데 대표적인 인물이었다. 예전 세대는 따라 그리기 훈련을 통해 어린이를 성인의 미학으로 끌어들여야 한다고 강조한 데 비해 치체크는 자유롭고 창조적인 활동을 권장했다. 그는 어린이가 우리에게 "초보적인 창조력의 계시, 원초적−원시 예술을 우리가 사는 고향 안에서 보여준다"고 주장했다.**9** 다섯 살에서 아홉 살의 어린이들이 매주 한 번씩 치체크의 수업에 와서 "자신을 표현했다."**10** 치체크의 수업에 동조하는 한 기자는 이렇게 말했다. "모든 일차적인 것, 무의식적인 것, 소모되지 않은 것들이 권장되고 보호된다. (…) 여기서는 금지되지 않고 본능적인 것만이 본질상 인간적인 것으로 광채를 발하게 된다."**11**

성미가 사나운 코코슈카에게는 다행한 일이었는데, 그의 교수들은 천재적인 학생인 그에게 어린이 속에 있는 예술성을 길러내는 데 필수적 자질인 관용을 베풀어주었다. 그가 정물화 반의 인원수가 아주 많고 공부 방식이 지나치게 공식적이라고 불평하자, 독방 사용권과 액션드로잉action drawing의 모델로 서커스단 가족을 고용할 권리가 그에게 주어졌다. 구스타프 클림트가 위원장이던 쿤스트샤우의 심사위원진도 코코슈카의 막무가내식 변덕을 용인해주었다. 그가 자기 작품의 합격을 미리 보장해주지 않는다면 작품을 전시하지 않겠다고 하자 심사위원들은 그의 말을 들어주었다.[12]

코코슈카의 스승들은 특별히 어린이를 위해 디자인된 미술과 공예 작품(북디자인, 태피스트리 등등)을 개발해, 그 분야를 일종의 민속예술적 형식주의로 양식화했다. 그들은 어린이의 순진한 예술이 "인류와 예술의 유년 시절을 격세유전적으로 재현한다"고 확신했다.[13] 따라서 코코슈카는 전통적인 미술학교 학생들과는 달리 예술사박물관에 작품들이 걸려 있는 '위인들'('어른들'이라는 의미도 갖는 독일어 단어인 'die Grossen')이라고 부른 사람들에게서 아이디어와 영감을 구하지 않았다. 대신 그는 길 건너편의 자연사박물관에 가서 민족지 컬렉션에 수집된 원시미술을 공부했다.[14] 코코슈카가 어린이와 민속예술의 기법을 일찌감치 터득했다는 사실은 '쿤스트샤우 1908'에 제출된 포스터(도판 11)에서 입증되었다. 그 포스터는 그의 스승들과 동료 학생들이 추구하던 장식적 형식주의와 잘 부합한다.

이와 같은 예술적, 교육적 맥락에서 코코슈카는 놀랄 만큼 독창적인 작품인 『꿈꾸는 소년들Die Träumenden Knaben』의 삽화를 그렸다. 이 그림은 다색 석판화의 연작으로 이뤄졌으며, 태피스트리의 밑그림으로 쓰일 만화처럼 구상된 시적 동화다.[15] 빈 공방의 후광과 지도 하에서 아름답게 인쇄된 이 책은 클림트 그룹이 만들어낸 산물들이 갖는 온갖 표면적 특징을 모두 보여준다. 그 책에 실린 도판 가운데 하나에는 정원에서 차를 홀짝거리는 코코슈카의 소녀 친구들의 어머니가 잘 어울리는 아플리케 디자인으로 그려져 있다(그림 58). 그가 그린 포스터처럼 석판화도 젊은이들의 상상을 확대하고 노인들이

그림 58
『꿈꾸는 소년들』에 실린 석판화, 오스카어 코코슈가, 1908.

당시에 가졌던 유년 시절의 이미지를 승인해주는 일종의 문학적·시각적 환상을 내용으로 한다. 하지만 이 관습적 표면 아래에는 많은 것이 숨겨져 있다. 이차원적인 페르시아식 정원 그림과 같은 성질을 지닌, 당시 유행하던 심미적 이디엄을 받아들인 스물한 살 난 코코슈카는 사춘기 시절 자신이 겪었던 고통스러운 경험을 원형적 상징 속에 투사하는 데 그것을 적용했다. 사실 코코슈카는 반쯤은 무의식적으로 순수미술에서 미술과 공예 분야의 경력으로 옮겨간 선배들이 거친 발전 과정을 뒤집었다. 그들은 1890년대의 분리파 예술이 가졌던 독창적 기능─심리적 진리를 발언한다는 기능─을 없애버리고 그 시각적 언어를 순수하게 장식적 목적에만 채택했다. 코코슈카는 자기 스승들의 완숙한 장식적 기법을 가져다가 젊은이의 심리적 상태를 나타내는 불로 지지는 듯한 시적 묘사에 결부시킴으로써 그 상징적 잠재력을 다시 한 번 개발한 것이다. 이리하여 그는 자기 선배들 사이에서 크게 유행하고 있던 요정세계의 유아기적 꿈을 변형시켜 사춘기의 악몽으로 바꾸었다. 상징이 갖는 힘을 감지하는 강력한 본능과 말썽부리는 재능이 결합된 코코슈카는 관습적인 장식적 모티프를 반쯤 환각적인 에로틱한 꿈의 경험을 묘사하기 위한 이미지로 활용한 것이다.

『꿈꾸는 소년들』의 시는 민요의 어린이다운 스타일(가곡 「들장미」를 생각하면 된다)을 현대적인 의식의 흐름과 융합한다. 그 시는 다음과 같은 자해 행위의 환상으로 시작된다.

빨간 물고기야/ 지느러미 셋 달린
빨간 물고기야
칼로 너를 찔러 죽이고
손가락으로 둘로 자를 거야/

그러면 이 소리 없는 순환이
끝나겠지.

빨간 물고기야/ 빨간 물고기야/
내 작은 칼은 빨갛다.
내 손가락도 빨갛고/
접시에 죽은 물고기가 떨어지네.

이 피비린내 나는 동요 다음에는 연속적으로 이어지는 꿈 이야기 가운데
첫 번째 것이 나온다. 그 시구는 미묘하게 변해 굽이치며 자유롭게 흐르는
리듬이 되고, 이 리듬은 템포가 변덕스럽게 변하는 바람에 간헐적으로 단절
되어 꿈의 불규칙한 이미지 연속을 전해준다.

그리고 나는 쓰러져서 꿈을 꾸었지/ 운명은
주머니를 많이 갖고 있고/ 나는
페루의 돌나무(종유석) 곁에서 기다리고 있네/
손가락이 여럿 달린
그 가지는
가늘고/노란 형체들의/
비틀린 팔과 손가락처럼
달라붙네/
별꽃이 핀 덤불에서
장님처럼
보지도 못하면서 서로를 건드린다네

이제까지 석판화는 본문 곁의 여백에 있으면서 본문에 관해 설명했다(그림 58). 그림에서 찢긴 물고기는 시에서 묘사된 것처럼 접시는 아니더라도 잔디에 놓여 있다. 페루의 나무는 손가락과 잎사귀가 여럿 달린 팔을 보여준다.•

하지만 곧 그림과 시의 내용이 달라진다. 석판화의 중심인 포옹하는 사람들은 시에 등장하지 않는다. 본문에서 중요시되는 이미지—돛대 위에 매달려 있는 파랑새, 쇠사슬이 흰 돛을 잡아당겨 불룩해진 배—들은 그림에는 없으며, 석판화의 생생한 색채 이미지는 본문 내용과 거의 상응하지 않는다.

화가는 본문과 그림을 삽화가로서가 아니라 리트Lieder 작곡가가 하는 것과 같은 방식으로 다루었다. 리트 작곡가는 가사와 음악이 어느 한쪽에 종속되기보다는 서로 환기시키는 작용을 하도록 재료를 다룬다. 그처럼 시각적 요소와 언어적 요소가 낯선 보완관계에 놓이도록 함으로써 코코슈카는 자신의 독특한 작품이 갖는 환각의 범위를 넓힌다. 그 그림은 전체적으로 가사에서 드러나는 절규 같은 의식의 흐름과는 대조적으로 시 구절에 『시편』과 같은 평화로운 리듬을 강화시킨다. 하지만 그림은 미세한 회화적 세부 묘사를 통해 공포감을 강화한다. 예컨대 반으로 잘린 작은 물고기, 인간의 손이 달린 나무 이미지 같은 것들은 본문이 없다면 관찰자가 결코 알아차리지 못할 수도 있는 특징들이다.

그림과 본문 사이에서 지속되는 이와 동일하게 반쯤 초연한 성질이 시 자체에서도 나타난다. 표면적으로 코코슈카의 시는 『시편』에서 볼 수 있는 것과 같은 조용하고 유동적인 리듬을 띠고 있다. 하지만 그는 이 언어의 순진성을 훼손한다. 선이나 색채에서와 마찬가지로 리듬에서도 코코슈카는 지연

• 박물관의 민속지학 컬렉션실 입구에는 고대 페루 신전 도시의 그림이 걸려 있는데, 이것이 코코슈카에게 이 모티프를 제공했는지도 모른다. Eugen Guglia, *Wien: Ein Führer*······(Vienna, 1908), p. 65를 보라.

신관遲延信管을 써서 작업한다. 시행의 길이를 들쭉날쭉하게 설정하고 예기치 못한 곳에 슬래시 표시를 해 행을 단절시키는 식으로, 이미 분해의 고통을 겪고 있는 시각적-언어적 분야에 숨 가쁘고 기괴한 음악을 주입한다. 이렇게 하여 그는 고도로 형식적인 틀 안에서 전복적 본능의 단호한 돌파구라는 의미를 표현한다.

꿈에서 시인은 자신을 선배들의 안락한 사회와 대조적인 한 마리 늑대인간으로 나타낸다.

그리고 나는 쓰러져서
괴로운 밤에 꿈을 꾸었네/
푸른 가면을 쓴 사람들/ 그대들은
잠 속에서 무얼 하는가/ 달빛 어린
어두운 호두나무 가지 아래에서?

그대, 상냥한 숙녀들이여/ 그대들의 빨간 망토 속에서/
그대들의 몸속에서
무엇이 튀어오르고 흔들리는가/
어제 이후, 또 항상
인간들을 집어삼킨 기대인가?

그대는 흥분하여
따뜻해진 전율을 느끼는가/ 미지근한
공기—나는 주위를 빙빙 돌고 있는
늑대 인간—

저녁 종소리가 멎으면/ 나는 그대의 정원으로
숨어드네/ 그대의 목장으로
그대의 평화로운 축사로/
침입해 들어가네./

고삐 풀린 내 몸뚱이/
물감과 피로 칠해져 기분이 고조된
내 몸뚱이가/ 그대의 정자로
엎드려 기어가고/ 벌떼같이
그대의 작은 마을을 통과하며/ 그대의 영혼에
기어올라/ 그대의 몸뚱이를
괴롭힌다.

외롭기 짝이 없는 정적으로부터/
그대가 내 울부짖음을 일깨우기도 전에
비명이 울려나온다/
나는 너희를 집어삼킨다/ 남자들이여/
숙녀들이여/ 졸린 눈으로 귀를 기울이는 그대
아이들/ 게걸스럽게 먹는/
그대 안의 사랑하는 늑대인간/

그리고 나는 쓰러져서
피할 수 없는 변모를 꿈꾼다/

사실 시의 첫 부분에서 명료하게 밝혀졌듯이, 이 은밀하게 파멸적인 늑대 인간은 자학적으로 고통받는 사람이다. 그는 자기 상태가 사춘기임을 안다.

내 속에서 스쳐 지나가는 것은
어린 시절의 사건도.
어른다움의 사건들도 아니다/ 그것은 소년다움/
주저하는 욕망/ 성장하는 것 앞에서 느끼는
근거 없는 수치심이며/ 과잉과
고독이다/ 나는
나 자신과 내 몸뚱이를 감지하고/
쓰러져서
사랑을 꿈꾸었다/

유아론적으로 갇힌 상태로부터 달아날 도피처를 찾으려다가 시인은 꿈에서 꿈으로, 스스로를 상해하다가 타인을 상해하는 쪽으로, 어른 세계로 계속 떨어지다가 끝내는 파괴의 꿈이 사랑의 꿈으로 변형되는 데까지 나아간다. 결국은 윤곽이 흐릿하고 섬세한 젊은 여자의 처녀다운 부드러움이 그의 불길을 끄고 수치심을 진정시킨다. 이 해결책에 의해 본문과 삽화는 다시 한 번 수렴하며 안정적으로 조화를 이룬다.

젊은 표현주의자의 고뇌에서 중심적인 것은 수치심—이 점을 착각하지 않도록 하자—이다. 예전의 빈 사춘기 세대, 호프만슈탈이나 레오폴트 안드리안 같은 세기말의 탐미주의자들에게서는 성적 자각이 워낙 희박했기 때문에, 그로 인한 수치심이나 죄책감은 나타나지 않았다.[•] 그들의 문제는 강렬한 감정을 장악하거나 구체화하는 것이 아니라 감정이 희미하고 자아 감각이 워낙 허약하다는 데 있었다. 그들 입장에서 보면, 대양처럼 광대하게 퍼져 있는 의식 때문에 자아와 타자아, 내면과 외면의 경계가 흐려졌고, 꿈과 현실이 뒤섞였다. 코코슈카는 『꿈꾸는 소년들』에서 범정신주의적 의식의 이 무차별적 표면을 태워 개인의 내적 경험으로서 성이 갖는 일차적인 현실성을 긍정하려 했다. 하지만 이 긍정에는 불타오르는 듯한 수치심이 포함되어 있다. 그러므로 이 시는 과도하게 승화시키는 문화에 맞서 전복적이고 공격적으로 돌진함에도 불구하고, 본질적으로 자기 고백의 성격을 지닌다. 얼핏 속기 쉬운 제목의 복수형도 자기의식의 흐름을 일인칭으로 읊조리고 있는 시인의 정체를 덮어 가리지는 못한다.

코코슈카는 성적 긴장감이 주는 끔찍한 고난에서 풀려날 수 있는 길이 두 가지 있다고 보았다. 하나는 청혼하는 일이며 다른 하나는 억제하는 것이다. 『꿈꾸는 소년들』은 첫 번째 방식의 절정이다. 완성된 사랑이 자아와 세계 모두를 재확립한다. 코코슈카는 『살인자, 여성들의 소망Mörder, Hoffnung der Frauen』이라는 소희곡에서 두 번째 해결책을 모색했다. 이 희곡은 1909년 쿤스트샤우 극장 정원에서 상연되었다. 여기서 에로스는 순수한 공격성이다. 『꿈꾸는 소년들』의 내면적 꿈세계가 이 작품에서는 양성 간에 벌어지는 노골적이고 원시적인 사랑의 투쟁으로 대체된다. "경험을 통해 얻은 힘을 가진 무시무시하고 열정적인 인간의 본성이 바로 우리 자신의 경험이 되어 나타난다."[16]

주제는 단순하다. '남자'가 한 무리의 군인을 이끌고 가다가 어떤 요새 앞에서 수행원을 거느린 '여자'를 만난다. 남자는 여자에게 자기 낙인을 찍은 적이 있다. 여자는 그를 칼로 찌르고 감옥에 가둔다. 일종의 애증관계에 사로잡힌 그녀는 그를 놓아준다. 하지만 남자는 죽어가면서도 불가항력의 힘

● 이 책의 6장을 볼 것.

을 발휘할 수 있다. 그가 내민 손에 닿자 여자는 죽는다. 여기서 하나의 사랑의 죽음Liebestod이 아니라 여러 개의 사랑의 죽음들Liebestöten이 선언된다. 그것은 사랑과 살인이 떼려야 뗄 수 없이 함께 묶여 있는 열정이다. 죽음은 연인들이 트리스탄과 이졸데의 전통에 따라 굴복하는 어떤 것이 아니라 공격성과 사랑이 분리되지 않는 열정의 고통을 겪으면서 서로에게 안겨주는 어떤 것이다. 이 연극의 포스터에서 코코슈카는 연극 언어에 담겨 있던 자신의 강력한 감정을 시각 언어로 번역했다(도판 13). 거기에는 한 해 전에 그린 쿤스트샤우의 포스터와 동일한, 대담한 이차원적 색채 구성이 들어 있다(도판 11과 비교할 것). 하지만 과거에는 코코슈카가 아름다운 소녀 시절의 정적인 자세를 평면적인 색채판에 옮겼다면 이제 그는 여성 살인자의 비탄Pietà에 들어 있는 공격적인 고뇌를 강력하고 휘몰아치는 듯한 붓질로 그려낸다.

　하인리히 클라이스트Heinrich Kleist 1777~1811는 자신의 작품인 『펜테질레아Penthesilea』에서 이미 사랑과 전쟁의 고대적인 혼합을 부활시킨 바 있다. 이 작품 자체가 바로 억압되던 것들이 유럽 고급문화의 지위로 복귀했음을 알리는 이정표다. 코코슈카는 학생 때 이 연극을 알게 되었고, 이 작품을 바탕으로 자신의 소희곡을 썼다. 그는 호머 신화의 근사한 치장을 뜯어버리고 클라이스트의 고전 연극을 압축해 짧고 삭막하며 원형적인 연기action로 만들었다. 『살인자, 여성들의 소망』이라는 엉성한 제목이 붙은 희곡에 그리스식 영웅은 한 명도 필요하지 않다. 아킬레스와 펜테질레아는 평범한 남녀로 격하되었다. 풍부한 울림을 지니고 있던 클라이스트의 시 낭송은 칼로 찢는 듯한 발성으로 축소되었다. 삭막한 색채는 충격적인 시를 보강해 인물을 원형으로 환원시키는 효과를 더욱 강화한다. 음영 부여라든가 중간색half-tone 같은 기교는 여기에 등장할 수 없다. 첫 부분의 무대 지시를 보면 어떤 포스터가 될지 짐작할 수 있다. "남자: 흰 얼굴, 푸른 갑옷, 머리의 상처를 싸맨 붕대(아마 피로 붉게 물들었을 것)." 여자는 이와 대조되게 원색으로 등장한다. "붉은 의상, 풀어 헤친 노랑머리[잘못 인용], 큰 몸집과 음성." 남자의 수행 전사들은 첫 구절에서 정체가 밝혀지며 야한 시각적 이미지가 그들의 열광적인 박동을 강화한다.

> 전사들 우리는 그를 둘러싼 불타는 바퀴다.
> 　　　　우리는 그대를 둘러싼 불타는 바퀴이고, 비밀 요새의 습격자다!
> 전사들 우리를 인도하라, 창백한 이여!•17

『살인자, 여성들의 소망』이 구사하는 시각적, 구두적 언어는 모두 원시성, 또는 운동할 때와 같은 직접성을 가지려고 애쓰는 듯 보인다. 그들은 이제 참을 수 없이 수축되었다가 살인적인 에너지로 튀어오르는 강력한 근육의 징조를 보여준다. 그림 59는 화가가 희곡의 초판본(1910년에 출판된 『폭풍우Der Sturm』에 실림)에 실은 삽화로, 펜과 붓으로 그린 드로잉 가운데 하나인데, 딱 딱한 금속성의 윤곽을 한 인물과 강철 같은 신경줄처럼 보이는 선으로 조형 된 관절을 보여준다. 양성 간의 생사를 건 투쟁이라는 동일한 주제를 다룬 초기 분리파인 에른스트 슈퇴어Ernst Stöhr의 그림(그림 60)과 코코슈카의 그림 을 비교해보면, 코코슈카 세대가 가-피학증sadomasochism 경험을 시각적으로 직접 발언하기 위해 미술을 문학적 언어로부터 해방시키기 시작하는 모습을 볼 수 있다. 쇤베르크의 보폭 넓은 음악 역시 그러했지만, 코코슈카의 드로잉 은 예전에는 그만큼 직설적으로 표명되지 못하던 불과 얼음의 세계를 열어젖 힌다. 『살인자, 여성들의 소망』에서도 『꿈꾸는 소년들』에서와 같이 코코슈카

• Kriger: Wirr waren das flammende Rad um ihn.
  Wirr waren das flammende Rad um dichh, Bestürmer / verschlossener Festungen!
  Kriger: Führ'uns, Blasser!

그림 59 『살인자, 여성들의 소망』의 펜과 붓 드로잉, 오스카어 코코슈가, 1908~1910.

그림 60 무제, 에른스트 슈퇴어, 1899.

는 그림과 본문 사이의 일대일 상응에 여전히 무관심하다. 극작가의 목적은
서로를 강화시키는 것뿐이며, 그는 그 목적을 얼마든지 달성한다.

그런 작품이 예쁘장한 쿤스트샤우의 정원에서 상연되다니! 관객들은 이제
막 오스카 와일드의 『인판타의 생일』이 품고 있는 섬세한 뉘앙스에 반응하도
록 감각과 심리적 반응을 세련되게 갈고닦는 법을 배운 참인데, 코코슈카의

연극이 지닌 날것 그대로의 야만성을 새로이 환기시켜야 했다. 화가—그 무렵 그는 이미 쿤스트샤우의 '으뜸가는 불량배'로 알려져 있었다—는 초연날 밤 자신이 폭풍 같은 항의에 파묻혔다고 쓴 바 있다. 이 회상에 대해 피터 버고는 반박하는데, 그의 반박에는 충실한 근거가 있다.[18] 하지만 연극이 불러일으킨 분노가 작가가 주장한 만큼 크지 않았다 해도, 『살인자, 여성들의 소망』이 제시하는 직설적이고 파괴적인 계시보다는 『꿈꾸는 소년』이 제시하는 내면화되고 은유적으로 표현된 사춘기 위기를 무시하는 편이 더 쉬웠을 것이다. 시에 첨부하는 석판화와 연극미술 작업 사이의 차이는 바로 젊은 코코슈카의 감정이 시각적으로 형상화되는 엄청난 범위를 극적으로 말해준다. 열에 들뜬 그의 심리적 진실은 탐미주의자의 긍정의 문법으로는 더 이상 발언될 수 없었다. 코코슈카는 새로운 메시지를 발언하기 위해 새로운 언어를 고안하고 있었던 것이다.

코코슈카 자신은 예상했을 수도 있겠지만, 그 도발적인 폭발로 인해 그는 정원에서 축출되었다. 이는 오스트리아 예술과 그 자신 모두에게 아주 중대한 결과를 초래한 사건이었다. 문화교육부의 청문회가 열렸을 때 응용미술학교의 교장인 알프레트 롤러는 코코슈카의 장학금을 박탈했다.* 그러나 다행스럽게도 빈 탐미주의에 대한 가장 단호하고 냉철한 비판자인 아돌프 로스 Adolf Loos도 이 폭발에 관심을 가졌다. 그는 솔선해서 젊은 화가에게 도움의 손길을 내밀었다. 한 해가 다 가기 전에 그는 코코슈카에게 초상화 주문을 잔뜩 얻어다주었을 뿐만 아니라, 그가 제공한 지적 환경 속에서 코코슈카는 예술가로 발전하는 데 필요한 새로운 시각을 얻을 수 있었다. 코코슈카는 자

---

* 분리파의 창설 위원인 롤러는 궁정 오페라단에서 구스타프 말러를 위한 무대 디자이너로 명성을 얻었다.

신을 단테에, 그를 베르길리우스에 비유했다. 로스는 "코코슈카 자신의 경력 뿐만 아니라 인생에도 결정적인 역할을 한 인물이었다."[19]

마흔여덟 살 난 건축가와 젊은 화가 사이에 형성된 우정은 순수미술과 응용미술 사이의 완전히 새로운 관계를 상징한다. 분리파 그룹이 아름다운 삶을 위해 결합시켰던 것을 새 세대는 진리의 이름으로 깨부수었다.

로스는 초기에 분리파 운동에 참여했고, 역사주의적 스타일에 반대하는 그들의 저항에도 가담했다. 1898년에 그는 링슈트라세 빈이 현대의 상업적 진실을 역사적 파사드 뒤에 감추는 데 대해 가장 격렬하게 비난한 분리파의 잡지 『성스러운 봄』을 제작했다.[20] 분리파 화가와 건축가들은 '현대적' 스타일을 개발해 현대적 효용성을 새로운 아름다움으로 무장시킴으로써 역사적 스타일에서 구원받고자 했다. 로스는 건축과 실용 물건에서 '스타일'—장식적이건 치장이건 모든 종류의 스타일—을 제거해 기능 자체가 그 고유한 형태를 통해 스스로 발언하도록 만들고자 했다. 매한가지로 도덕가인 친구 카를 크라우스와 함께 그는 쿤스트샤우에서 절정에 달한 '삶 속으로의 예술의 침투' 및 주택을 양식화해 예술 작품으로 취급하는 추세를 줄기차게 비난했다. 크라우스가 서술적 산문에서 일체의 탐미적 허세를 제거해 인간의 언어 환경의 순수성을 복구하고자 노력한 것처럼 로스는 시각적 환경—도시, 주택, 의상, 가구—에서 모든 수식을 제거하고 순수화하고자 노력했다. 그는 간단명료하게 말했다. 건축은 예술이 아니다. "어떤 목적에 봉사하는 것은 모두 예술의 영역에서 배제되어야 한다. (…) 우리는 '응용미술'이라는 뻔뻔스러운 구호가 모든 국가의 어휘에서 사라질 때에만 우리 시대의 건축을 갖게 될 것이다."[21]

아마 젊은 코코슈카의 반항이 옳은 주문의 힘, 또는 그 정신에 확실하게 빠져 있었기 때문이겠지만, 로스는 1909년에 전례 없이 날카로운 태도로 예술과 건축을 극단적으로 대비시키는 견해를 밝혔다.

> 예술 작품은 예술가의 개인적 업무다. 주택은 그렇지 않다. (…) 예술 작품
> 은 누구에게도 답을 줄 수 없다. 주택은 모든 이에게 응답해야 한다. 예술
> 작품은 사람들을 안락함(혹은 순종성)에서 벗어나도록 두드려 깨워야 한
> 다. 주택은 안락함을 제공해야 한다. 예술 작품은 혁명적이고 주택은 보
> 수적이다.[22]

정반대의 스타일이면서도 동반자가 된 코코슈카와 로스는 사실상 회화와
건축을 탐미주의적으로 종합한 쿤스트샤우를 양쪽 날개로부터 공격한 것이
다. 로스는 엄중하게 중립적인 합리성을 지지하면서 건축에서 장식적 요소
를 없애버렸고, 코코슈카는 그와 달리 쿤스트샤우의 작품들이 지향하던 에
로틱한 삶의 추상적 탐구에서 더 나아가 구체적으로 성격을 묘사하는 그림
을 그렸다. 그림을 사적인 것으로 보는 로스의 원리를 충실하게 따른 코코슈
카는 삽화가의 열정을 그대로 지닌 채 새로운 유의 심리적 초상화의 세계로
뛰어들었다. 그는 먼저 대화를 통해 자신이 그리는 인물의 정신을 포착한다.
그런 뒤 상대방의 영혼을 깊이 꿰뚫어봄으로써 "내 그림을 통해 자기 인식의
기반을 찾아내는 것"을 목적으로 삼는다.

돌이켜볼 때 코코슈카는 이렇게 새로운 유의 그림을 소외의 감정에서 태
어난 것으로 설명했다. "……문제를 정면으로 다루기 위해 나는 초상화 그리
기를 시작했다."[23] 그가 모델에게 취한 전략은 그들을 계속 움직이게 하고 이
야기시키면서 활력을 불러일으킨다는 방법이었다. 그렇게 해야만 그들의 얼
굴이 의식의 주체로서, 정신의 소유자로서 빛을 발하기 때문이었다. "인물은
정물이 아니다", 코코슈카는 이렇게 주장했다.[24] 얼굴은 의식이 '위임한 힘'을

처리하며, 그 힘은 얼굴이 영혼의 본성과 움직임의 일부—결코 전부일 수는 없다—를 표현하는 이미지를 선별할 수 있게 해준다. 얼굴(그리고 몸, 몸짓)과 정신의 관계는 자동차와 기름의 관계와 같다. 그다음으로, 화가의 의식은 모델의 시각이 되며, 자기 앞에 있는 인물에 의해 전달된 넘쳐흐르는 생명력에 의해 "양육되고 자양분을 얻는다." 모델의 얼굴과 화가를 통해 초상화, 즉 이미지에 전달된 일종의 삶의 "진정한 존재감"에 의해 타자성이 극복되고 착각은 훤히 간파된다.

화가는 지도도 없이 삶의 바다를 떠돌아다니는 '규칙 없는 인간regelloser Mensch'이지만, 이렇게 함으로써 얼굴과 시각에 대한 그의 의식Bewusstsein der Gesichte을 통해 무한의 일부에 형태를 부여할 수 있다.* 그 의식은 역동적인 동시에 정적이다. "유행은 흘러가게 하고 시각gesichte은 있는 그대로 내버려두라."25 그것은 이제까지 화가들이 해온 것처럼 사람들이나 자연의 실제 세계를 '표상하지represent' 않고 내적으로 형성된 의식의 의지에 의한 창조라는 것으로 '제시한다present.'

코코슈카가 1908년에서 1915년 사이에 그린 초상화들은 거의 신학적 의미에서 '진정한 존재감real presences'을 지닌 모델을 확실하게 보여주고 있다. 몸을 얻은 정신인 이 그림에서는 그들 신체의 색조와 몸짓 자체가 화가가 그들 속에서 본 핵심적이고 본질적인 성격을 표현한다. 코코슈카는 강렬한 삼차원적 리얼리즘으로 옮겨가면서도 신체를 프시케의 음성으로 취급했다. 이와 동시에 그는 자신이 그린 초상화에서 주변 환경을 없애버리거나 그림자 정도

---

* 독일어 단어인 Gesicht는 '바라봄' 혹은 '이미지'와, '시선' 혹은 '용모'라는 두 종류의 의미를 모두 갖고 있으므로 시각적 지각의 주관적 측면과 객관적 측면을 모두 포용한다. 이 이중적 의미는 코코슈카가 본 예술가의 의식 개념에 아주 중요하지만, 그 때문에 영어권에 속하는 우리는 그 복합물의 한 면을 지지했다가 또 다른 면을 강조하게 된다.

로만 남겨두었다. 왜냐하면 정원에서의 폭발 이후 외적 자연이나 의상, 지위, 직업 등 외적 상징물은 표현주의자의 관심 대상이 된 문화와 무관해지고 본질적인 인간 존재를 뚫고 들어갈 수 없게 되었기 때문이다. 활동하는 정신에 리얼리티가 있다면 프시케는 그 모델의 페르소나에서 뿜어져 나오는 눈부신 빛, 고유의 앙비앙스를 만들어낼 것이기 때문이다. 예전에는 외적 환경이 모델의 본성을 파악하게 해주는 힌트 역할을 했다.

코코슈카가 그린 예술비평가 한스 티에체 부부의 2인 초상화(도판 15)는 그의 시각의 힘을 보여준다. 코코슈카는 자신이 본 남편의 이미지를 '사자', 아내의 이미지를 '부엉이'라고 불렀다. 일종의 바삭바삭한 빛이 남편의 머리에서 솟아오르는 것처럼 보인다. 그의 등 뒤에서는 에너지의 발산처럼 보이는 지느러미 같은 예리한 선이 올라온다. 그런 것들 덕분에 그는 이와 비슷하게 활력을 띤 주위 환경, 생명력의 장場과 공명하는 듯하다. 그 장에서는 구름이 낀 듯 파동을 일으키는 대기 속에서 전기 흐름이 제멋대로 교차한다.

티에체 부인의 말에 따르면, 이 초상화를 그릴 때 화가는 모델을 창문 앞에 앉히고, 빛을 뒤편으로 받아 모델의 윤곽이 잡히도록 했다고 한다. 하지만 그림에서 코코슈카는 이 부부와 빛의 관계를 뒤집어서, 그들이 빛의 원천이 되도록 했다.**26** 형태나 살집이나 골격 면에서 각각 상대편의 손과 매우 다르게 생긴 부부의 손은 나란히 놓여 있고 거의 닿을 정도이지만, 상대방에게 손을 내밀지는 않는다. 그렇게 했더라면 프라이버시나 개성의 범주가 무의식적으로 깨졌을 것이다.

베를린에 사는 친구인 헤르바르트 발덴Herwarth Walden의 초상화(도판 14)에서 코코슈카는 나중에 아방가르드 편집자가 될 모델의 개성을 캔버스에 기록했다. 발덴은 모험심이 있는 사람이었다. 코코슈카의 『살인자, 여성들의 소망』(본문과 드로잉)을 출판하고 이 젊은 화가를 직원으로 채용한 것이 바로 그였다. 발덴의 프로필이 보이는 예리함과 단단한 눈썹은 코코슈카 자신이 비판적 지성에 대해 지닌 '시각—의식'을 말해준다. 침착한 눈은 냉철한 시각과 강렬한 기민함을 겸비하고 있다. 그것은 적에게 덤벼들 준비가 다 되어 있고, 정당한 분노가 언제라도 금방 불타오를 눈이다. 관능적인 입 뒤에는 견고한 턱이 자리 잡고 있다. 하지만 전체 얼굴에는 끊임없는 비평 작업에서 오는 피로가 가득하다. 손은 안도감을 준다. 따뜻하고 강인하며 편안하게 쉬고 있다. 손이 골반에 날렵하게 올려져 있는 모습은 얼굴에 나타난 피로감이 아무리 클지라도 계속 투쟁할 것임을 암시한다.

발덴 초상화에서 가장 놀라운 점은 강단 있는 신체를 에워싸고 있는 극히 다양한 종류의 붓질과 선 처리 방식이다. 코트의 옷감은 균일하게 표현되어 있지 않다. 코코슈카는 혼란스러운 아방가르드에 속하는 수많은 이념과 태도만큼 많은 직선과 곡선, 깨끗한 면과 얼룩진 면을 사용한다. 발덴은 여러 색조의 음영이 진 망토를 가볍게 걸치고 있다. 전체의 일관성은 그가 발산하는 빛의 명료한 방향, 즉 전진성前進性으로 유지된다. 어깨에 있는 빛의 선은 앞쪽 아래를 가리킨다. 소매 앞부분의 선은 약간 위쪽 앞을 가리킨다. 화가는 이런 방식으로 단호하고 탄력 있으며 꼿꼿한 자세를 암시적으로 묘사해, 혼돈에도 불구하고 내면에서 빛을 가져올 수 있는 힘을 발덴에게 부여한다.

1914년에 그린 「템페스트The Tempest」'바람의 신부'라는 제목으로도 알려져 있음라는 제목의 그림(도판 16)에서 코코슈카는 1908년에 경악한 빈에 터뜨린 바 있는 사랑의 주제를 다시 다루었다. 하지만 이제 그는 이 문제를 완전히 탈신화적 방식으로, 솔직하고 시각적인 자서전과 같은 성격으로 표현했다. 티에체 부부의 2인 초상화처럼 코코슈카와 그의 정부인 알마 말러Alma Mahler를 그린 이 그림은 각 개인의 고유성과 상호 관계를 모두 나타내고 있다. 티에체 부부, 사자와 부엉이의 손은 닿아 있지 않았지만 그들의 정신은 공통된 지성의 따뜻한 전기장電氣場에서 결합되어 있었다. 「템페스트」에서는 연인의 신체가 함께 누워 있기는 하지만 코코슈카의 '시각-의식'은 이 사랑이 도저히 이뤄질 수 없는 것임을 말해준다. 알마의 부드러운 몸뚱이는 열정으로 삭아버린 그녀 연인의 가슴에서 만족감을 웅변적으로 나타내며 잠들어 있다. 오스카어는 팽팽하게 긴장된 상태로 깨어 있으며, 입을 앙다물고 머리와 목은 긴장해 뻣뻣하기 이를 데 없다. 크게 떠진 피곤한 눈은 허공을 뚫어지게 바라보고 있다. 불타오르고 부어오른 손은 그의 샅에 불확실하게 뒤엉켜 있으면서 그의 정신의 발기를 감상의 초점으로 가져오며, 알마의 평온함과 균형이 전혀 맞지 않는다. 이 불협화음, 비참한 엇갈림에서, 육체를 얻은 정신의 두 존재에서, 소용돌이가 일어난다. 그들이 누워 있는 달빛 비친 광란의 사랑의 바다로부터 폭풍우가 울부짖듯이 달려든다. 그것은 그들을 고양시켜줄 바로크식 환상의 견고한 수단인 희망의 구름인가? 아니면 그들의 운명적인 사랑을 집어삼킬 절망의 파도의 협곡인가? 이 장면에 표현되어 있는 모호성은 이 강력한 에로틱한 경험의 모호성을 심화시키며, 두 파트너 모두 그 경험에서 신체적인 것과 정신적인 것을 구별할 수 없고 유아론적 난관에서 결코 빠져나올 수도 없다.

코코슈카가 성적 체험의 문제를 발언한 최초의 작품들을 돌이켜보면 우리는 그가 자신의 탐미적 혁명을 얼마나 빠른 속도로 확립했는지 알 수 있다. 『살인자, 여성들의 소망』도 극적인 은유와 그래픽적인 추상으로 만들어졌지만, 「템페스트」에 비하면 정신적으로는 오히려 클림트의 심리적 그림 쪽에 더 가깝다. 어쨌든 에로틱한 삶을 아주 솔직하게 탐구하지 못하도록 화가들을 억제하고 있던 관례를 깨고 나온 것은 클림트였으니까. 하지만 그의 전복적인 작업은 여전히 은유적이었고, 무엇보다도 개인적이지 않았다. 익명의 모델이 본능적 삶의 고통과 쾌락을 '표상'하기 위해 활용되었지만 의뢰인의 용모를 알아볼 수 있는 초상화에서 그런 고통과 쾌락의 표지가 그려지는 것은 허용되지 않았다. 사실 클림트는 '심리적'인 쪽으로 갈수록 점점 더 자신의 메시지를 상징주의의 휘황찬란한 의상에 가두었다. 쿤스트샤우 전시회에서 클림트의 그림 가운데 가장 높은 인기를 끌었던 「키스」(도판 8)는 관능적 표면 처리와 승화된 본능적 내용을 담은 걸작으로서, 모델이 누구인지 암시할 만한 요소는 이 그림에서 모두 배제되었다.

코코슈카의 첫 혁명은 본능의 초상화에 날것 그대로를 되살려내는 것이었다. 이는 기본적으로 클림트와 분리파가 그토록 과감하게 시작했던 심리적 탐구를 잇는 작업이었다. 그가 그린 모든 초상화에 구현되어 있는 그의 두 번째 혁명은 심리적 혁명을 구체적·개인적 경험과 연결하는 것이었다. 그는 초상화 그림에 세 번째 차원을 복원시켰다. 그 목적은 르네상스 시대와 같은 과학적·공간적 원근감을 재도입한다기보다는 신체를 심리적 경험의 최우선적 표현 수단으로 다시 도입하기 위해서였다. 마찬가지로, 그는 「템페스트」 및 다른 초상화에서 초상화를 개인적인 경험으로, 부르주아 개인주의의 고통스럽고 정신적인 이면으로 소개한다는 방법을 통해 그의 문화가 인간의 정신적—물리적 고립성을 점점 더 많이 의식함으로써 생기는 힘을 넓히려고 과감하게 시도했다.

코코슈카가 그린 아돌프 로스의 초상화(도판 17)를 거의 같은 시기에 클림트가 그린 프리차 리들러의 초상화(도판 5)와 비교해보면 로스—코코슈카 동맹이 더욱더 폭넓은 의미를 담고 있음을 짐작할 수 있다. 클림트는 의뢰인을 이상적으로 양식화된 실내, 벽과 몰딩이 빈 공방 스타일로 장식된 실내에 있는 모습으로 그렸다. 주위 환경이 벽에서 가구로, 의상으로 확장되며, 인물은 형식적 환경의 틀 속에 들어가 있다. 이 탐미주의적 보호구역에서—창문도 폐쇄 공간에 들어오는 빛에서 자연적 속성을 떨쳐내는 스테인드글라스다— 리들러 부인의 세련된 신체는 이상화된 휴식 속에서 부각된다. 그녀는 자신의 틀이 되어주는 실내에 품위를 더하는데, 이는 인격적 교양과 미화된 부富의 상호 작용이다. 그런 초상화는 아르데코적인 방에 속하는 물건이며, 그런 방은 그토록 숭고하게 양식화된 초상화를 중심 장식물로 가질 자격이 있다.

코코슈카의 로스 초상화는 명백하게 이와는 다른 언어로 말한다. 화가는 도상학적 지침이나 모델의 배경이 되어줄 실내 환경을 전혀 활용하지 않는다. 또 이 '보수적'인 이성의 옹호자인 모델 때문에라도 그렇게 할 수 없었다. 로스의 집은 극도로 이성적이고 기하학적인 구조물로서, 그 집에서는 현대 생활의 복잡하고 신경증적인 성격의 것은 흔적도 남기지 않고 가차 없이 제거되었다. 그곳은 깨끗하고 모호하지 않은 공간과 확고하고 강인하며 단호한 선으로 이뤄진 건물이었다. 질서정연한 환경이 안전감을 창출한다는 말을 할 수 있다면 로스의 엄격하고 명철한 실내 스타일은 그 창조자의 목적을 완수한 것이다. 그러나 코코슈카는 표현주의적 초상화에서 그 정반대 효과를 달성한다. 여기서 로스의 건축학적 개념의 합리성은 그의 프시케, 강인하지만 고통받는 기계 인간의 프시케를 나타내기 위해 채택되었다. 기하학적 건축이 아니라 번개가 푸르게 번쩍이고 전기로 충전된 공간을 배경으로 하여 엄격하고 명상적인 로스의 얼굴이 앞으로 나선다. 손은 두 개의 톱니바퀴처럼 서로 맞물려 있다. 얼굴도 서로 팽팽하게 맞물린 불규칙적 평면으로 구성되어 있다. 이 강력한 인격의 무척이나 이성적인 요소를 정복하고 유지하려면 강철 같은 비합리적 힘이 있어야 할 것 같다. 로스의 건축에 있는 공간이 순수하고 명료한 데 비해 코코슈카의 눈에 비친 그의 인격에 있는 공간적 앙비앙스는 무겁고 폭발적인 에너지로 충만해 있다. 그것은 확실히 로스가 이 화가에게 지시한 바를 충족시키는 그림이었다. 그것은 "우리로 하여금 안락함과 순종성을 떨치고 나오게 만드는" 그림이었다.

　이런 초상화가 나태한 탐미주의의 정신으로 쿤스트샤우 전시관을 디자인한 요제프 호프만이 구상한 도안 무늬로 가득한 실내에 걸린다면 좋은 효과가 나올 수 없다. 하지만 로스의 집 안, 아무것도 없는 흰 벽에 걸리면 이 그림은 인간 조건, 내면적 긴장으로 찌부러진 현대 인간—사르트르의 말을 빌리자면 '자유롭도록 선고받은 자'—의 당혹스러운 시각을 부각시킬 수 있다. 형식적이고 자연성이 제거된 정원으로 그토록 잘 상징되던 쿤스트샤우의 아름다운 삶의 이상은 건축 분야에서 들어오는 로스의 엄격하고 청교도적인 합리주의와, 회화 분야에서 코코슈카가 가하는 탈숭고화된 정신적 논리적 리얼리즘의 연합 공격을 감당할 수 없었다.

3

　코코슈카가 회화에서 정원에서의 폭발을 일으키고 있는 동안 아널드 쇤베르크Arnold Schoenberg 1874~1951는—같은 해인 1908년에—음악에서의 폭발을 위한 화약열차를 준비하고 있었다. 쇤베르크도 코코슈카처럼 거의 무의식적으로, 자신의 전복적인 작업을 은폐하기 위해 전통적인 탐미주의적 형식을 위장된 형태로 사용했다. 그가 이런 형식이 지닌 해체적인 잠재력을 활용하고 있는 동안에도 마찬가지였다. 코코슈카처럼 쇤베르크 역시 서정시의 틀을 벗어나지 않은 감정의 신세계로 첫 발걸음을 내딛었지만 재빨리 연극 쪽으로 방향을 급격히 전환하면서 본격적인 공격을 개시했다. 연극적 양식은 새로운 유의 음악적 표현을 공개적으로 옹호함으로써, 마치 『살인자, 여성들의 소망』의 가혹한 사이코드라마 기법이 쿤스트샤우 그룹의 시각적 언어에서 화가를 해방시키는 데 기여한 것처럼, 작곡가를 전통적인 음악적 금지에서 해방시켰다. 두 사람 모두에게서 문학이 해방을 위한 산파의 역할을 했다는 사실은 그들이 각각 수행한 언어 혁명에서 관념이 맡은 역할이 얼마나 중요했는지를 시사해준다.

쇤베르크 역시 정원이라는 무대에서 벌어진 사춘기의 성적 자각의 주제를 가지고 무조성無調性으로 나가는 돌파구를 열었다는 사실은 코코슈카의 사례와 아귀가 아주 딱 들어맞는 듯한데, 실제로 그러했다. 형식적으로도, 정신적으로도, 쇤베르크의 연작 가곡인 「공중 정원의 책Das Buch der hängenden Gärten」(op. 15)은 코코슈카의 『꿈꾸는 소년들』과 아주 가까운 음악적 닮은꼴이다.

코코슈카보다 열두 살 연상인 쇤베르크는 세기말의 탐미주의 운동에 코코슈카보다 더 깊이 개입해 있었다. 그는 자기보다 연상인 동시대인들, 빈 엘리트 가운데 지적 개척자들—호프만슈탈, 프로이트, 클림트, 에른스트 마흐Ernst Mach—과 모든 것은 흐름flux이라는 막연한 느낌, 자아와 세계 사이의 경계가 유동적이라는 느낌을 공유하고 있었다. 다른 사람들이나 그에게서나 질서정연한 시공간이라는 전통적 좌표는 신뢰성, 심지어는 진실성까지도 잃어가는 중이었다. 동일한 연속체의 객관적 측면과 주관적 측면인 범자연주의pan-naturism와 범정신주의pan-psychism는 예술과 사상의 다른 분야에서처럼 음악에서도 표현되었다. 이 두 경향이 함께 작용해 베토벤 이후 진행되어오던 발전 과정, 즉 온음계 시스템이라는 음악적 구질서의 와해가 가속화되었다. 쇤베르크가 「공중 정원의 책」에서 행한 가장 혁명적인 행동은 조성調性, tonality의 거부였다. 이는 그 자신이 의미심장하게 "조성의 해방"이라고 부른 행위였다.•

음악에서의 낡은 질서란 무엇이며, 쇤베르크가 행한 해방의 행위는 어떤 성격의 것인가?**27** 르네상스 이후 서구 음악은 위계적인 조성 질서를 토대로 하여 구상되었다. 그것이 조성 음계이며 그것의 중심 요소는 한정된 조성인 으뜸3화음tonic triad이었다. 으뜸3화음은 권위와 안정성과 무엇보다도 중요한 평정으로 이뤄진다. 하지만 음악은 움직임이다. 화음이 정지해 있는 구조로서만 감지된다면 모든 움직임은 불협화음이 된다. 우리의 음악 창작 시스템은 움직임을 조성에 확고하게 종속시키므로, 모든 움직임은 으뜸화음에서 발생하고 그곳으로 돌아간다. 불협화음은 항상 그것과 관련된 위에서만 역동적인 요소—조성 맥락에서의 일탈—로 인정된다. 조옮김—한 조성에서 다른 조성으로의 이행—은 허가받은 불법성이 시행되고 불확실성이 고조되는 순간이기 때문에, 새 조성에서 새로운 방향성을 갖거나 예전 조성으로 복귀함으로써 해소되어야 한다. 그리하여 피아니스트 알프레트 브렌델Alfred Brendel은 하이든 또는 리스트가 바흐 주제의 「변주곡」에서 행한 반음계주의 chromaticism의 사용을 조성의 주요 해결책이라고 보았다. "반음계주의는 고통과 불안정을 나타내는 반면 이 작품의 종결부에서 도입되는 '순수한' 온음계 화음은 신념의 확실성을 나타낸다. (…) 하이든의 「천지창조Creation」의 시작 부분에서 (…) 혼돈과 빛이 번갈아 대조적인 방식으로 나타난다."**28** 불협화음—조성에서 잠시 벗어난 활기찬 소풍—은 음악에 흥분감을 주며, 그 표현력의 일차적 원천이다.

작곡가가 해야 할 일은 협화음에 도움이 되는 방향으로 불협화음을 조작하는 것이다. 이는 입헌제도의 정치 지도자가 주류 권력층의 목적에 부합하도록 움직임의 물길을 이리저리 조정하는 것과도 같다. 사실 음악에서의 조

● 불협화음을 해방시킨다는 것은 조성 체계를 대체할 새로운 체계를 구축한다는 것과는 다르다. 쇤베르크는 제1차 세계대전이 끝난 뒤에야 자신의 연음 체계, 혹은 12음 체계를 완성했지만, 이 문제는 이 책에서 다룰 수 있는 범위가 아니다.

성은 하나의 초점으로 집중된다는 점에서 미술의 원근법 이론과 동일한 사회문화적 체계에 속한다. 바로크 시대의 사회적 신분 시스템과 정치에서의 법적 절대주의도 마찬가지다. 그것은 기하학적 정원, 즉 자연 속으로 확장된 이성적 건축으로서의 정원을 선호한 바로 그 문화의 일부다. 루이 14세의 궁정 악장이던 라모가 화성 '법칙'의 가장 명료하고 비타협적인 이론가라는 사실은 우연이 아니다. 조성 시스템은 합리적으로 조직되고 위계적인 문화에 지배되는 인간의 삶을 견딜 만한 것으로 만들고 정당화하며 표현하기 위한 힘을 각 조가 차등적으로 갖고 있는 그런 음악적 틀이다. 이론적으로든 실천적으로든 고전 화성학의 목적은 모든 움직임이 끝에 가서 질서정연해지도록 (음악적으로는 카덴차cadence라고 불리는) 만드는 것이다.

19세기는 전반적으로 '움직임의 힘'이 '질서의 힘'에 도전한 '움직임의 세계'로 여겨진다. 음악에서도 사정은 마찬가지였다. 따라서 19세기는 불협화음—조성적 움직임의 매체—이 확장되는 세기였고, 조성적 질서의 중심인 고정 조성fixed key이 와해되던 세기였다. 다른 분야에서와 마찬가지로 음악에서도 시간은 영원 속에서 움직이고 동역학動力學은 정역학靜力學을 토대로 움직이며, 민주주의는 위계 위에서, 감정은 이성 위에서 움직인다. 정치적으로나 성적으로나 혁명가였던 리하르트 바그너는 조調, key의, 전통적 조성tonality의 제1의 공공의 적이 되었다. 「트리스탄과 이졸데Tristan und Isolde」에서 에로스는 엄격한 운율과 온음계적 화음으로 표현된 기존의 정치적, 도덕적 질서에 대항하여 자기주장을 펼치기 위해 상승 리듬과 반음계를 사용해 되돌아온다. 반음계의 음조chromatic tones, 다시 말해 반음들은 모두 동일한 음가音價를 가지며, 평등주의적인 음향의 우주를 이룬다. 조성의 위계적 질서에 익숙해진 사람은 그런 민주주의에 마음이 불편해진다. 그것은 흘러감의 언어, 해체의 언어다. 그것이 자유의 언어인지, 죽음의 언어인지는 각자의 관점에 달려 있다.

리하르트 슈트라우스 및 당대의 다른 여러 젊은 작곡가들처럼 쇤베르크도 자신의 삶의 감정에 어울리는 매체를 바그너에게서 발견했다. 항상 관념의 음악가이던 쇤베르크에게 초기의 중요한 작품 세 편을 쓸 영감을 준 것은 세기말에 선호되던 주제인 에로티즘의 긍정과 경계의 해체라는 주제를 다룬 문학적 대본이었다. 사회 관습에 저항해 단언되는 사랑을 찬양하는 음향시 세 편, 「정화된 밤Verklärte Nachte」(1899), 「구레의 노래Gurrelieder」(1901), 「펠리아스와 멜리장드Pelléas und Mélisande」(1903)는 진정으로 범에로티즘 시대의 작품들이다.* 그 작품의 대본을 쓴 시인들—각각 리하르트 데멜Richard Dehmel 1863~1920, 옌스 페테르 야코프센Jens Peter Jacobsen 1847~1885, 모리스 마테를링크Maurice Maeterlinck 1862~1949—은 신낭만주의라는, 해체되는 자연주의로부터 상징주의가 태어나게 되는 그 모호한 영역에 머무는 작가들이었다. 이런 시인들이 일반적으로 전통적인 형식의 시적 구조를 벗어나 새로운 소통으로 나아간 것처럼, 쇤베르크도 새로운 이념을 음악에 적용할 때 그가 존경하는 브람스가 제공한 형식적, 구조적 토대로부터 출발해 자신의 과제에 접근했다. 하지만 그가 영원히 변형되는 모티프가 조밀하게 짜인 바탕에 있는 경계, 즉 인간과 자연 사이의, 프시케와 환경 사이의, 윤리와 본능 사이의, 무엇보다도 남자와 여자 사이의 경계를 지워버릴 음악적 수단을 찾아낸 것은 그의 두 번째 영웅인 바그너에게서였다.[29] 유동적인 음향과 리듬적 흐름이 밀물처럼 밀려오는 쇤베르크의 초기 작품들은 클림트의 「철학」이나 이름 없는 본능적 억압에 실려가는 슈니츨러의 방랑자에게서 볼 수 있는 것과 같은 우주적 무정형성의 느낌을 전달하는, 진정으로 세기말적인 울림을 지니고 있다.[30] 이

---

* 마테를링크의 「펠리아스」는 네 명의 중요 작곡가—포레Fauré(1901), 드뷔시Debussy(1902), 쇤베르크(1903), 시벨리우스Sibelius(1905)—가 그 대본으로 작품을 썼을 정도로 당시 음악가들에게 강한 인상을 주었다.

처럼 쇤베르크가 영원한 조바꿈법과 반음계주의적 요소를 확대하는 방법으로 뿌리 없는 세계를 창조해냈지만 그는 아직 조성을 깨뜨리거나 소나타 형식이 요구하는 필수 조건을 거부하지 않았다. 현악육중주인 「정화된 밤」은 "(브람스와 바그너 사이의) 넘을 수 없는 갭은 더 이상 문제가 아니"라는 자신의 주장을 입증해주는 본보기다. 한편으로 쇤베르크는 자신의 육중주를 데멜의 대본의 구조를 확실하게 반영하는 한 쌍의 소나타 구조로 구축했다. 다른 한편으로는 바그너적인 화성 수단을 사용해 조성적 중심이 있다는 느낌을 약화시키려고 했다. 즉 통상적으로 우리에게 조성적 방향 감각을 주는 딸림음을 회피한다든가 하는 방법이 그것이다. 이리하여 쇤베르크는 소나타 형식 속에서 모호한 방향성, 관능적인 흐름, 전통적으로 소나타 형식이 통제하고자 했던 의미의 불확실성을 만들어냈다.[31]

유럽 음악이나 그 자신에서의 인상주의 단계를 되돌아보면서 쇤베르크는 그러한 흐름의 세계 안에서 실제로 그 자신만의 특별한 성격인 것, 즉 '나'와 세계 사이에 있는 연속체에서의 주관적이고 반응적인 요소를 강조했다. "인상주의자들의 감각기관은 (…) 지극히 미세한 움직임도 기록하는 지진계다." 그는 1911년에 쓴 『화성의 이론Harmonielehre』에서 이렇게 말했다. 인상주의자는 지극히 미세한 진동에도 유혹되기 때문에 미지의 세계의 개척자가 되었다. "그는 정지해 있는 것, 거의 들리지 않는 것, 그래서 신비스러운 것에 이끌렸다. 그의 호기심이 발동해 이제껏 먹어본 적 없는 것을 맛보려 했다." 물음을 던지는 자인 그에게 대답이 주어진다. 그것은 "일찍이 들어보지 못한 것을 찾으려 하는 탐색자의 성향이며, (…) 이런 의미에서 모든 위대한 예술가는 인상주의자다. 미세한 자극에도 반응하는 (그의) 섬세함 덕분에 그는 일찍이 들어보지 못한 것, 새로운 것을 밝혀냈다."[32] 이 탐색적 감수성은 외향적일 뿐만 아니라 주관적 함의도 갖고 있다. "중요한 것은 자기 자신에게 귀를 기울이는, 자기 내면을 깊이 들여다볼 수 있는 능력이다. (…) 그 속, 본능의 인간이 시작되는 그 내면에서 다행스럽게도 모든 이론은 와해된다……"[33] 쇤 베르크는 이 탐색—아직은 음향적 통일체로 울려나오지 않는 그의 내면세계와 조각난 세계 모두에 대한—을 「공중 정원의 책」에서 시작했다.

신낭만주의자인 쇤베르크가 노래에서 일으키려는 온건한 혁명을 위해 세기 초 독일 탐미주의자의 대제사장이자 한때 호프만슈탈의 친구였던 슈테판 게오르게Stefan George의 시를 고른 것은 적절했다. 게오르게에게는 쇤베르크가 매력을 느낄 만한 요소가 많이 있었다. 신성한 예술에 대한 절대적 헌신, 인간과 우주의 통합에 대한 신비적인 감각 같은 것들 말이다. 게오르게의 시는 사제-예술가가 수행하는 신비적인 통합 기능에 적합한 통합예술적 특징, 말하자면 마술적인 공명과 풍부한 색채감을 지닌 언어를 갖고 있었다. 쇤베르크가 볼 때 게오르게의 시는 이런 이상적이고 심미적인 매력 외에도 자신이 이제 착수할 대담한 음악적 과제인, 음악의 응집력 있는 구조적 중심인 조성을 해체한다는 과제에 특히 잘 적용될 만한 성격을 지니고 있었다. 그의 시에는 고전적 정원 그 자체와 같이 단순하고 형식적인 명료성이 있었다. 운율과 음향이 견고한 그의 시는 작곡가가 볼 때 존재론적 위계질서가 갖던 의미와 진실성이 사라진 세계에 어울리는 음악을 만들어내기 위한 확고한 시적 틀을 제공했다.

「공중 정원의 책」에서[34] 게오르게는 쇤베르크의 목적에 이상적으로 들어맞는 무대인 사회적으로 질서정연한 정원의 본성과 사랑을 시작하고자 하는 폭발적인 열정 사이에서 긴장을 조성한다. 연인이 조용한 정원에 수줍게 들어오는 장면에서 시작된 사랑의 행위는 일종의 사랑의 사당인 정원 안쪽 꽃이 흩뿌려진 침상에서의 절정으로 이어진다. 그다음에 연인들은 헤어지고 정원은 죽는다. 연작을 이루는 열다섯 행의 시는 이렇게 연인들의 변모뿐만 아니라 정원의 변모까지도 기록해 알려준다. 그 변모의 궤적은 정원과 연인의 자율성에서 시작해 그들이 통합되는 단계를 거쳐 둘 다의 해체로 이어진다. 첫 편에서는 그 로코코식 정원이 코코슈카의 어린 시절 낙원이던 갈리친베르크 공원처럼 연못 주위에 조각상이 서 있는 잘 짜인 야외 장면으로 묘사된다. 연인은 외부인, 꿈꾸는 소년이다. 그러다가 사랑에 눈뜨고, 대상을 발견하며, 사랑의 축성이 시작된다. 시의 중간 부분은 연인이 자신의 사랑을 간구하기 위해 외부 세계를 거부하는 모습, 열정적인 욕망이 온갖 불안 및 희망과 함께 치솟는 모습, 사랑을 성취하겠다고 절박하게 고집하는 모습을 보여준다. 사랑이 눈을 뜬 뒤 완전히 잊혔던 정원은 제10행에서 "검자줏빛의 가시나무로 울타리가 쳐진 아름다운 침상"으로 다시 나타난다. 이는 사랑하는 이의 성기의 상징인 동시에 연인의 에로틱한 갈망이 성취되는 무대이기도 하다. 마지막 세 행에서는 환멸이 온다. 연인은 떠나고 정원은 말라죽는다. 여기서는 정원으로부터의 축출은 없고 오히려 정원 자체가, 이상적 축복의 이미지 자체가 해체된다. 마지막 행—쇤베르크가 음악의 장점을 최대한으로 발휘하는 부분이며, 전체의 멋들어진 재현부—에서 버려진 연인은 늪으로 변한 연못과 타버린 풀밭을 비틀거리며 걷는다. 무더운 바람이 푸석거리는 잎사귀를 구름처럼 휩쓸어와서 생기 잃은 에덴의 잿빛 벽 주위로 밀어붙인다.

쇤베르크는 외적 질서와 개인적 감정의 이중성을 상호 작용 관계에 있는 두 개의 음악적 긴장으로 발전시킨다. 하나는 언어와 맥락 사이의 긴장이며 다른 하나는 전통적 음악적 형체(특히 피아노로 연주된)와, 범조성주의 덕분에 가능해진 새롭고도 변덕스러운 심리적 표현 사이의 긴장감이다.[35] 그는 이 두 긴장감을 통해 사랑에 대한 헌신인 게오르게의 양식화된 서정시를, 소리는 살짝 약해졌지만 여전히 강렬하게 꿰뚫고 들어오는 성적 자각의 비명으로 바꾸어놓았다. 그 과정에서 그는 외적 현실(정원)의 자율적 지위 전체를 높이 들어올려 주객관의 구별 너머 실존적 존재의 영역에 있는 연인과 통합시킨다. 인상주의자 쇤베르크의 지진계 같은 의식은 여전히 작동 중이다. 하지만 이 제 조성을 따라야 하는 임무에서 벗어난 그 의식은 표면에서 일어나는 물결 만이 아니라 프시케의 심연에 거주하는 가장 섬세한 진동과 가장 반경이 큰 공포감을 동시에 포착해, 프로그램 음악처럼 감각의 표면에 기록할 수 있다.

시 연작에 음악을 붙일 때 쇤베르크는 한 가지 중요한 장치를 통해 근본적 으로 보수적인 정신을 여전히 충실하게 지켰다. 바로 단일한 종합적 분위기 를 확립한다는 장치 말이다. 첫 번째 노래는 음조音調, tone를 결정하고, 저녁녘 의 로코코식 정원의 분위기를 설정한다. 피아노로 연주되는 도입부에서 단일 하고 느린 음조의 악구가 깊고 고요하게 연속되면서 정원 연못의 소리 없는 정적의 느낌을 전달한다. 주主 조성이 없기 때문에 우리에게는 기대감만 생긴 다. 우리는 열린 우주에 있고, 곧 그 사실을 알게 된다. 움직임은 더 이상 화 성적 진행을 통해서가 아니라 일종의 몸짓 형성과 재형성을 통해 진행된다. 따라서 첫 번째 노래의 첫 두 마디에서, 음악을 시작하는 사분음표 네 개는 박자 간격이 조밀하게 한데 몰려 있으며, 그다음에는 더 큰 보폭으로 악구가 상승했다가 정지한다. 성악이 들어오기 전에 네 번 반복하여 발언되는 이 모 티프는 당시의 형식적 질서에서 벗어나 있다. 그것은 숨 쉬는 것처럼 수축했 다가 확장한다. 리듬은 마디의 경계를 넘어서고, 박자—사분음표의 자유로 운 유형—도 무시하며 처음에는 4박자, 다음에는 2박자, 다음에는 5박자로 변한다. 그런 뒤에 보조가 상승하고 다시 잦아든다. 그리하여 멜로디는 멜로 디적 몸짓, 형태가 된다. 각 음표가 확대된 자율성을 가지며 어디든 갈 수 있 기 때문에 이 음표의 연쇄는 가수에게서나 청중인 우리 귀에나 똑같이 실어 증 환자처럼 진행된다. 하나의 음조는 분해되어 특권적 지위를 얻지만 곧 다 시 어두운 연못에 던져진 돌멩이처럼 집단 속으로 사라진다.

처음에 가수는 우리와 마찬가지로 정지 상태에 붙들려 있다. 그 여자 가수의 노래가 물이 흘러나오는 석조의 '우화 속의 동물'에 닿을 때쯤에야 새 생명이 음악에 들어온다. 아직은 기대에 찬 관찰자의 역할에 머무르고 있는 성악 음성보다는 피아노가 더 많은 것을 전달한다. 그러다가 촛불이 도깨비불처럼 갑자기 덤불에 불을 밝히면 강렬함이 밀물처럼 몰려든다(제17마디). 여기서 화성적 긴장이 부재한 상황이 오히려 그 감정 전달의 잠재력을 드러낸다. 쇤베르크는 고치 같은 고요 속에 갇혀 있던 우리를 끌어내고 갑자기 상승시켜, 빛을 보고 경악한 가수의 감각에 공감하게 만들다가 '흰 형체들'이 나타나면 우리를 그냥 어정쩡한 공간에 떨어뜨린다(제19마디). 이 형체는 그 뒤의 시 행에 나오는 연인의, 금세 우왕좌왕하지만 강렬한 감정을 예고한다.

「공중 정원의 책」에서 주제적 형식은 전반부의 표면 가까이에 놓여 있다. 거기서 정원 장면은 앞으로 나올 심리적 행동 분야로 규정되고 소개되어 있다. 연작시의 변증법이 정원과 연인 사이에서 전개되고, 나아가 연인의 열정의 논리가 승리함에 따라 선언적인 발언의 리듬이 외부 현실과 위계적 문화의 질서정연함의 상징인 정원의 마지막 저항을 흡수하고 사실상 분쇄한다. 그렇게 하는 과정에서 더 혼란스러운 음악적 요소들이 전통적 음악 형식의 반듯한 잔재를 매몰시킨다.

'불협화음의 해방'이 여기서 해낸 것은 화성적 질서와 종지부의 확실성을 파괴하는 일 이상이다. 그것은 조성의 민주주의를 확립함으로써 모든 표현적 가능성, 주제적, 리듬적, 색채적, 조성적 가능성을 엄청나게 확장시켰다. 작곡가는 조성을 제한적인 음악 공간에 몰아넣거나 천문학적이라 할 만큼 먼 거리를 뛰어넘어 결합시킴으로써 자신이 원하는 어떤 조성 공동체나 덩어리도 만들어낼 수 있다. 음조들의 관계, 덩어리, 리듬은 쇤베르크가 말했듯이 '가스처럼' 확장하고 수축한다. 이러한 무한한 공간과 원자화된 질료의 세계에서, 거대 우주와 미세 우주의 세계에서 작곡가의 구성 능력에 부과되는 무시무시한 요구는 신의 수준이라 하기에 전혀 손색이 없다.

독일 속담에 "선택한 자는 고통을 겪는다Wer die Wahl, hat die Qual"라는 말이 있다. 쇤베르크는 자신이 열어젖힌 광대한 가능성의 영역을 개척해나간 다음 작품으로 끔찍한 사이코드라마인 「기대Erwartung」(op. 17)를 만들었다. 그것은 코코슈카의 『살인자, 여성들의 소망』—역시 똑같이 1909년에 그려진—에 정확히 대응한다. 그것은 살인을 낳은 사랑을 기록하지만 이번에는 정신착란이 된 여성이 자신의 연인을 찾으러 나선다는 형식이다. 그녀가 연인을 죽였을까, 아니면 경쟁자가 죽었을까? 우리는 알지 못한다. 우리는 외로운 주인공이 덤불이 빽빽하게 뒤엉킨 황무지를 휘청거리며 지나가는 환각적 탐색의 노정을 따르지만, 그녀의 현실을 제대로 정리할 수 없고 길도 찾을 수 없다. 전체 작품은 「공중 정원의 책」의 후속편임이 분명하다. 그곳은 전작이 끝난 부분, 말라죽은 정원 바깥에서 시작한다.

여기 들어가? (…) 길이 안 보이네……
나무들이 정말 은빛으로 반짝이는구나…… 마치 자작나무 같아!
오, 우리의 정원.
그곳에는 틀림없이 꽃이 져버렸을 거야.
밤은 참 따뜻한데. 나는 무서워……
거기서는 너무나 무더운 바람이 휘몰아쳐……
잠시 멈춘 폭풍 같아……
무섭도록 조용하고, 너무나 공허하구나.●36

쇤베르크는 게오르게의 '사랑의 꿈' 단계를 지나 '기대의 악몽' 단계로 넘어가면서, 강한 운율을 지닌 게오르게의 시를 포기하고 운율이 흐트러진 자유시를 찾는다. 그가 찾는 것은 일부는 연설이고 일부는 노래이며 일부는 그저 비명일 뿐인 자유시였다. 응집성 있는 주제적 잔재는 음악에서 모두 삭제된다. 여기서 자유는 광기와 긴밀하게 연대한다. 민주적인 조성 원자가 지닌 반反구조적 잠재력은 소름 끼칠 정도로 활용되었으며, 리듬과 오케스트라적 색채로 강화되었다.[37] 쇤베르크의 '사랑의 죽음들Liebestöten'은 어쨌든 코코슈카의 것보다는 더 가혹하다. 왜냐하면 그것은 양성 간의 영웅적인 투쟁이 아니라 정신병리학, 내면적 해체로 제시되기 때문이다. 그리고 무질서한 프시케가 음악의 일차적 관심 대상이 되면서, 작곡가는 외부 질서의 낡은 메타포인 정원을 새로운 메타포인 황무지로 대체한다.

「기대」배후에는 쇤베르크를 완전히 무너뜨린 개인적 경험이 있는데, 이 경험은 그의 작품 속에 투사되어 있다. 아내가 그를 떠나 가장 절친한 친구인 리하르트 게르스틀Richard Gerstl에게로 가버렸고, 그 직후에 게르스틀은 자살했다. 물론 개인적인 고뇌가 예술적 창조를 설명해줄 수는 없다. 하지만 쇤베르크의 절망으로 인해 그가 이미 착수한 음악적 표현의 급격한 확장에 힘이 더해진 것은 분명한 사실이다. 여기서 확장의 목적은 부드러움과 공포감 사이에서 난폭하게 동요하는 감정을 포용하기 위함이었다. 광기에 음성을 부여하는 그의 음악이 급진적이 되면 될수록 사회적 고립 및 대중과의 소통 불가능성의 정도는 심해졌다. 그리하여 정신적 가능성의 모든 범위에 적용 가능한 미적 표현 형식을 찾아내는 데서 그가 이룬 성취 자체가 결과적으로는 예

● Hier hinein?······ Man sieht den Weg nicht······ / Wie silbern die Stämme schimmern······ wie Birken! / oh— unsern Garten. / Die Blumen für ihn sind sicher verwelkt. / Die Nacht ist so warm. Ich fürchte mich······ / was für schwere Luft heraus schlägt······ / Wie ein Sturm, der steht······ / So grauenvoll ruhig und leer······

술가의 비사회화desocialization를 초래한 것이다.

두 번 거절당한―한 번은 연인으로서, 또 한 번은 예술가로서―쇤베르크는 실패한 자아라는 개념, 고립되고 인정받지 못하는 예술가라는 개념을 중심으로 자신의 음악을 발전시켰다. 이중二重의 실패라는 주제는 「행운의 손길Die glückliche Hand」(1910~1913)에서● 최초로 나타난다. 이는 쇤베르크가 직접 쓴 대본을 가지고 작곡한 작품인데, 그는 이것을 영화로 만들고 코코슈카에게 무대장치 디자인을 맡기려고 생각했다.●● 코코슈카는 실제로 '희생자인 예술가'로서의 자아라는 주제에 이미 관심을 가진 바 있다. '시각의 본성에 관하여'라는 제목의 강연을 위한 포스터에서 그는 앞서 논의된 초상 작업 이론을 표현했다. 그 포스터에서 그는 피같이 붉은 배경에 그어진 푸른 윤곽선으로 자기 자신의 그래픽적인 캐리커처를 그렸는데, 코코슈카는 표현주의적 그리스도처럼 왼손으로 자기 옆구리에 벌어진 상처를 가리키고 있다(그림 61).●●●38 그러나 공통의 주제를 동시에 지지했음에도 두 예술가의 협동 작업은 끝내 이뤄지지 못했다.

그의 걸작 가운데 하나로 항상 꼽히는 실내가곡 연작인 「달에 홀린 피에로Pierrot lunaire」(1912)에서 쇤베르크는 연관성 있는 종교적 상징인 미사를 통해 예술가와 그리스도를 확실하게 동일시했다. 피에로를 주제로 한 알베르

● 이 제목은 천재적 창조력인 '초록색 엄지'와 같은 의미임을 시사한다. 하지만 아이러니컬하게도 그것은 창조적 예술가의 운명적인 좌절을 암시하는 것으로 쓰였다.
●● 코코슈카에게 일을 맡길 수 없게 되자 쇤베르크는 바실리 칸딘스키나 알프레트 롤러와 함께 일하고 싶어했다. Cf. Willi Reich, *Arnold Schoenberg*, tr. Leo Black(New York & Washington, 1971), p. 84.
●●● 이 강연은 쇤베르크가 참여하고 있던 문학과 음악 아카데미Akademischer Verband für Literatur und Musik가 후원했다. 쇤베르크가 이 강연에 참석했는지, 또는 이 포스터를 보았는지를 말해주는 증거는 없지만, 그의 관심사를 감안할 때 둘 다였을 가능성이 크다.

그림 61 오스카어 코코슈카, '시각의 본성에 관하여' 강연 포스터.

지로Albert Giraud 1860~1929. 벨기에의 상징주의 시인의 연작시에서 스물한 편의 시를 고른 쇤베르크는 그 시들을 일곱 편씩 세 그룹으로 묶고, 각 그룹이 대략 미사의 세 주요 부분을 시사하도록 했다. 축성에 해당되는 둘째 부분은 환각적인 살해의 이미지로 가득하다. 이 부분의 정중앙, 따라서 전체 연작의 중앙이되는 지점에는 「붉은 미사Red Mass」라는 노래(11번 가곡)가 있다. 여기서 피에로는 제단 위로 올라가 "사제 같은 의상을 들치더니, 겁에 질린 영혼들의 소름끼치는 영성체를 위해 피가 뚝뚝 떨어지는 붉은 성령, 즉 그 자신의 심장을 피에 물든 손가락으로 집어들어 보여준다"라고 노래한다.**39**

개인적 광기와 불안을 노출한다는 점에서 자기연민(대본에는 '감상적, 현대적'이라 되어 있다)이기는 하지만, 쇤베르크가 피에로의 초현실적인 순교를 다루는 방식은 대중적이고 비극적인 광대라는 주제를 전통적 예술과 현대적 예술가 모두의 운명이라는 더 보편적인 층위로 끌어올린다. 코메디아 델라르테commedia dell'arte 16세기 중반 이탈리아에서 성행한 즉흥 연극 형태의 인물로서 전성기를 누릴 때에도 피에로는 재치와 환상을 뒤섞어 삶의 힘든 현실을 상대하는 방법을 알고 있었다. 이제, 뿌리 없는 현대의 무언극 배우의 달빛에 흠뻑 젖은 세계에서 그가 지닌 조형적 환상formative illusion이라는 예술적 힘은 그저 환각과 초현실적 환상으로서만 살아남을 뿐이다. 결국 피에로가 회상으로 도피하는 것도 무리가 아니다. 굉장히 빈 스타일인 그의 최종적 환상은 "과거 한때의 오래된 향기"에 중독되는 것이다.●

그리하여 「달에 홀린 피에로」에서 쇤베르크는 해체되어가는 프시케를 「기대」에서처럼 사랑과 정원의 종말이 아니라 예술 및 예술가의 종말과 동일시했다. 하지만 해체의 진실을 온전히 발언한 예술가는 무시되고 비방당하면서

● "O alter Duft aus Märchenzeit / Berauschest wieder meine Sinne!"

도 만인을 위해 발언할 것이다. "예술은 그들 자신 속에서 인류의 운명을 체험하는 사람들이 부르짖는 구원의 호소다." 쇤베르크는 전통적 조성의 파괴라는 급진적인 작업을 한창 하고 있던 1910년에 이렇게 썼다. 쇤베르크가 사랑의 해체와 음악에 대한 거부를 표현하는 음악을 추구하는 동안에도, '인류의 운명'에 대한 쇤베르크의 언급은 순수하게 개인적이고 심리적인 영역을 넘어선 곳을 가리키고 있다.

예술은 자기 자신을 (그 운명에) 적응시키는 사람들이 아니라 그것과 맞붙어 씨름을 벌이는 사람들의 호소다. 아무렇지도 않게 '어둠의 힘'을 섬기는 자들이 아니라 그것을 구성하는 논리를 알아내기 위해 그 장치 속으로 자기 몸을 던지는 사람들의 호소다. 눈길을 돌리고 감정으로부터 자기 자신을 방어하려는 자들이 아니라 자기 자신을 열어젖히고, 마땅히 싸워야 할 것에 맞붙어 싸우려고 나서는 이들의 호소다.[40]

맞붙어 싸워야 할 것이 무엇인가? 쇤베르크가 자신의 진심어린 호소를 문화비평과 연결시키고, 숭배하는 친구 아돌프 로스가 규정한 예술의 혁명적 기능을 완수한 것이 바로 이 지점이다. 예술은 "우리가 안락함과 순종성을 떨쳐버리게 만든다." 로스도 그렇지만, 사회적 혁명가라기보다는 도덕적 혁명가인 쇤베르크는 자신의 비판을 사회적 시스템이 아닌 그것의 자기기만적 문화에, 그것이 내세우는 질서의 환상과 그 환상을 담고 있는 아름다움의 차폐막에다 겨누었다. 쇤베르크는 자신의 저서인 『화성의 이론』에서 이렇게 썼다. "우리 시대는 많은 것을 추구한다. 그것은 무엇보다도 안락함을 발견했다. 안락함은 이상의 영역에도 대폭 침투하며, 우리에게 좋도록 그 영역도 아주 안락하게 만든다."[41] "세계관으로서의 안락함이라!" 그는 다시 외쳤다. "몸을 최대한으로 조금만 움직이고, 불편하지 않게!" 쇤베르크는 독립적 가치인 미의 이념을 이러한 정신의 순응성과 결부시켰다. "미는 오로지 비생산적인 사람들의 생각에 그것이 부족하다고 느껴지는 순간부터 존재한다. (…) 예술가에게는 그것이 필요 없다. 그에게는 진실성만으로도 충분하다."[42] 안락, 지적 순응성, 정지, 미의 숭배, 이 모든 것이 쇤베르크의 마음속에서 연결되었다. 그는 이런 것들에 대비되는 것으로 움직임, 마음과 본능이 내면에서 지시하는 바에 대한 민감함,[43] 그리고 무엇보다도 진실을 대비시켰다.

이 같은 비판적인 정신으로 쇤베르크는 1912년에서 1914년까지 부르주아 신의 죽음을 찬양하기 위한 대규모 교향곡을 계획했는데, 전쟁이 일어나는 바람에 그 교향곡은 끝내 완성되지 못했다. 이 작품은 '삶의 변화(회고하고, 미래를 내다본다. 우울하고 도전적이며 움츠러든다)'라는 제목의 악장으로 시작한다. 두 개의 악장이 '아름답고 거친 세계'에 바쳐져 있으며, 그 가운데 하나는 부르주아 신을 창조의 축제에 나오는 자연과 연결시킨다. 이 부분의 대본은 리하르트 데멜이 세기말의 정신으로 구상한 것인데, 에로스의 상징 아래에서 배태된 자연에 바치는 일종의 찬가다.

쇤베르크는 초년에 데멜의 범자연주의적 전망을 공유했다. 이제 그는 오로지 전복하려는 의도에서 그것을 자신의 계획 속으로 흡수한다. 네 번째 악장에서 그는 상반된 이념을 소개한다. "부르주아 신으로는 충분치 않다." 교향곡의 두 번째 부분 전체에는 '원리의 죽음의 춤'이라는 제목이 붙어 있는데, 부르주아 신의 매장과 장례 행사를 극화한다. 죽음의 춤은 의미의 죽음이 꿈에 지나지 않는다는 실낱같은 희망을 불러온다. 왜냐하면 "인간은 살고 싶고, 믿고 싶어하기 때문, 즉 맹목이 되고 싶어하기 때문이다!"

어둠이 물러난다……

하지만 태양은 힘이 없다.

쇤베르크는 그가 말하는 죽어가는 부르주아 세계를 기만과 공허 사이의 날카로운 경계선 위에 서 있는 것으로 묘사한다. "전체적으로 질서가 끔찍할 정도로 많다. 또 무질서도 그만큼 많다. 그것이 무슨 뜻인지 묻는다면, 모든 것은 동시에 질서이며 무질서라는 뜻이다." 그것을 우리는 구별할 수 없고 판정할 수도 없다. 지식은 판정과 동일시된다. 쇤베르크의 대본은 우주적 통일성의 문제를 음악적 용어로도 묻는다. "조성이 하나인가? 아니면 조성이 전혀 없는가? 아니면 여러 개 있는가? 무한한 것인지, 무無인지? 지금 단일성을 파악하기보다 예전에 다수성을 파악하는 편이 더 쉬웠다. 지금의 이것은 사람을 압도한다."**44**

스티븐 스펜더Stephen Spender 1909~1995는 예전에 예술가가 말하는 정치는 정치 자체를 위해서가 아니라 삶을 위해 결정되는, 비정치적인 사람들의 정치라고 주장한 적이 있다. 그의 깨달음은 합스부르크 시대의 마지막 연도에 살던 쇤베르크에게 특히 잘 들어맞는다. 1912년에 데멜에게 보낸 편지에서 쇤베르크는 자신이 이 교향곡을 어떤 연유에서 기획하게 되었는지를 설명하면서 정치의 파산을 강조했다. 이 작품은 "오늘날의 인간들을 다루게 될 것이다. 그들은 물질주의, 사회주의, 무정부주의를 거쳐왔고, 무신론자이지만 옛적 믿음의 찌꺼기를 (미신의 형태로) 여전히 갖고 있다……."**45** 이런 범주가 와해된 덕분에 쇤베르크의 현대적 인간은 신을 다시 추구하게 되었지만, 그것은 그들 자신의 형이상학적 신, 현실의 신비스럽고 통합적인 충만성을 대표하는 그런 존재로서, 어떤 원리로도 그것을 해명할 수 없다. 오스트리아의 계층적 사회와 자유주의-합리주의 문화의 해체를 기록한 동시대의 소설가 로베르트 무질처럼 쇤베르크는 "세계관Weltanschauung과 세계의 진정한 모습을 구별해주는 것이 무엇인지" 알아내야 한다는 강박을 느꼈다.●46 교향곡의 스케치에서 쇤베르크는 다섯 번째 부분을 "'환멸을 느낀 자'들의 신앙: 신념을 가졌으되 객관적이고 회의적인 의식들의 조합이며 단순한 것 속에 신비스러움이 숨겨져 있다"라고 불렀다.47 그는 이리하여 깨진 부르주아적 질서로부터 세계에 대한 엄격한 시각에 대한 신념으로 넘어가는 통로를 만들어냈다. 그 신념이 있다면 분쇄된 현실을 받아들일 수 있고, 또 그 속에 세계 자체의 본연적 질서가 아닌 질서를 설정할 수도 있을 것이다. 이토록 복잡한 관념의 작곡가인 쇤베르크는 자신의 2차적인 음악 혁명, 즉 음렬 시스템serial system의 창조를 향한 첫 걸음을 떼어놓았다. 완성되지 못한 「죽음의 춤Totentanz」 교향곡에 '기쁨의 외침'이라는 제목의 스케르초를 도입하기 위해 그는 최초의 12음 주제를 썼다.48 예전에 「공중 정원의 책」과 「기대」에서 불협화음의 해방이 사랑 체험의 심리학과 연결되었던 것과 마찬가지로, 부르주아적 '안락함'의 정치 이데올로기 및 질서정연한 우주라는 환각적 원리를 상대로 벌이는 전쟁 역시 제1차 세계대전 전야에 인간의 창조력과 세계의 불가사의하게 다중적인 성격 양쪽에 공명하는 상상적인 조성적 질서의 가능성을 탐색하는 그의 작업으로 이어졌다.

코코슈카처럼 쇤베르크 역시 일찍부터 자신의 느낌과 본능을 깊이 신뢰해왔으며, 자신의 정신적 고통에 패러다임과도 같은 가치를 부여하며 도덕적, 형이상학적 진리로 다루었다. 인 가치를 부여했다. 단호한 부르주아 개인주의자인 그는 정치적 급진파가 사회적·법적 권리를 위해 싸우는 것과 똑같이 사회로부터 프시케의 권리와 그것이 규정하는 예술 형식을 지키기 위

● 독일어는 주관적이고 이데올로기적인 실재의 왜곡을 실재에 대한 객관적 전망과 더 강력하게 분리한다. "Was die Weltanschauung von der Anschauung der Welt unterscheidet."

해 싸웠다. 소외에 대한 그의 바위처럼 확고한 긍정 속에 예술가로서 그가 지닌 혁명적 힘과 황무지 외에 그 어떤 인간적 실현의 장도 기대하지 않으려는 철학자적 태도가 놓여 있다. 쇤베르크에게서는 황무지의 진실—원자화되고 혼란스럽고 무차별적이지만 개방되어 있고 포용적인—이 정원이 가진 유토피아적 아름다움의 대체물이 되었다.

쇤베르크가 아름다움의 옹호자들에 대한 성숙한 고발을 예술로 표현한 것은 제국이 와해된 뒤의 일이었다. 그가 오페라 「모세와 아론Moses und Aron」(1926~1932)에서 충실하게 행한 것이 바로 이것이다. 이 작품에서 그는 예술의 유혹적 힘을 믿은 사람들을 징계했을 뿐만 아니라 자신의 메시지를 전달할 새로운 음악적 형식을 찾아냈다. 그는 모세와 아론이라는 인물 속에서 진리와 미를 각각 극화했는데, 그 둘 사이의 형제애적 연대는 실패했다. 두 형제는 자신들이 결부되도록 운명지어진 두 위대한 힘 사이에 서 있다. 한편에는 "표현 불가능한" 절대 정신인 신이 있고 다른 한편에는 부패하기 쉬운 육체인 민중이 있다. 민중은 진리가 육체를 얻어 구현되는 예술이라는 방식이 아니면 신의 추상적 진리를 인지할 수 없다. 진리의 예언자인 모세는 말을 할 수는 있지만 노래는 부르지 않는다. 그는 예술을 하기에는 무척이나 순수한 사람이어서 민중과 소통할 수 없다. 그러므로 그는 감각을 통해 말씀the Word을 소통하는 일을 아론에게 위임한다. 관능성이라는 예술의 껍데기는 진리인 순수성을 왜곡한다. 민중의 입맛은 그것을 더욱 타락시키고, 예술의 감각적 호소력sensuosity을 육체적 관능성sensuality으로 전락시킨다. 그리하여 황금 송아지가 십계를 밀어내고 그 자리를 차지하는 것이다. 주인공 모세는 딱 한 줄의 노래를 부르고 나서, 말씀이 실패한 것에 절망하는 가장 고뇌에 찬 순간을 표현한다.[49] 이 작곡가가 내세운 주인공이 반反예술가라는, 극한의 순간 외에는 노래할 수 없는 존재라는 사실은 극도의 아이러니다.

다시 한번, 쇤베르크는 예술이 진리를 부패시키는 데 대한 분노를 쏟아낸다. 그 고발 속에서 오스트리아 전통을 성장시킨 주요한 힘들에 대한 전적이고도 포괄적인 거부의 음성이 울려나온다. 그 힘이란 말씀이 육화되고 육체로 가시화된 가톨릭의 은총의 문화, 부르주아들의 법 우선적 문화를 보충하고 승화시키기 위해 세속적으로 적용된 품위의 문화, 그리고 마지막으로는 세기말의 자유주의의 위기에서 예술 그 자체를 가치의 근원으로, 종교의 대체물로 보려 한 태도 등이다. 이 모든 것의 무게가 가톨릭 오스트리아 예술의 여왕이던 오페라에 반대해 작곡된 이 예언자의 이 오페라에서 느껴진다. 그것은 모세가 아론에게 하는 말에서도 나타나 있다. 모세는 쇤베르크가 가장 혐오하는 가치인 미와 안락함을 한데 합친 것 같은 혐오감을 가지고 정원을 인간적 실현의 허위 극장이라고 비난한다.

그때 그대는 육체적으로, 실제로
그대의 발로 실재하지 않는 땅을,
젖과 꿀이 흐르는 땅을 밟고 싶어했다.[50]

쇤베르크도 한때는 심미적 유토피아적 이상을 품은 적이 있었다. 그는 「정화된 밤」 및 다른 초기 작품들의 에로틱한 긍정에 뒤이어 나온 여러 작품에서 연이어 상처를 다루면서 그 이상을 고통스럽게 떨치고 나왔다. 그는 처음에는 「공중 정원의 책」과 「기대」에서의 버려진 연인이었고, 그다음에는 「달에 홀린 피에로」와 「행운의 손」에 등장하는 거부당한 예술가였으며, 마지막으로는 「모세와 아론」에 나오는 이해받지 못하는 철학적인 예언자로 등장했다. 그리하여 쇤베르크가 겪은 개인적인 거절과 좌절의 연속은 그를 육체에서 정신으로, 예술에서 철학으로, 사회역사적 세계에서 존재 그 자체의 영역으로 인도했다. 그의 모세가 유대인들에게 명령한 것처럼 쇤베르크는 인류에게 호소한다. 정원의 문화를 영원히 포기하고 자신이 내세우는 상반된 이상理想인 황무지를 받아들이라고 말이다.

……그대가 황무지, 욕구에서 자유로운 황무지를 떠날 때마다,
그대의 재능이 그대를 높이 들어올릴 때마다,
그대는 그 재능의 오용으로 인해 얻어진 성공에서 다시 저 아래 황무지로
내던져질 것이다.

하지만 황무지에서 그대는 불굴의 존재가 되고 목표를 이룰 것이다.
신과의 합일이라는 목표를.

그렇다면 정원이 일단 파괴되고 나면 황무지에서는 삶에 질서를 부여하고 예술이 자리잡을 여지가 전혀 없는가? 쇤베르크는 해방된 반음계주의 세계를 12음계로 조직하는 방법으로 이 물음에 긍정으로 답한다. 그것은 아돌프 로스가 지은 집과 마찬가지로, 순수하게 합리적인 시스템이다. 그러면서도 그것은 코코슈카의 초상화나 정원에서 쇤베르크가 지르는 고통스러운 비명이 지닌 표현력을 모두 포용한다. 무엇보다도 그것은 신이 예전에 한 일을 예술가에게도 허용한다. 자신의 창조의 세계 깊은 곳에, 그 하부 구조에, 감각만으로는 금세 파악하기 힘들 정도로 섬세하지만 논리의 법칙에 따라 캐 들어가면 탐구적인 정신이라면 이해할 수 있는 일련의 관계를 놓아두는 것이다. 그리하여 쇤베르크가 고안한 시스템은 온음계 시스템의 위계적이고 특권적인 질서로의 회귀가 아니다. 하지만 그 12음의 민주주의는 다시 조직적인 방식으로, 작곡가가 만들어낸 숨겨진 질서에 따라 모인다. 그 질서는 위와 아

래에서, 앞으로 또 뒤로, 일반적으로는 청중의 귀에 금방 포착되지 않을지라도 분석적인 정신에게는 뚜렷이 이해된다.

이 세기가 시작되기까지 서구의 전통적인 심미적 문화는 구조를 표면에 배치해 그 아래에 억눌려 있는 감정의 본성과 생명을 통제하도록 했다. 심리적 표현주의자인 쇤베르크는 표면이 깨지고 통제 불가능한 우주 속에서 떠돌아다니는 취약한 인간적 감정의 전 생명력으로 충만한 예술을 청중에게 제시한다. 하지만 그는 혼자 힘으로 그 혼란을 통합하게 될 잠재의식적이고 귀에 들리지 않는 합리적 질서의 세계를 그 아래쪽에 배치해두었다. 여기서 해방된 불협화음은 새로운 화음이 되고 심리적 혼란은 미적 감각을 뛰어넘는 질서가 된다. 여기서 산 채로 매장되었던 정원은 앞서 우리가 만난 황무지의 토대 구조가 된다. 그리하여 예술가 쇤베르크는 자기 선조의 신앙과 신에 대한 복종에 등을 돌렸는데도 창조자 인간, 괴테라면 '세계의 작은 신'이라 불렀을 법한 존재가 되었다.

정원에서의 폭발을 만들어낸 것은 예언적인 '생활감정Lebensgefühl'이었다. 그것은 니힐리즘과 서먹서먹하게 뒤섞인 인문주의였다. 코코슈카와 쇤베르크는 서로가 똑같이 위험하고 외로운 작업, 해방이면서 동시에 파괴인 작업에 참여하고 있음을 알았다. 두 사람 모두 자기들이 그 속에서 자라온 심미적 문화와 세기말의 빈 모더니스트 제1세대의 작업에 반대해 저항했다. 이들은 그 문화가 결정적인 추진력을 잃은 바로 그 순간에, 그리고 쿤스트샤우에서처럼 그것이 상류 부르주아의 지배적인 관습적 문화가 되는 그 순간에 그런 저항을 벌인 것이다. 더 나이 먹은 주요 예술가들—미술에서의 클림트, 문학에서의 호프만슈탈, 건축에서의 오토 바그너—은 교육받은 상류 중산계급이 그 미적 문화를 확장하면서 씌운 정치적 권력의 고삐에 적응해나가는 과정에서 그 계급의 대변자가 되었다. 그러나 젊은 예술가들, 코코슈카나 쇤베르크 같은 표현주의자들은 예술을 현실의 본성을 은폐하는 문화적 화장술로 사용하기를 거부한 최후의 청교도, 아돌프 로스나 카를 크라우스와 같은 합리주의 비평가와 연대했다.

코코슈카와 쇤베르크는 마음을 불편하게 하는 본능적이고 심리적인 진실을 직설적인 시각적, 음악적 언어로 단언했다. 그들의 선배들도 이 진실을 발견하기는 했지만 그들이 배운 것은 우의寓意라는 간접적인 형태로 표현하는 방법뿐이었다. 신인들이 일으킨 충격은 사회가 그들을 거부하는 결과를 낳았고, 그 거부 때문에 그들의 소외는 더 깊어졌다. 또한 그 소외는 정신적, 예술적으로 새로운 영토로 나아가는 모험의 토대가 되었다. 이 두 반反부르주아적 부르주아인 코코슈카와 쇤베르크는 자신들이 속한 문화에서는 비합리적인 사적 경험을 공개적으로 표현할 길을 금지당한 인간들의 영혼을 표현할 형식을 발견했다. 표현주의자는 비평가, 예언자, 새 예술의 창조자로서 그 영혼들에게 목소리를 주었다.

코코슈카와 쇤베르크는 모두 자신들의 자기중심적 곤경을 명확하게 받아들이는 것을 자신들이 지닌 혁신적 힘의 토대로 삼았다. 코코슈카는 이 장 앞부분에서 소개한 실화에서 현대 생활의 본질적으로 사적인 성격을 사회적 시각을 형성해야 하지만 또한 그렇게 하기가 불가능하다는 사실에 교묘하게 연결시켰다. "모든 인간은 고립되어 있기 때문에 야만인처럼 혼자서 자기 사회의 이상을 만들어내야 한다. 사회의 모든 원리는 유토피아에 있음을 알기 때문에 그는 또다시 고립될 수밖에 없다. 이 고립은 그 공허함으로 우리를 집어삼킨다……"[51] 쇤베르크는 칸타타 「야코프의 사다리Jacob's Ladder」의 대본에서 한마디의 외침으로 코코슈카의 기분에 공감했다. "우리를 이 고립으로부터 구해주소서!"

두 예술가 모두 제1차 세계대전 전에 만든 작품에서는 그런 표현을 금지했던 전통 예술에서의 질서 관례를 파괴하는 형식으로 자신의 진심의 외침을 표현할 수단을 발견했다. 두 사람 모두 질서의 이미지인 정원 이미지의 활용과 해체를 해방의 수단으로 삼은 것이다. 코코슈카의 폭발적 충동은 초상화를 그릴 때 프시케와 육체적 현실을 통합하는 데서 창조적 분출구를 찾았다. 그는 개인의 내면에 관련된 용어 외에 그 어떤 방법으로도 파괴된 정원을 재구성하려고 시도하지 않았다. 미의 정원의 전복자인 쇤베르크는 자신이 느끼는 깊은 고립감의 저주를 떨쳐버리게 할 만한 사회적 이상이나 현실을 도무지 찾을 수 없었지만 코코슈카처럼 그 문제를 쉽게 포기하지 않았다. 그는 자신의 비범한 존재의 깊이로부터 심리적 인간을 위한 적절한 은유적 이상이자 형이상학적 유추로서 황무지를 제시할 힘을 끌어냈다. 그는 들을 능력이 있는 사람에게는 자신이 온갖 애를 써서 파괴한 정원을 대체할 방법이 음향적으로 어떻게 조직되는지를 보여주었다.

머리말과 제1장

1_ 1918년 이전에 미국에서 프로이트가 받아들여지는 과정에 대한 신중하게 균형 잡힌 분석이 필요하면 네이선 헤일Nathan G. Hale, Jr.의 『프로이트와 미국인들Freud and the Americans』(New York, 1971)을 보라.

2_ 이 반항의 첫 단계 및 그것이 미친 문화적 충돌에 대해 알려면 윌리엄 맥그라스 William J. McGrath의 『오스트리아의 디오니소스적 예술과 포퓰리스트 정치 Dionysian Art and Populist Politics in Austria』(New Haven, 1974)를 볼 것. 전체 진행 과정의 간략한 검토가 필요하면 칼 쇼르스케의 Generational Tension and Cultural Change: Reflections on the Case of Vienna, *Daedalus*, 1978년 가을호, pp. 111~122를 볼 것.

3_ 하인리히 베네딕트Heinrich Benedikt가 편집한 『오스트리아 공화국의 역사 Geschichte der Republik Oesterreich』(Munich, 1954), p. 14에 인용된 프리드리히 헤벨Friedrich Hebbel의 글.

4_ 오스카어 코코슈카, 『논문집, 1905~1955』(Munich, 1956), p. 403.

5_ 롤랑 마누엘Roland Manuel, 『모리스 라벨Maurice Ravel』, *Cynthia Jolly*(London, 1947), p. 83.

6_ *Neue Freie Press*, 1897년 3월 2일.

7_ *Die Fackel*, 1권(1899년 4월), p. 15.

8_ 야코프 라우바흐Jakob Laubach의 『후고 폰 호프만슈탈의 시 탑Hugo von Hofmannsthals Turmdichtungen』 박사학위논문(Freiburg in der Schweiz, 1954), p. 88에서 인용됨.

9_ 알렉산더 바인Alexander Bein, 『테오도어 헤르츨의 전기Theodor Herzl. Biographie』(Vienna, 1934), p. 36; cf. pp. 96~97.

10_ 『게오르크 브란데스와 아르투어 슈니츨러: 왕복서간집Georg Brandes und Arthur Schnitzler: Ein Briefwechsel』, ed. Kur Bergel(Bern, 1956), p. 29.

11_ 1922년 5월 14일에 프로이트가 슈니츨러에게 보낸 편지, 어니스트 존스Ernest Jones
의 『지그문트 프로이트의 생애와 저작The Life and Work of Sigmund Freud』(New
York, 1951), III, pp. 443~444에서 인용; cf. 헤르베르트 쿠퍼와 힐다 롤먼-브랜
치Herbert I. Kupper and Hilda S. Rollman-Branch의 논문, "프로이트와 슈니
츨러(도플갱어)Freud and Schnitzler(Doppelgänger)", *Journal of the American
Psychoanalytical Association*, VII(1959, 1월), pp. 109 ff.

12_ 후고 폰 호프만슈탈, "아나톨의 책 서문Prolog zu dem Buch Anatol", 『시와 소품 연
극Die Gedichte und kleinen Dramen』(Leipzig, 1912), p. 78.

13_ 『횃불Die Fackel』 I(1899, 4월), p. 25, 27.

14_ 호프만슈탈이 슈니츨러에게 보낸 편지, 1892년 7월 19일. "친구에게 보낸 서신Briefe
an Feunde", *Neue Rundschau*, XLI(1930, 4월), p. 512.

15_ "시인과 그의 시대Der Dichter und diese Zeit", 후고 폰 호프만슈탈의 『논문 선집
Selected Essays』, ed. Mary Guilbert(Oxford, 1953), pp. 125~126.

16_ "편지Ein Briefe", 앞의 책, p. 109.

17_ 후고 폰 호프만슈탈과 에버하르트 폰 보덴하우젠, 『우정의 편지Briefe der
Freundschaft』(Berlin, 1953), p. 97.

18_ 후고 폰 호프만슈탈, 『희곡Dramen』, ed. Herbert Steiner(프랑크푸르트 암 마인,
1953~1958), II, p. 508.

19_ 앞의 책, p. 512.

20_ 앞의 책, p. 520.

21_ "시인과 그의 시대", 호프만슈탈, 『논문선집』, p. 138.

제2장

1_ Hans Bobek and Elisabeth Lichtenberger, *Wien*(Graz-Cologne, 1966), pp.
60~61.

2_ Karl Glossy, "Kajetan Felder," *Neue Oesterreichische Biographie*, IV, pp.
215~217. (이후에는 N.O.B.라고 표기함.)

3_ 빈의 행정 역사에 대한 자세한 설명이 필요하면 Rudolf Till, Geschichte der Wiener
Stadtverwaltung(Vienna, 1957), pp. 38~99.

4_ Bobek and Lichtenberger, *Wien*, pp. 45~47.

5_ Eduard Suess, *Erinnerungen*(Leipzig, 1916), p. 171.

6_ 19세기에 일어난 도시의 변형 배후의 전반적인 구조에 대해서는 Bobek and
Lichtenberger, *Wien*, pp. 30~41.

7_ 도시 확장 계획에 대한 군대의 태도가 변해간 복잡한 과정에 대해서는 Walter
Wagner, "Die Stellungnahme der Militärbehörden zur Wiener Stadterweiterung
in den Jahr 1848~1857," *Jahrbuch des Vereines für Geschite der Stadt Wien*,

XVII/ XVIII(1961~1962), pp. 216~285. 글라시스를 개방하는 데 대한 황제의 승인이 나기 전날 밤 그륀Grünne의 최종 입장에 대해 알려면 앞의 책 pp. 282~284를 볼 것.

8_ *Neue Freie Press*, 1873, 12월 2일(Morgenblatt).

9_ Reinhold Lorenz, "Politische Geschite der Wiener Ringstrasse," Drei *Jahrhunderte Volk*, Staat und Reich(Vienna, 1944), pp. 487~489. 교회에 글라시스의 땅을 분배하는 결정은 물론 1857년에 내려진 이 지역 전반에 대한 개방령에 앞서 발표되었다.

10_ Heinrich Friedjung, *Oesterreich von 1848 bis 1860*(3판; Stuttgart&Berlin, 1912), II, I, pp. 424~426.

11_ Wagner, *Jahrbuch······ Wiens*, XVII/XVIII, p. 284.

12_ Bruno Grimschitz, *Die Wiener Ringstrasse*(Bremen&Berlin, 1938), p. 6. Renate Wagner-Rieger, ed., *Die Wiener Ringstrasse, Bild einer Epoche*(Vienna-Cologne-Graz, 1969 et seq.), I. *Das Kunstwerk im Bild*(1969), p. 87.

13_ Grimschitz, *Ringstrasse*, p. 6. 급진적인 소통 유형에 대한 가장 훌륭한 논의는 지리학자인 엘리자베트 리히텐베르거의 *Wirtschatsfunktion und Sozialstruktur der Wiener Ringstrasse*, in Wagner-Rieger, ed., *Die Wiener Ringstrasse*, VI, pp. 24~26.

14_ Grimschitz, *Ringstrasse*, p. 8에 인용됨.

15_ Norbert Wibral&Renata Mikula, *Heinrich von Ferstel*, in Wagner-Riger, ed., *Wiener Ringstrasse*, VIII, iii, pp. 44~49.

16_ Lorenz, *Drei Jahrhunderte*, pp. 497~499; Friedjung, *Oesterreich, 1848~1869*, II, i, pp. 426~427; Wibiral&Mikula, *Ferstel*, pp. 55~57.

17_ 부르주아와 귀족의 융합이 완성된 진정한 '제2신분'의 인물인 페르스텔은 거대한 공공건물만이 아닌 황족과 은행가를 위한 궁전, 또 투기용 건설 회사를 위한 아파트 주택도 지었다. 페르스텔의 경력에 대해 알려면 Wibiral&Mikula, *Ferstel*의 여러 곳을 볼 것. 여러 가지 대학 프로젝트에 그가 개입한 일에 대해서는 pp. 44~75를 볼 것.

18_ 앞의 책, p. 61에 수록된 1871년 8월 4일자 교수 청원문에서 인용.

19_ 수에스가 기록한 한센과의 대화, *Erinneruger*, pp. 171~172에 실림. 한센은 1838에서 1846년까지 신생 그리스 왕국에서 교수와 건축가로서 일했으며, 1861년에는 그리스 과학 아카데미를 설계했다.

20_ 도시계획의 역사에 관한 이런 등등의 세부 사항은 합동의회 계획위원회에서 포괄적으로 다루어졌다. 그 기록은 퀴베크 남작의 Berichterstatter(Vienna, 1873), 1873, 3월 5일자의 Bericht zur Begutachtung der Pläne für das neue vereinigte Parlaments-gebäude zu Wien eingesetzten gemischten Kommission에 실려 있다. 또 Renate Wagner-Rieger, *Wiens Archtektur im 19. Jahrhundert*(Vienna, 1970), pp. 177~178도 볼 것.

21_ Suess, *Erinnerungen*, pp. 171~172. 박물관 경연에 관한 엄청난 토론에 대해서는 *Festschrift des historischen Museums zur Feie des fünfzigjährigen Bestandes*.

Part I. Alphons Lhotsky, *Die Baugeschichte der Museen und der neuen Burg*(Vienna, 1941), pp. 53~92.

22_ Suess, *Erinnerungen*, p. 216.

23_ Friedjung, *Oesterreich*, p. 216.

24_ Adolf Hitler, *Mein Kampf*, tr. Ralph Mannheim(Boston, 1943), p. 19.

25_ 앞의 책, chs. II, III, 여러 곳.

26_ Lichtenberger, *Wirtschaftsfunktion und Sozialstruktur*, p. 46.

27_ 19세기 빈 노동계급의 주택 발달 과정에 대해서는 Bobek&Lichtenberger, *Wien*, 여러 곳.

28_ 전통적인 주거 형태에서 19세기 주거 형태로 변화하는 과정에 대한 포괄적이고 섬세한 논의를 보려면 Lichtenberger, *Wirtschaftsfunktion und Sozialstruktur*, pp. 46~48.

29_ 앞의 책, pp. 34~36; Wagner−Rieger, *Wiens Architektur*, p. 216.

30_ Lichtenberger, *Wirtschaftsfunktion und Sozialstruktur*, p. 34.

31_ Wagner−Rieger, *Wiens Architektur*, p. 206.

32_ Cf. Lichtenberger, *Wirtschaftsfunktion und Sozialstruktur*, pp. 34, 39~43.

33_ Wagner−Rieger, *Wiens Architektur*, p. 206.

34_ 링의 소유주들과 임대인에 대한 완전한 사회적 분석을 보려면 Franz Baltzarek, Alfred Hoffmann, Hannes Stekel, *Wirtschaft und Gesellschaft der Stadterweiterung*, in Renate Wagner−Rieger, ed., *Die Wiener Ringstrasse*, V(Wiesbaden, 1975).

35_ Wagner−Rieger, *Wiens Architektur*, pp. 207~209. 평면도도 이 책에서 인용한 것. 또 Theophil Hansen, "Die für die Allgemeine Oesterreichische Baugesellschaft ausgeführte Baugruppe am Schottenring," *Zeitschrift des Oesterreichischen Ingenieur− u. Architektenvereins*, p. 30, 그림 1~6.

36_ Wagner−Rieger, *Wiens Architektur*, p. 208. 공공 구역과 사적 구역 모두에서 활동한 건축가들이 그들 나름대로 강력한 이익집단이 되었다는 것은 말할 필요도 없다. 조형예술 아카데미에서의 건축학 교육에 미친 그들의 영향력에 대해 보려면 Walter Wagner, *Die Geschichte der Akademie der Bildenden Kunste Wiens*(Vienna, 1967), pp. 119~246, 여러 곳.

37_ Lichtenberger, *Wirtschaftsfunktion und Sozialstruktur*, pp. 55~58. 이 견해 및 다음에 나오는 논의의 토대가 된 소유주의 사회적 계층에 따른 자세한 명세표 및 이웃에 따른 세입자의 명세표가 필요하면 pp. 53~63을 보라. 거기에 나온 자료는 편리하게 도표 형식으로 제시되어 있다.

38_ 앞의 책, pp. 58, 68~72.

39_ 앞의 책, pp. 57~59.

40_ 앞의 책, p. 63.

41_ Camillo Sitte, *Der Städtebau nach seinen künstlerischen Grundsatzen*(5th ed., Vienna, 1922), p. 102.

42_ 앞의 책, pp. 102, 121~122.

43_ 앞의 책, p. 101.

44_ 앞의 책, p. 2.

45_ 앞의 책, p. 92.

46_ 앞의 책, p. 2.

47_ 앞의 책, pp. 2~12.

48_ 앞의 책, p. 56.

49_ 앞의 책, p. 33, 67.

50_ Cf. sh 지테의 중요한 건축 작업에 대해 알려면, Thieme–Becker, *Allgemeines Lexikon der bildenden Künstler*(Leipzig, 1907~1950), XXXI, p. 106의 "Sitte, Franz" 항목을 참조. 1848년 혁명의 건축학적 차원에 대해서는 Wagner–Rieger, *Wiens Architektur*, pp. 106~108. 프란츠의 전기가 필요하면 Heinrich Sitte, "Camillo Sitte,", *N.O.B.*, VI, pp. 132~149, 여러 곳을 볼 것.

51_ 그는 Der Städtebau에서 피아리스트 광장의 기억을 환기시키지만 각 지방의 바로크식 교회와 광장 설계를 논의하는 방식으로 간접적으로만 다룬다. Sitte, *Städtebau*, pp. 151~152.

52_ Renate Wagner–Rieger, ed., *Die Wiener Ringstrasse*, I, ii, Erlauterungen, p. 139; 같은 저자의, *Wiens Architektur*, p. 150.

53_ 같은 저자, *Ringstrasse* I, ii, pp. 139~140. 이 건물은 1871년에 완공되었다. 이에 대한 훌륭한 분석이 Wibiral&Mikula, *Ferstel*, pp. 126~133에 실려 있다.

54_ 독일에 비해 오스트리아 수공업 산업과 소규모 상인이 사회적으로 더 끈질기게 살아남은 현상 및 1873년 이후 대침체기 동안 명장 집단이 자유주의에 가한 정치적 압박에 대해 알려면 Hans Rosenberg, *Grosse Depression und Bismarckzeit*(Berlin, 1967), pp. 227~252를 보라.

55_ George R. Collins&Christiane Crasemann Collins, *Camillo Sitte&the Birth of Modern City Planning*, Columbia University Studies in Art History&Archeology, No. 3(New York, 1965), p. 8.

56_ 지테의 논문 목록이 필요하면 Collins, *Sitte*, p. 112, 주 12를 보라.

57_ Wilhelm Kienzl, "Hans Richter," *N.O.B.*, VII, pp. 218~224.

58_ Sitte, "Sitte,", *N.O.B.*, VI, p. 138, 140~141, 143. 그는 또 「파르시팔」의 의상도 디자인했다. Robert Judson Clark, *Joseph Maria Olbrich&Vienna*, Princeton University의 미출판 학위논문(1973), p. 24, 주 37.

59_ *N.O.B.*, VI, p. 138, 141, 143.

60_ *Richard Wagner und die deutsche Kunst*, Ein Vortrag. Separatabdruck aus dem Zweiten Jahresbericht des Wiener Akademischen Wagner–Vereins(Vienna, n. d. 1875). 뒤에 이어지는 논의는 이 강연을 근거로 한다.

61_ 이는 그의 메키타리테 교회에서 자명하게 보인다. 여기서 지테는 건축뿐만 아니라 그림도 그렸다. Sitte, "Sitte,", *N.O.B.*, VI, p. 141.

62_ Camillo Sitte, "Grossstadtgrün"(1900), *Städtebau*의 제5판, p. 211, Appendix.

63_ Sitte, *Städtebau*, p. 102.

64_ Sokratis Dimitriou, "Grossstadt Wien—Städtebau der Jahrhundertwende," *Der Aufbau*, XIX(1964), p. 189, 192.

65_ 이 구호는 산업예술의 개척자적 이론가인 고트프리트 젬퍼Gottfried Semper의 것 이다. Heinz Geretsegger&Max Peintner, *Otto Wagner, 1841~1918*(Salzburg, 1964), p. 12. (영역본은 tr., by Gerald Onn, *Otto Wagner, 1841~1918*(London, 1970))

66_ Dimitriou, *Aufbau*, XIX, p. 193, 196.

67_ Otto Wagner, *Die Baukunst unserer Zeit. Dem Baukunstjünger ein Führer auf diesem Kunstgebiet*(제4판, Vienna, 1914), p. 76. 이것은 바그너가 1895년에 *Moderne Architektur*라는 제목으로 처음 출판한 교재의 증보판이다. 바그너 자신의 말에 의하면 그는 Hermann Muthesius의 논증인 *Baukunst, nicht Stilarchitektur* 에서 충격을 받아 제목을 'Architecture'에서 'he Art of Building'으로 바꾸었다고 한 다. 그 논증은 역사적 미학에 저항하는 중요한 자료다.

68_ 앞의 책, p. 10~11.

69_ Otto Wagner, *Die Groszstadt. Eine Studie über diese*(Vienna, 1911), p. 39.

70_ Hans Ostwald, *Otto Wagner. Ein Beitrag zum Veständnis seines baukünstlerischen Schaffens.* Diss. ETH Zurich(Baden, 1948), p. 24.

71_ Geretsegger&Peintner, *Wagner*, p. 11.

72_ Ostwald, *Otto Wagner.*, p. 17.

73_ Geretsegger&Peintner, *Wagner*, p. 12.

74_ Wagner, *Die Baukunst*, p. 75.

75_ Dagobert Frey, "Otto Wagner," *N.O.B.*, I, p. 181.

76_ Geretsegger&Peintner, *Wagner*, p. 56.

77_ 원래 디자인에는 지금은 사변형 버팀목이 차지하고 있는 아치부분에 기능적 상징을 띠 는 정교한 소용돌이 장식이 있었다. 앞의 책, p. 55, 그림 25를 볼 것.

78_ Cf. e. g. Carroll Meeks, *The Railroad Station*(New Haven, 1956), 여러 곳.

79_ Walter Wagner, *Geschichte der Akademie*, pp. 251~252.

80_ Ostwald, *Otto Wagner*, p. 60에 인용됨.

81_ Wagner, *Die Baukunst*, p. 17, 31~33.

82_ 앞의 책, pp. 26~27.

83_ 미출판 편지에서 인용. Ostwald, *Otto Wagner*, p. 23.

84_ 앞의 책, p. 56.

85_ 여기서는 바그너와 분리파의 만남에서 그의 일반적인 도시 이론과 실천에 관계되는 차 원만을 캐볼 것이다. 더 좁은 의미에서 그의 흥미로운 건축학적 발전에 대해 다루려 면 별도의 연구가 필요하다. 이에 대한 가장 좋은 출발점은 Adriana Giusti Baculo, *Otto Wagner dall' architettura di stile allo stile utile*(Naples, 1970), pp. 83~98

및 여러 곳에 마련되어 있다.

86_ Gerhardt Kapner, Ringstrassendenkmäler, in Wagner-Rieger, ed., *Die Wiener Ringstrasse,*, IX, ii, pp. 59~61; 같은 저자의 "Monument und Altstadtbereich, Zur historischen Typologie der Wiener Ringstrassendenkmäler," *Oesterreichische Zeitschrift für Kunst und Denkmalkunde,* XXII(1968), p. 96.

87_ Wagner, *Die Groszstadt,*, p. 2.

88_ 앞의 책, pp. 3~4.

89_ 앞의 책, p. 3, 7.

90_ 앞의 책, p. 3.

91_ 앞의 책, p. 5.

92_ 앞의 책, p. 10.

93_ Camillo Sitte, "Grossstadtgrün," *Städtebau,* p. 210, Appendix.

94_ Sitte, *Städtebau,* p. 126, 161.

95_ 앞의 책, p. 161.

96_ Wagner, *Die Groszstadt,* p. 22.

97_ 지테가 자신의 박물관 프로젝트를 대중에게 비밀로 했기 때문에 우리가 그에 대해 아는 것은 오직 그의 아주 가까운 지인들에게서 들은 것뿐이다. 그는 예술 형식 역사를 위한 엄청난 양의 초고와 노트를 남겼는데, 그 예술 형식사가 그 박물관의 내용물이 될 예정이었다. 전체 프로젝트에 관해서 알려면 Julius Koch, "Kamillo Sitte," *Zeitschrift des oesterreichischen Ingenieur-und Architektenvereins,* LV(1904), 671; Karl Henrici, [부고란] Der Städtebau, I, Heft 3(1904), pp. 33~34.

98_ Geretsegger&Peintner, *Wagner,* pp. 180~181. 젬퍼가 황제포럼(그림 29)의 영감을 어디에서 얻었는지는 분명해 보인다.

99_ 예술위원회에서 바그너가 맡은 역할에 대해서 알려면 Allgemeine Verwaltungsarchiv, *Protokoll des Kunstrates,* 1900, p. 7, 10; 바그너의 박물관 프로젝트에 대해서는 Geretsegger&Peintner, *Wagner,* pp. 196~197. 현대 미술관의 역사에 대해서는 Felix von Oppenheimer, *25 Jahre Vereinsarbeit für öffentliche Kunstsammlungen*(Vienna, 1936), 여러 곳. 분리파의 입장은 *Ver Sacrum,* III(1900), p. 178에 나와 있다.

100_ Otto Wagner, *Einige Skizzen, Projekte und ausgeführte Bauwerke*(Vienna, 1890~1922), III(1906), No. 21, pp. 3~4.

101_ 앞의 책, p. 4.

102_ Geretsegger&Peintner, *Wagner,* 그림 209와 캡션 내용. 바그너의 *Einige Skizzen,* IV, No. 21, pp. 14~15에 나오는 미술관을 위한 프로그램을 볼 것.

103_ 예술의 미래에 대한 바그너의 비관주의가 증가하는 단계에 대해 알려면 그의 Einige *Skizzen,* III, 서문을 보라; 또 1908년에 열린 국제 건축가 총회에서 행한 의장 연설인 *Vericht über den VIII. Internationalen Architektenkongress*(Vienna, 1908), pp. 112~116도 볼 것. 최후의 박물관 프로젝트에 관해서는 Otto Graf, "Ein 'Haus der Kunst MCM−MM' von Otto Wagner," *Mitteilungen der Oesterreichischen Galerie*, VI(1962), No. 50, pp. 33~45.

제3장

1_ Robert Musil, *The Man Without Qualities*, tr. Eithone Wilkins&Ernst Kaiser(London, 1953), p. 8.

2_ J. N. Berger, *Zur Lösung der oesterreichischen Verfassungsfrage*(Vienna, 1861), p. 19; Richard Charmatz, *Adolf Fischof*(Stuttgart&Berlin, 1910), p. 219에 인용됨.

3_ William J. McGrath, *Dionysian Art&Populist Politics in Austria*(New Haven&London, 1974), pp. 17~39, 208 ff.; 같은 저자, "Student Radicalism in Vienna," *Journal of Contemporary History*, II, No. 2(1967), pp. 183~195; Hans Mommsen, *Die Sozialdemokratie und die Nationalitätenfrage im Habsburgischen Vielvölkerstaat*(Vienna, 1963), pp. 101~127.

4_ *Neue Freie Press*, 1897, 3월 10일.

5_ Eduard Pichl, *Georg Schönerer*(Oldenburg&Berlin, 1938), II, p. 516.

6_ Oesterreichischer Eisenbahnbeamtenverein, *Geschichte der Eisenbahnen der Oesterreichisch−Ungarischen Monarchie*(Vienna, Teschen,&Leipzig, 1897~1908), I, Part I, pp. 167~168, 174~175.

7_ Creditanstalt−Bankverein, *Ein Jahrhundert Creditanstalt−Bankverein*(Vienna, 1957), pp. 2, 6~7. 철도 통제권을 따내기—서로에게서뿐만 아니라 정부에서도—위한 두 거인의 경쟁에 대해 알려면 Oesterreichischer Eisenbahnbeamtenverein, *Geschichte*, I, Part I, pp. 321~325.

8_ Schönerer는 증기기관에 대해 자문해주었다. Cf. 앞의 책, I, Part I, p. 133.

9_ 앞의 책, I, Part I, pp. 447~449; Creditanstalt−Bankverein, *Ein Jahrhundert*, p. 31. 또 함부르크의 기업가인 Ernst Merck가 자신의 경험을 통해 새 회사의 설립 과정을 재미있게 설명하는 것도 볼 것. Percy Ernst Schramm, *Hamburg*, Deutschland und die Welt(Munich, 1943), pp. 528~537에 수록됨.

10_ Constantin von Wurzbach, *Oesterreichische Nationalbiographie*(Vienna, 1856~1891), XXXI, pp. 148~149.

11_ J.W.Nagl, J.Zeidler&E.*Castle*, *Deutsch−Oesterreichische Literaturgeschichte*(Vienna, 1899~1937), III, pp. 798~800.

12_ Pichl의 *Schönerer*(I, pp. 21~22)는 게오르크가 종교감독관과 갈등을 빚었기 때문에 오버레알슐레에서 드레스덴에 있는 한 사립학교로 전학했다고 주장한다.

13_ Cf. "Die Grafen und Fursten zu Schwarzenberg," *Oesterreichische Revue*, IV, No. 2(1866), pp. 85~167.

14_ Heinrich Benedikt, *Die wirtschaftliche Entwicklung in der Franz–Joseph–Zeit*("Wiener historische Studien," IV(Vienna&Munich, 1958)), p. 38, 42~43.

15_ 달리 지시가 없으면 여기서 활용된 아들에 관한 전기적 내용은 모두 포괄적이지만 무비판적인 Pichl의 책에서 인용된 것들이다. 그는 자기가 다루는 주인공의 서술상의 지위를 수정해야 할 여지가 있는 문제점들을 전혀 따져보지 않는다. Cf. Pichl, *Schönerer*, I, pp. 21~26. 마티아스의 관심, 성격, 게오르크와의 관계에 대한 피흘의 완전한 침묵 그 자체가 오히려 부자간의 긴장관계가 있었을 가능성을 암시한다.

16_ 앞의 책, I, p. 23, 주 2번.

17_ Cf. Ernst von Plener, *Erinnerungen*(Stuttgart&Leipzig, 1911~1921), III, pp. 90~91.

18_ 린츠 강령의 기원과 거기서 쇠네러가 맡은 역할에 대해서는 Pulzer, *The Rise of Political Anti–Semitism in Germany&Austria, 1867~1938*(New York, 1964), pp. 148~153; McGrath, *Dionysian Art*, pp. 165~181.

19_ Pulzer, *Anti–Semitism*, p. 151에 인용된 1878년 12월 18일자.

20_ 앞의 책, p. 152.

21_ 오스트리아 학생 운동 전반에 관해서 보려면 Paul Molisch, *Die deutschen Hochschulen in Oesterreich und die politisch–nationale Entwicklung nach 1848*(Munich, 1922).

22_ 이 강령의 전문이 Pichl, *Schönerer*, I, pp. 84~87에 실려 있다.

23_ 앞의 책, II, pp. 25~26; 또 Hans Tietze, *Die Juden Wiens*(Vienna, 1933), pp. 238~239도 볼 것.

24_ Pichl, *Schönerer*, I, p. 232에 실린 1884년 5월 2일의 의회 연설에서 인용. 본문을 더 많이 보려면 앞의 책, pp. 224~250을 볼 것; Oesterreichischer Eisenbahnbeamtenverein, *Geschichte*, I, Part, ii, pp. 360~365.

25_ Hannah Arendt, *The Origins of Totalitarianism*(제2판, New York, 1958), 특히 ii장.

26_ Pichl, *Schönerer*, I, pp. 300~301.

27_ 앞의 책, pp. 316~318.

28_ Oscar Karbach, "The Founder of Political Anti–Semitism," *Jewish Social Studies*, VII(1945), pp. 20~22.

29_ Richard Charmatz, *Lebensbilder aus der Geschichte Oesterreichs*(Vienna, 1947), p. 78.

30_ Hugo von Hofmansthal, "Buch der Freunde," *Aufzeichnungen*(Frankfurt am Mein, 1959), p. 60.

31_ Franz Stauraz, *Dr. Karl Lueger, 10 Jahre Bürgermeister*(Vienna, 1907), p. 3.

32_ Heinrich Schnee, *Bürgermeister Karl Lueger. Leben und Wirken eines grossen Deutschen*(Paderborn, 1936), p. 12.

33_ Cf. Marianne Beskiba, *Aus meinen Erinnerungen an Dr. Karl Lueger*(Vienna, 1910), p. 16.

34_ Stauracz, *Lueger*, pp. 4~5.

35_ Eugen Guglia, *Das Theresianum in Wien. Vergangenheit und Gegenwart*(Vienna, 1912), p. 177.

36_ 그의 스타일은 뮤즈에게서 영감을 얻은 것, 즉 musenhaft라고 규정된 바 있다. Friedrich Funder, *Vom Gestern ins Heute*(제2판, Vienna, 1953), p. 102를 볼 것.

37_ 이 테제들은 Kurt Skalnik, *Dr. Karl Lueger. Der Mann zwischen den Zeiten*(Vienna&Munich, 1954), pp. 14~15에 요약되어 있다.

38_ Paul Molish, *Politische Geschichte der deutschen Hochschulen in Oesterreich von 1838 bis 1918*(Vienna&Leipzig, 1939), pp. 78~80; Skalnik, *Lueger*, p. 146.

39_ Skalnik, *Lueger*, p. 20에 인용됨.

40_ Sigmund Mayer, *Die Wiener Juden*(Vienna&Berlin, 1918), pp. 379 ff.

41_ Rudolf Till, *Geschichte der Wiener Stadtverwaltung in den letzten zweihundert Jahren*(Vienna, 1957), p. 77.

42_ Skalnik, *Lueger*, pp. 16~28.

43_ Till, *Stadtverwaltung*, pp. 69~71은 1867~1884년 사이에 논의된 참정권 확대 문제 및 이 도시의 당국과 고위층(총독, 저지 오스트리아 내각, 황제)과의 관계에 대한 개요를 탁월하게 그리고 있다.

44_ Skalnik, *Lueger*, pp. 31~32.

45_ 앞의 책, p. 43.

46_ Pulzer, *Anti-Semitism*, p. 172.

47_ 앞의 책, p. 167.

48_ Friedrich Funder, *Audbruch zur christlichen Sozialreform*(Vienna&Munich, 1953), p. 41.

49_ Heinrich Benedikt, ed., *Geschichte der Republik Oesterreich*(Vienna, 1954), p. 308.

50_ Charles Baudelaire, *The Essence of Laughter&Other Essays……*, ed. Peter Quennell(New York, 1956), pp. 48~49.

51_ Plener, *Erinnerungen*, III, p. 257; II, pp. 301~302.

52_ Ernst Jones, *The Life&Work of Sigmund Freud*(New York, 1953~1957), I, p. 311.

53_ Alex Bein, *Theodrr Herzl. Biographie*(Vienna, 1943), pp. 11~16.

54_ 앞의 책, p. 29.

55_ Theodor Herzl, *Der Judenstaat*(제9판, Vienna, 1933), p. 79.

56_ 바인은 헤르츨의 지적, 정신적 발전 과정에 대해 알려주는 초기 저작을 훌륭하게 요약해준다. Bein, *Herzl*, pp. 35~71 및 여러 곳을 볼 것.

57_ 앞의 책, p. 34.

58_ 슈니츨러가 헤르츨에게 1892년 8월 5일에 보낸 편지. "Excerpts from the Correspondence between Schnitzler&Herzl," *Midstream*, VI, No. I(1960), p. 48.

59_ 앞의 책, p. 49. 연도는 1883년.

60_ Theodor Herzl, *Tagebücher*(Berlin, 1922), I, p. 223.

61_ Bein, *Herzl*, p. 241.

62_ 앞의 책, p. 118.

63_ 앞의 책, pp. 44~47, 54~56, 66~67.

64_ Alex Bein, "Herzl's Early Diary," Raphael Patai, ed., *Herzl Year Book*, I(1958), p. 331.

65_ Bein, *Herzl*, p. 68.

66_ Herzl, *Tagebücher*, I, p. 6.

67_ Bein, *Herzl*, pp. 117~118.

68_ 앞의 책, p. 121.

69_ 앞의 책, p. 123.

70_ 앞의 책, p. 127.

71_ 앞의 책, p. 128.

72_ Herzl, *Tagebücher*, I, p. 6.

73_ Bein, *Herzl*, pp. 124~125.

74_ 앞의 책.

75_ "Wahlbilder aus Frankreich," *Neue Freie Press*, 1893년 8월[n.d.], Bein, *Herzl*, p. 161에 수록됨.

76_ Bein, *Herzl*, p. 164.

77_ Herzl, *Judenstaat*, p. 14.

78_ Bein, Herzl, p. 154에 인용됨. 파나마 스캔들을 본 헤르츨의 반응에 대한 바인의 설명을 보려면 앞의 책, pp. 151~155를 볼 것. 이 반응이 위 분석의 토대다.

79_ Herzl, *Tagebücher*, I, p. 110.

80_ 라이텐베르거 남작에게 보낸 1893년 1월 26일자 편지, Chaim Bloch, "Herzl's First Years of Struggle," Patai, ed., *Herzl Year Book*, III(1960), p. 79.

81_ Bein, *Herzl*, pp. 157~159.

82_ 앞의 책, p. 40; Leon Kellner, *Theodor Herzls Lehrjahre*(Vienna&Berlin, 1920), pp. 22~24. 헤르츨은 유언장에서 유대인들이 자기 관을 팔레스타인으로 옮길 때 누이의 유골을 수습해 자기 가족들의 유골과 함께 그곳으로 이장하도록 명시했다. 이와 대조적으로 그의 아내에 관해서는 유언장에 엉성하게—사실은 비난하는 투로—다뤄져 있다. "The Testaments of Herzl," Patai, ed., *Herzl Year Book*, III, p. 266. 헤르츨의 결혼의 우여곡절에 대해 알려면 Bein, *Herzl*, pp. 113, 121~122를 보라.

83_ 헤르츨이 율리아에게 보낸 편지는 그들의 딸인 마르가레테가 갖고 있었는데, 테레지엔슈타트에서 나치가 그녀와 함께 없앤 것으로 생각된다. Cf. Alexander Bein, "Some Early Herzl Letters," Patai, ed., *Herzl Year Book*, I, p. 310 및 각주 pp. 321~324.

84_ Bein, *Herzl*, p. 112, 138.

85_ Herzl, *Tagebücher*, I, p. 4.

86_ 프리드리히 라이텐베르거 남작에게 보낸 1893년 1월 26일자 편지, Patai, ed., *Herzl*

Year Book, III, pp. 78~79.

87_ Bein, *Herzl*, pp. 144~145; 4장 p. 709의 주석.

88_ Herzl, *Tagebücher*, I, p. 8.

89_ Bein, *Herzl*, pp. 188~189; Herzl, *Zionistische Schriften*(제2판, Berlin, 1920), pp. 257 ff에서 인용됨.

90_ Bein, *Herzl*, p. 189.

91_ Herzl, *Tagebücher*, I, p. 44; McGrath, *Journal of Contemporary History*, II, No. 2(1967), pp. 195~201.

92_ Herzl의 소설인 Altneuland의 에필로그에서 발췌. Bein, *Herzl*, p. 562에서 인용함.

93_ Herzl, *Tagebücher*, I, p. 116.

94_ Bein, *Herzl*, p. 562.

95_ Herzl, *Tagebücher*, I, pp. 398~399.

96_ Bein, *Herzl*, P. 330.

97_ Herzl, *Tagebücher*, I, p. 33.

98_ 앞의 책, I, pp. 32~33. Herzl, *Judenstaat*, p. 95.

99_ Herzl, *Tagebücher*, I, pp. 269~270.

100_ Bein, *Herzl*, p. 303.

101_ Herzl, *Judenstaat*, pp. 75~79.

102_ Herzl, *Tagebücher*, I, p. 149.

103_ Herzl, *Judenstaat*, p. 95.

104_ Herzl, *Judenstaat*, p. 14.

105_ Herzl, *Tagebücher*, I, p. 42.

106_ Herzl, Tagebücher, I, p. 43.

107_ 앞의 책, pp. 42~43.

108_ "Tatdrohung." Cf. Bein, *Herzl*, pp. 150~151.

109_ Herzl, *Tagebücher*, I, p. 7.

110_ 앞의 책, I, p. 275.

111_ Bein, *Herzl*, pp. 294 ff.

112_ Cf. Adolf Boehm, *Die zionistische Bewegung*(Berlin, 1920), pp. 120~121; Bein, *Herzl*, Part II, 여러 곳.

113_ Herzl, *Tagebücher*, I, p. 369. 공작이란 바덴 대공이었다.

114_ 앞의 책, p. 374.

115_ 앞의 책, p. 373.

116_ Bein, *Herzl*, p. 339.

117_ 앞의 책, p. 341에 인용됨.

118_ 앞의 책, pp. 304~305, 307.

119_ Cf. Felix Stein, *Gestalten und Erscheinungen*(Berlin, 1913), pp. 144 ff; Leo Goldhammer, "Herzl&Freud," Patai ed., *Herzl Year Book*, I, p. 195; Max

Brod, *Streitbares Leben*(Munich, 1960), p. 69; Stefan Zweig, *The World of Yesterday*(London, 1943), p. 88~89; Karl Kraus, *Eine Krone für Zion*(Vienna, 1898). Ephraim Moses Lilien이 그린 성서 삽화는 헤르츨을 유대사회의 지도적인 인물들과 명백하게 동일시하고 있다. 이 삽화에서는 모세와 다윗이 모두 헤르츨의 얼굴을 하고 있다. Patai ed., *Herzl Year Book*, II(1959), pp. 95~103을 볼 것.

120_ Cf. Boehm, *Die zionistische Bewegung*, p. 110.

121_ Hofmannsthal, "Buch der Freund," *Aufzeichnungen*, p. 60.

122_ Herzl, *Judenstaat*, pp. 92~93.

123_ 앞의 책, p. 93.

124_ 앞의 책, pp. 93~94.

125_ 앞의 책, pp. 43~49.

126_ Herzl, *Tagebücher*, I, p. 45. 오스트리아의 친영파 경향의 다른 표현들을 보려면 이 일기의 p. 48, 306을 보라.

127_ Herzl, *Judenstaat*, pp. 82~92; Boehm, *Die zionistische Bewegung*, pp. 105~106.

128_ Herzl, *Judenstaat*, p. 56. 유대인 회사의 성격과 기능은 앞의 책, pp. 39~66에 충실하게 설명되어 있다.

129_ Herzl, *Tagebücher*, I, p. 242.

130_ Herzl, *Judenstaat*, p. 92.

131_ Herzl, *Tagebücher*, I, pp. 482~485.

132_ 앞의 책, p. 486.

133_ 앞의 책.

제4장

1_ 빌헬름 플리스에게 프로이트가 1902년 3월 11일에 보낸 편지. Sigmund Freud, *The Origins of Psycho-analysis: Letters to Wilhelm Fliess, Drafts&Notes, 1887~1902*, ed. Marie Bonaparte, Anna Freud, Ernst Kris; tr. Eric Mosbacher&James Strachey(New York, 1954), p. 344.

2_ 첫 부분의 관찰 내용은 프로이트가 가장 좋아한 풍자작가인 J. G. Lichtenberg의 괴테가 한 것이다. 프로이트는 이 부분을 *Introductory Lectures on Psycho-analysis*(1915~1916)에서 긍정적으로 인용했다. *The Standard Edition of the Complete Psychological Works of Sigmund Freud*(이하에서는 SE라고 표기함), tr.&ed. James Strachey et al.(London, 1953~1964), XV, p. 38에 수록됨.; *The Interpretation of Dreams*(1900), *SE*, IV, p. 121. 문제 전체에 대해 알려면 *Jokes&their Relation to the Unconciousness*(1905), *SE*, VIII, 여러 곳.

3_ Freud, *Origins*, p. 342, 344.

4_ Freud, *The Interpretation, SE*, IV, xxvi.

5_ 의학계와 학계에서 프로이트의 경력이 발전하는 속도가 느렸다는 사실과 그에 대한 해석은 모두 열띤 논쟁의 주제가 되었다. 오스트리아 학계와 관료 당국이 프로이트에 대한 편견과 적대감에 의거해 부당하게 행동했다는 비난으로부터 그들을 옹호하려는 가장 포괄적이고 생산적인 자료를 갖춘 주장은 Joseph&RenéGicklhorn, *Sigmund Freuds akademische Laufbahn*(Vienna, 1960)이다. Kurt R. Eissler가 *Sigmund Freud und die Wiener Universität*(Bern, 1966)에서 알찬 연구를 추가적으로 제시해, 논란의 평형은 다시 프로이트 쪽으로 기울어졌다. 프로이트가 교수에 임명되기까지 기다린 시간에 대해서는 아이슬러의 책, pp. 24~25, 181~183을 보라.

6_ "Dies Oesterreich ist eine Kleine Welt,/ In der die grosse ihre Probe hält." Friedrich Hebbel, Heinrich Benedikt, ed., *Geschichte der Republik Oesterreich*(Munich, 1954), p. 14에 인용됨.

7_ 수직적(민족적) 해체에 대한 전반적 연구로서는 Robert A. Kann, *The Multinational Empire*(New York, 1950)이 가장 건실하다. Berthold Sutter는 *Die Badenischen Sprachverordnungen von 1897*(Graz-Cologne, 1965)에서 1890년대 후반의 민족성 위기를 예리하고 집중적으로 다룬다. 반유대주의적 측면에서 신우익의 성장을 다룬 것으로는 P. G. J. Pulzer, *The Rise of Anti-Semitism in Germany&Austria*(New York, 1964)를 보라.

8_ 프로이트가 플리스에게 보낸 편지, 1895년 9월 23일; 1895년 11월 8일; 1898년 2월 9일, Freud, *Origins*, p. 124, 133, 245; Ernest Jones, *The Life&Work of Sigmund Freud*(New York, 1953~1957), I, pp. 392~393.

9_ Freud, *The Interpretation, SE*, IV, p. 137.

10_ 프로이트가 플리스에게 보낸 편지, 1902년 12월 12일, Freud, *Origins*, p. 237; Freud, "Address to the Society of B'nai B'rith"(1926), *SE*, XX, 273~274. 프로이트가 브내이 브리스에 가입한 날짜는 그 자신의 암시와 표준판의 편집자들의 발언에서 1895년이라고 되어 있다. 하지만 로체스터 대학의 Dennis Klein은 브내이 브리스의 기록에 의거하여 1897년이 정확한 연대임을 밝혔다. 프로이트의 친교와 유대관계의 사회학은 아직 자세히 밝혀지지 않고 있다.

11_ Erik Erikson은 "The Dream Specimen of Psychoanalysis", *Journal of the American Psychoanalytical Association*, II(1954), pp. 5~56에서 중년의 창조성 위기라는 개념을 가지고 꿈의 이 측면에 대한 프로이트의 분석을 확대하고 심화시켰다. 가장 포괄적이고 구조적인 분석은 Didier Anzieu의 *L'Auto-analyse de Freud et la découverte de la psychanlyse*(Paris, 1959), pp. 24~45다. Alexander Grinstein의 *On Sigmund Freud's Dreams*(Detroit, 1968), pp. 21~46은 자료를 다루는 면에서의 엄격성은 떨어지지만 폭이 넓고 풍부한 연구이며 이 꿈 및 다른 꿈에 관한 추가적인 문헌 자료를 수록하고 있어서 유용하다.

12_ Freud, *The Interpretation, SE*, IV, pp. 134~141, 191~193.

13_ 앞의 책, pp. 142~144.

14_ 앞의 책, p. 137.

15_ 앞의 책, pp. 169~173, 특히 172~173. 프로이트는 이 지점에서 자기 아버지의 행동에 대한 원망을 분명히 말로 표현하고 있지만, 이런 일화의 의미를 분석하지는 않는다.

16_ 앞의 책, p. 192.

17_ 앞의 책, pp. 192~193.

18_ Julie Braun-Vogelstein에게 보낸 프로이트의 편지, 1927년 10월 30일자. Sigmund Freud, *Letters of Sigmund*, ed., Ernst : Freud(New York, 1964), pp. 378~380; Julie Braun-Vogelstein, *Heinrich Braun*(Stuttgart, 1967), pp. 20~24.

19_ 플리스에게 보낸 프로이트의 편지, 1899년 1월 30일; 1899년 2월 6일; 1899년 5월 28일; 1897년 11월 5일, Freud, *Origins*, pp. 229, 275~276, 282. Suzanne Bernfeld 는 그 속에 담겨 있는 문화적 요소에 극히 예민하게 주의하면서 프로이트의 과학적 사고와, 정신분석학적인 측면에서 본다면 죽음의 소망에 대한 죄책감을 극복하고자 하는 개인적 노력에 들어 있는 고고학의 기능에 대해 파고들었다. Suzanne Bernfeld, "Freud&Archaeology," *American Imago*, VIII(1951), pp. 107~128.

20_ 플리스에게 보낸 프로이트의 편지, 1897년 12월 3일; 1899년 10월 23일, Freud, *Origins*, p. 236, 269. 1899년 10월은 아버지의 기일이며, 이날의 편지에서 그는 "갈망이 점점 더 심해져 괴로울 정도가 된다die Sehnsucht immer quälender"(영어 번역은 저자의 것)고 전하고 있다.

21_ Freud, *The Interpretation, SE*, IV, pp. 193~198. 도시가 슬픔에 잠겨 있는 나중에 꾼 로마 꿈은 여기에 포함되어 있지 않다. 유대인으로서의 양면성으로 인한 프로이트의 문제에서 이 꿈이 지니는 의미는 Peter Loewenberg가 쓴 "A Hidden Zionist Theme in Freud's 'My Son, the Myops……' Dream," *Journal of the History of Ideas*, XXXI(1970), pp. 129~132에 흥미롭게 예시되어 있다.

22_ Freud, *The Interpretation, SE*, IV, pp. 196~197.

23_ 앞의 책, p. 197.

24_ 앞의 책, pp. 196~198.

25_ 앞의 책, p. 196.

26_ 프로이트는 이 꿈을 자신이 가톨릭 신자인 체코인 보모에게 가진 오이디푸스적 관계에 결부시켰다. 그 보모는 프로이트에게 가톨릭교를 소개해주었고, 유대인 아버지는 자신을 주눅 들게 한 데 비해 "나 자신의 힘을 자각하게" 해주었다. 참조. 플리스에게 보낸 프로이트의 편지, 1897년 10월 3~4일 ; 1897년 10월 15일, Freud, *Origins*, pp. 219~222. 프로이트 이후의 정신분석학 문헌들은 로마 갈망과 대리 어머니이자 오이디푸스적 사랑의 대상으로서의 그 보모를 동일시한 그의 초반 견해를 받아들이는 경향이 있다. 그런 경향에서는 프로이트의 꿈 그림에 나오는 로마가 갖는 가톨릭적이고 체코적인 특징들을 이런 원초적 연대감의 상징으로 환원하고, 로마 여행을 막는 금지를 근친상간 금기의 표현으로 해석한다. 이런 해석의 예로는 Grinstein, *Freud's Dreams*, pp. 75~76, 90~91; Jones, *Life*, I, pp. 5~6; Bernfeld, "Freud and Archaeology," *American Imago*, VIII, pp. 114~120; Kenneth A. Grigg, "All Roads Lead to Rome: The Role of the Nursemaid in Freud's Dreams," *Journal of the American Psychoanalytic Association*, XXI(1973), pp. 108~126 등이 있다. 여기서 꿈의 명시적인 내용에 드러나는 유대-가톨릭 사이의 긴장관계가 갖는 역사적 의미를 강조함으로써 나는 프로이트의 정치적-문화적 경험을 회복해 그의 정신분석적 사고 시스템의 발전 과정에서 그것이 발휘한 역동적이고 형성적인 역할을 밝히려고 한다. 그렇게 함으로써 그는 사실상 일반적인 역사를 개인적인 역사로 번역함으로써 그 고통을 해소한다.

27_ Freud, *The Interpretation*, *SE*, IV, p. 196.

28_ 앞의 책, IV, pp. 208~219; V, pp. 431~435. 혁명적 꿈에 대한 나의 분석은 전혀 완벽하지 않다. 이 꿈의 다른 차원에 대해 보려면 Grinstein, *Freud's Dreams*, pp. 92~160; William J. McGrath, "Freud as Hannibal: The Politics of the Brother Band," *Central European History*, VII(1974), pp. 47~57.

29_ Richard Charmatz, *Oesterreichs innere Geschichte von 1848 bis 1907*(제2판, Leipzig, 1912), II, pp. 128~132.

30_ Freud, *The Interpretation*, *SE*, IV, p. 211.

31_ McGrath는 이 날짜를 1898년 8월 11일로 판정했다. *Central European History*, VII, p. 47, 주 29를 볼 것.

32_ Rudolf Sieghart, *Die Letzten Jahrzehnte einer Grossmacht*(Berlin, 1932), p. 35.

33_ Martin Grotjahn, "A Letter by Sigmund Freud with Recollectiions of His Adolescence," *Journal of the American Psychoanalytic Association*, IV(1956), pp. 649~652.

34_ Freud, *The Interpretation*, *SE*, IV, p. 193.

35_ 앞의 책, IV, p. 215.

36_ 앞의 책, IV, p. 217, 주 1.

37_ 이 이론은 Freud, *Totem and Taboo*(1913), *SE*, XIII에서 개진되었다.

38_ Ervin Pamlenyi, ed., *Die Geschichte Ungarns*(Budapest, 1971), pp. 450~454. 이슐 협약의 조항들은 1898년 8월 30일에 합의되었다. 헝가리의 반대 진영은 프로이트 꿈의 내용이 된 반대 시위를 1898년 10월에 개시했다. Grinstein, *Freud's Dreams*, p. 376은 그 시위 자체보다 더 늦은 날짜를 주장하는데, 내가 보기에 이에 대해서는 재고가 필요하다.

39_ Freud, *The Interpretation*, *SE*, V, pp. 427~428.

40_ 앞의 책, IV, p. 257.

41_ Virgil, *The Aeneid*, bk. 7, 286~571행. 특히 312, 323~329, 445~455행.

42_ Freud, *The Interpretation*, *SE*, V, p. 608.

43_ 이 발견은 Ernst Simon의 것. Ernst Simon, "Sigmund Freud the Jew," Leo Baeck Institute, *Year Book*, II(1957), p. 301.

44_ 플리스에게 보낸 프로이트의 편지, 1899년 7월 17일, Freud, *Origins*, p. 286. 프로이트는 그의 편지에서 특정한 책 제목을 언급하지 않았고 그저 "den 'Lasalle'"(잘못된

표기)이라고만 했다. 당시에 단행본으로 나온 라살레의 저술은 구하기 힘들었고, "이탈리아 전쟁……"이 포함된 선집본은 1890년대에 여러 종류가 출판되어 있었다. 그 가운데 하나인 Erich Blum의 *Ferdinand Lassalles Politische Reden und Schriften*은 라이프치히에서 1899년에 발간되었다. 이때 프로이트는『꿈의 해석』원고를 다듬고 있었다.

45_ 그는 이 구절을 플리스에게 보낸 1896년 12월 4일의 편지에서 처음 인용했다. Freud, *Origins*, p. 172.

46_ Ferdinand Lassalle, Gesammelte Reden und Schriften, ed., *Eduard Bernstein*(Berlin, 1919), I, 특히 pp. 16~17.

47_ 앞의 책, I, p. 112. 1859년(5월 중순경) 마르크스에게 보낸 편지에서 자신의 정치적 전략을 솔직하게 논의하는 부분을 보라. Franz Mehring, ed., *Aus dem literarischen Nachlass von Karl Marx, Friedrich Engels und Ferdinand Lassalle*(Stuttgart, 1902), IV, p. 150.

48_ Freud, *The Interpretation, SE*, IV, pp. 298~302.

49_ 앞의 책, V, p. 620.

50_ 플리스에게 보낸 프로이트의 편지, 1901년 9월 19일. Freud, *Origins*, p. 335~356.

51_ 플리스에게 보낸 프로이트의 편지, 1902년 3월 11일. Freud, *Origins*, p. 342.

제5장

1_ Christian M. Nebehay, *Gustav Klimt: Dokumentation*(Vienna, 1969), p. 84, 88, 97~98(이하에서는 Nebehay, *Klimt: Dok*로 표기함).

2_ Ver Sacrum, I, No. 1, 1898년 1월호, pp. 1~3.

3_ 분리파 건물과 그 건축가에 대한 최고의 분석은 Robert Judson Clark, "Olbrich&Vienna," *Kunst in Hessen und am Mittelrhein*, VII(1967), pp. 27~51.

4_ J. M. Olbrich, "Das Haus der Sezession," *Der Architekt*, V, 1899년 1월, p. 5.

5_ Wilhelm Scöolermann, "Neue Wiener Architektur," *Deutsche Kunst und Dekoration*, III(1898~1899), 205~210.

6_ 빈 아방가르드 인텔리겐치아 사이에서 니체가 널리 유행한 데 대해 보려면 William J. McGrath, *Dionysian Art&Populist Politics in Austria*(New Haven, 1974), 여러 곳.

7_ Friedrich Nietasche, *The Birth of Tragedy&the Genealogy of Morals*, tr. F. Golffing(Garden City, 1956), p. 52.

8_ 새 판본은 1899년에 헤르만 바의 서재에 걸기 위해 등신대의 전신상으로 그려졌다. Nebehay, *Klimt: Dok.*, pp. 198~199.

9_ Fritz Novotny&Johannes Dobai, *Gustav Klimt*(Salzburg, 1967), p. 70.

10_ 이 논쟁에 대한 가장 자세한 분석은 Alice Strobl, "Zu den Fakultätsbildern von Gustav Klimt," *Albertina Studien*, II(1964), pp. 138~169이다. Hermann Bahr,

Gegen Klimt(Vienna, 1903)에는 귀중한 자료들이 수집되어 있다.

11_ Nebehay, *Klimt: Dok.*, p. 208.

12_ Peter Vergo, "Gustav Klimt's 'Philosophie' und das Programm der Universitätsgemalde," *Mittelungen der Oesterreichischen Galerie*, XXII/ XXIII (1978~1979), pp. 94~97.

13_ 말러는 원래 교향곡 3번을 니체의 논문인 「즐거운 학문Die fröhliche Wissenschaft」 을 대본으로 삼아 작곡하려 했다. 이 작품 및 오스트리아 니체 숭배의 맥락에 서 "메타음악적 우주론자"로서의 말러에 대한 가장 통찰력 있는 분석을 보려면 McGrath, *Dionysian Art*, pp. 120~162를 볼 것. 또 Henry-Louis de La Grange, *Mahler*(New York, 1973), I, pp. 806~807도 볼 것.

14_ Friedrich Nietzsche, *Also Sprach Zarathustra*, Part IV, "Das trunkene Lied," 특히 8절과 10절. 한밤중의 노래는 12절에서 되풀이된다.

15_ 청원서 내용의 일부가 Strobl, *Albertina Studien*, II, pp. 152~154에 수록되어 있다.

16_ 앞의 책, p. 153.

17_ Emil Pirchan, *Gustav Klimt*(Vienna, 1956), p. 23.

18_ *Neue Freie Press*, 1900년 3월 30일; 1900년 3월 28일, Hermann Bahr, *Gegen Klimt*, pp. 22~23, 27에 재수록됨.

19_ Otto Neurath, *Le Dévelopement du Cercle de Vienne*(Paris, 1935), p. 40.

20_ Albert Fucjs, *Geistige Strömungen in Oesterreich, 1867~1918*(Vienna, 1949), pp. 147~155.

21_ *Die Fackel*, No. 36, 1900년 3월호, pp. 16~19.

22_ "······(N)icht gegen die nackte und nicht gegen die freie Kunst, sondern gegen die hässliche Kunst." 이 인터뷰는 프란츠 엑스너Franz Exner와 한 다른 인터뷰와 함께 Bahr, *Gegen Klimt*, pp. 22~23에 수록되었다. 1848년 당시 오스트리아의 유명 한 교육개혁가의 두 아들인 의사 프란츠 엑스너와, 생리학자이자 더 유명한 동생인 지 그문트는 클림트의 반대자였는데, 아마 자유주의-합리주의적 신념 때문이었을 것으 로 추측된다.

23_ Bahr, *Gegen Klimt*, pp. 27~28.

24_ Max Dvorak, *Gesammelte Aufsätze zur Kunstgeschichte*(Munich, 1929), p. 291. 드보르자크가 쓴 리글(pp. 277~298)과 비코프(pp. 1299~1312)의 추도 논문은 그들의 중요성을 탁월하게 평가한다.

25_ Franz Wickoff, "Die Bibliothek Julius II," *Jahrbuch der preussichen Kunstsammlungen*, XIV(1893), pp. 49~64.

26_ "was ist hässlich?" 이 강연은 비코프의 논문 선집에는 수록되지 않았다. 이 강연에 대한 내 논의는 1900년 5월 15일 『프렘덴블라트』 지에 실린 그에 대한 포괄적인 기사 를 근거로 한다. 이 기사는 Bahr, *Gegen Klimt*, pp. 31~34에 수록되어 있다.

27_ Richard Charmatz, *Oesterreichs innere Geschichte von 1848 bis 1907*(제2판, Leipzig, 1911~1912), II, p. 153, 195.

28_ 쾨르버의 행정에 대한 전반적인 검토가 필요하면 앞의 책 II, pp. 139~159를 볼 것. 문화부의 정치적 배경과 구성 성격은 Alfred Albeitinger, *Ernest von Koerber und das Verfassungsproblem im Jahre 1900*(Vienna, 1973)에서 가장 충실하게 다뤄진다. 혁신 프로그램의 연원과 경제적 면모에 관해 특히 관심을 끄는 것은 Rudolf Sieghart의 회상록인 *Die letzten Jahrzehnte einer Grossmacht*(Berlin, 1932), pp. 34~51, 56~60이다. Alexander Gerschenkron, *An Economic Spurt That Failed*(Princeton, 1977)은 쾨르버의 유망한 경제 계획이 뵘바베르크에 의해 사보타주당한 것으로 본다. 이 견해는 그 문화적 측면을 무시한 것이다.

29_ Berta Szeps-Zuckerkandl, *My Life&History*, pp. 142~143; 같은 저자, "Wiener Geschmacklosigkeiten," *Ver Sacrum*, I, No. 2, 1898년 2월호, pp. 4~6.

30_ *Allegemeines Verwaltungsarchiv, Protokoll des Kunstrates*, 1899년 2월 16일.

31_ *Jahrbuch der kunsthistoruschen Sammlungen des Allerhöchsten Kaiserhauses*, Beilage zum XV.&XVI. Band, 1895. 비코프의 저서는 번역되어 있다. *Roman Art; Some of Its Principles&Their Application to Early Christian Painting*, tr&ed. S. Arthur Strond(New York, 1900).

32_ 비코프가 리글에게 보낸 확인되지 않은 편지, Dvorak, *Ges. Aufsatze*, p. 309에 인용됨.

33_ Hans Ostwald, *Otto Wagner. Ein Beitrag zum Vestandnis seines Aufsätze, lerischen Schaffens.*, Diss. ETH Zurich(Baden, 1948), p. 24.

34_ *Allefemeines Verwaltungsarchiv, Protokoll des Kunstrates*, 1899, p. 4; 앞의 책, 1900, pp. 9~10과 같은 예를 볼 것.

35_ 예술위원회의 의사록에는 바그너와 몰, 롤러가 현대 예술가들의 이익을 위해 솔직하고 정력적으로 일을 추진한 놀라운 사례들이 담겨 있다. Cf. *Allegemeines Verwaltungsarchiv, Protokoll des Kunstrates*, 1899년 2월 16일; 1900년 5월 12일; 현대미술관과 소장품을 발전시키는 문제에 대해 문화부 장관 폰 하르텔에게 알프레트 롤러가 보낸 비망록, 1901년 10월. 현대 예술가들을 대리하여 분리파가 위원회에게 가한 공적인 압력에 대해 알려면 *Ver Sacrum*, III(1900), p. 178을 볼 것. 문화부의 하급관료 한 명은 자신의 회고록에서 위원회 안에서 이뤄지던 동료들끼리의 배려와 이권 분배에 대해 다분히 편견에 입각하여 본 견해를 제공한다. 하지만 국가 기관 내에서 하나의 압력단체로서 활동한다는 현대적 운동이 성공했다는 사실은 그도 인정한다. Cf. Max von Millenkovich-Morold, *Vom Abend zum Morgen*(Leipzig, 1940), pp. 203~205. 교직 임명에 관해서는 Peter Vergo, *Art in Vienna, 1898~1918*(New York, 1975), pp. 129~130.

36_ Strobl, *Albertina Studien*, II, p. 153.

37_ Bahr, *Gegen Klimt*, p. 35에 인용됨. *Deutsches Volksblatt* 지가 독일 민족주의자와 기독교 사회당의 반유대주의 사이에서 취한 입장에 관해 알려면 William A. Jenks, *Vienna&the Young Hitler*(New York, 1960), pp. 126 ff.

38_ Franz Ottmann, "Klimt's 'Medizin'", *Die Bildenden Künste*, II(1919), pp.

267~272는 「의학」에 대한 훌륭한 글이다.

39_ Bahr, *Gegen Klimt*, p. 59에 인용됨.

40_ J. J. Bachofen, *Versuch über die Gräbersymbolik der Alten, Gesammelte Werke*(Basel, 1943 et seq.), IV, pp. 166~168. 클림트가 발전시킨 히기에이아와 뱀의 조심스러운 도상학의 연원이 바호펜인지 나는 알지 못한다.

41_ Bahr, *Gegen Klimt*, pp. 41~59.

42_ 언론 비평의 한 예가 앞의 책, pp. 41~59에 나와 있다.

43_ 앞의 책, pp. 47~49.

44_ Strobl, *Albertina Studien*, II, 168, n. 87. 폰 하르텔은 클림트가 1900년 파리 만국박람회에서 「철학」으로 금메달을 딴 사실을 자랑스럽게 인용했다.

45_ 앞의 책, p. 154.

46_ *Kunstchronik*, XIII(1901~1902), pp. 191~192는 곧 이를 확인해줄 것이라고 발표했지만, 결국은 결코 확인되지 않았다. Novotny&Dobai, *Gustav Klimt*, p. 386도 볼 것.

47_ Friedrich Jodl, "Über Bedeutung und Aufgabe der Aesthetik in der Gegenwart," *Literaturblatt, Neue Freie Press*, 1902년 4월 20일, pp. 36~40.

48_ 임용 문제의 최종 단계를 가장 충실하게 다룬 것은 Kurt R. Eissler, "Ein zusätzliches Dokument zur Geschichte von Freuds Professur," *Jahrbuch der Psychoanalyse*, VII(1974), pp. 101~113이며, 여기에 소개된 것이 그 중요한 골자다.

49_ Theodor Gomperz, *Ein Gelehrtenleben im Bürgertum der Franz-Josefs-Zeit*, ed. Heinrich Gomperz&Robert A. Kann, Oesterreichsche Akademie der Wissenschaften, Philosophisch-historische Klasse, Sitzungsberichte, vol. 295(1974), pp. 15, 70~72.

50_ Ernest Jones, *The Life&Work of Sigmund Freud*(New York, 1953), I, pp. 55~56.

51_ 엘리제 곰페르츠에게 보낸 프로이트의 편지, 1901년 11월 25일과 12월 8일; 빌헬름 플리스에게 보낸 편지, 1902년 3월 11일, *Letters of Sigmund Freud*, ed., Ernst L. Freud, tr. Tania&James Stern(New York-Totonto-London, 1964), pp. 241~245. Eissler, *Jahrbuch 1974*, p. 104. 테오도어 곰페르츠와 하르텔과의 관계 자체가 과거의 학계 내 경쟁으로 인해 약간 얼룩져 있었다는 사실과, 곰페르츠가 프로이트의 번역작업을 높이 평가했다 하더라도 그의 아내를 치료한 방법은 신뢰하지 않았다는 점은 프로이트가 아마 몰랐을 것이다. 첫 번째 사정에 대해 알려면 Gomperz, *Gelehrtenleben*, pp. 70~71, 309~310과 하르텔이 죽었을 때 곰페르츠가 1907년 1월 16일자 『노이에 프라이에 프레세』 지에 쓴 어딘가 냉정한 추도사를 볼 것. 이 추도사는 Gomperz의 *Gelehrtenleben*, pp. 412~413에 인용되어 있다.; 1893년과 1894년에 프로이트의 최면술과 대화 요법에 대해 곰페르츠가 점점 더 크게 우려하게 된 데 대해서는 앞의 책, pp. 170, 234~237을 볼 것. 프로이트를 위해 개입한 곰페르츠 부인은 이런 의혹을 품지 않았지만, 이런 의혹이 남편을 통해 장관에게 전달되었을 수 있다.

52_ 나는 여기서 *Jahrbuch 1974*, VII, pp. 106~108에 실린 아이슬러의 설득력 있는 설명을 따른다.

53_ 플리스에게 보낸 편지, 1902년 3월 11일, *Letters of Freud*, p. 245.

54_ Strobl, *Albertina Studien*, II, pp. 161~163; Nebehay, *Klimt: Dok.*, pp. 321~326.

55_ 도바이는 스타일을 기준으로 하여 이 날짜를 확정했다. Novotny&Dobai, *Klimt*, p. 330.

56_ 1900년 분리파 전시회에 나간 토롭에 대해서는 Hevesi, *Acht Jahre*, p. 241; 「법학」 전반에 대해서는 pp. 444~448; 토롭과 클림트에 대해서는 pp. 449~450을 보라. 또 *The Studio*, I(1893), p. 247에 실린 토롭 관련 기사와 그에 딸린 토롭의 「세 명의 신부 The Three Brides」 삽화도 볼 것.

57_ 아이스킬로스의 『오레스테이아The Oresteia』에 실린 탁월한 서문을 볼 것. Translated &introduction by Robert Fagles(New York, 1975), 여러 곳, 특히 pp. 3~13, 60~85.

58_ 「금붕어」가 바탕으로 삼은 「의학」의 인물은 이 책의 그림 46으로 실려 있는 마지막 판본에서는 덧칠되어 보이지 않는다. Novotny&Dobai, *Klimt*, Pl. 124, p. 325; Nebehay, *Klimt: Dok.*, p. 260.

59_ Hevesi, *Acht Jahre*, p. 446.

60_ Novotny&Dobai, *Klimt*, p. 325.

61_ Nebehay, *Klimt:Dok.* p. 346.

62_ Kurt Blaukopf, *Gustav Mahler*, tr. Inge Goodwin(New York, 1973), pp. 163~164.

63_ 페르디난트 호들러Ferdinand Hodler가 미친 영향은 대개 합창단원에 대한 클림트의 생각을 해명하기 위해 제시된다. Vergo, *Art in Vienna*, pp. 74~75; Nebehay, *Klimt: Dok*, p. 334와 그림 406, 408을 보라.

64_ 예이츠와의 유사점을 지적한 데 대해 앤 더글러스 교수에게 감사를 표한다. 후기 예이츠의 변화와 "비잔티움 항해"에서의 그 변화의 표현에 대해서는 Richard Ellman, *Yeats: The Man&the Masks*(New York, 1948), 16장을 볼 것.

65_ Nebehay, *Klimt: Dok.*, p. 495.

66_ Rupert Feuchtmüller&Wilhelm Mrazek, *Kunst in Oesterreich, 1860~1918*(Vienna, 1964), pp. 109~122; Oesterreichisches Museum für Angewandte Kunst, *Die Wiener Werkstätte*(catalogue), (Vienna, 1967), pp. 11~16.

67_ 스토클레트 하우스는 이 시기에 지어진 빈 건물 가운데 포괄적인 분석 대상이 된 소수의 사례 중 하나다. Eduard I. Sekler, "The Stoclet House by Josef Hoffmann," *Essays in the History of Architecture Presented to Rudolf Wittkower*(London, 1967), p. 228~244.

68_ 스토클레트 프리즈에 그려진 소용돌이와 금빛 장식이 미케네 미술에서 영감을 얻었다는 점을 강조한 연구는 Jaroslav Leshko, "Klimt, Kokoschka und die mykenischen Funde," *Mittelungen der oesterreichischen Galerie*, XII(1969), pp. 21~23이다. 하지만 레쉬코는 전반적으로는 라벤나 양식이 우세하다는 것을 인정한다.

69_ 1973년 6월 2일에 시카고에서 열린 역사와 정신분석에 관한 코후트 심포지엄의 토론에서 찰스 클리거먼Charles Kligerman 박사 덕분에 이 점을 관찰할 수 있었으며, 이 점에서 나는 그에게 빚지고 있다.

70_ *Ver Sacrum*, I, No. I(1898년 1월호), p. 5.

71_ *Katalog der Kunstschau 1908*(Vienna, 1908), p. 23.

72_ 앞의 책, pp. 3~4.

73_ Josef-August Lux, *Deutsche Kunst und Dekoration*, XXIII(1908~1909), p. 44: "……내게는 정당한 것으로 보인 클림트의 찬미 (…) 클림트는 예술의 정점이다."

74_ 상징주의 회화에서의 이와 관련된 발전에 대한 탁월한 논의를 보려면 Robert Goldwater, "Symbolic Form: Symbolic Content," *Problems of the 19th&20th Centuries. Studies in Western Art*. Acts of the International Congress of the History of Art, IV(1963), pp. 111~121.

75_ 이 그림이 구상된 날짜는 알려져 있지 않다. 도바이의 카탈로그에서는 그것을 "1911년 이전. 개정은 1915년"이라고 본다. Novotny&Dobai, *Klimt*, pp. 357~358을 보라. 1913년의 「처녀」, 1917~1918년의 「신부」, 1917~1918년의 「아기」, 1917~1918년의 「아담」과 같은 마지막 10년 동안 그린 철학적 그림들에서 클림트는 이와 비슷하게 삶의 불쾌한 면모들을 다시 강조한다. 그의 최후기 스타일은 유쾌한 장식적 색채, 꽃과 식물과 인간의 억센 형체를 특징으로 하는데, 여기서 우리가 다룰 수 있는 범위는 아니다.

제6장

1_ Hugo von Hofmannsthal, "Buch der Freunde," *Aufzeichnungen, Gesammelte Werke in Einzelausgaben*, ed. Herbert Steiner(Frankfurt am Mein, 1959), p. 59. 달리 언급이 없으면 번역문은 저자의 것.

2_ Erich Auerbach, *Mimesis*, tr. Willard Trask(Princeton, 1953).

3_ *Stifters Werke*, ed. I. E. Walter(Salzburg, n. d.), II, p. 905.

4_ Stifter, "Über das Freiheitsproblem," 앞의 책, p. 921, 923.

5_ *Adalbert Stifters Sämtliche Werke*, eds. Gustav Wilhelm et al.(Prague& Reichenberg, 1904~1939), XVI, pp. 58~59; Eric Albert Blackall, *Adalbert Stifter*(Cambridge, Mass., 1948), p. 254에 인용됨.

6_ Gustav Heckenast에게 보낸 편지, 1849년 3월 6일자, *Stifters Sämtliche Werke*, XVII, p. 321.

7_ 앞의 책, 292; Blackall, *Stifter*, p. 249에 인용됨.

8_ *Stifters Sämtliche Werke*, XIX, p. 93.

9_ Gustave Flaubert, *Sentimental Education*, tr. Brentano(New York, 1957), pp. 1~14.

10_ Daniel Defoe, *Robinson Crusoe*, Everyman ed.(London, 1906), p. 2.

11_ *Stifters Sämtliche Werke*, VI, p. 9.

12_ 앞의 책, pp. 10~14. 과학을 직업으로 선택하는 문제에서 이와 비슷한 부자 관계의 실제 사례를 지질학자인 Eduard Suess, *Erinnerungen*(Leipzig, 1916), p. 115, 139 에서 볼 수 있다.

13_ *Stifters Sämtliche Werke*, VI, pp. 23~24.

14_ 앞의 책, p. 40.

15_ 앞의 책, p. 44.

16_ 앞의 책, pp. 58~59.

17_ 앞의 책, p. 99.

18_ 앞의 책, VII, p. 94.

19_ Charles Baudelaire, "Short Poems in Prose," *The Essence of Laugter*, ed. Peter Quennell(New York, 1956), p. 147.

20_ *Stifters Sämtliche Werke*, VI, pp. 143~144.

21_ 앞의 책, pp. 103~104, 129~131.

22_ Dora Stockert-Meynert, *Theodr Meynert und seine Zeit*(Vienna, 1930), p. 150

23_ Felicie Ewart, *Zwei Frauenbildnisse*(Vienna, 1907), 여러 곳.

24_ Stockert-Meynert, *Theodor Meynert*, p. 99.

25_ 앞의 책, pp. 50~51.

26_ 이런 예로는 Georg von Franckenstein, *Diplomat of Destiny*(New York, 1940), pp. 14~17; Stefan Zweig, *The World of Yesterday*(London, 1943), pp. 39~55.

27_ "Die Kunst," 미간행 초기 작품, *Ferdinand von Saars Sämtliche Werke*, ed. Jacob Minor(Leipzig, [1909]), III, p. 49. (번역은 필자.)

28_ Jacob Minor, "Ferdinand von Saar alss politischer Dichter," *Österreichsche Rundschau*, XXXII(1912년 6~7월호), pp. 185~203.

29_ 자르 생전에 출판되지 않은 날짜 없는 작품. *Saars Sämtliche Werke*, ed. Minor, III, pp. 26~27; 또 앞의 책, II, p. 145에 실린 "Proles"도 볼 것.

30_ 앞의 책, pp. 168~169.

31_ 앞의 책, p. 167.

32_ Ferdinand von Saar, *Schicksale*(Kassel, 1889 [*Saars Sämtliche Werke*, ed. Minor, IX로 재발간됨]).

33_ 앞의 책, II, pp. 175~176.

34_ "Stifter-Elegie," 앞의 책, III, p. 77.

35_ Geneviève Bianquis, *La poésie autrichienne de Hofmannsthal àRilke*(Paris, 1926), pp. 8~17.

36_ Viktor von Andrian-Werburg, *Österreich und dessen Zukunft*(Hamburg, 1843~1847); Karl Eder, *Der Liberalismus in Altösterreich*(Vienna, 1955), pp. 95~98; Georg Franz, *Liberalismus*(Munich, 1955), pp. 32~33.

37_ *Leopold Andrian und die Blätter fur die Kunst*, ed. Walter H. Perl(Hamburg, 1960), pp. 11~12.

38_ *Hugo von Hofmannsthal*, ed. Helmut A. Fiechtner(Bern, 1963), pp. 5~6.

39_ Hermann Broch, "Hofmannsthal und seine Zeit," *Essays*, ed. Hannah Arendt(Zurich, 1955), I, pp. 111~113.

40_ Franckenstein, *Diplomat of Destiny*, pp. 14~17, 113~116; Hugo von Hofmannsthal, *Briefe*, 1890~1901, 1900~1909(Berlin, 1935; Vienna, 1937), I, pp. 59~60, 208, 212~213, 291, 293 ; 특히 같은 저자와 Edgar Karg von Bebenburg, *Briefwechsel*, ed. Mary E. Gilbert(Frankfurt am Mein, 1966), 여러 곳, 여기서는 시인과 해군 장교가 함께 자연을 탐험하고 신사다운 이상을 추구한다.

41_ Hofmannsthal, *Briefe*, 1890~1901, p. 208, 291.

42_ *Kunst*(No. I, 1903), II.

43_ Hugo von Hofmannsthal, *Poems&Verse Plays*, ed. Michael Hamburger(New York, 1961), pp. 64~65.

44_ Hugo von Hofmannsthal, *Prosa, Gesammelte Werke in Einzelausgaben*, ed. Herbert Steiner(Frankfurt am Mein, 1950), I, p. 273.

45_ Hofmannstha, *Briefe*, 1890~1901, I, p. 130.

46_ 앞의 책, p. 131.

47_ 호프만슈탈이 상상의 제국과 표류를 연관시킨 점에 대해서는 앞의 책을 볼 것.

48_ Leopold Andrian, *Das Fest der Jugend: Des Garten der Erkenntnis erster Teil*(Graz, 1948), p. 33.

49_ Hofmannsthal, "Terzinen," *Poems&Verse Plays*, ed. Hamburger, p. 30.

50_ Andrian, *Fest*, p. 46.

51_ 앞의 책, p. 35.

52_ 앞의 책, pp. 42~43.

53_ 앞의 책, p. 34.

54_ 호프만슈탈이 안드리안에게 보낸 편지, *Briefe*, 1890~1901, pp. 125~126.

55_ Richard Alewyn, *Über Hugo von Hofmannsthal*(Gottingen, 1958), pp. 75~76.

56_ Hofmannsthal, *Poems&Verse Plays*, ed. Hamburger, pp. 224~263.

57_ 앞의 책, p. 256.

58_ 앞의 책, p. 260.

59_ 호프만슈탈이 프리츠 에켄슈타인Friz Eckenstein에게 보낸 1896년 5월 2일자 편지, *Briefe, 1890~1901*, I, p. 182.

60_ 호프만슈탈이 안드리안에게 보낸 1896년 5월 4~5일자 편지, 앞의 책, pp. 184~186.

61_ "……야피에는 분노한 사람들에게 가담하는 잘못을 저질렀다. 물론 그가 사실은 원래 종자들 부류에 속했겠지만 말이다. 한결 같은 중심 모티프는……"(호프만슈탈이 오토 브 람에게 보낸 1904년 9월 15일자 편지, Hofmannsthal, *Briefe*, 1900~1909, II, p. 163.)

62_ Leopold Andrian, "Erinnerungen an meinen Freund," *Hofmannsthal*, ed.

Fiechtner, p. 52.

63_ 브람에게 보낸 편지, 1904년 12월, 날짜는 불명, Hofmannsthal, *Briefe*, 1900~1909, II, pp. 184, 192~193.

64_ Hugo von Hofmannsthal, "Der Dichter und diese Zeit," *Selected Essays*, ed. Mary Gilbert(Oxford, 1955), p. 132.

65_ 앞의 책, p. 133.

66_ Hugo von Hofmannsthal, *Dramen, Gesammelte Werke in Einzelausgaben*, ed. Herbert Steiner(Frankfurt am Mein, 1948), IV, p. 207.

제7장

1_ Oskar Kokoschka, "Aus der Jugendbiographie," *Schriften, 1907~1955*, ed. Hans Maria Wingler(Munich, 1956), pp. 21~46.

2_ 신식 빌라 문화와 그 주요 건축가들의 작업을 간결하게 다룬 연구로는 Peter Vergo, *Art in Vienna*(London, 1975), pp. 142~177, 여러 곳.

3_ Hugo von Hofmannsthal, "Gärten," *Gesammelte Werke, Prosa*, ed. Herbert Steiner(Frankfurt am Mein, 1959), II, p. 176, 178, 181.

4_ 지식인들이 살던 주요 지역의 이름을 딴 잡지인 『호헤 바르테Hohe Warte』는 "도시 문화의 예술적, 지성적, 경제적 이익"에 헌정되었다(1904, ff). 이 잡지는 오토 바그너 같은 도시 모더니스트, 요제프 호프만 같은 신고전주의자, 슐체-나움부르크Schultze-Naumburg와 같은 프티부르주아 재생론자(건축과 도시 생활의 Heimatkunde 이데올로그들)와 지테의 추종자들 모두를 포괄하기 때문에 아주 많은 것을 알려주는 자료다. 연속 논문인 "Die Kunst des Gartenbaues," *Hohe Warte*, I(1904~1905), nos. 5, 7, 12, 14를 볼 것.

5_ Oskar Kokoschka, *My Life*, tr. David Britt(New York, 1974), p. 219.

6_ *Katalog der Kunstschau, 1908*(Vienna, 1908).

7_ 쿤스트샤우는 제국 정부와 저지 오스트리아 정부, 빈 시정부에서 받은 기부금으로 재정을 충당했다. 개인적인 기부자는 보장성 기금을 마련했다. *Katalog*, p. 6.

8_ 앞의 책, 모리스의 글에 있는 원문은 찾지 못했기 때문에 여기서 독일어를 영어로 재번역했다.

9_ L. W. Rochowanski, *Die Wiener Jugendkunst. Franz Cizek und seine Pflegestätte*(Vienna, 1946), p. 20.

10_ 앞의 책, p. 28. "sich auszusprechen"이라는 독일어는 표현주의뿐만 아니라 심리적 대화 요법도 은근히 암시한다.

11_ 앞의 책, p. 29.

12_ Oskar Kokoschka, *Mein Leben*(Munich, 1971), p. 55. 예술과 공예 학교의 선생들과 수업에 대한 그 자신의 설명은 앞의 책, pp. 49~52; J. P. Hodin,

Oskar Kokoschka: The Artist&His Time(London, 1966), p. 62, 221; Josef Hoffmann, "Die Anfänge Kokoschka," J. P. Hodin, ed., *Bekenntnis zu Kokoschka*(Berlin&Mainz, 1963), pp. 65~67.

13_ *Deutsch Kunst und Dekoration*, XXIII(1908~1909), p. 53.

14_ Kokoschka, *Mein Leben*. 1907년의 컬렉션의 내용은 Eugen Guglia, *Wien, Ein Führer*⋯⋯(Vienna, 1908), pp. 65~67에 간략하게 설명되어 있다.

15_ Oskar Kokoschka, *Die träumenden Knaben*(Vienna, Munich, 1968).

16_ 코코슈카 레코드, *Oskar Kokoschka erzählt sein Leben*, Deutsche Gramophone Gesellschaft, 1961.

17_ Kokoschka, *Schriften*, p. 141; 번역은 저자.

18_ 소문으로 전하는 이 소동에서 코코슈카는 경찰 총수에게 영향력을 행사한 카를 크라우스 덕분에 자신이 구조되었다고 주장하는데, 이에 대한 코코슈카의 설명을 보려면 Kokoschka, *My Life*, p. 27. 베르고의 증언은 그의 *Art in Vienna*, p. 248, n. 16.

19_ Kokoschka, *My Life*, p. 35.

20_ Adolf Loos, "Die potemkinische Stadt," *Ver Sacrum* I(1898), pp. 15~17.

21_ Adolf Loos, "Architektur"(1909), *Trotzdem*(Innsbruck, 1931), p. 109.

22_ 앞의 책.

23_ Kokoschka, *My Life*, pp. 36~37.

24_ 앞의 책, p. 33.

25_ 그가 초상화 그리기에 대한 실제 접근법을 설명한 것은 *My Life* 3장에 나오는 회고적 내용뿐이지만, 그 이론을 그가 처음 기록한 것은 1912년에 한 강연이었다. 그 강연은 "Von der Natur der Geschte"이며, 위에서 든 논의는 이를 기초로 한다. Kokoschka, *Schriften*, pp. 337~341.

26_ 티에체 부인이 한 코코슈카에게 모델을 서던 이야기에 따르면, 그는 붓은 금방 던져버리고 손가락으로 그렸으며, 손톱으로 줄을 죽죽 그었다고 한다. E. Tietze-Conrat, "Ein Porträt und Nachler," J. P. Hodin, ed., *Bekenntnis zu Kokoschka*(Berlin&Mainz, 1963), p. 70.

27_ 전통적인 조성 질서와 쇤베르크가 그에 대해 가진 관계를 가장 명철하게 분석한 것은 Charles Rosen, *Arnold Schoenberg*, Modern Masters Series, ed. Frank Kermode(New York, 1975, paperbeck), 특히 2장.

28_ Alfred Brendel, *Musical Thoughts&Afterthoughts*(Princeton, 1976), p. 83.

29_ 쇤베르크의 초기 작품이 지닌 이 "이중적 성격"—브람스적이고 바그너적인—에 대해서는 Willi Reich, *Schoenberg: A Critical Biography*, tr. Leo Black(New York, Washington, 1971), pp. 5~8.

30_ 이 책 원문 pp. 13~15, 226~231쪽을 볼 것.

31_ Richard Swift, "I–XII–99: Tonal Relations in Schoenberg's Verklärte Nacht"에 나온 날카로운 분석을 보라. *19th Century Music*, I(1977년 7월호), pp. 3~14.

32_ Arnolf Schoenberg, *Harmonielehre*(Vienna, 1911), pp. 449~450.

33_ 앞의 책, p. 443.

34_ Stefan Georg, *Die Bücher der Hirten und Preisgedichte, der Sagen und Sänge und der hängenden Gärten*(Berlin, 1904), pp. 103~112.

35_ 작품의 기법에 대한 본격적인 분석은 Karl Heinrich Ehrenforth, *Ausdruck und Form. Schoenberg's Durchbruch zur Atonalität in den George-Liedern, Op. 15*(Bonn, 1963).

36_ 번역은 저자. 마리 파펜하임Maris Pappenheim의 텍스트 전문과 번역문이 필요하면 Columbia Records Masterworks, M2S 679, *The Music of Arnold Schoenberg*(New York, n.d.), II에 딸린 팸플릿을 보라. 이 팸플릿에는 Robert Craf가 쓴 「기대Erwartung」의 극적 구조에 대한 탁월한 논의도 실려 있다.

37_ 이 작품의 이론적 통일성을 찾으려는 시도들에 대한 탁월한 논의인 Rosen, *Schoenberg*, pp. 38~49를 보라.

38_ 코코슈카는 이 자화상을 처음에는 1909년 후반이나 1910년 초반에 나온 발덴의 「폭풍우Der Sturm」를 위한 포스터로 구상했다. Hans Wingler, *Oskar Kokoschka. Das druckgraphische Werk*(Salzburg, 1975), pp. 75~77.

39_ Columbia Records, Masterworks, *The Music of Arnold Schoenberg*, I의 본문.

40_ Arnold Schoenberg, *Schöpferische Konfessionen*, ed. Willi Reich(Zurich, 1964), p. 12에 실린 "Aphorismen"에서 인용.

41_ Arnold Schoenberg, *Harmonielehre*, p. 281(이탤릭체는 저자).

42_ *die Reihe*, II(영어판, 1958), 6에 실린 앞의 책 n. p.에서 인용.

43_ Schoenberg, *Harmonielehre*, p. 443.

44_ 그가 쓴 대본의 시나리오와 부분을 보려면 Arnold Schoenberg, *Texte*(Vienna, 1926), pp. 23~28. 전체 교향곡의 개요는 Josef Rufer, *The Works of Arnold Schoenberg*(London, 1962), pp. 115~116에 제시되어 있다.

45_ Arnold Schoenberg, *Briefe*, ed. Erwin Stein(Mainz, 1958), Richard Dehmel에게 보낸 1912년 12월 13일자의 편지 11.

46_ Robert Musil, "Aufzeichnungen eines Schrifstellers," *Gesammelte Werke*(Reinbek bei Hamburg, 1978), VII, pp. 919~920.

47_ Rufer, *Works*, p. 116.

48_ 앞의 책, p. 117.

49_ George Steiner, "Schoenberg's Moses&Aaron," *Language&Silence*(New York, 1970), pp. 127~139.

50_ 이 구절은 전부 3막에 나온다. Columbia Records Masterworks K3L-241, Arnold Schoenberg, *Moses&Aaron*(New York, 1957)에 딸린 소책자에 원문이 실려 있음. (번역은 저자).

51_ Kokoschka, *Schriften*, p. 44.

감사의 말

    아무리 개인적인 학술 작업이라 할지라도 그것이 달성되기까지 소요된 경제적·지적·정신적 지원이라는 측면을 따져보면 그것은 하나의 사회적 사업으로 여겨져야 할 것이다. 필자의 이 저술처럼 느린 속도로 진행된 작업은, 그 생산과정이 한 권의 단행본을 제작하는 과정이라기보다는 계속 진행되는 탐험의 기록을 작성하는 것에 더 가까웠기에, 그 과정에서 받은 엄청난 개인적인 도움과 제도적인 지원에 더욱 감사하지 않을 수 없다.

    나는 존 사이먼 구겐하임 재단의 연구기금을 받아 연구 초반의 귀중한 1년을 런던에서 지내면서 자료를 읽고 조사를 진행할 수 있었다. 내가 관여하고 있던 세 곳의 대학—웨슬리언, 캘리포니아 버클리 캠퍼스, 프린스턴 대학—은 작업 진행에 필요한 시간과 재정을 지원해주었다. 강의 부담이 없었기에 나는 행동과학연구소의 고등연구센터(스탠퍼드), 고등연구소(프린스턴), 웨슬리언 인문학센터의 호의를 받아들일 수 있었다. 미국 학술단체협의회 역시 웨슬리언 센터에서의 저술 작업을 지원해주었다.

내가 감사드리고 싶은 연구자들 가운데 첫째로 꼽아야 할 사람은 펠릭스 길버트일 것이다. 그는 박식하고도 비판적인 정신과 온화하면서도 잘못된 점을 바로잡아주는 태도로, 대학원에서 나뿐만 아니라 다음 세대의 수많은 역사가를 길러낸 으뜸가는 교육자였다. 그의 인도에 따라 나는 초반 연구 분야를 결정할 수 있었고 나중에 빠질 뻔한 수많은 함정을 피해나갔다. 길버트 교수의 누이이자 런던의 킹스칼리지 교수인 고故 메리 길버트 여사는 호프만슈탈의 시와 관련 서클을 소개해주었고, 바르부르크 연구소 도서관의 레오폴트 에틀링거와 에른스트 곰브리치는 오스트리아 아르누보의 수렁 같은 세계로 들어가기 위한 예비 안내도를 제공해주었다. 내 예전 동료, 하인리히 슈워츠와 하인츠 폴리처는 각각 오스트리아 예술과 문학 분야에 관한 심오한 지식을 내게 전해주었을 뿐만 아니라 자신들이 알고 있는 것에 대한 사랑도 전해주었다. 그들과 함께 그림을 감상하고 레코드를 듣고, 집중적인 대화를 나누던 저녁들은 잊지 못할 시간이었다. 러트거스 대학의 로버트 A. 칸은 오스트리아 정치와 지성사 분야에서의 비길 데 없는 지식을 여러 차례 아낌없이 베풀어주었다.

오스트리아 본국의 연구자들에게서도 예외 없이 지적인 관대함과 개인적인 호의의 은혜를 입었다. 특히 내가 감사를 드려야 할 분들은 고 프리드리히 엥겔 야노시, 프리츠 펠너, 하랄트 레오폴트 뢰벤탈 박사 부부, 게랄트 스투르츠, 아담 반드루즈카, 에리카 바인지엘이다. 학계 바깥에서 감사를 드려야 할 분들 가운데 『디 프레세Die Press』지의 예전 편집장이던 오토 슐마이스터 박사는 나치 이후의 현대 오스트리아가 나치 이전의 과거를 바라보는 특별한 시각에 대해 내 눈을 열어주었다.

윌리엄 J. 부즈마, 아더 C. 맥길, 윌리엄 슬로트먼 덕분에 나는 오스트리아 세속 문화가 갖는 특별한 성질을 해석하는 데 관련되는 그 종교적 전통의 고유한 특징을 느낄 수 있었다.

로버트 클라크, 로버트 제디스, 헨리 러슬 히치콕, 마틴 메이어슨, 아돌프 K. 플라체크, 그리고 특히 앤터니 비들러에게서 나는 건축학과 도시계획 분야에 관한 기본 개념과 특별한 비판적 시각을 얻었으며, 새뮤얼 M. 그린, 어빙과 마릴린 라빈, 앤젤리카 루덴스틴은 그림을 다룬 장을 쓸 때 도움을 주었다. 좋아하기는 너무나 쉽지만 이해하기는 너무나 어려운 음악에 관해 여러 해에 걸쳐 나를 도와준 사람은 존 발로, 리처드 윈슬로였다. 헤이든 화이트는 이 책 7장에 나오는 음악적 언어와 시각적 언어 간의 관계에 대한 신중하고도 통찰력 있는 비판을 제공했는데, 내 능력이 부족해 그가 지적한 결점들이 모두 교정되지는 못했다.

내가 가장 큰 빚을 진 사람은 가까운 친구 다섯 명이다. 세계관이 서로 극단적으로 다름에도 불구하고 그들은 모두 자신들이 접하는 사회 분야의 이념에 생생한 관심을 갖고 있었다. 우리 모두의 작업에 대해 여러 해에 걸쳐 토론해오면서 그들은 내 생각을 살찌웠고 작업을 계속해나갈 힘을 주었으며, 지적인 노동을 깊은 개인적 기쁨으로 바꾸어주었다. 레너드 크리거는 그 자신의 모범을 통해, 또 역사의 이 분과를 구성하는 상충적이기 일쑤인 내적·외적 요소들을 존중하고 통합하는 방법에 대한 비판을 통해 지성사 연구자의 과업이 갖는 의미를 예리하게 벼리는 데서 가장 큰 도움이 되었다. 노먼 O. 브라운은 고전에 대한 지식과 역사적 자료에서 새로운 의미를 간파하는 탁월한 조형적 상상력을 발휘해 교조적 나태함에 빠질 뻔한 위기에서 나를 여러번 구해냈다. 아르노 J. 메이어는 노먼 브라운이 문화 분야의 분석에서 내게 해준 일을 정치적 차원에서 해주었다. 메이어 교수는 그 예리하고도 세밀한 비판—특히 이 책의 7장에서—이외에도 전체 작업 계획을 실현 가능한 규모로 꾸려내는 데서 꼭 필요했던 도움을 주었다.

이와는 아주 다른 종류의 기여를 통해 전체 작업에 새로운 기운을 불어넣은 젊은 친구 두 명이 있다. 이 작업 후반 단계에 나는 미국 문화사 평론가로서, 그리고 인간적으로도 앤 더글러스의 불꽃같은 정신에 큰 힘을 얻었다. 그녀는 미국인의 지적 경험에 비추어 내가 하고 있는 일의 의미를 더욱 강력하게 느끼고 수정할 수 있게 해주었다. 서문에 대한 더글러스 교수와 크리거 교수의 철저한 비판 덕분에 글이 훨씬 나아질 수 있었다. 그렇다 하더라도 현재의 서문은 그들이나 내 기대에는 훨씬 못 미칠 것이다. 나와 같은 터전에서 여러 해 동안 함께 일해온 가까운 동료 작업자인 윌리엄 J. 맥그라스의 도움은 일일이 꼽을 수도 없이 많으니, 이 책은 그와 나의 공동 수확이라고 해야 할 것이다.

아내인 엘리자베스는 이 책을 완성하는 데 필요한 결정적인 정신적, 감정적 자질을 발휘해주었다. 이해와 인내, 관심과 거리 두기, 큰 문제에서의 결단력과 소소한 작은 문제에서의 희생적인 노력 같은 그런 자질들은 언제나 그렇듯이 양립 불가능할 정도로 충돌하곤 했지만, 그녀는 항상 그 사이에서 아주 효과적으로 균형을 잡아주었고, 내내 믿음을 주었다. 초고를 타이핑해준 진 위그스의 능력과 보살핌, 그리고 무한한 인내심에 대해 나는 깊은 감사를 느낀다. 그리고 마지막으로, 무한한 이해심을 가지고 이 책을 만들어준 크놉 출판사의 여러 직원에게, 특히 로버트 고틀리브와 제프리 시로이에게, 마지막 고비를 예기치 않은 기쁨의 시간으로 만들어준 데 대해 감사를 드린다.

C. E. S.

달력상의 20세기는 1901년에 시작되지만, 의미상으로는 제1차 세계대전을 기준으로 하여 19세기와 20세기가 나뉜다. 20세기의 초반 10여 년은 그 뒤의 20세기보다 19세기 후반과의 연속성을 더 강하게 지니고 있었다. 세기말^{Fin-de-Siècle}이라는 명칭은 그렇게 한 덩어리로 묶이는 19세기 후반에서 20세기 초의 기간을 가리킨다. (또 다른 이름으로는 벨에포크^{belle époque} 시대라 불리기도 한다. 좋았던 시절. 그때가 과연 누구에게나 그렇게 좋고 화려했던 시절이었을까.) 이 책은 세기말의 빈을 무대로 하는 문화사, 지성사에 대한 연구다.

저자인 칼 쇼르스케는 1915년에 뉴욕에서 태어나 컬럼비아 대학과 하버드 대학에서 공부한 문화사 연구자다. 그의 주 연구 분야는 19세기 후반 이후의 유럽이며, 저서로는 이 책 외에 *The Problem of Germany, German Social Democracy, 1905~1917: The Development of the Great Schism, Exploration in Crisis, A Life of Learning, Gustav Mahler: Formation and Transformation, Budapest and New York:*

Studies in Metropolitan Transformation, 1870~1930, Thinking with History: Exploration in the Passage to Modernism 등이 있다. 이외에도 *Philosophy and Public Affairs, Daedalus* 등의 편집위원으로 활동했으며, 현재 프린스턴 대학의 석좌교수로 있다. 쇼르스케는 2012년에 빈의 명예시민이 되었다.

이 책에서 쇼르스케가 하고자 하는 일은 여러 가지 의미에서 이중적이다. 우선 그는 역사가의 임무와 문화분석가의 임무를 융합하려 한다. 역사가의 주 임무는 통시적인 분석이며 문화분석가는 공시적인 분석을 위주로 한다. 이 두 임무는 직물의 날줄과 씨줄처럼 방향이 완전히 엇갈리지만 쇼르스케가 쓰고자 하는 문화사는 이 둘의 교직으로만 가능하다.

19세기 후반의 빈 사회 또한 과학과 예술이라는 두 원리의 양립, 도덕가와 탐미주의자의 공존이라는 이중성을 지니고 있었다. 저자는 우선 빈이라는 도시의 이러한 다중적인 성격을 독자들에게 보여준다. 이를 위해 그는 문화의 여러 분야의 고유한 발전 과정을 최대한 추적한 다음, 이 분야들 사이에서 직간접적으로 이뤄지는 상호 작용에 대해 기술하는데, 그렇게 해야 하는 이유는 바로 19세기 빈이라는 도시의 부르주아 지식인들의 작업이 긴밀한 교류 위에서 이뤄졌으며 그런 양상이 빈 문화의 본질이었기 때문이다. 이 도시의 지식인들은 어떤 의미에서는 르네상스적 교양인과 비슷하며, 리하르트 바그너가 추구한 것과 같은 종합예술작품을 최고의 목표로 삼는 사람들이라 할 수 있다. 그러나 그들이 살고 있던 사회는 그 같은 예술적 종합의 건전한 토대가 될 수 있는 통합되고 안정적인 사회가 아니라 자아의 해체, 가치와 질서의 해체가 한창 진행 중인 흔들리는 사회였다. 그렇기 때문에 빈의 문화를 이해하는 데는 다면적, 다중적인 통찰이 필요하다.

극히 다양한 면모를 지니고 있으면서도 지금 막 과거 질서가 해체되어가고 있는 한 도시의 전체적인 그림을 그린다는, 실현하기 힘든 과제를 달성하기 위해 쇼르스케가 택한 것이 이 책에서처럼 문화의 여러 분과를 차례로 탐색해나가면서 그 사이의 관계를 노출시키는 방식이다. 역사지리학자 데이비드 하비의 말에 의하면 쇼르스케는 "한 도시 내에서 이루어지는 물질적 생활과 문화활동, 사고 유형에 관한 수많은 관점을 살펴봄으로써 그 도시가 무엇인가에 대한 일종의 전체적인 감각을 전해주고 있다." 어떤 도시에 관한 세부적인 사항을 관찰할 때, 그것이 단편적이고 제한적인 관점에 국한되지 않고 전체에 대한 이해로 이어질 수 있도록 하라는 것, 그것이 이 책에서 추구하는 바이고, 또 결국은 훌륭하게 달성해낸 목표일 것이다. 그러므로 이 책을 한마디로 요약한다면 단편적인 조각들에 대한 연구를 통해 빈이라는 도시, 말 그대로 20세기에 꽃피운 수많은 사조가 싹튼 온상이었던 사회를 이해하려는 시도라 할 수 있다.

그러나 이런 요약만으로 이 책에 담겨 있는 극히 복합적이고 풍부한 삶의 편린들을 짐작할 수는 없다. 이 책의 장점은 어쩌면 무슨 관점의 문제라기보다는 한 도시와의 연관성 위에서 그 변혁기를 살아가면서 고뇌하고 노력했던 사람들의 깊은 내면을 아주 생생하고도 풍부하게 그려낸 폭과 깊이에 있을지도 모른다.

이 책은 빈의 문학, 미술, 음악 분야에서의 가장 결정적인 변혁기를 링슈트라세 건설이라는 공간적 사건의 틀에 담아 진술한다. 1장은 총론 격으로, 모리스 라벨의 「라 발스」를 소재로 하여 왈츠가 은폐하고 있던 빈의 이중성을 지적하고, 문학에서는 슈니츨러와 호프만슈탈이 대변하는 인간 유형을 간략히 소개한다. 이 두 사람은 이 시대의 빈 부르주아 세계의 전형이자 이상에 가까운 인물이며 그 세계에 대한 가장 탁월한 관찰자이기도 하다. 2장에서는 링슈트라세 건설이라는 사건을 계기로 하여 도시와 건축에 반영된 현대의 빈 사람들의 모습에 대해 이야기한다. 3장에서는 정치 분야에서 일어난 자유주의의 쇠퇴라는 현상을 그것에 직접 참여한 세 인물을 통해 묘사한다. 4장은『꿈의 해석』에 나온 프로이트 자신의 정신분석을 다루는데, 이는 '현대인=심리적 인간'이라는 측면을 가장 직접적으로 부각시키기 위한 설정으로 보인다. 사실 이 책에 등장하는 인물들의 사고와 행동 양식에 대한 저자의 분석에는 프로이트적 색채가 강하게 드러나 있다. 5장의 주제는 프로이트가 인증한 심리적 인간형의 회화적 표현인 클림트의 그림세계다. 여기서는 기존 사회에서 억압되던 본능이 클림트 및 분리파 회화 운동을 통해 해방되고 표현될 길을 모색하는 과정을 추적한다. 6장에서는 문학작품 분석을 통해 빈 부르주아 지식인의 존재 의미를 더욱 깊이 있게 모색하는데, 이들이 과연 사회적 무기력감을 극복하고 현실적인 구원을 얻을 수 있는가 하는 것이 작가들의 과제였다. 7장은 이제까지 검토해온 현대인의 변모, 해체 과정을 완결하고, 그 속에서 새로운 본능의 해방 논리를 발견하는 코코슈카의 표현주의 회화와 쇤베르크의 현대 음악을 소개한다.

이렇게 도시 개조라는 물질문명에서 시작하여 정치를 거쳐 가장 추상적인 예술이라 할 수 있는 음악에서 종결되는 길고도 생생한 해설은 약 반세기에 걸친 시간 동안 도시 공간과 그 속에서 주체들의 정신적 활동이 보여주는 상호 작용의 변화를 하나의 드라마와도 같은 체계로 구축한다. 썩어가는 고인물과도 같은 요제프 황제의 체제로부터 억압당하면서도 이에 적응하고 체념하는 빈 부르주아들의 욕망과 콤플렉스, 자신감의 과시와 결여, 자유주의의 성공과 실패의 우여곡절이 드라마틱하게 그려진다. 또 사실상 문화의 전 분야를 망라하면서도, 각각의 분석 내용이 아주 탁월하고 예리하다는 데 놀라움을 금할 수 없다. 저자야말로 빈 지식인들의 이상이던 전방위적인 교양인이 아닐까 하는 추측도 해볼 수 있다.

앞에서도 잠깐 말했듯이, 저자는 문화의 어느 한 분야에 국한되지 않고, 여러 분야의 상호 관련성을 전체적으로 드러내는 것을 목표로 한다. 여느 도시와 달리 빈에서는 문화가 각 분야의 전문화된 주체에 의해 수행된 것이 아니라 다방면에 걸친 관심과 재능을 발휘하는 사람들의 거의 집단적인 관심 속에서 추구되었기 때문이다. 빈 지식인들은 거의 모든 분야에 걸쳐 관심과 이해관계를 공유하고 있었다. 과학자와 의사들은 대다수가 아마추어 미술가나 음악가, 혹은 애호가였다. 이 책의 주요 등장인물인 건축가 카밀로 지테는 아마추어 첼리스트였고 당대의 최고 지휘자인 한스 리히터와 가까운 친구였다. 음악가인 쇤베르크는 뛰어난 화가이기도 했고 탁월한 희곡작품도 썼다. 극작가인 츠바이크의 우상은 다름 아닌 작곡가 구스타프 말러였다. 이런 관심의 공유는 그저 취미에 그치는 정도가 아니라 각자의 전문 분야에 깊은 영향을 미치는 본질적인 문제였다. 그들의 전문적인 작업은 다른 분야와 독립적인 것이 아니라, 우리 눈에는 생소해 보이는 다른 분야의 작업에서 큰 영향과 영감을 얻어 이루어진다. 건축가인 지테에게 건축 작업에 영감을 준 것은 바그너의 음악이었다는 사실이 그 단적인 예다. 슈니츨러가 정신과 의사 수련을 했다는 것도 그저 가업을 잇는다는 방편만이 아니었으며, 그의 글은 곧 프로이트 정신분석학의 문학적 표현이라 할 수 있을 정도다. 저자가 이 시대를 이해하려면 관련 분야들을 직접 연구할 필요가 있다고 느낄 수밖에 없었던 까닭이다. 그는 오늘날의 역사학 연구의 전문화 추세에 역행하여 폭넓은 지식을 바탕으로 하여 여러 분야를 아우르는 연구가 필요하다고 보았다. 그 자신의 말을 빌리자면, "각 분야 전문가의 눈으로 볼 때 최고 수준의 것은 되지 못하겠지만 전체의 무늬를 드러내는 데는 충분할 정도로 가는 실을 손수 자아내어야 이 시대 빈의 풍경과 문제점들을 제대로 그려낼 수 있다"는 것이다.(그러니 역사가가 손수 자아낸 실이 그 전문학자들의 실보다 섬세하지는 않더라도, 그들의 제작 방법을 제대로만 따라 한다면 그가 만들라고 명령받은 대담한 무늬의 옷감 같은 것을 만들 만큼 쓸 만한 실은 자아낼 수 있을 것이다.) 이 다양한 분야를 모두 자신 있게 다룰 만한 수준에 도달하는 과정이 쉽지 않았으리라는 것은 두말할 필요도 없다. 저자는 이를 "포스트 홀링post-holing"이라는 말로 비유하는데, 이 말의 적절한 번역어는 끝내 찾아내지 못했다. 자신의 연구 방식을 포스트 홀링, 즉 발이 푹푹 빠지는 눈길에서 한 발자국 한 발자국 발을 끌어당기고 눈을 걷어차면서 나아가는 전진 방식에 비유한 것을 보면, 그 과정이 얼마나 힘들었을지 짐작할 수 있지 않을까.

이 책에서 우리가 주목해야 할 또 한 가지는 이 시대에 역사는 어떤 의미를 지녔는가 하는 문제다. 19세기 초반 유럽의 사상계를 지배한 것은 철학이었고 중반에는 역사가 그 자리를 차지한다. 그러나 19세기 후반이 되면 역사와 현실의 관계가 와해되는 현상이 이미 나타난다. 기계화, 산업화가 아주 빠른 속도로 진행됨에 따라 역사는 예전과 같은 절대적 권력을 잃고 내용 없는 장식물로 전락하며, 과거로부터 물려받은 자원으로 현재를 치장하면서 근대화에 제동을 걸 뿐이었다. 이러한 비본질적인 역사주의에 반감을 품고 과거와의 단절을 주장하면서 기능과 재료 이외에 일체의 수식을 거부하려는 것이 링슈트라세 개발의 2단계, 즉 오토 바그너가 주춧돌을 놓은 현대 건축의 특성이었다.

쇼르스케가 관심을 가진 것은 바로 이 같은 역사에 대한 현대의 반응이다. 그는 이 책에서도 역사의 뿌리를 거부하려는 모더니즘과, 그럼에도 불구하고 계속 이어지는 역사와의 상호 작용을 집중적으로 다루었다. 흔히 현대라는 것은 역사로부터의 독립을 통해 형성되었다고들 생각하지만, 그는 그 무역사적인 성격 속에 오히려 역사의 흔적이 새겨져 있다고 본다. 즉 역사와 무관함을 주장하지만 그 무역사적인 표면 형태 자체가 하나의 역사적 반응 형태라는 것이다.

쇼르스케는 그 흔적의 의미를 이해하기 위해 역사 속에 함몰되어 있는 개인들의 시점으로 내려가서, 그들의 삶과 함께 흘러가면서 역사의 진행을 기술하는 방식을 취했다. 즉 각 상이한 개인들이 역사의 여러 면모를 받아들이고 적응하는 상이한 양상에 관심을 가진 것이다. 이런 관심 때문에 이 책에서는 역사를 다루는 저자 특유의 태도가 잘 드러난다. 즉 문학, 건축, 정신분석학, 회화, 음악이라는 다양한 분야에서 활동한 인물들을 다루면서, 각 분야에서 그들이 차지하는 고유한 의미를 충실하게 밝힐 뿐만 아니라 각 인물의 개인적, 심리적 차원을 파고들어가서, 그 주체와 일체가 된 듯한 시각에서 그 작업이 그들 자신에게 어떤 의미를 지니는지를 깊이 있게 밝혔다는 점이 이 책의 가장 큰 장점이 아닐까 한다. 이는 그의 연구 방식이 역사를 하나의 객체로서가 아니라 자신도 그 속에 포함되어 함께 흘러가는 하나의 과정으로 보는 데서 나왔을 것이다.

이 책에서 특히 흥미로운 부분은 자유주의의 변화 과정에 대한 설명이다. 1848년의 혁명이 불완전하게 막을 내린 뒤 오스트리아의 부르주아 계급은 자립 능력이나 방향성을 확고하게 갖추지 못한 상태에서 귀족계급과 황제 양편에게 의존하는 어정쩡한 중간 계급이었다. 그러다가 오스트리아-이탈리아 전쟁의 패배로 인해 귀족계급의 패권이 붕괴되는 바람에 정치적 주도권이 부르주아 자유주의자에게로 넘어왔으니, 자유주의 정권의 토대는 불안정하지 않을 수 없었다. 자유주의 문화가 1850년대에서 1870년대에 이르는 30~40년 동안 잠깐 꽃피우고 평등과 해방을 외쳤지만 1880년대 이후에 결국 실패한 것도 이들이 생래적으로 안고 있던 이러한 취약성 때문이었음을 저자도 지적하고 있다. 흔히 히틀러의 선구자라 일컬어지는 게오르크 폰 쇠네러와 카를 뤼거의 정치적 상승 및 몰락의 이야기는 자유주의 질서가 무너지는 과정을 생생하게 전해준다. 그들 외에도 이 책에 등장하는 인물들이 추구하는 목표와 본질적인 한계는 그러한 자유주의 부르주아 계급의 목표이자 한계다. 저자는 시온주의의 창시자인 헤르츨이 자유주의자에서 시온주의자로 변모하는 과정과, 그러면서도 여전히 지니고 있는 논리적 부정합성 같은 것을 치밀하게 추적하면서 그것이 그 계급의 약점임을 그대로 보여준다. 이런 자유주의의 취약성은 헤르츨만이 아니라 이 책의 등장인물 모두에게서 노출된다. 그런데 역자의 섣부른 짐작일지도 모르지만, 자유주의에 대한 신뢰를 저자가 완전히 포기하지 않았다는 증거가 여기에서 포착된다. 즉 쇼르스케는 헤르츨이 자유주의를 버리고 시온주의를 주창했지만 그가 시온주의를 통해 실현하려 한 가치의 대부분이 실상은 자유주의의 가치였다는 점을 지적하는데, 이는 빈 부르주아의 자유주의가 비록 그 허약함과 편협성 때문에 실패했지만, 그럼에도 유럽의 지식인으로서 마땅히 추구할 만한 가치는 그 속에 있다고 보는 것이 아닐까 생각되는 것이다.

도시는 시대정신이 구현된 공간이다. 링슈트라세 시대 빈의 도시 공간에는 자유주의자의 출세와 몰락이 반영되어 있다. 건축 역시 그저 기능적인 주거 도구에 그치지 않는 인간의 최고 종합예술이며, 인간이 공간과 소통하는 방식이라는 입장을 적극적으로 추구하는 현대건축학의 토대는 이때 놓여졌다. 오늘날 도시 문제의 단골 메뉴인 산업화 시대에 도시의 팽창에 대응해야 할 필요성과 그것이 야기하는 부작용에 대한 경계 역시 이때 이미 제기되었다. 인간이 집을 짓지만 그 집이 그 속에 사는 인간을 규정한다는 말의 진실성은 이 시대의 빈에서도 입증되었다.

그런데 쇼르스케의 연구에는 자유주의의 하부 구조에 대한 언급이 없기 때문에, 현실에 좀더 밀착된 해석을 원하는 사람들은 불만스러워할지도 모른다는 생각이 든다. 예를 들자면, 프랑스 제2제정에서 도미에와 발자크가 담당한 것 같은 역할을 한 예술가가 여기는 없는 것이다. 이 책에서는 건축을 이야기하더라도 일반인의 주거 형태보다는 시대를 선도했던 자유주의자들의 기념비인 링슈트라세와 그 상징적 건물들에 대한 설명의 비중이 더 크며, 자유주의의 승리와 몰락을 이야기하지만 그것이 대중의 삶에 직접 영향을 미친 것으로는 그로 인해 곤란을 겪는 유대인 문제가 거론될 뿐이다. 후기의 클림트가 상류 부르주아 계층 인물들의 초상화에 주력했다거나, 슈티프터의 소설에서 묘사된 이상향인 로젠하우스에 받아들여지는 사람은 노동에 생계를 의존할 필요가 없는 유산자에 한정된다는 사실 등에서 건실한 하부 구조가 결여된 빈 자유주의의 허점이 솔직하게 드러난다. 쇼르스케 자신도 본문에서 그 점을 날카롭게 지적하고 있지만, 역설적으로는 그러한 상부 구조의 비대로 인한 공허함이 빈이라는 도시의 가장 중요한 특성이 아닐까 생각된다. 물론 공허함이야 현대인의 전매특허 같은 것이지만, 빈에서는 그것이 다른 어떤 대도시에서보다 더 예리하게 감지된다. 이 책에서 거론되는 모든 인물들의 행동을 규정하는 원리가 바로 그런 공허함이 아닐까 싶은 것이다.

어쭙잖은 소개말은 이쯤에서 마무리 짓는 게 좋겠다. 다만 그전에 한두 가지 이해를 구해야 할 것이 있다. 모던modern을 번역하는 말은 '근대'와 '현대'

두 가지가 있다. modern이 contemporary와 구별될 때는 당연히 근대로 번역해야 할 것이고, 또 modernity는 '근대성'으로 번역되는 경우가 더 많은 것 같다. 그런데 역자는 이 책에서 모던이라는 말이 contemporary의 의미를 포함하는 말, 즉 19세기 말이라는 당시의 시점에 서서 그 이전 세대와의 단절, 그로부터의 독립이라는 의미를 강조하는 뜻으로 쓰인다고 보았다. 역사적 시대 구분의 단계로서 중세, 근대, 현대라는 순서 속에 들어가는 근대라는 의미가 아니라, 19세기 당시의 독자적인 현대성이 부각되는 용어라고 본 것이다. 그렇기 때문에 이 책의 맥락에서는 modern을 '근대'보다는 '현대'로 번역하는 편이 좋겠다고 판단했다. 모더니티까지 '현대성'으로 번역하려니 상당히 부담스럽기는 하지만, 이와 같은 의도를 이해해주시기 바란다.

여러 사람에게 소개할 기회가 생기기를 간절하게 바라던 책을 번역할 수 있어서 정말 행복했던 것이 벌써 여러 해 전이었다. 공연히 욕심이 앞서 훌륭한 책에 누를 끼치는 건 아닌지 조마조마하던 기억이 생생하다. 그 뒤 여러 사정으로 이 책이 서점에서 사라졌다는 소식을 들을 때마다 마음이 아팠다. 번역을 계속해오면서 이것만큼 모든 면에서 좋아했던 책도 만나기 힘들었기 때문이다. 그러던 중에 글항아리 이은혜 편집장과 인연이 닿아 이렇게 다시 독자들과 만날 수 있게 되었다. 정말 감사한 일이다. 다시 읽으면서 몇 가지 오류를 바로잡았고, 조금이라도 더 잘 읽을 수 있게 손질하려고 노력했다. 읽을 때는 재미있었고, 읽고 나서는 뭔가 맛깔진 정신적 만찬을 포식한 듯했던 역자의 느낌을 독자 여러분도 모두 경험하시기를 기원한다.

세기말 빈

1판 1쇄	2014년 7월 7일
1판 3쇄	2021년 10월 12일

지은이	칼 쇼르스케
옮긴이	김병화
펴낸이	강성민
편집장	이은혜
마케팅	정민호 김도윤 방선영
홍보	김희숙 함유지 김현지 이소정 이미희 박지원
독자모니터링	황치영

펴낸곳	(주)글항아리	출판등록 2009년 1월 19일 제406-2009-000002호

주소	10881 경기도 파주시 회동길 210
전자우편	bookpot@hanmail.net
전화번호	031-955-2696(마케팅) 031-955-2682(편집부)
팩스	031-955-2557
ISBN	978-89-6735-118-2 03900

잘못된 책은 구입하신 서점에서 교환해드립니다.
기타 교환 문의 031-955-2661, 3580

geulhangari.com